Oldenbourgs Lehr- und Handbücher der Wirtschafts- und Sozialwissenschaften

Bisher erschienene Werke:

Altrogge, Investition, 4. A.
Bamberg · Baur, Statistik, 9. A.
von Böventer · Illing, Einführung in die Mikroökonomie, 9. A.
Bohnet, Finanzwissenschaft: Staatliche Verteilungspolitik
Bühner, Betriebswirtschaftliche Organisationslehre, 8. A.
Domschke, Logistik: Transport, 4. A.
Domschke, Logistik: Rundreisen und Touren, 4. A.
Domschke · Drexl, Logistik: Standorte, 4. A.
Frerich, Sozialpolitik, 3. A.
Gehrels, Außenwirtschaftstheorie, 2. A.
Hanssmann, Einführung in die Systemforschung, 4. A.
Hanssmann, Quantitative Betriebswirtschaftslehre, 4. A.
Hauptmann, Mathematik für Betriebs- und Volkswirte, 3. A.
Holub · Schnabl, Input-Output-Rechnung: Input-Output-Analyse
Holub · Schnabl, Input-Output-Rechnung: Input-Output-Tabellen, 3. A.
Krug · Nourney · Schmidt, Wirtschafts- und Sozialstatistik, 4. A.
May, Ökonomie für Pädagogen, 6. A.
Oberhofer, Wahrscheinlichkeitstheorie, 3. A.
Oechsler, Personal und Arbeit – Einführung in die Personalwirtschaft unter Einbeziehung des Arbeitsrechts, 6. A.
Peters · Brühl · Stelling, Betriebswirtschaftslehre, 7. A.
Schneider, Allgemeine Betriebswirtschaftslehre, 3. A.

Logistik: Rundreisen und Touren

Von
Universitätsprofessor
Dr. Wolfgang Domschke

4., völlig neu bearbeitete und erweiterte Auflage

R. Oldenbourg Verlag München Wien

Zugleich Band 2 einer dreibändigen "Logistik":
Logistik: Transport (Bd. 1)
Logistik: Standorte (Bd. 3)

Die Deutsche Bibliothek - CIP-Einheitsaufnahme

Logistik / von Wolfgang Domscke. - München ; Wien : Oldenbourg
(Oldenbourgs Lehr- und Handbücher der Wirtschafts- und
Sozialwissenschaften)
Ab Bd. 3 verf. von Wolfgang Domschke und Andreas Drexl

Bd. 2. Rundreisen und Touren. - 4., völlig neu bearb. und erw. Aufl. -
1997
ISBN 3-486-24273-3

© 1997 R. Oldenbourg Verlag
Rosenheimer Straße 145, D-81671 München
Telefon: (089) 45051-0, Internet: http://www.oldenbourg.de

Das Werk einschließlich aller Abbildungen ist urheberrechtlich geschützt. Jede Verwertung außerhalb der Grenzen des Urheberrechtsgesetzes ist ohne Zustimmung des Verlages unzulässig und strafbar. Das gilt insbesondere für Vervielfältigungen, Übersetzungen, Mikroverfilmungen und die Einspeicherung und Bearbeitung in elektronischen Systemen.

Gedruckt auf säure- und chlorfreiem Papier
Gesamtherstellung: R. Oldenbourg Graphische Betriebe GmbH, München

ISBN 3-486-24273-3

Vorwort zur 4. Auflage

Seit der Erstauflage des Buches im Jahre 1981 ist zu den behandelten Themengebieten eine Fülle neuer Publikationen erschienen. Dies gilt ganz besonders für die in der Praxis immer mehr an Bedeutung gewinnende Tourenplanung (Kap. 5), aber auch für einige Problemstellungen in Kap. 2 sowie zum Traveling Salesman-Problem (Kap. 3).

Für eine Reihe der in den genannten Kapiteln behandelten Probleme wurden in den letzten Jahren u.a. Heuristiken entwickelt, die relaxationsbasiert sind oder Metastrategien wie Simulated Annealing und Tabu Search benutzen. Der Entwicklung Rechnung tragend, wurde in Kap. 1 der Abschnitt "Heuristische Verfahren" deutlich ausgebaut. Weitere Schwerpunkte liegen im Bereich des verallgemeinerten linearen Zuordnungsproblems und heuristischer Verfahren zur Lösung von Traveling Salesman-Problemen. Das Kapitel zur Tourenplanung wurde vollständig neu konzipiert.

Die vorliegende Schrift ist der zweite Band einer dreiteiligen Buchreihe, die sich mit quantitativen Methoden der Logistik beschäftigt.

Inhalt von Band I (Logistik: Transport, 4. Aufl. 1995): Er beginnt mit der Einführung von Begriffen der Graphentheorie und der Darstellung von Hilfsmitteln aus der Informatik (Datenstrukturen, Komplexität von Problemen, Sortierverfahren). Anschließend wird aufgezeigt, daß es sich bei nahezu allen der in den drei Logistikbänden behandelten Problemen um Spezialfälle eines allgemeinen Netzwerkkonstruktionsproblems handelt. Es folgen Ausführungen, die sich mit Verfahren zur Bestimmung minimaler spannender Bäume und kürzester Wege in Graphen beschäftigen. Den Schwerpunkt des Bandes bilden primale, primal-duale sowie Inkrementgraphen-Verfahren zur Lösung linearer Transport- und Umladeprobleme sowie Möglichkeiten zu deren effizienter Implementierung.

Inhalt von Band III (Logistik: Standorte, 4. Aufl. 1996): Er beginnt mit Ausführungen zur allgemeinen Standortbestimmungslehre, die sich u.a. mit der Definition und der Bedeutung von Standortfaktoren auseinandersetzt. Die übrigen Kapitel beschäftigen sich mit quantitativen Methoden der betrieblichen und der innerbetrieblichen Standortplanung. Zum ersten Teilgebiet zählen Warehouse Location- und Zentrenprobleme in Netzen sowie kontinuierliche Standortprobleme in der Ebene. Im Zusammenhang mit Aufgabenstellungen der innerbetrieblichen Standortplanung wird auf quadratische Zuordnungsprobleme sowie graphentheoretische Ansätze eingegangen.

Inhalt des vorliegenden Bandes II: Nach einer knappen Zusammenfassung graphentheoretischer Definitionen folgen eine allgemeine Darstellung des Prinzips und der Komponenten von Branch-and-Bound-Verfahren sowie prinzipieller Vorgehensweisen von Heuristiken. Kapitel 2 stellt mit der Behandlung von nichtlinearen *Transport-* und *Umladeproblemen* eine Ergänzung der Ausführungen von Band I dar. In den Kapiteln 3 bis 5 behandeln wir ausführlich symmetrische und asymmetrische *Traveling Salesman-Probleme, Briefträgerprobleme* in gerichteten, ungerichteten und gemischten Graphen sowie *allgemeine Probleme der Tourenplanung.*

Voraussetzungen: Zum Verständnis des Inhalts dieses Bandes ist es nützlich, wenn der Leser mit Eröffnungs- und Optimierungsverfahren für das klassische Transportproblem sowie mit der Ungarischen Methode zur Lösung des linearen Zuordnungsproblems vertraut ist. Diese Kenntnisse werden in Band I vermittelt.

Adressaten: Das Buch wendet sich an **Studierende** der Wirtschafts- und Ingenieurwissenschaften. Sie sollen an quantitative Methoden zur Lösung logistischer Probleme herangeführt werden. Dem **Praktiker** und dem **OR-Fachmann** wird neben bewährten, klassischen Verfahren der neueste Stand der Forschung zur Lösung der betrachteten Probleme vermittelt.

Für die Übertragung des ursprünglichen Textes und der Zeichnungen in das verwendete Textverarbeitungssystem möchte ich mich bei Frau Uta Schott, Frau Dipl.-Math. Petra Gast und Frau Dipl.-Math. Ursula Holzapfel sehr herzlich bedanken.

Vor allem aufgrund der nahezu unüberschaubaren Flut von Publikationen im Bereich der Tourenplanung war die Erstellung des Manuskriptes dieser 4. Auflage sehr aufwendig. Für die Unterstützung bei der Durcharbeitung der Literatur, Vorschläge zur Auswahl und Aufbereitung des aufzunehmenden Stoffes sowie intensive Diskussionen danke ich meinen Mitarbeitern, Frau Dipl.-Math. Gabriela Krispin sowie den Herren Dipl.-Wirtsch.-Inf. Robert Klein und Dr. Armin Scholl, sehr herzlich.

Darmstadt, im Februar 1997 *Wolfgang Domschke*

Inhaltsverzeichnis

Vorwort V

Symbolverzeichnis XIII

Kapitel 1: Grundlagen 1

1.1 Definitionen 1
1.2 Branch-and-Bound-Verfahren 6
    1.2.1 Grundprinzipien von B&B-Verfahren 7
        1.2.1.1 Verzweigen von Problemen (Branching) 7
        1.2.1.2 Ermittlung von Schranken und Ausloten von Problemen (Bounding) .. 8
    1.2.2 Ablauf und Komponenten von B&B-Verfahren 9
    1.2.3 Beispiele 17
        1.2.3.1 Ein allgemeines ganzzzahliges lineares Optimierungsproblem .. 17
        1.2.3.2 Ein Knapsack-Problem 19
1.3 Heuristische Verfahren 20
    1.3.1 Überblick 20
        1.3.1.1 Eröffnungsverfahren 21
        1.3.1.2 Lokale Suchverfahren/Verbesserungsverfahren 22
        1.3.1.3 Weitere Bemerkungen zu Eröffnungs- und lokalen Suchverfahren 25
        1.3.1.4 Unvollständig ausgeführte exakte Verfahren 26
        1.3.1.5 Relaxationsbasierte Verfahren 27
    1.3.2 Heuristische Metastrategien 28
        1.3.2.1 Simulated Annealing 28
        1.3.2.2 Tabu Search 30
        1.3.2.3 Genetische Algorithmen 36
1.4 Literatur zu Kapitel 1 40

Kapitel 2: Einige nicht-klassische Transport- und Umladeprobleme 43

2.1 Sensitivitätsüberlegungen zum klassischen TPP 43
2.2 Verallgemeinerte (lineare) Transport- und Umladeprobleme 47
2.3 Bottleneck-Transport- und -Umladeprobleme 49
    2.3.1 Das Bottleneck-TPP 49
    2.3.2 Untere und obere Schranken für die Engpaßzeit beim Bottleneck-TPP .. 50
    2.3.3 Überblick über Lösungsverfahren für Bottleneck-TPPe 51

2.3.4 Ein primales Verfahren für Bottleneck-TPPe 54
2.3.5 Weitere Bottleneck-TPPe und -Umladeprobleme 58
2.4 Verallgemeinerte lineare Zuordnungsprobleme 60
2.4.1 Die betrachteten Probleme 60
2.4.2 Überblick über Lösungsverfahren 63
2.4.3 Beispiele für Lösungsverfahren 65
    2.4.3.1 Heuristische Eröffnungsverfahren 65
    2.4.3.2 Lokale Suchverfahren/Verbesserungsverfahren 68
    2.4.3.3 Das B&B-Verfahren von Nagelhout und Thompson 69
    2.4.3.4 Das B&B-Verfahren von Fisher et al. 73
    2.4.3.5 Verfahrensvergleiche 76
2.5 Fixkosten-TPPe und -Umladeprobleme 77
2.5.1 Problemstellungen und Überblick über Lösungsverfahren 77
2.5.2 Eigenschaften von Fixkosten-TPPen und daraus ableitbare Verfahren ... 79
2.5.3 Ein B&B-Verfahren 82
    2.5.3.1 Bestimmung von Up- und Down-Penalties 82
    2.5.3.2 Das B&B-Verfahren 83
2.5.4 Hinweise zum Rechenaufwand für Fixkosten-TPPe 85
2.6 Transport- und Umladeprobleme mit sonstigen nichtlinearen Zielfunktionen 86
2.6.1 Probleme mit konvexen Zielfunktionen 86
2.6.2 Probleme mit nichtkonvexen Zielfunktionen 89
2.7 Literatur zu Kapitel 2 92
2.8 Aufgaben zu Kapitel 2 97

Kapitel 3: Traveling Salesman-Probleme 100

3.1 Grundlagen 100
3.1.1 Probleme, Definitionen, Anwendungen 100
3.1.2 Mathematische Formulierungen für TSPe 104
    3.1.2.1 Formulierungen für asymmetrische Probleme 104
    3.1.2.2 Formulierungen für symmetrische Probleme 107
3.1.3 Lösungsmöglichkeiten für TSPe 109
3.2 Heuristische Verfahren 110
3.2.1 Eröffnungsverfahren 110
    3.2.1.1 Die Verfahren "Bester Nachfolger" und "Sukzessive Einbeziehung" .. 110
    3.2.1.2 Ein Eröffnungsverfahren von Christofides 113
    3.2.1.3 Der Patching-Algorithmus von Karp 114
    3.2.1.4 Weitere Eröffnungsverfahren 116

3.2.2 Lokale Suchverfahren/Verbesserungsverfahren 117
    3.2.2.1 Reine Verbesserungsverfahren 117
    3.2.2.2 Heuristische Metastrategien 125
3.2.3 Testergebnisse und Computer-Codes 127

3.3 B&B-Verfahren für asymmetrische TSPe 128
3.3.1 Der Algorithmus von Little et al. 128
3.3.2 Ein Subtour-Eliminations-Algorithmus 133
3.3.3 Bounding-Regeln zur Verbesserung von Subtour-Eliminations-Algorithmen . 139
    3.3.3.1 Einführung 139
    3.3.3.2 Bounding-Regel 1 140
    3.3.3.3 Bounding-Regel 2 143
    3.3.3.4 Bounding-Regel 3 146
    3.3.3.5 Abschließende Bemerkungen 147

3.4 B&B-Verfahren für symmetrische TSPe 148
3.4.1 Das 1-Baum-Problem als Relaxation des TSPs 150
3.4.2 Lagrange-Relaxationen für TSPe 152
3.4.3 Ascent-Methoden zur Maximierung unterer Schranken 154
3.4.4 Ein B&B-Verfahren 158

3.5 Verallgemeinerungen von TSPen 162
3.5.1 $\mathcal{M}$-Traveling Salesmen-Probleme 162
3.5.2 Weitere Verallgemeinerungen von TSPen 165

3.6 Literatur zu Kapitel 3 167

3.7 Aufgaben zu Kapitel 3 173

Kapitel 4: Briefträgerprobleme 175

4.1 Einführung 175

4.2 Definitionen und Vorüberlegungen zu Lösungsverfahren 177

4.3 Erweiterung eines Graphen zu einem Euler-Graphen 180
4.3.1 Kostenminimale Erweiterung eines gerichteten Graphen 180
4.3.2 Kostenminimale Erweiterung eines ungerichteten Graphen 182
    4.3.2.1 Lösungsansatz 182
    4.3.2.2 Zur Lösung von MK-Matching-Problemen 184
4.3.3 Suboptimale Erweiterung eines gemischten Graphen 189

4.4 Ermittlung einer Euler-Tour in einem Euler-Graphen 195
4.5 Weitere Briefträgerprobleme 197
4.6 Literatur zu Kapitel 4 200
4.7 Aufgaben zu Kapitel 4 203

Kapitel 5: Tourenplanung 204

5.1 Grundlagen 204
    5.1.1 Einführung und Definitionen 204
    5.1.2 Klassifikation 207
        5.1.2.1 Depot- und Kundencharakteristik 207
        5.1.2.2 Fahrzeugcharakteristik 209
        5.1.2.3 Problem- oder Zusatzcharakteristik 210
        5.1.2.4 Zielsetzungen 210
    5.1.3 Standardprobleme der Tourenplanung 211
5.2 Mathematische Formulierungen für knotenorientierte Probleme 213
    5.2.1 Formulierungen für asymmetrische Probleme 213
        5.2.1.1 Lineares Zuordnungsproblem mit zusätzlichen Restriktionen 213
        5.2.1.2 Verallgemeinertes Zuordnungsproblem mit zusätzlichen Restriktionen 215
    5.2.2 Eine Formulierung für symmetrische Probleme 216
5.3 Exakte Verfahren für knotenorientierte Probleme 218
    5.3.1 Exakte Verfahren für asymmetrische Probleme 218
        5.3.1.1 Berechnung unterer Schranken 218
        5.3.1.2 Verzweigung und Dominanzregeln 223
    5.3.2 Exakte Verfahren für symmetrische Probleme 225
        5.3.2.1 Relaxation des Problems und Lösungsmöglichkeiten 225
        5.3.2.2 Verzweigungsmöglichkeiten 227
5.4 VRPe als Set-Covering- oder Set-Partitioning-Probleme 229
    5.4.1 Prinzipielle Vorgehensweise 229
    5.4.2 Die Technik der Spaltengenerierung 231
    5.4.3 Abschließende Bemerkungen zu Set-Covering und Set-Partitioning 233
5.5 Heuristische Verfahren für knotenorientierte Probleme 234
    5.5.1 Klassifikation von Heuristiken 234
    5.5.2 Route first-cluster second-Verfahren 236
        5.5.2.1 Der Sweep-Algorithmus 236
        5.5.2.2 Petal-Algorithmen 239
    5.5.3 Cluster first-route second-Verfahren 241

  5.5.4 Eröffnungsverfahren 243
    5.5.4.1 Eine Grundversion des Savings-Algorithmus 243
    5.5.4.2 Modifikationen des Savings-Algorithmus 247
  5.5.5 Lokale Suchverfahren/Verbesserungsverfahren 249
  5.5.6 Vergleich der Verfahren anhand von CVRPen 252
  5.5.7 Modifikation der Verfahren für VRPe mit Zeitfenstern 252
  5.5.8 Sonstige knotenorientierte VRPe 255
5.6 **Verfahren für kantenorientierte Probleme** 258
  5.6.1 Eine mathematische Formulierung für das CCPP 259
  5.6.2 Ermittlung unterer Schranken 260
  5.6.3 Heuristische Lösungsverfahren 263

5.7 **Literatur zu Kapitel 5** 267

5.8 **Aufgaben zu Kapitel 5** 276

Anhang: Lösungen zu den Aufgaben 279

Sachverzeichnis 286

Symbolverzeichnis

:=	definitionsgemäß gleich (Wertzuweisung in Verfahren)
$\mathbb{R}, \mathbb{R}_+$	Menge der reellen bzw. der nichtnegativen reellen Zahlen
$\mathbb{Z}, \mathbb{Z}_+$	Menge der ganzen bzw. der nichtnegativen ganzen Zahlen
ϕ	leere Menge
∞	unendlich; wir definieren $\infty \pm p := \infty$ für $p \in \mathbb{R}$
$i \in I$	i ist Element der Menge I
$I \cup J, I \cap J$	Vereinigung bzw. Durchschnitt der Mengen I und J
$I \times J$	$\{(i,j) \mid i \in I, j \in J\}$; Kartesisches Produkt der Mengen I und J
$f : A \to \mathbb{R}$	Abbildung f, die jedem Element von A einen Wert aus $\mathbb{R}$ zuordnet
$\min \{c_{ij} \mid i = 1,...,m\}$	Minimum aller $c_{1j}, c_{2j}, ..., c_{mj}$
$\|\delta\|, \|I\|$	Absolutbetrag von δ bzw. Mächtigkeit der Menge I
$\lfloor \alpha \rfloor, \lceil \alpha \rceil$	größte ganze Zahl $\leq \alpha$ bzw. kleinste ganze Zahl $\geq \alpha$ (untere bzw. obere Gaußklammer)
$\mathbf{a} = (a_1,...,a_m), a_i$	Angebotsvektor bzw. Angebotsmenge des Anbieters i
$\mathbf{b} = (b_1,...,b_n), b_j$	Nachfragevektor bzw. Bedarf des Nachfragers j
$c : E \to \mathbb{R}$	Abbildung, die jedem Element von E einen Kostenwert (eine Länge oder eine Zeit) zuordnet
$c(w)$	Länge des Weges w
$C(G) = (c_{ij})$	Kostenmatrix des Graphen G
E	Kanten- oder Pfeilmenge
$F(...)$	etwa $F(\mathbf{x}), F(\mathbf{x},\mathbf{y})$; verwendet für Zielfunktionswerte
$\bar{F}, \underline{F}$	obere bzw. untere Schranke für den optimalen Zielfunktionswert eines Problems
$\underline{F}_\mu$	untere Schranke für den optimalen Zielfunktionswert eines (Teil-)Problems P_μ
G	Graph
$G = [V,E]$	ungerichteter, unbewerteter Graph
$G = [V,E,c]$	ungerichteter Graph mit Kostenbewertung c
$G = (V,E)$	gerichteter, unbewerteter Graph
$G = (V,E,c)$	gerichteter Graph mit Kostenbewertung c
g_i	Grad des Knotens i (in ungerichteten Graphen)
g_i^+, g_i^-	positiver/negativer Grad des Knotens i (in gerichteten Graphen)
γ_i	Gesamtgrad eines Knotens i in gemischten Graphen (Kap. 4)
GE	Geldeinheit(en)
$(i,j), [i,j]$	Pfeil bzw. Kante zwischen Knoten i und j

$\kappa : E \to \mathbb{R}_+ \cup \{\infty\}$	Abbildung, die jedem Element von E eine Maximalkapazität zuordnet
$L(P_\mu)$	Lösungsmenge eines (Teil-) Problems P_μ (in Branch-and-Bound-Verfahren)
LE	Längeneinheit(en)
m	Anzahl der Kanten bzw. Pfeile eines Graphen, Anzahl der Anbieter in einem Transportproblem
M	hinreichend große Zahl (Kostenbewertung für künstliche bzw. fiktive Pfeile, Kanten und Variablen)
$\mathcal{M}$	Anzahl verfügbarer Fahrzeuge
ME	Mengeneinheit(en)
n	Anzahl der Nachfrager oder Anzahl der Knoten eines Graphen
$\mathcal{N}(i), \mathcal{N}_i; \mathcal{N}(A)$	Menge der Nachfolger des Knotens i bzw. von Knoten der Menge A
NB(i), NB(A)	Menge der Nachbarn des Knotens i bzw. von Knoten der Menge A
$\mathcal{NB}(\mathbf{x})$	Nachbarschaft einer Lösung x (bei lokalen Suchverfahren, definiert in Kap. 1.3.1.2)
O(...)	Größenordnung für den Rechenaufwand bzw. die Zeitkomplexität
q_{ij}	(Kapazitäts-) Bedarf der Kante [i,j] bzw. des Pfeiles (i,j)
ρ	Bezeichnung einer Route oder einer Kette
T	Baum
$T = (t_{ij})$	Fahrzeitmatrix
$\mathbf{u} = (u_1,...,u_n), u_i$	Lagrangevektor bzw. Lagrange-Multiplikator i
u, v	Vektoren $(u_1,...,u_m)$ bzw. $(v_1,...,v_n)$ von Dualvariablen bei Transportproblemen
V	Knotenmenge
$\mathcal{V}(i), \mathcal{V}_i; \mathcal{V}(A)$	Menge der Vorgänger des Knotens i bzw. von Knoten der Menge A
$w = (i_0,...,i_t)$	Weg in einem gerichteten Graphen mit den Knoten $i_0,...,i_t$
x	wird vorwiegend als Vektor von Variablen x_{ij}, etwa $(x_{11}, x_{12}, ..., x_{mn})$, verwendet
x_{ij}	Variable (z.B. für von i nach j zu transportierende Menge)
y	wird vorwiegend als Vektor von Binärvariablen y_i, etwa $(y_1,...,y_m)$, verwendet
ZE	Zeiteinheit(en)

Kapitel 1: Grundlagen

Im vorliegenden Band II der Logistik-Reihe, in dem wir uns u.a. mit Single Source- und Fixkosten-Transportproblemen, mit Traveling Salesman-, Briefträger- und Tourenplanungs-Problemen beschäftigen, haben wir es zum großen Teil mit schwer lösbaren (d.h. mit $\mathcal{NP}$-schweren) Problemen der ganzzahligen linearen, der kombinatorischen oder der nichtlinearen Optimierung zu tun.[1] Kleinere Probleminstanzen lassen sich *exakt* lösen, d.h. es können mit vertretbarem Rechenaufwand optimale Lösungen ermittelt werden. Hierfür eignen sich vorwiegend *Branch- and-Bound-Verfahren* (**B&B-Verfahren**). Bei größeren Probleminstanzen muß man sich zumeist mit suboptimalen Lösungen begnügen, die mit Hilfe von *heuristischen Verfahren* zu erhalten sind. Da die genannten Verfahrenstypen in diesem Band somit häufiger, jeweils zugeschnitten auf spezielle Probleme, zu schildern sind, schicken wir in Kap. 1.2 eine allgemein gehaltene Beschreibung von B&B-Verfahren voraus. In Kap. 1.3 schildern wir grundlegende heuristische Prinzipien. Zunächst aber wiederholen wir in Kap. 1.1 einige Definitionen und Schreibweisen aus Band I (Logistik: Transport).

1.1 Definitionen

Im folgenden wiederholen wir im wesentlichen Definitionen aus Band I. Wir beschränken uns dabei auf solche Begriffe und Schreibweisen, die in Lehrbüchern zur Graphentheorie nicht einheitlich verwendet werden und/oder die für das Verständnis von Teilen des vorliegenden zweiten Bandes besonders wichtig sind. Die im folgenden nicht definierten, aber (später) verwendeten Begriffe kann sich der Leser z.B. auch aus Christofides (1975), Jungnickel (1990), Neumann und Morlock (1993) oder Domschke und Drexl (1995) aneignen. Man beachte auch das Symbolverzeichnis!

Bemerkung 1.1 *(Schreibweise für Graphen)*:[2]
Mit G = [V,E] symbolisieren wir einen *ungerichteten* Graphen mit der Knotenmenge V und der Kantenmenge E; für einen *gerichteten* Graphen mit der Knotenmenge V und der Pfeilmenge E schreiben wir G = (V,E).
Analog repräsentiert [i,j] eine *Kante* mit den Endknoten i und j, während mit (i,j) ein *Pfeil* mit Anfangsknoten i und Endknoten j symbolisiert wird. Die *Knoten* eines Graphen bezeichnen wir in der Regel durch die natürlichen Zahlen 1,2,...,n.

---

[1] Vgl. zu den Begriffen ganzzahlige lineare, kombinatorische und nichtlineare Optimierung z.B. Domschke und Drexl (1995, Kap. 6). Probleme der kombinatorischen Optimierung sind v.a. Zuordnungsprobleme (wie das quadratische Zuordnungsproblem), Reihenfolgeprobleme (wie das Traveling Salesman-Problem) oder Gruppierungsprobleme (z.B. Zusammenfassen von Gütern zu Produktions- oder Transportlosen). Einige Begriffe der Komplexitätstheorie werden in Kap. 2.4 von Band I erläutert.

[2] In der gesamten Schrift verwenden wir einheitlich die Bezeichnung Graph. Auf den synonymen Begriff Netzwerk verzichten wir weitestgehend.

Definition 1.1 (1.2):[3] Graphen ohne Schlingen und parallele Kanten bzw. Pfeile bezeichnen wir als **schlichte Graphen**. Ein endlicher, schlichter, gerichteter Graph heißt **Digraph**.

Definition 1.2 (1.3): Einen Graphen G bezeichnet man als **bipartiten Graphen**, wenn seine Knotenmenge V in zwei Teilmengen V_1 und V_2 mit folgenden Eigenschaften zerlegbar ist:
(1) $V_1 \cup V_2 = V$, $V_1 \cap V_2 = \phi$ (Eigenschaft einer Zerlegung).
(2) Die Knoten aus V_1 besitzen untereinander keine Verbindung (Kante bzw. Pfeil).
(3) Die Knoten aus V_2 besitzen untereinander keine Verbindung (Kante bzw. Pfeil).

Beispiel: Den von uns in Kapitel 2 behandelten einstufigen Transportproblemen (den klassischen wie den verallgemeinerten, den Single Source- und den Fixkosten-Transportproblemen) liegen bipartite Graphen $G = (V_1 \cup V_2, E)$ mit $E \subseteq V_1 \times V_2$ zugrunde. Dabei repräsentiert V_1 die Menge der Anbieter und V_2 die Menge der Nachfrager.

Definition 1.3 (1.4; 1.9; 1.10): Für *ungerichtete* Graphen gilt:
NB(i) := **Menge aller** (unmittelbaren) **Nachbarn** des Knotens i;
$NB(A) := \bigcup_{i \in A} NB(i) :=$ Menge aller Nachbarn von Knoten der Teilmenge A von V;
$g_i := |NB(i)| :=$ **Grad** des Knotens i.

Analog sind für *gerichtete* Graphen die **Nachfolgermengen** $N(i)$, $N(A)$ und der **positive Grad** g_i^+ sowie die **Vorgängermengen** $V(i)$, $V(A)$ und der **negative Grad** g_i^- definiert.

Ein Knoten i heißt: **Quelle**,   falls $g_i^+ > 0$ und $g_i^- = 0$;

                    Senke,   falls $g_i^+ = 0$ und $g_i^- > 0$;

                    isolierter Knoten, falls $g_i^+ = g_i^- = 0$.

Definition 1.4 (1.11): Eine Folge $k_1, k_2, ..., k_t$ von Kanten k_h eines *ungerichteten* Graphen G heißt **Kette** ρ von G, wenn eine Folge von Knoten, etwa $j_0, j_1, ..., j_t$, existiert, so daß $k_h = [j_{h-1}, j_h]$ für alle $h = 1, ..., t$ ist.

Eine Folge $p_1, p_2, ..., p_t$ von Pfeilen p_h eines *gerichteten* Graphen G heißt **Kette** ρ von G, wenn eine Folge von Knoten, etwa $j_0, j_1, ..., j_t$, existiert, so daß $p_h = (j_{h-1}, j_h)$ oder $p_h = (j_h, j_{h-1})$ für alle $h = 1, ..., t$ gilt. Bei einer Kette im gerichteten Graphen spielt der Richtungssinn der Pfeile somit keine Rolle.

Als Bezeichnungsweise für Ketten in Graphen wählen wir $\rho = [j_0, j_1, ..., j_t]$. Mit dieser Schreibweise nehmen wir in Kauf, daß parallele Kanten und Pfeile in nichtschlichten Graphen und auch Pfeile (i, j) und (j, i) in gerichteten Graphen nicht unterschieden werden können.

Die Kette $\rho = [j_0, j_1, ..., j_t]$ heißt **offen**, falls $j_0 \neq j_t$, und ansonsten **geschlossen**.

Definition 1.5 (1.12): Eine offene Kette $[j_0, j_1, ..., j_t]$ mit lauter verschiedenen Knoten nennen wir **elementare Kette**. Eine geschlossene Kette mit lauter verschiedenen Kanten bzw.

---
[3] In Klammern notieren wir die Nummer der entsprechenden Definition oder Bemerkung in Band I.

Pfeilen und – mit Ausnahme der identischen Endknoten – lauter verschiedenen Knoten bezeichnen wir als (elementaren) **Kreis**.

Bemerkung 1.2 (1.9): Ein Kreis $[j_0,j_1,...,j_t = j_0]$ mit t (≥ 3) Knoten läßt sich auf 2t verschiedene Weisen darstellen. $[j_t,j_{t-1},...,j_0]$, $[j_h,j_{h+1},...,j_t,j_1,...,j_h]$ und $[j_h,j_{h-1},...,j_0,j_{t-1},...,j_h]$ sind drei Alternativen zur eingangs verwendeten Schreibweise.

Definition 1.6 (1.13): Eine Folge $p_1,p_2,...,p_t$ von Pfeilen p_h eines gerichteten Graphen G heißt **Weg** w von G, wenn eine Folge von Knoten, etwa $j_0,j_1,...,j_t$, existiert, so daß $p_h = (j_{h-1},j_h)$ ist für alle $h = 1,...,t$.
Als Bezeichnungsweise für Wege in gerichteten Graphen wählen wir $w = (j_0,j_1,...,j_t)$. Mit dieser Schreibweise nehmen wir in Kauf, daß parallele Pfeile in nichtschlichten Graphen nicht unterschieden werden können.
Ein Weg $w = (j_0,j_1,...,j_t)$ heißt **offen**, falls $j_0 \neq j_t$, und ansonsten **geschlossen**.

Definition 1.7 (1.14): Einen offenen Weg $(j_0,j_1,...,j_t)$ mit lauter verschiedenen Knoten nennen wir **elementaren Weg**. Einen geschlossenen Weg, der mit Ausnahme von identischen Anfangs- und Endknoten lauter verschiedene Knoten enthält, nennen wir (elementaren) **Zyklus**.

Definition 1.8 (1.15): Sei G ein Graph mit der Knotenmenge V und der Kanten- oder Pfeilmenge E.

a) Einen Graphen $\bar{G}$ mit $\bar{V}$ und $\bar{E}$ nennen wir **Teilgraph** von G, falls $\bar{V} \subseteq V$ und $\bar{E} \subseteq E$.
   $\bar{G}$ heißt **echter Teilgraph** von G, falls $\bar{E}$ eine echte Teilmenge von E ist.

b) Einen Teilgraphen G' von G mit der Knotenmenge V' und der Kanten- oder Pfeilmenge E' nennen wir **Untergraph** von G, falls es keinen anderen Teilgraphen von G mit derselben Knotenmenge V' und einer *echten* Obermenge von E' gibt.

Definition 1.9 (1.16): Ein ungerichteter oder gerichteter Graph G heißt **zusammenhängend** genau dann, wenn in G jedes Paar i und j von Knoten miteinander verbunden ist. Ein gerichteter Graph G heißt **stark zusammenhängend** genau dann, wenn in G jeder Knoten j von jedem Knoten i aus erreichbar ist.
Das heißt also: Im zusammenhängenden Graphen muß zwischen je zwei verschiedenen Knoten eine *Kette* existieren; für stark zusammenhängende, gerichtete Graphen werden für je zwei verschiedene Knoten i und j ein *Weg* von i nach j und ein *Weg* von j nach i gefordert.

Definition 1.10 (1.17):

a) Sei G ein ungerichteter oder gerichteter Graph mit Knotenmenge V. Ein zusammenhängender Untergraph G' mit Knotenmenge V' heißt (Zusammenhangs-) **Komponente** von G, falls gilt: Es existiert in G keine Kette, die Knoten aus V' und V–V' enthält.

b) Sei G ein gerichteter Graph. Ein stark zusammenhängender Untergraph G' mit Knotenmenge V' heißt **starke (Zusammenhangs-) Komponente** von G, falls gilt: Es existieren in G keine Knoten $i \in V'$ und $j \in V-V'$, die durch Wege von i nach j und von j nach i verbunden sind.

Definition 1.11 (1.18): Ein zusammenhängender, ungerichteter oder gerichteter Graph, der keinen Kreis enthält, heißt **Baum**. Ein kreisloser Graph mit k Zusammenhangskomponenten wird **Wald** mit k Bäumen genannt.

Definition 1.12 (1.19): Ein gerichteter Graph G = (V,E) heißt **Wurzelbaum mit der Wurzel** $r \in V$, wenn r *Quelle* von G ist und jeder andere Knoten $i \in V$ durch genau einen von r nach i führenden Weg mit r verbunden ist. Ein gerichteter Graph mit k Komponenten wird **gerichteter Wald** mit k Bäumen genannt, wenn jede Komponente ein Wurzelbaum ist.

Definition 1.13 (1.20): Sei T ein Baum bzw. ein Wurzelbaum. Einen Untergraphen T' von T, der selbst wieder einen Baum bzw. einen Wurzelbaum darstellt, bezeichnen wir als **Teilbaum** von T.

Bemerkung 1.3 (1.16): Ein Knoten i eines Baumes bzw. eines Wurzelbaumes T mit dem Grad $g_i = 1$ bzw. $g_i^+ = 0$ wird als **Endknoten** oder **Blatt** von T bezeichnet.

Definition 1.14 (1.21): Sei G ein zusammenhängender Graph. Ein ebenfalls zusammenhängender Teilgraph von G, der dieselbe Knotenmenge wie G besitzt und einen Baum darstellt, heißt **spannender Baum** oder **Gerüst** von G.

Bemerkung 1.4 *(Kanten- bzw. Pfeilbewertungen)*:
Als Kanten- bzw. Pfeilbewertungen haben wir in Kap. 1.3.1 von Band I vor allem die **obere Kapazitätsbeschränkung** $\kappa : E \to \mathbb{R}_+ \cup \{\infty\}$ und die **Kostenbewertung** $c : E \to \mathbb{R}$ eingeführt. Die Bewertung c wird dort auch für sonstige, nicht Kapazitätsbeschränkungen betreffende Bewertungen (Längen, Fahrzeiten usw.) verwendet.

Definition 1.15 (1.24): Sei G = [V,E,c] ein zusammenhängender, bewerteter, ungerichteter Graph. Einen spannenden Baum $T^* = [V, E^*, c|_{E^*}]$ von G nennen wir **minimalen spannenden Baum** von G, wenn es keinen anderen spannenden Baum $T = [V, E', c|_{E'}]$ von G mit $\sum_{k \in E'} c(k) < \sum_{k \in E^*} c(k)$, d.h. mit geringerer (Gesamt-) Bewertung, gibt.

Definition 1.16 (1.25; 1.26; 5.2): Sei G = (V,E,c) ein Digraph mit der Kostenbewertung $c : E \to \mathbb{R}$. Ist $w = (j_1, j_2, ..., j_k)$ ein Weg von G, dann heißt

$$c(w) := \sum_{h=1}^{k-1} c(j_h, j_{h+1}) \quad \text{Länge des Weges w.}$$

Ein Weg $\bar{w}$, der unter allen von einem Knoten i zu einem Knoten j führenden Wegen eines gerichteten Graphen G = (V,E,c) die kleinste Länge besitzt, heißt **kürzester Weg** von i nach j. Seine Länge $c(\bar{w})$ bezeichnen wir als **kürzeste Entfernung** von i nach j. Die Begriffe *Länge* *einer Kette*, *kürzeste Kette* und *kürzeste Entfernung zwischen zwei Knoten* in ungerichteten Graphen lassen sich analog definieren.

Besitzt G genau n Knoten, und ist $\bar{w}_{ij}$ ein kürzester Weg von i nach j in G, so bezeichnen wir die n × n-Matrix $D(G) = (d_{ij})$ mit

$$d_{ij} = \begin{cases} 0 & \text{falls } i = j \\ c(\bar{w}_{ij}) & \text{falls ein Weg von i nach j existiert} \\ \infty & \text{sonst} \end{cases}$$

als **Entfernungsmatrix** oder **Distanzmatrix** von G; zu deren Bestimmung vgl. Kap. 5 in Band I.

Zum Abschluß dieses Kapitels definieren wir einige Begriffe, die wir im Zusammenhang mit der Lösung von Traveling Salesman-, Briefträger- und allgemeinen Tourenplanungsproblemen benötigen.

Definition 1.17: Ein **1-Baum** ist ein zusammenhängender, ungerichteter Graph mit genau einem Kreis. Ein vorgegebener Knoten i_0 gehört zum Kreis und besitzt den Knotengrad 2.

In Kap. 3 werden uns 1-Bäume als Teilgraphen desjenigen ungerichteten Graphen interessieren, für den ein Traveling Salesman-Problem gelöst werden soll. Wir definieren daher alternativ:

Definition 1.18: Sei G ein zusammenhängender, bewerteter, ungerichteter Graph.
Einen zusammenhängenden Teilgraphen T von G bezeichnen wir als **1-Baum** von G, wenn gilt:
- T besitzt genau einen Kreis.
- Ein vorgegebener Knoten i_0 gehört zum Kreis und besitzt den Knotengrad 2.

Einen 1-Baum T von G (mit vorgegebenem Knoten i_0) nennen wir **minimalen 1-Baum** von G (mit i_0), wenn die Summe seiner Kantenbewertungen kleiner oder gleich derjenigen aller anderen 1-Bäume von G (mit i_0) ist. Das Problem der Bestimmung eines minimalen 1-Baumes von G bezeichnen wir als **1-Baum-Problem**.

Beispiel: Abb. 1.1 zeigt stark hervorgehoben den minimalen 1-Baum (mit $i_0 = 1$) eines Graphen G = [V,E,c]. Sein *Wert* (d.h. die Summe seiner Kantenbewertungen) ist 20.

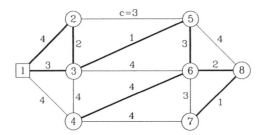

Abb. 1.1

Das 1-Baum-Problem ist eine mögliche Relaxation des Traveling Salesman-Problems; ein Verfahren zur Bestimmung eines minimalen 1-Baumes beschreiben wir in Kap. 3.4.1. Eine weitere Relaxationsmöglichkeit ist diejenige der Bestimmung eines minimalen 2-Matchings.

Definition 1.19: Sei G = [V,E,c] ein ungerichteter, bewerteter Graph.

a) Eine Teilmenge E' von E, für die gilt, daß jeder Knoten aus G mit genau zwei Kanten aus E' inzident ist, nennt man **2-Matching** von G.

b) Ein 2-Matching E* von G mit minimaler Summe der Kantenbewertungen bezeichnet man als **minimales 2-Matching** von G. Das Problem der Bestimmung eines minimalen 2-Matchings nennen wir **2-Matching-Problem**.

Im Rahmen der Lösung von Briefträgerproblemen in ungerichteten Graphen ist schließlich die Bestimmung der folgenden Minimal-Kosten-Matchings von Bedeutung.

Definition 1.20: Sei G = [V,E,c] ein ungerichteter, vollständiger, bewerteter Graph mit einer geraden Anzahl n an Knoten.

a) Eine Teilmenge E' von E mit n/2 Elementen, für die gilt, daß jeder Knoten aus G mit genau einer Kante aus E' inzident ist, nennt man 1-Matching oder **Matching** von G. Die Summe der Kantenbewertungen aus E' heißt **Wert** des Matchings.

b) Ein Matching E* von G mit minimalem Wert bezeichnet man als **Minimal-Kosten-Matching** (MK-Matching) von G. Die Bestimmung eines MK-Matchings nennen wir **MK-Matching-Problem**.

Hinweise zur Bestimmung eines MK-Matchings eines Graphen geben wir in Kap. 4.3.2.

1.2 Branch-and-Bound-Verfahren

Wie eingangs erwähnt, betrachten wir in diesem Band – aber auch in Band III – zum großen Teil $\mathcal{NP}$-schwere Probleme v.a. der ganzzahligen linearen und der kombinatorischen Optimierung. Zu ihrer exakten Lösung wurden in erster Linie zahlreiche B&B-Verfahren entwickelt. Deren Ausprägung – und somit unsere Beschreibung – ist jeweils auf das konkrete Problem (z.B. das verallgemeinerte Zuordnungsproblem oder das Traveling Salesman-Problem in gerichteten oder in ungerichteten Graphen) zugeschnitten.

Im folgenden schildern wir die allen B&B-Verfahren gemeinsamen Grundideen, das *Verzweigen von Problemen* in Teilprobleme (*Branching*) sowie die *Ermittlung von Schranken* für die Zielfunktionswerte von (Teil-)Problemen und das *Ausloten* von (Teil-)Problemen (*Bounding*). Kap. 1.2.2 enthält ein Ablaufdiagramm, das die wesentlichen Komponenten der neueren B&B-Verfahren aufzeigt und die Verfahrensabläufe veranschaulicht.

Da wir in den Logistik-Bänden ausschließlich Minimierungsprobleme betrachten, erläutern wir das B&B-Prinzip u.a. anhand des folgenden *zweiperiodigen Knapsack-Problems mit zu minimierender Zielfunktion*:

Minimiere $F(x) = 9x_1 + 4x_2 + 8x_3 + 5x_4 + x_5$ (1.1)

unter den Nebenbedingungen

$6x_1 + 8x_2 + 4x_3 + 5x_4 + 3x_5 \geq 12$ (1.2)

$8x_1 + 4x_2 + 6x_3 + 4x_4 + 2x_5 \geq 10$ (1.3)

$x_i \in \{0,1\}$ für $i = 1,...,5$ (1.4)

Das Problem läßt sich wie folgt interpretieren: Zur Deckung von Kapazitätsbedarfen der nächsten beiden Planungsperioden stehen fünf Investitionsalternativen zur Verfügung. Die Zielfunktionskoeffizienten geben die Anschaffungskosten, die Koeffizienten der Nebenbedingungen die jeweiligen Kapazitätsangebote der Alternativen wieder. Gesucht ist ein kostenminimales Investitionsprogramm, das genügend Kapazität zur Deckung der Bedarfe enthält. [4]

1.2.1 Grundprinzipien von B&B-Verfahren [5]

1.2.1.1 Verzweigen von Problemen (Branching)

Das Grundprinzip des Verzweigens (Branching) besteht darin, ein zu lösendes Problem P_0 in eine Anzahl von Teilproblemen $P_1,...,P_k$ so zu "zerlegen", daß jedes dieser Teilprobleme weniger zulässige Lösungen besitzt als P_0. Für die Lösungsmengen [6] $L(P_0),...,L(P_k)$ der genannten Probleme *muß* die Beziehung

$$L(P_0) = \bigcup_{\mu=1}^{k} L(P_\mu)$$ (1.5)

erfüllt sein. Aus Gründen der Ersparnis an Rechenaufwand sollten außerdem die Lösungsmengen $L(P_1),...,L(P_k)$ disjunkt sein, d.h. es *sollte* gelten:

$L(P_\mu) \cap L(P_\nu) = \phi$ für $\mu, \nu = 1,...,k$ mit $\mu \neq \nu$ (1.6)

Die Probleme eines solchen *Verzweigungsprozesses* lassen sich in Form eines **Lösungs-** (oder Entscheidungs-) **Baumes** darstellen (siehe Abb. 1.2).

Zur Lösung der Teilprobleme kann man sich natürlich erneut dieses Verzweigungsprinzips bedienen. "Zerlegen" wir z.B. Problem P_μ weiter in die Teilprobleme $P_{\mu_1},...,P_{\mu_h}$, für deren Lösungsmengen die Beziehung

$$L(P_\mu) = \bigcup_{i=1}^{h} L(P_{\mu_i})$$ (1.7)

---

[4] In der Literatur zur Investitionstheorie findet man in der Regel mehrperiodige Knapsack-Probleme mit zu maximierender Zielfunktion und $\leq$-Restriktionen. Zu maximieren ist dabei zumeist die Summe der Kapitalwerte für Investitions- und Finanzierungsprojekte. Die Nebenbedingungen stellen Budgetrestriktionen dar.

[5] Vgl. z.B. Geoffrion (1974), Parker und Rardin (1988), Neumann und Morlock (1993, Kap. 3) oder Domschke und Drexl (1995, Kap. 6).

[6] Lösungsmenge := Menge der zulässigen Lösungen; das ist die Menge aller Lösungen, die sämtliche Nebenbedingungen eines betrachteten Problems erfüllen.

(und möglichst $L(P_{\mu_i}) \cap L(P_{\mu_j}) = \phi$ für alle $\mu_i \neq \mu_j$) erfüllt ist, so erhalten wir den Lösungsbaum in Abb. 1.3.

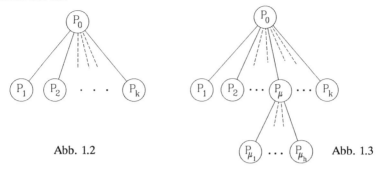

Abb. 1.2   Abb. 1.3

Definition 1.21: Ein Problem P_μ ($\mu = 0, 1, ...$) heißt **vollständig verzweigt**, wenn es so in Teilprobleme zerlegt (verzweigt) ist, daß die Bedingung (1.5) bzw. die Bedingung (1.7) gilt.

Alle Probleme eines Lösungsbaumes T, die noch nicht vollständig verzweigt wurden, bezeichnen wir als **Endprobleme** von T.

In Abb. 1.3 sind lediglich P_0 und P_μ keine Endprobleme.

Satz 1.1: Sei T ein unter Beachtung der Verzweigungsvorschriften (1.5) bis (1.7) gebildeter Baum zur Lösung eines Problems P_0. Dann ist die Vereinigung der zulässigen Lösungen aller Endprobleme von T gleich der Menge $L(P_0)$, d.h. gleich der Menge der zulässigen Lösungen von P_0. Somit ist die beste der zulässigen Lösungen aller Endprobleme von T zugleich optimale Lösung von P_0.

1.2.1.2 Ermittlung von Schranken und Ausloten von Problemen (Bounding)

Es stellt sich natürlich die Frage, wie lange der Prozeß des Verzweigens fortzusetzen ist. Muß soweit verzweigt werden, daß jedes Endproblem höchstens[7] noch eine zulässige Lösung besitzt? In diesem Fall würde man den Verzweigungsprozeß als **vollständige Enumeration** aller zulässigen Lösungen von P_0 bezeichnen.

Damit in der Regel eine so weitgehende Verzweigung nicht erforderlich wird, berechnet und berücksichtigt man im Laufe eines B&B-Verfahrens bestimmte Schranken für den Wert einer optimalen Lösung von P_0 bzw. von Teilproblemen P_ν. Bei *Minimierungsproblemen* sind folgende Schranken zu unterscheiden:

(1) Der Wert $\bar{F}$ der *aktuell besten* (d.h. der besten bis zum jeweiligen Stadium des Verfahrens gefundenen) zulässigen Lösung von P_0 ist eine **obere Schranke** für den Wert der optimalen Lösung von P_0.
(2) Für jedes Problem P_ν ($\nu = 0, 1, ...$) berechnet man eine **untere Schranke** $\underline{F}_\nu$ für den Wert F_ν^* der optimalen Lösung von P_ν, d.h. es gilt $\underline{F}_\nu \leq F_\nu^*$.

---

[7] Es kommt auch vor, daß gebildete Teilprobleme keine zulässige Lösung besitzen.

Eine untere Schranke $\underline{F}_\nu$ für ein Problem P_ν läßt sich wie folgt ermitteln: Man lockert oder entfernt eine oder mehrere Nebenbedingungen von P_ν so, daß das dadurch entstehende Problem $P_\nu{}'$ mit deutlich geringerem Aufwand als P_ν gelöst werden kann.

Durch die Lockerung (bzw. den Wegfall) von Nebenbedingungen wird die Lösungsmenge $L(P_\nu)$ auf $L(P_\nu{}')$ erweitert. Da also $L(P_\nu) \subseteq L(P_\nu{}')$ ist, liefert der Wert der optimalen Lösung von $P_\nu{}'$ eine untere Schranke $\underline{F}_\nu$ für F_ν^*. Ein Problem $P_\nu{}'$ der geschilderten Art bezeichnet man als **Relaxation** oder als relaxiertes Problem von P_ν.

Die Lösung relaxierter Probleme und die Ermittlung von oberen und unteren Schranken trägt nun wie folgt zur Beschränkung des Verzweigungsprozesses bei:

Seien P_ν ein betrachtetes Problem und $P_\nu{}'$ die gebildete Relaxation. Dann braucht P_ν in folgenden Fällen nicht weiter verzweigt zu werden:

Fall a: $\underline{F}_\nu \geq \bar{F}$, d.h. die optimale Lösung von $P_\nu{}'$ besitzt keinen niedrigeren Zielfunktionswert als die aktuell beste zulässige Lösung von P_0. Dann gilt dasselbe auch für die optimale Lösung von P_ν.

Fall b: Die optimale Lösung von $P_\nu{}'$ ist zulässige (und damit zugleich optimale) Lösung von P_ν, und ihr Zielfunktionswert $\underline{F}_\nu$ ist kleiner als $\bar{F}$. Dann setzen wir $\bar{F} := \underline{F}_\nu$ und speichern die soeben erhaltene Lösung als aktuell beste Lösung von P_0.

Fall c: $P_\nu{}'$ besitzt keine zulässige Lösung; dann ist auch $L(P_\nu) = \phi$.

Ein Problem P_ν, für das einer der drei Fälle vorliegt, bezeichnet man als **ausgelotet**. Ausgelotete Probleme brauchen nicht weiter verzweigt zu werden.

Das B&B-Verfahren endet, sobald alle Endprobleme des gebildeten Lösungsbaumes ausgelotet sind. Die beste bis dahin ermittelte Lösung von P_0 ist optimal.

1.2.2 Ablauf und Komponenten von B&B-Verfahren

Das Flußdiagramm in Abb. 1.4 veranschaulicht den Ablauf von B&B-Verfahren für *Minimierungsprobleme*. Es zeigt die wesentlichen Komponenten (= Verfahrensteile), die in B&B-Verfahren enthalten sein *können*. Die Komponenten 1 und/oder 8 werden in einigen Verfahren nicht verwendet. Die Komponente 7 wird häufig unter der Bezeichnung "logische Tests" als gesonderter Verfahrensteil hervorgehoben.

Erläuterungen:

Zu [1]: Häufig ist es im Hinblick auf die insgesamt benötigte Rechenzeit und den erforderlichen Speicherplatzbedarf nützlich, vor der Durchführung eines B&B-Verfahrens eine zulässige Lösung und deren Wert $\bar{F}$ mit Hilfe eines heuristischen Verfahrens zu ermitteln (vgl. z.B. das B&B-Verfahren zur Lösung von Single Source-Transportproblemen in Kap. 2.4.3.3). Ansonsten startet man mit $\bar{F} = \infty$ bzw. $\bar{F} = M$, wobei M eine hinreichend groß zu wählende Zahl darstellt.

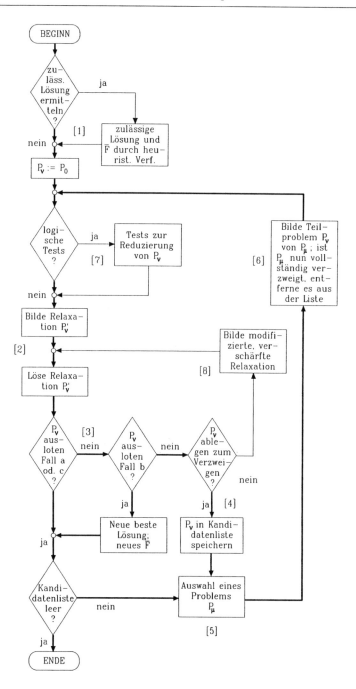

Abb. 1.4: Flußdiagramm für B&B-Verfahren

Zu [2] (Bilden und Lösen von Relaxationen):

Erfolgen keine logischen Tests oder kann das Problem P_ν trotz Ausführung von Tests nicht gelöst bzw. ausgelotet werden, so wird eine Relaxation P_ν' von P_ν gebildet und gelöst. Wesentliche Relaxationsmöglichkeiten sind die LP-Relaxation, das Weglassen von Nebenbedingungen, die Surrogate Relaxation und die Lagrange-Relaxation.

- **LP-Relaxation:** Hierbei vereinfacht man den *Typ der verwendeten Variablen*; statt des Ausgangsproblems mit ganzzahligen oder binären Variablen betrachtet man ein einfacher zu lösendes Problem mit reellen Variablen. Für Variablen vorgegebene Minimal- oder Maximalwerte sollte man jedoch beibehalten; z.B. bedeutet dies, daß man für Binärvariablen die Bedingung $x_i \in \{0,1\}$ durch $0 \leq x_i \leq 1$ (und reellwertig[8]) ersetzt.

  Manchmal ist es ausreichend und zumeist weniger aufwendig, nicht die LP-Relaxation selbst, sondern das dazu duale Problem zu betrachten. Da für die Zielfunktionswerte einer zulässigen Lösung x eines Minimierungsproblems und einer zulässigen Lösung u eines dazu dualen Maximierungsproblems die Ungleichung $F(x) \geq F(u)$ gilt (Einschließungssatz der linearen Optimierung; vgl. Band I), erhält man auch auf diese Weise eine untere Schranke für das Ausgangsproblem. Zur Lösung der dualen Probleme eignen sich sogenannte **Dual Ascent-** und **Dual Adjustment-Verfahren**; vgl. Kap. 2.4.3.4 sowie die Vorgehensweisen zur Lösung von Warehouse Location-Problemen in Kap. 3.4.2.2 von Band III.

- **Weglassen von Nebenbedingungen:** Eine oder mehrere Nebenbedingungen (Gleichungen oder Ungleichungen, jedoch nicht Typbedingungen für Variablen) werden weggelassen. Oft handelt es sich dabei um Bedingungen, die die Lösung des Problems besonders erschweren. Ein Beispiel hierfür sind die Zyklusbedingungen in Traveling Salesman-Problemen; vgl. Kap. 3.1.2.

  In unserem Knapsack-Problem würde, wie wir unten näher erläutern, das Weglassen der Bedingung (1.2) oder der Bedingung (1.3) das Problem wesentlich vereinfachen.

- **Surrogate-Relaxation:** Hiermit bezeichnet man in der Literatur eine Art der Relaxationsbildung, bei der mehrere Nebenbedingungen i – mit vorzugebenden Faktoren λ_i multipliziert – zu einer einzigen Bedingung zusammengefaßt (addiert) werden.

  In unserem zweiperiodigen Knapsack-Problem (1.1) – (1.4) könnten wir z.B. die Nebenbedingungen (1.2) und (1.3), jeweils mit positiven Faktoren λ_1 und λ_2 multipliziert, addieren und durch die neue Nebenbedingung ersetzen. Bei $\lambda_1 = 1$ und $\lambda_2 = 2$ erhielten wir die neue Nebenbedingung:

  $$22x_1 + 16x_2 + 16x_3 + 13x_4 + 7x_5 \geq 32$$

- **Lagrange-Relaxation:** Sie entsteht dadurch, daß man eine oder mehrere Nebenbedingungen eliminiert, diese aber in der Zielfunktion berücksichtigt. Dabei addiert man ihren (negativen) Schlupf – mit vorzugebenden oder geeignet zu bestimmenden Parametern

---

[8] Auf diesen Zusatz verzichtet man bei reellwertigen Variablen in der Regel.

(Dualvariablen, Lagrange-Multiplikatoren) gewichtet – zur ursprünglichen Zielfunktion. Vereinfachend sprechen wir von "Aufnehmen der Nebenbedingung in die Zielfunktion".
Nehmen wir in unserem Knapsack-Problem die Bedingung (1.3) – mit einem nichtnegativen Parameter u gewichtet – in die Zielfunktion auf, so entsteht das folgende Problem:

Min. $FL_u(x) = 9x_1 + 4x_2 + 8x_3 + 5x_4 + x_5 + u \cdot (10 - 8x_1 - 4x_2 - 6x_3 - 4x_4 - 2x_5)$ (1.1)'

unter den Nebenbedingungen

$$6x_1 + 8x_2 + 4x_3 + 5x_4 + 3x_5 \geq 12 \qquad (1.2)$$

$$x_i \in \{0, 1\} \qquad \text{für } i = 1, ..., 5 \qquad (1.4)$$

Die Lösungsmenge dieses Problems ist eine Obermenge der Lösungsmenge von (1.1) – (1.4). Für jedes beliebige, nichtnegative u und jede bezüglich (1.2) und (1.4), aber auch jede bezüglich (1.2) – (1.4) zulässige Lösung x gilt:[9]

$$FL_u(x) = F(x) + u \cdot (10 - 8x_1 - 4x_2 - 6x_3 - 4x_4 - 2x_5) \leq F(x)$$

Für nichtzulässige Lösungen x ist der Ausdruck $u \cdot (10 - 8x_1 - 4x_2 - 6x_3 - 4x_4 - 2x_5)$ positiv; er läßt sich als **Strafkosten** interpretieren.

Bei Betrachtung einer Lagrange-Relaxation ist es nun interessant, Lagrange-Multiplikatoren so zu finden, daß die erzielbare untere Schranke $\underline{F}$ möglichst groß ist. Für unser Knapsack-Problem wäre damit die folgende Aufgabe zu lösen, die wir als **Lagrange-Problem** bezeichnen wollen:

Maximiere $\{$ Min $FL_u(x) \mid u \geq 0 \}$

unter den Nebenbedingungen (1.2), (1.4)

Zur näherungsweisen Lösung von Lagrange-Problemen verwendet man vorzugsweise sogenannte **Subgradientenverfahren**; vgl. z.B. Kap. 3.4.3.

Zu [3] (Ausloten von Problemen):

Besitzt die (zuletzt gelöste) Relaxation P_ν' von P_ν eine optimale Lösung mit $\underline{F}_\nu \geq \bar{F}$ oder keine zulässige Lösung, so ist das Problem ausgelotet (Fall a bzw. c).
Ist die optimale Lösung von P_ν' eine zulässige Lösung von P_0 mit einem Zielfunktionswert $\underline{F}_\nu < \bar{F}$, so wird P_ν ebenfalls ausgelotet (Fall b). Die gefundene Lösung wird als aktuell beste

---

[9] Einen einfachen Beweis dafür, daß eine derartige Lagrange-Relaxation eine untere Schranke für Minimierungsprobleme liefert, findet man in Parker und Rardin (1988, S. 206).
Wir betrachten das Ausgangsproblem
Min $F1(x) = c\,x$ unter den NB'en $A\,x \geq b$ und $x \geq 0$
und erhalten über die Probleme
Min $F2(x) = c\,x$ unter den NB'en $u(b - A\,x) \leq 0$ und $x \geq 0$ mit beliebigem $u \geq 0$ sowie
Min $F3(x) = c\,x + u(b - A\,x)$ unter den NB'en $u(b - A\,x) \leq 0$ und $x \geq 0$ mit $u \geq 0$
die Lagrange-Relaxation
Min $FL(x) = c\,x + u(b - A\,x)$ unter der NB $x \geq 0$ mit $u \geq 0$.
Daraus wird unmittelbar ersichtlich, daß Min $F1(x)$ = Min $F2(x) \geq$ Min $F3(x) \geq$ Min $FL(x)$ gilt.

Lösung gespeichert. Ihr Zielfunktionswert liefert eine verbesserte obere Schranke $\bar{F}$.
Nach der Korrektur von $\bar{F}$ ist es häufig vorteilhaft, die Kandidatenliste nach solchen Problemen P_μ zu durchsuchen, deren untere Schranke $\underline{F}_\mu$ nunmehr größer oder gleich $\bar{F}$ ist. Sie können aus der Kandidatenliste der noch zu verzweigenden Probleme entfernt, also "nachträglich" ausgelotet werden (Fall a des Auslotens).[10]

Zu [4]: Ist das Problem P_ν nach dem Lösen der (zuletzt betrachteten) Relaxation nicht auslotbar, so wird es entweder der Kandidatenliste hinzugefügt [5], oder man bildet eine modifizierte, verschärfte Relaxation [8].

Die **Kandidatenliste** enthält in jedem Stadium des Verfahrens nicht ausgelotete Endprobleme sowie Probleme, die bereits teilweise, aber noch nicht vollständig verzweigt wurden.

Zu [5] und [6] (Ablegen von Problemen in und Auswahl aus der Kandidatenliste):

Zur Auswahl eines Problems aus der Kandidatenliste werden in der Literatur zahlreiche **Auswahlregeln** diskutiert. Zwei Extreme sind die Minimal-Lower-Bound-Regel (MLB-Regel) und die Last In-First Out-Regel (LIFO-Regel).

- Bei der **MLB-Regel** wird jeweils ein Problem P_μ mit der kleinsten unteren Schranke $\underline{F}_\mu$ ausgewählt. Dies geschieht in der Hoffnung, daß sich die oder eine optimale Lösung von P_0 am ehesten unter den zulässigen Lösungen von P_μ befindet. Die Suche ist in die Breite gerichtet (*breadth first search*).

  Bei Anwendung der MLB-Regel befinden sich gegenüber der folgenden LIFO-Regel zumeist wesentlich mehr Probleme in der Kandidatenliste (evtl. Speicherplatzprobleme). Die erste erhaltene zulässige Lösung ist jedoch im allgemeinen sehr gut.

- Bei der **LIFO-Regel** wird jeweils das zuletzt in die Kandidatenliste aufgenommene Problem zuerst weiter bearbeitet (*depth first search*). Dabei gibt es zwei mögliche Varianten:

  a) Bei der *reinen Tiefensuche* (*laser search*) wird für jedes betrachtete Problem zunächst nur ein Teilproblem gebildet und das Problem selbst wieder in der Kandidatenliste abgelegt. Diese Vorgehensweise ist im Flußdiagramm enthalten; vgl. dazu ferner unser Beispiel in Kap. 1.2.3.2.

  b) Bei der *Tiefensuche mit vollständiger Verzweigung* wird jedes betrachtete Problem vollständig in Teilprobleme zerlegt und sofort aus der Kandidatenliste gelöscht. Eines der gebildeten Teilprobleme wird unmittelbar weiterbearbeitet, die anderen werden in der Kandidatenliste abgelegt. Dabei kann die Betrachtungsreihenfolge dieser Teilprobleme durch eine zusätzliche Auswahlregel (z.B. die MLB-Regel) gesteuert werden.

---

[10] Verzichtet man darauf, so ist der Test auf nachträgliches Ausloten (Vergleich der unteren mit der *aktuellen* oberen Schranke) unmittelbar vor dem Verzweigen eines Problems durchzuführen.

Die LIFO-Regel hat den Vorteil, daß man relativ schnell zu einer ersten zulässigen Lösung gelangt und sich stets vergleichsweise wenige Probleme in der Kandidatenliste befinden. Die ersten erhaltenen zulässigen Lösungen sind in der Regel jedoch noch relativ schlecht. Reicht der Speicherplatzbedarf zur Anwendung der MLB-Regel nicht aus, so können auch Kombinationen aus MLB- und LIFO-Regel eingesetzt werden; siehe z.b. Klein und Scholl (1996). Untersuchungen über die Wirkung der Regeln beim Knapsack-Problem finden sich in Scholl et al. (1997). Vgl. zu weiteren Regeln z.b. Mevert und Suhl (1976).

Bei den meisten B&B-Verfahren zur Lösung ganzzahliger und binärer Optimierungsprobleme wird die Komponente 6 genau zweimal durchlaufen, weil jedes nicht auslotbare Problem P_μ in genau zwei Teilprobleme P_{μ_1} und P_{μ_2} zerlegt wird.[11] Dies geschieht, indem man eine in P_μ noch freie Binärvariable x_i (für sie gilt noch die Bedingung $x_i \in \{0,1\}$) in P_{μ_1} zu 0 fixiert und in P_{μ_2} zu 1 fixiert (oder umgekehrt). In P_{μ_1} wird also $x_i \in \{0,1\}$ zu $x_i = 0$ und in P_{μ_2} wird $x_i \in \{0,1\}$ zu $x_i = 1$ verändert.

Für die Auswahl der zu fixierenden Binärvariablen x_i existieren verschiedene Regeln, auf die wir im Rahmen der Beschreibung einzelner Verfahren eingehen.

Zu [7] (Logische Tests zur Reduzierung von Problemen):

Logische Tests zur Reduzierung von (bzw. des Lösungsbereichs von) Problemen spielen im Rahmen der Lösung von Standortproblemen in Graphen eine wichtige Rolle (siehe Band III). Aber auch im vorliegenden Band finden sich Beispiele für die Durchführung logischer Tests. Man betrachte z.B. die Tests zu dem in Kap. 2.4.3.3 beschriebenen B&B-Verfahren für Single Source-Transportprobleme (bei diesen einstufigen TPPen soll die Nachfragemenge b_j jedes Nachfragers B_j durch genau einen Anbieter A_i vollständig geliefert werden):

Der nur für das (Ausgangs-) Problem P_0 angewendete Test 1 beruht auf Kostenvergleichen. Sei x_{ij} eine Nichtbasisvariable einer optimalen Lösung von P_0'. Ist das Produkt $\bar{c}_{ij} \cdot b_j$ aus ihren Opportunitätskosten und der Bedarfsmenge b_j größer als die Differenz aus der aktuellen oberen Schranke $\bar{F}$ und der unteren Schranke $\underline{F}_0$, so wird in einer optimalen Lösung des Problems P_0 der Nachfrager B_j nicht durch den Anbieter A_i beliefert. Die Variable x_{ij} kann dann aufgrund des Tests sofort zu 0 fixiert werden. Aufgrund von Test 2 können Variablen x_{hk} dann zu 0 fixiert werden, wenn die noch nicht durch Fixierungen verplante Restangebotsmenge des Anbieters A_h kleiner ist als der Bedarf b_k des Nachfragers B_k.

Zu [8] (Verschärfte Relaxationen, additives Bounding):

Einige neuere B&B-Verfahren zur Lösung logistischer Probleme verdanken ihre Wirtschaftlichkeit (relativ geringer Rechenzeit- und Speicherplatzbedarf) u.a. der Tatsache, daß sie die Bildung und Lösung von mehr als einer Relaxation vorsehen, um möglichst gute (bei Minimierungsproblemen untere, bei Maximierungsproblemen obere) Schranken zu berechnen.

---

[11] Ein Verfahren, bei dem mehr als zwei Teilprobleme entstehen können, ist der Subtour-Eliminations-Algorithmus für TSPe in Kap. 3.3.2.

Läßt sich ein Problem P_ν aufgrund der ersten Relaxation nicht ausloten, so kann man versuchen, die Relaxation sukzessive zu verschärfen. Man kann jedoch auch versuchen, zusätzlich einen anderen Relaxationstyp anzuwenden, um die Schranke weiter zu verbessern oder eine optimale Lösung für P_ν zu finden.

Beispiele für diese Vorgehensweise sind das Verfahren von Balas und Christofides (1981) für asymmetrische TSPe (siehe Kap. 3.3.3) sowie das Verfahren von Fischetti et al. (1994) für Vehicle Routing-Probleme (siehe Kap. 5.3.1). Ausgehend von einer optimalen Lösung eines linearen Zuordnungsproblems als Relaxation beider Probleme, werden im ersten Verfahren sukzessive weitere Restriktionen hinzugefügt und im zweiten Verfahren zusätzliche Relaxationen (Minimalkostenflußprobleme) gelöst.[12]

Eine Möglichkeit zur sukzessiven Verschärfung von Schranken wird als **Additives Bounding** bezeichnet; vgl. Fischetti und Toth (1989). Wir skizzieren die Grundidee der Vorgehensweise anhand eines Minimierungsproblems P mit zulässigem Lösungsbereich L(P):

Minimiere $F(x) = cx$ unter der Nebenbedingung $x \in L(P)$

Den optimalen Zielfunktionswert von P bezeichnen wir mit $F^*(P)$. Durch Lösen einer (beliebigen) Relaxation P' erhalten wir eine untere Schranke $\underline{F} \leq F^*(P)$. Diese Schranke läßt sich verschärfen, indem man ein Restproblem P^r mit Lösungsbereich L(P) und einer modifizierten Zielfunktion bildet und auch dafür eine untere Schranke bestimmt. Dazu benötigt man einen nichtnegativen Kostenvektor $\bar{c}$ mit der Eigenschaft:

$$\underline{F} + \bar{c}x \leq cx \quad \text{für} \quad x \in L(P) \tag{1.8}$$

Ist P' z.B. die LP-Relaxation von P, so läßt sich der Vektor $\bar{c}$ aus der Zielfunktionszeile des optimalen Simplex-Tableaus ablesen. Da es sich dabei um die reduzierten Kosten (Opportunitätskosten) der Variablen handelt, bezeichnen wir $\bar{c}$ als *Vektor der reduzierten Kosten*. Ebenso ergeben sich aus jeder zulässigen Lösung des zu P' dualen linearen Optimierungsproblems sowohl eine untere Schranke für P als auch ein Vektor $\bar{c}$. Mit einem (1.8) erfüllenden Vektor $\bar{c}$ definieren wir ein Restproblem P^r:

Minimiere $F^r(x) = \bar{c}x$ unter der Nebenbedingung $x \in L(P)$

Jede untere Schranke bzw. der optimale Zielfunktionswert von P^r kann aufgrund von (1.8) zur unteren Schranke $\underline{F}$ hinzuaddiert werden, um eine verbesserte Schranke zu erhalten. Im allgemeinen ist es sinnvoll, für P^r eine andere Art der Relaxation zu betrachten als für P. Gelingt es, auch aus der optimalen Lösung der Relaxation P^r' einen Vektor reduzierter Kosten mit Eigenschaft (1.8) abzuleiten, so läßt sich der additive Prozeß mit einem weiteren Restproblem fortsetzen.

Auf diese Weise lassen sich verschiedene Relaxationsmöglichkeiten, die verschiedene Substrukturen eines Problems ausnutzen, miteinander kombinieren. Eine Hauptschwierigkeit

---

[12] Nicht zu diesem Typ zählen wir die bereits unter Komponente 2 behandelten Lagrange-Relaxationen, bei denen im Rahmen eines Subgradientenverfahrens wiederholt dieselbe Relaxation mit jeweils veränderten Daten, bedingt durch veränderte Lagrange-Multiplikatoren, gelöst wird.

besteht darin, für jede Relaxationsmöglichkeit eine geeignete Vorgehensweise zur Berechnung reduzierter Kosten zu finden.

Beispiel: Wir erläutern das Prinzip anhand eines sehr einfachen linearen Optimierungsproblems P, für das wir mit Hilfe des Additiven Bounding eine untere Schranke $\underline{F}$ bestimmen:

Minimiere $F(x_1, x_2) = x_1 + 3x_2$ (1.9)

unter den Nebenbedingungen

$x_1 + x_2 \geq 5$ (1.10)

$2x_1 + 5x_2 \geq 11$ (1.11)

$-x_1 + 10x_2 \geq 10$ (1.12)

$x_1, x_2 \geq 0$ (1.13)

Zunächst betrachten wir die Relaxation P' von P, die durch Weglassen der Bedingung (1.12) entsteht. Die optimale Lösung $x' = (5.5, 0)$ von P' liefert eine untere Schranke $\underline{F} = 5.5$; vgl. Abb. 1.5. Die Opportunitätskosten der Strukturvariablen sind $\bar{c}_1 = 0$ und $\bar{c}_2 = 0.5$. Wir bilden nun ein "Restproblem" P^r, das sich von P nur durch den veränderten Kostenvektor $\bar{c} = (0, 0.5)$ unterscheidet. Lösen wir die Relaxation P$^{r'}$, die durch Weglassen der Nebenbedingungen (1.10) und (1.11) entsteht, so erhalten wir die Lösung $x^{r'} = (0, 1)$ mit Zielfunktionswert $\underline{F}^r = 0.5$. Damit läßt sich die untere Schranke $\underline{F}$ von P auf 6 erhöhen. Der optimale Zielfunktionswert von P ist 7.72.

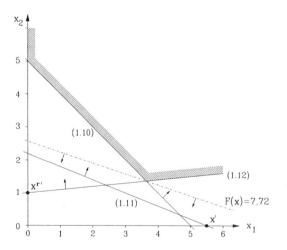

Abb. 1.5

Durch die additive Vorgehensweise ist es hier also möglich, den Einfluß der zuvor weggelassenen Nebenbedingung (1.12), die eine untere Schranke für den Wert von x_2 impliziert, nachträglich einzubeziehen. Wenn der Wert der Variablen x_2 aufgrund von (1.12) erhöht werden muß, so geben die verwendeten reduzierten Kosten $\bar{c}_2$ an, wie stark der Zielfunktionswert pro Einheit von x_2 ansteigt.

Das Beispiel wurde bewußt so einfach gewählt, daß keine schwierig zu lösenden Relaxationen entstehen und reduzierte Kosten leicht ermittelbar sind. Auf sinnvollere Anwendungen bei Traveling Salesman- und Tourenplanungsproblemen haben wir oben bereits hingewiesen.

Abschließende Bemerkung zum B&B-Prinzip: In letzter Zeit haben sich zahlreiche Autoren mit der Möglichkeit der Parallelisierung von B&B-Verfahren beschäftigt; vgl. Gendron und Crainic (1994) und die dort angegebene Literatur.

1.2.3 Beispiele

Wir erläutern das B&B-Prinzip nochmals anhand zweier Beispiele. Wir beginnen mit einem allgemeinen ganzzahligen linearen Optimierungsproblem und betrachten danach ein Knapsack-Problem.

1.2.3.1 Ein allgemeines ganzzahliges lineares Optimierungsproblem

Wir betrachten das oben bereits verwendete lineare Optimierungsproblem, für dessen Variablen wir nunmehr jedoch Ganzzahligkeit fordern:

$$\text{Minimiere } F(x_1, x_2) = x_1 + 3x_2 \tag{1.9}$$

unter den Nebenbedingungen

$$x_1 + x_2 \geq 5 \tag{1.10}$$

$$2x_1 + 5x_2 \geq 11 \tag{1.11}$$

$$-x_1 + 10x_2 \geq 10 \tag{1.12}$$

$$x_1, x_2 \geq 0 \text{ und ganzzahlig} \tag{1.13}'$$

Das anzuwendende B&B-Verfahren soll folgende Komponenten enthalten:

- Zu Beginn wird keine zulässige Lösung ermittelt; $\bar{F} = \infty$.
- Es werden keine logischen Tests ausgeführt.
- Für jedes Problem P_ν ($\nu = 0, 1, ...$) wird die *LP-Relaxation* P_ν' gebildet. Wir lösen die Relaxation graphisch.
- Bei dem hier sehr kurzen Lösungsgang spielt die *Auswahlregel* von Problemen aus der Kandidatenliste keine Rolle.
- *Verzweigungsregel*: Jedes nicht auslotbare Problem P_μ zerlegen wir in zwei Teilprobleme P_{μ_1} und P_{μ_2}. Dabei gehen wir von der optimalen Lösung ($x_1 = p, x_2 = q$) der Relaxation P_μ' aus. Ist x_1 nicht ganzzahlig, so fordern wir in P_{μ_1} zusätzlich zu den in P_μ geltenden Bedingungen $x_1 \leq \lfloor p \rfloor$; [13] in P_{μ_2} fordern wir zusätzlich zu den in P_μ geltenden Bedingungen $x_1 \geq \lfloor p \rfloor + 1$. Ist lediglich x_2 nicht ganzzahlig, so sind die zusätzlichen Bedingungen $x_2 \leq \lfloor q \rfloor$ und $x_2 \geq \lfloor q \rfloor + 1$ zu beachten.

---

[13] $\lfloor p \rfloor :=$ größte ganze Zahl $\leq p$ (untere Gaußklammer).

Wir skizzieren nun den Verfahrensablauf zur Lösung unseres Beispiels (vgl. den Lösungsbaum in Abb. 1.7).

Problem P_0: Einige zulässige Lösungen von P_0 sind in Abb. 1.6 als Punkte dargestellt. Die LP-Relaxation P'_0 besitzt die optimale Lösung $x = (x_1, x_2) = (3.64, 1.36)$ mit dem Zielfunktionswert $\underline{F}_0 = 7.72$. Problem P_0 kann nicht ausgelotet werden. Es wird das erste und zunächst einzige Element der Kandidatenliste.

Wir verzweigen P_0 zunächst durch Bildung von P_1, bei dem wir zusätzlich zu den bisherigen Nebenbedingungen $x_1 \leq 3$ fordern. Danach bilden wir P_2, bei dem wir $x_1 \geq 4$ ergänzen, und löschen P_0 aus der Kandidatenliste.

Problem P_1: Die Relaxation P'_1 besitzt die ganzzahlige optimale Lösung $x = (3,2)$ mit $F_1^* = 9$. Sie liefert damit die erste (endliche) obere Schranke $\bar{F} = 9$.

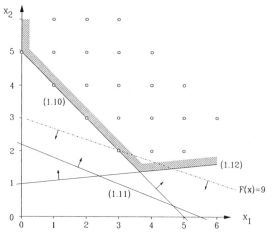

Abb. 1.6

Problem P_2: Die Relaxation P'_2 liefert die nichtganzzahlige Lösung $x = (4, 1.4)$ mit $\underline{F}_2 = 8.2$. Das Problem wird der Kandidatenliste hinzugefügt, die nun nur P_2 enthält.

Problem P_3: Es entsteht aus P_2 durch Hinzufügen der Bedingung $x_2 \leq 1$. Die Relaxation P'_3 besitzt keine zulässige Lösung. Damit ist auch die Lösungsmenge $L(P_3)$ leer; das Problem ist ausgelotet (Fall c).

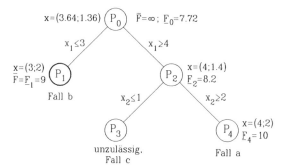

Abb. 1.7

Problem P_4: Es entsteht aus P_2 durch Hinzufügen der Bedingung $x_2 \geq 2$. Die Relaxation P_4' liefert die ganzzahlige optimale Lösung $x = (4,2)$ mit $\underline{F}_4 = 10$. Das Problem ist wegen $\underline{F}_4 > \bar{F}$ nach Fall a ausgelotet.

Damit ist die Kandidatenliste leer. $x^* = (3,2)$ ist die optimale Lösung des Problems P_0 mit dem Zielfunktionswert $F(x^*) = 9$.

1.2.3.2 Ein Knapsack-Problem

Wir betrachten nun unser zu Beginn von Kap. 1.2 eingeführtes Knapsack-Problem (1.1) – (1.4) unter Vernachlässigung von Bedingung (1.3):

$$\text{Minimiere } F(x) = 9x_1 + 4x_2 + 8x_3 + 5x_4 + x_5 \tag{1.1}$$

unter den Nebenbedingungen

$$6x_1 + 8x_2 + 4x_3 + 5x_4 + 3x_5 \geq 12 \tag{1.2}$$

$$x_i \in \{0,1\} \qquad \text{für } i = 1,\ldots,5 \tag{1.4}$$

Zur Bestimmung unterer Schranken für Problem P_0 und dessen Teilprobleme verwenden wir die *LP-Relaxation*, die sich nach folgender Regel sehr leicht exakt lösen läßt (vgl. zur analogen Lösung eines Knapsack-Problems mit zu maximierender Zielfunktion Domschke et al. (1997, S. 128 ff.)):

Seien c_i der Zielfunktionskoeffizient und d_i der Koeffizient in Bedingung (1.2) für die Variable x_i. Wir bilden "relative Kosten" $q_i := c_i/d_i$ und sortieren diese nach monoton wachsenden Werten. Solange die Summe der d_i kleiner gleich 12 ist, erhalten die Variablen x_i in Sortierreihenfolge den Wert 1. Die Variable x_k, bei der die Summe 12 überschritten wird, erhält den in der Regel nichtganzzahligen Wert $(12 - \sum_{i \text{ mit } x_i = 1} d_i)/d_k$; alle übrigen Variablen sind 0.

Zur *Verzweigung* verwenden wir jeweils die einzige nichtganzzahlige Variable der optimalen Lösung einer Relaxation und bilden zunächst das Problem, in dem die Variable zu 1 fixiert wird. Als Auswahlregel von Problemen aus der Kandidatenliste diene die Variante a (reine Tiefensuche) der LIFO-Regel.[14]

Im obigen Beispiel erhält man die relativen Kosten $q_1 = 1.5$, $q_2 = 0.5$, $q_3 = 2$, $q_4 = 1$, $q_5 = 1/3$.

Der Lösungsbaum in Abb. 1.8 ergibt sich aufgrund des folgenden Lösungsgangs:

Problem P_0: $x = (0,1,0,1/5,1)$ ist die optimale Lösung der LP-Relaxation. Sie liefert die untere Schranke $\underline{F}_0 = 6$. Runden wir $x_4 = 1/5$ auf 1 auf, so erhalten wir eine zulässige Lösung des eigentlichen Problems. Ihr Zielfunktionswert ist eine erste obere Schranke $\bar{F} = 10$. Das Problem P_0 wird verzweigt.

Problem P_1: $x = (0,1/2,0,1,1)$ ist die optimale Lösung der Relaxation; $\underline{F}_1 = 8$.

---

[14] Ein umfassendes Werk zum Knapsack-Problem und verwandten Problemstellungen samt Lösungsverfahren ist Martello und Toth (1990).

Problem P_2: $\mathbf{x} = (0,1,0,1,0)$ ist die optimale Lösung der Relaxation mit dem Zielfunktionswert $F = \underline{F}_2 = 9$. Es handelt sich um eine zulässige Lösung für P_2 und damit auch für P_0. Somit erhalten wir die neue obere Schranke $\bar{F} = 9$. Das Problem ist ausgelotet; Fall b.

Problem P_3: $\mathbf{x} = (2/3,0,0,1,1)$ ist die optimale Lösung der Relaxation; $\underline{F}_3 = 12$. Das Problem ist ausgelotet; Fall a.

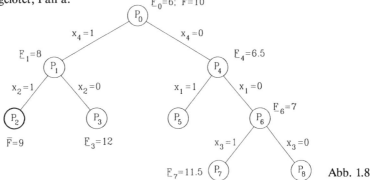

Abb. 1.8

Problem P_4: $\mathbf{x} = (1/6,1,0,0,1)$ ist die optimale Lösung der Relaxation mit $\underline{F}_4 = 6.5$.

Problem P_5: Mit $x_1 = 1$ wird bereits der Wert der aktuellen oberen Schranke erreicht, so daß dieses Problem ohne Schrankenberechnung ausgelotet werden kann.

Problem P_6: $\mathbf{x} = (0,1,1/4,0,1)$ ist die optimale Lösung der Relaxation; $\underline{F}_6 = 7$.

Problem P_7: $\mathbf{x} = (0,5/8,1,0,1)$ ist die optimale Lösung der Relaxation; $\underline{F}_7 > 9$ (Ausloten, Fall a).

Problem P_8: Die Relaxation besitzt keine zulässige Lösung (Ausloten nach Fall c).

Damit ist die für Problem P_2 gefundene Lösung mit dem Zielfunktionswert $F = 9$ optimal.

1.3 Heuristische Verfahren

Wir geben zunächst einen Überblick über heuristische Verfahrensprinzipien. In Kap. 1.3.2 beschreiben wir neuere Metastrategien etwas ausführlicher, wodurch sich in einigen Kapiteln der Logistik-Bände II und III Verfahrensbeschreibungen verkürzen lassen.

1.3.1 Überblick

Die im vorigen Kapitel beschriebenen B&B-Verfahren zählen – wie etwa die MODI-Methode für klassische Transportprobleme, der Out-of-Kilter-Algorithmus für Zirkulationsflußprobleme oder der Simplex-Algorithmus für (allgemeine) lineare Optimierungsprobleme – zu den **exakten Verfahren**. Mit ihrer Hilfe ist es grundsätzlich möglich, in endlich vielen Schritten eine optimale Lösung eines Problems zu berechnen und die Optimalitätseigenschaft nachzuweisen.

Heuristische Verfahren (Heuristiken)[15] unterscheiden sich von exakten Verfahren vor allem dadurch, daß sie keine Garantie dafür bieten, daß eine optimale Lösung des betrachteten Problems gefunden bzw. eine gefundene optimale Lösung als solche erkannt wird; d.h. sie liefern zumeist nur **suboptimale Lösungen**. Heuristiken bestehen aus bestimmten Vorgehensregeln zur Lösungsfindung oder -verbesserung, die hinsichtlich des angestrebten Zieles und unter Berücksichtigung der Problemstruktur als sinnvoll, zweckmäßig und erfolgversprechend erscheinen.

Heuristische Verfahren sind jeweils auf spezielle Probleme zugeschnitten (z.B. auf Traveling Salesman-Probleme, auf Tourenplanungsprobleme oder auf betriebliche bzw. innerbetriebliche Standortprobleme). Es gibt jedoch Gruppen von Verfahren, die nach bestimmten Prinzipien oder **Metastrategien** vorgehen. Beispiele für Metastrategien sind die neueren heuristischen Prinzipien Simulated Annealing, Tabu Search oder genetische Algorithmen, deren grundsätzliche Vorgehensweisen wir in Kap. 1.3.2 erläutern. *Neuronale Netze* (siehe z.B. Ritter et al. (1991) oder Rehkugler und Zimmermann (1994)) stellen bislang zur Lösung der meisten Optimierungsprobleme keine konkurrenzfähige Metastrategie dar.

Die Menge der heuristischen Verfahren läßt sich in folgende wesentliche Klassen unterteilen:

(1) *Eröffnungsverfahren*

(2) *Lokale Suchverfahren / Verbesserungsverfahren*

(3) *Unvollständig ausgeführte exakte Verfahren*, z.B. vorzeitig abgebrochene Branch-and-Bound-Verfahren

(4) *Relaxationsbasierte Verfahren*

Es ist üblich, daß v.a. Eröffnungs- und lokale Suchverfahren miteinander kombiniert werden.

1.3.1.1 Eröffnungsverfahren

Sie dienen der Bestimmung einer (ersten) zulässigen Lösung des betrachteten Problems. Die Güte der erzielten Lösung (gemessen am Optimum) ist häufig von der "Ausgestaltung des Verfahrens" und – damit verbunden – vom investierten Rechenaufwand abhängig. Ein anschauliches Beispiel für diese Aussage bieten die in Kap. 6.2.2 von Band I beschriebenen Eröffnungsverfahren für das klassische Transportproblem: Die schlichte, wenig Rechenaufwand benötigende Nordwesteckenregel liefert in der Regel sehr schlechte, die Spaltenminimum-Methode ermittelt deutlich bessere, und mit der relativ aufwendigen Vogel'schen Approximationsmethode erzielt man oft nahezu optimale Lösungen.

Eröffnungsverfahren dienen zur Ermittlung von Ausgangslösungen für lokale Suchverfahren. Sie dienen auch, wie beim klassischen Transportproblem, zur Ermittlung einer zulässigen (Anfangs-) Lösung, die Ausgangspunkt für die Anwendung eines exakten Verfahrens zur

---

[15] Der Begriff heuristisch ist vom griechischen Verb heuriskein (herausfinden, entdecken) abgeleitet. Heuristische Prinzipien werden z.B. in Meißner (1979), Witte (1979), Müller-Merbach (1981), Zanakis et al. (1989), Reeves (1993), Pesch (1994) sowie Voß (1994) beschrieben.

Erzielung einer optimalen Lösung ist. Sie können ferner im Rahmen von B&B-Verfahren zur Bestimmung einer zulässigen Lösung und einer ersten oberen Schranke $\bar{F} < \infty$ (bei Maximierungsproblemen einer ersten unteren Schranke) verwendet werden.

Eröffnungsverfahren können in jedem Verfahrensschritt nach größtmöglicher Verbesserung des Zielfunktionswertes (der bisherigen Teillösung) trachten; man bezeichnet sie dann als **greedy** oder **myopisch** (gierig, kurzsichtig). Den Gegensatz dazu bilden **vorausschauende Verfahren**, die in jedem Schritt abschätzen, welche Auswirkungen z.b. eine Variablenfixierung auf die in nachfolgenden Schritten noch erzielbare Lösungsgüte besitzt.

Die Spaltenminimum-Methode für Transportprobleme, das Verfahren "Bester Nachfolger" für TSPe (siehe Kap. 3.2.1.1) und die Verfahren Add und Drop für Warehouse Location-Probleme (siehe Band III) sind greedy. Zumeist wird auch die Nordwesteckenregel, die nicht einmal die Transportkosten berücksichtigt, als greedy bezeichnet. Dagegen ist die Vogel'sche Approximationsmethode ein vorausschauendes Verfahren.

Es gibt Probleme und bestimmte Probleminstanzen, bei denen selbst ein Greedy-Algorithmus stets eine optimale Lösung liefert. Beispiele hierfür sind der Kruskal-Algorithmus zur Bestimmung minimaler spannender Bäume, der stets eine optimale Lösung liefert, und die Nordwesteckenregel, die bei bestimmten Datenkonstellationen eine optimale Lösung findet.[16]

Beispiele: Neben den oben erwähnten Beispielen für Eröffnungsverfahren, die in den Logistik-Bänden beschrieben werden, wollen wir zwei sehr einfache Greedy-Verfahren auf unser obiges Knapsack-Problem (1.1), (1.2), (1.4) anwenden.

(1) Ein *Add-Algorithmus* kann wie folgt angelegt sein:

Man beginnt mit $x_j = 0$ für alle j. Solange die rechte Seite der $\geq$-Restriktion noch nicht überschritten ist, wird in jeder Iteration dasjenige x_j mit kleinstem $q_j := c_j/d_j$ (siehe Kap. 1.2.3.2) zu 1 fixiert.

Als Lösung erhält man für unser Beispiel $\mathbf{x} = (0,1,0,1,1)$ mit $F(\mathbf{x}) = 10$.

(2) Ein *Drop-Algorithmus* kann wie folgt angelegt sein:

Man beginnt mit $x_j = 1$ für alle j. In jeder Iteration wird, solange die rechte Seite der $\geq$-Restriktion dadurch nicht unterschritten wird, dasjenige x_j mit größtem $q_j := c_j/d_j$ zu 0 fixiert.

Als Lösung erhält man für unser Beispiel $\mathbf{x} = (0,1,0,1,0)$ mit $F(\mathbf{x}) = 9$.

1.3.1.2 Lokale Suchverfahren / Verbesserungsverfahren

Lokale Suchverfahren starten zumeist mit einer zulässigen Lösung des Problems, die entweder zufällig oder durch Anwendung eines Eröffnungsverfahrens bestimmt wird. In jeder Iteration wird von der gerade betrachteten Lösung $\mathbf{x}$ zu einer Lösung aus der **Nachbarschaft** $NB(\mathbf{x})$

---

[16] Für die Elemente der Kostenmatrix $C = (c_{ij})$ muß gelten: $c_{st} + c_{uv} \leq c_{sv} + c_{ut}$ für $s < u$ und $t < v$; vgl. dazu etwa Faigle (1994).

fortgeschritten. $NB(x)$ enthält sämtliche Lösungen, die sich aus x durch (einmalige) Anwendung einer zu spezifizierenden Transformationsvorschrift ergeben. Dabei werden v.a. folgende Typen von **Transformationsvorschriften** eingesetzt:

1) Veränderung einer Lösung an genau einer Stelle, z.B. durch Umschalten einer Position eines binären Lösungsvektors von 0 auf 1 oder umgekehrt ("Kippen eines Bits").
2) Vertauschen von Elementen, z.B. innerhalb einer Reihenfolge.
3) Verschieben von Elementen, z.B. innerhalb einer Reihenfolge.

Eine Transformation, bei der aus einer Lösung x eine Lösung $x' \in NB(x)$ entsteht, bezeichnet man auch als **Zug**.

Beispiele für Transformation(svorschrift)en:

- Bei unserem Knapsack-Problem können Züge z.B. so definiert sein, daß eine in x gewählte Investitionsalternative wieder verworfen wird oder umgekehrt. Also enthält $NB(x)$ alle Lösungen, die sich von x in genau einer Komponente unterscheiden (Typ 1).
  Denkbar ist auch, daß eine in x gewählte Alternative gegen eine (oder mehrere) in x nicht enthaltene ausgetauscht wird (Typ 2).

- Bei einem r-optimalen Verfahren für TSPe (vgl. Kap. 3.2.2) enthält $NB(x)$ alle diejenigen Lösungen (Rundreisen), die aus x durch den *Austausch* von bis zu r Kanten gegen ebensoviele, bislang nicht in der Rundreise enthaltene Kanten entstehen (Typ 2). Denkbar ist auch eine *Verschiebung* eines Knotens oder mehrerer Knoten an eine andere Stelle der Rundreise (Typ 3, siehe Or-opt in Kap. 3.2.2).

Neben der Definition der Nachbarschaft $NB(x)$ lassen sich Verfahren v.a. hinsichtlich der folgenden Strategien zur Untersuchung der Nachbarschaft und Auswahl eines Zuges unterscheiden:

Untersuchungsreihenfolge: In welcher Reihenfolge werden die Nachbarlösungen $x' \in NB(x)$ untersucht?

Die Reihenfolge kann *zufällig* oder *systematisch* gewählt werden. Dabei kann sich die Systematik an einer vorgegebenen Numerierungsreihenfolge oder an einer geeigneten Prioritätsregel orientieren. Für die in Band III behandelten quadratischen Zuordnungsprobleme läßt sich eine systematische Suche z.B. dadurch realisieren, daß man im Rahmen zweier Laufanweisungen alle Paare von Organisationseinheiten (Maschinen) in Numerierungsreihenfolge generiert. Nach einer Vertauschung wird die Suche mit dem entsprechend der Laufanweisungen nächsten Paar fortgesetzt. Beim Knapsack-Problem (1.1), (1.2), (1.4) kann man aufzunehmende Investitionsalternativen in der Reihenfolge monoton wachsender relativer Kosten und zu entfernende in umgekehrter Reihenfolge untersuchen.

Evaluationsstrategie: Wie werden die untersuchten Nachbarlösungen bewertet? I.d.R. bewertet man die Lösungen mit ihren *Zielfunktionswerten*. Bei manchen Problemen kann dies jedoch zu aufwendig sein, so daß man sich mit einer *Abschätzung* begnügen muß. Ein Beispiel hierfür findet sich bei Tourenplanungsproblemen. Bei Verschiebung eines Kunden von einer Tour in eine andere wäre für beide Touren eine kürzeste Rundreise zu bestimmen, d.h. ein TSP zu lösen. Eine Abschätzung der tatsächlichen Kostenänderung ergibt sich, indem man die Besuchsreihenfolge der übrigen Kunden beider Touren beibehält; vgl. Kap. 5.5.5.

Auswahlstrategie: Zu welcher der untersuchten Nachbarlösungen wird übergegangen, um von ihr aus in der nächsten Iteration die Suche fortzusetzen?

Eine Möglichkeit besteht darin, in jeder Iteration nur zu einer besseren Lösung, d.h. einer solchen mit geringerem Zielfunktionswert, überzugehen. Derartige Vorgehensweisen bezeichnet man als (reine) **Verbesserungsverfahren**. In Abhängigkeit davon, welche Lösung jeweils gewählt wird, unterscheidet man:

- **First fit:** Die erste gefundene verbessernde Nachbarlösung wird gewählt.
- **Best fit:** $\mathcal{NB}(x)$ wird vollständig durchsucht. Es wird zu einer Nachbarlösung übergegangen, die zur größten Verbesserung des Zielfunktionswertes führt. Daher spricht man hierbei auch von der **Methode des steilsten Abstiegs** (bei Maximierungsproblemen von der Methode des steilsten Anstiegs; *steepest descent* bzw. *steepest ascent*).

Reine Verbesserungsverfahren enden, sobald in einer Iteration keine verbessernde Nachbarlösung existiert. Die gefundene Lösung stellt für die gewählte Nachbarschaftsdefinition ein lokales Optimum dar, dessen Zielfunktionswert deutlich schlechter als der eines globalen Optimums sein kann. Um ein solches lokales Optimum wieder verlassen zu können, müssen Züge erlaubt werden, die zwischenzeitlich zu Verschlechterungen des Zielfunktionswertes führen. Heuristiken, die diese Möglichkeit vorsehen, nennen wir **lokale Suchverfahren** (im engeren Sinne). Da bei solchen Verfahren auch dann eine Auswahlentscheidung getroffen werden muß, wenn es keinen verbessernden Zug gibt, müssen die Begriffe First fit und Best fit modifiziert werden:

- **First fit:** Die erste gefundene verbessernde Nachbarlösung wird gewählt. Verschlechternde Lösungen werden zufällig, in Abhängigkeit vom Ausmaß der Verschlechterung oder nur dann gewählt, wenn es keine verbessernde Lösung gibt.
- **Best fit:** $\mathcal{NB}(x)$ wird vollständig durchsucht. Es wird zur besten Nachbarlösung übergegangen, also die größte Verbesserung oder die kleinste Verschlechterung des Zielfunktionswertes realisiert (bei Minimierungsproblemen: *steepest descent – mildest ascent*).

Der Unterschied zwischen Verbesserungsverfahren und lokalen Suchverfahren soll mit Hilfe der Abb. 1.9 verdeutlicht werden. Dort ist der Verlauf einer zu minimierenden Zielfunktion F(x) in Abhängigkeit von einer Variablen x aufgetragen. Startet ein Verbesserungsverfahren z.B. in der Lösung x^1, so gelangt es über wenige Verbesserungen zum lokalen Minimum in x^2.

Ein lokales Suchverfahren gelangt u.U. aus x^2 wieder heraus, indem es einen oder mehrere Züge zur schlechteren Lösung x^4 durchführt. Ausgehend von dieser Lösung kann es gelingen, die optimale Lösung x^* zu erreichen.

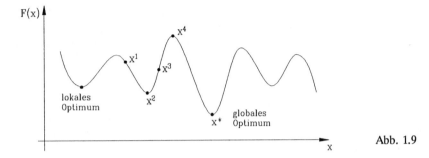

Abb. 1.9

Bei Verbesserungsverfahren sind sämtliche "besuchten" Lösungen voneinander verschieden, da sie im Verfahrensverlauf immer bessere Zielfunktionswerte besitzen. Bei lokalen Suchverfahren (i.e.S.) kann es jedoch vorkommen, insbesondere bei Anwendung von Best fit, daß man erneut zu bereits besuchten Lösungen gelangt. Bei unveränderter Vorgehensweise resultiert dies in einem fortwährenden "Kreisen" des Verfahrens. Führt man in unserem Beispiel einen verschlechternden Zug von x^2 nach x^3 aus, so würde man mit Best fit in der nächsten Iteration unmittelbar dorthin zurückkehren, da x^2 die beste Nachbarlösung von x^3 ist. Selbst wenn man die unmittelbare Rückkehr ausschließt, kann die Suche über eine Folge von Zügen ins Kreisen geraten.

Um das Kreisen möglichst zu vermeiden, kann man sogenannte **heuristische Metastrategien** wie *Simulated Annealing* oder *Tabu Search* einsetzen. Simulated Annealing verwendet First fit und vermeidet das Kreisen durch stochastische Auswahl verschlechternder Züge. Tabu Search verwendet i.d.R. Best fit und versucht, das Kreisen durch zeitweiliges Verbieten (tabu setzen) von Zügen zu verhindern. Man bezeichnet derartige Vorgehensweisen deshalb als Metastrategien, weil das jeweilige Grundprinzip zur Steuerung des Suchprozesses auf beliebige Probleme und Nachbarschaftsdefinitionen anwendbar ist.

Eine weitere heuristische Metastrategie wird in genetischen Algorithmen eingesetzt. Sie besteht darin, eine Menge von Lösungen (Population) durch analoge Anwendung biologischer Vererbungsregeln sukzessive so zu verändern, daß möglichst gute Lösungen entstehen.

1.3.1.3 Weitere Bemerkungen zu Eröffnungs- und lokalen Suchverfahren

Eröffnungs- und lokale Suchverfahren lassen sich in deterministische und stochastische Vorgehensweisen unterteilen.

Deterministische Verfahren ermitteln bei mehrfacher Anwendung auf dieselbe Probleminstanz und gleichen Startbedingungen (was sich bei unseren algorithmischen Beschreibungen im Voraussetzungsteil und im Startschritt niederschlägt) stets dieselbe Lösung.

Die oben genannten Heuristiken für das klassische TPP sind deterministische Eröffnungsverfahren. Auch Tabu Search ist in seiner Grundform ein deterministisches Verfahrensprinzip.

Stochastische Verfahren enthalten demgegenüber zufällige Komponenten, die bei wiederholter Anwendung des Algorithmus auf dieselbe Probleminstanz in der Regel zu unterschiedlichen Lösungen führen. Die Regret-Heuristik für verallgemeinerte Zuordnungsprobleme (Kap. 2.4.3.1) ist ein stochastisches Eröffnungsverfahren. Auch Simulated Annealing und genetische Algorithmen sind stochastische Vorgehensweisen.

Heuristische Eröffnungs- und lokale Suchverfahren bieten gegenüber exakten Verfahren den **Vorteil**, daß sie zumeist leicht programmierbar sind und mit relativ geringem Speicherplatz auskommen und ihr Rechenaufwand polynomial beschränkt oder beschränkbar ist. Ihr **Nachteil** liegt darin, daß über die Güte der erhaltenen Lösung zumeist nur unzureichende Abschätzungen gemacht werden können.

Abschätzungen über die Güte der erzielbaren Lösungen können in zweierlei Weise vorgenommen werden:

a) Zu erwartende **mittlere Abweichungen** vom Optimum: Man testet die Verfahren anhand verschiedener Probleminstanzen und ermittelt die durchschnittliche Abweichung des erhaltenen Zielfunktionswertes vom bekannten Optimum oder von demjenigen der besten bekannten Lösung. Die Schwierigkeit besteht dabei darin, daß im Einzelfall (bei einer einzelnen Probleminstanz) diese Abweichung natürlich auch wesentlich größer sein kann als bei Durchschnittsbildung über eine Vielzahl von Probleminstanzen.

b) **Worst Case-Analyse:** Man berechnet, welche (prozentuale) Abweichung vom Zielfunktionswert bei Anwendung einer Heuristik im schlechtesten Fall eintreten kann. Der Nachteil einer solchen Worst Case-Schranke besteht darin, daß sie durch Betrachtung der denkbar ungünstigsten (einer pathologischen) Probleminstanz zustande kommt. Unter Umständen tritt ein solcher Fall in der Praxis nie ein. Worst Case-Schranken sind häufig – gemessen an der durchschnittlich zu erwartenden Abweichung vom Optimum – schlechte Schranken.
Eine Worst Case-Schranke ermitteln wir z.B. für das Verfahren von Christofides für TSPe in Kap. 3.2.1.2.

1.3.1.4 Unvollständig ausgeführte exakte Verfahren

Zu diesen heuristischen Vorgehensweisen zählen unvollständig ausgeführte B&B-Verfahren. Auch Schnittebenenverfahren lassen sich zu heuristischen Vorgehensweisen verkürzen.

Man kann B&B-Verfahren abbrechen, noch bevor alle Endprobleme des B&B-Baumes ausgelotet sind. Es ist z.B. denkbar, daß man in jedem Stadium des Verfahrens solche Teilprobleme P_μ aus der Kandidatenliste eliminiert, deren untere Schranke $\underline{F}_\mu$ mehr als 6% über der aktuell besten (kleinsten) unteren Schranke $\underline{F}$ aller nicht ausgeloteten Teilprobleme liegt (Vorgabe eines *Gütelimits*). Ferner ist es möglich, daß ein *Rechenzeitlimit* vorgegeben wird.

Der Vorteil einer solchen Vorgehensweise gegenüber den oben geschilderten Heuristiken ist folgender: Bricht man ein B&B-Verfahren ab, nachdem zulässige Lösungen ermittelt wurden, aber noch bevor alle Endprobleme des Lösungsbaumes ausgelotet sind, so ergibt die Differenz aus der aktuellen oberen Schranke $\bar{F}$ und der kleinsten unteren Schranke $\underline{F}$ aller nicht ausgeloteten Teilprobleme ein Maß für die maximale Abweichung der aktuell besten Lösung vom Optimum.

1.3.1.5 Relaxationsbasierte Verfahren

Ausgehend von einer geeigneten Lösung einer Relaxation, läßt sich in vielen Fällen eine gute zulässige Lösung des Ausgangsproblems gewinnen. Dabei werden bislang verletzte, relaxierte Bedingungen sukzessive durch Ergänzung oder Veränderung von Lösungselementen erfüllt. Grundsätzlich kann von jeder in Kap. 1.2.2 dargestellten Relaxationsmöglichkeit ausgegangen werden. Im folgenden nennen wir einige Beispiele, unter denen v.a. Lagrange-Heuristiken erfolgreich angewendet wurden.

- *Weglassen von Nebenbedingungen:* Ein Beispiel ist der Patching-Algorithmus (vgl. Kap. 3.2.1.3) für asymmetrische TSPe, der von der optimalen Lösung des als Relaxation betrachteten linearen Zuordnungsproblems ausgeht. Dort enthaltene Kurzzyklen werden aufgebrochen und nach und nach bis zum Erreichen einer Rundreise miteinander verknüpft.

- *Lagrange-Relaxation:* Im Rahmen der Anwendung eines Ascent-Verfahrens können Lösungen der Relaxation entstehen, die bereits einen Großteil der relaxierten Nebenbedingungen erfüllen und somit nahezu zulässig sind. In einem solchen Fall kann durch geringe Veränderungen und entsprechend geringer Erhöhung des Zielfunktionswertes eine zulässige Lösung generiert werden; vgl. etwa Beasley (1993).
Eine solche Vorgehensweise bezeichnet man als *Lagrange-Heuristik*. Ein Beispiel hierfür beschreiben wir für kapazitierte Warehouse Location- Probleme in Kap. 3.6.1 von Band III.

- *LP-Relaxation:* Bei Weglassen der Ganzzahligkeitsbedingungen läßt sich eine zulässige Lösung häufig durch Runden der in der Lösung der Relaxation befindlichen nichtganzzahligen Variablen erzeugen.
Ein Beispiel hierfür haben wir in Kap. 1.2.3.2 für unser Knapsack-Problem angewendet. Durch Aufrunden von $x_4 = 1/5$ auf $x_4 = 1$ erhielten wir eine erste zulässige Lösung. Ein weiteres Beispiel stellt das Verfahren von Balinski für Fixkosten-Transportprobleme in Kap. 2.5.2 dar.

Gemessen an heuristischen Eröffnungs- und lokalen Suchverfahren besteht auch hier ein Vorteil darin, daß durch Vorhandensein von unteren Schranken für Zielfunktionswerte die Güte der besten erhaltenen Lösung abgeschätzt werden kann. Zahlreiche relaxationsbasierte Heuristiken wurden in letzter Zeit für das verallgemeinerte lineare Zuordnungsproblem entwickelt; siehe hierzu den Literaturüberblick in Kap. 2.4.2.

1.3.2 Heuristische Metastrategien

Im folgenden beschreiben wir die neueren heuristischen Metastrategien Simulated Annealing (SA), Tabu Search (TS) und genetische Algorithmen (GA). Wie in Kap. 1.3.1.2 dargelegt, unterscheiden sie sich von herkömmlichen heuristischen (reinen) Verbesserungsverfahren v.a. dadurch, daß sie vorübergehend auch Verschlechterungen von Lösungen akzeptieren. Infolgedessen sind sie in der Lage, lokale Optima auch wieder zu verlassen.

Die im folgenden beschriebenen und weitere heuristische Metastrategien sind z.B. in Reeves (1993), Pesch (1994), Voß (1994) oder Osman und Kelly (1996) ausführlich dargestellt. Ferner enthält das Sonderheft 2/3 des Jahrgangs 17 (1995) der Zeitschrift OR Spektrum ausschließlich Arbeiten zu den unten dargestellten Vorgehensweisen.

1.3.2.1 Simulated Annealing

Der Name **Simulated Annealing** (*Simulierte Abkühlung*) kennzeichnet die Analogie des zugrundeliegenden Prinzips mit einem physikalischen Abkühlungsvorgang in der Thermodynamik. Annealing bezeichnet dort den gesteuerten Erstarrungsvorgang in einem Molekülgitter, der einen Zustand minimaler freier Gitterenergie im Festkörper zum Ziel hat.

Ausgehend von einer zulässigen Lösung x, wird eine zulässige Lösung $x' \in \mathcal{NB}(x)$ bestimmt. Besitzt x' einen besseren Zielfunktionswert als x, so wird das Verfahren (die Suche) mit x' fortgesetzt; die Transformation, die x in x' überführt, wird also akzeptiert. Besitzt x' jedoch einen schlechteren Zielfunktionswert als x, so wird der Übergang von x zur neuen Lösung x' nicht generell abgelehnt. Vielmehr wird diese Verschlechterung mit einer bestimmten Wahrscheinlichkeit $P(\Delta, \alpha)$ erlaubt.

$P(\Delta, \alpha)$ ist abhängig von der Höhe Δ der in Kauf zu nehmenden Verschlechterung und von einem vorzugebenden Temperaturparameter α. Dieser Parameter wird zu Beginn des Verfahrens so gewählt, daß durchaus auch Verschlechterungen des Zielfunktionswertes, z.B. um 15 oder 20 %, möglich sind. Im Laufe des Verfahrens wird er jedoch durch Multiplikation mit einem Parameter β mit $0 < \beta < 1$ sukzessiv reduziert, die Temperatur des Systems also gesenkt, so daß am Ende des Verfahrens nur noch Verbesserungen erlaubt werden.

Eine mögliche Variante von SA läßt sich wie folgt algorithmisch beschreiben:

> Simulated Annealing

Voraussetzung: Eine zulässige Lösung x eines Minimierungsproblems und deren Zielfunktionswert $F(x)$; Speicherplatz für eine aktuell beste zulässige Lösung x^* und deren Zielfunktionswert $F(x^*)$; zu Beginn ist $x^* := x$ und $F(x^*) := F(x)$; vorzugebende reellwertige Parameter $\alpha > 0$ und $\beta \in (0,1)$; it := Anzahl der bei unverändertem α durchzuführenden Iterationen.

Durchführung:

repeat

    for i := 1 **to** it **do**
    begin
        bestimme zufällig eine Lösung $x' \in \mathit{NB}(x)$ und berechne $\Delta := F(x') - F(x)$;

        if $\Delta \leq 0$ **then**
        begin
            $x := x'$; $F(x) := F(x')$;
            if $F(x') < F(x^*)$ **then begin** $x^* := x'$; $F(x^*) := F(x')$ **end**
        end else
        begin berechne $P(\Delta, \alpha) := \exp(-\Delta/\alpha) = e^{-\Delta/\alpha}$ sowie eine im Intervall $(0,1)$
            gleichverteilte Zufallszahl γ;
            if $\gamma < P(\Delta, \alpha)$ **then begin** $x := x'$; $F(x) := F(x')$ **end**
        end
    end;

    $\alpha := \alpha \cdot \beta$;

until ein Abbruchkriterium ist erreicht;

Abbruch und Ergebnis: Ein mögliches Abbruchkriterium ist: Beende das Verfahren, wenn in den letzten it Iterationen keine Verbesserung von x^* erzielt wurde. x^* ist die beste gefundene Lösung.

* * * * *

Zu der skizzierten grundlegenden Vorgehensweise ist folgendes zu erwähnen bzw. zu ergänzen:

Die zufällige Wahl einer Nachbarlösung von x kann, wie in Kap. 1.3.1.2 beschrieben, durch eine systematische Untersuchung der Nachbarschaft ersetzt werden.

$P(\Delta, \alpha)$ ist bei gegebenem Temperaturparameter α die Wahrscheinlichkeit dafür, daß eine Verschlechterung des Zielfunktionswertes um Δ Einheiten in Kauf genommen wird. Es gilt:

$$\lim_{\Delta \to 0} P(\Delta, \alpha) = 1 \quad \text{und} \quad \lim_{\Delta \to \infty} P(\Delta, \alpha) = 0.$$

Die Annahmewahrscheinlichkeit einer Verschlechterung um Δ Einheiten ist umso größer, je größer α gewählt wird. Sinnvolle Anfangswerte für α sollten sich entweder an der Größenordnung von Zielfunktionskoeffizienten oder an Werten oberer und unterer Schranken für den optimalen Zielfunktionswert orientieren. Je kleiner β bei festem it gewählt wird, umso schneller reduziert sich die Wahrscheinlichkeit für die Akzeptanz schlechterer Lösungen; das System kühlt schneller ab.

Neben α und β hat die Anzahl it der bei unverändertem α durchzuführenden Iterationen großen Einfluß auf das Lösungsverhalten. Unter Umständen ist es günstig, bei jeder Senkung von α auch it mit einem Parameter $\rho > 1$ zu multiplizieren.

Aufgrund der vielfältigen Möglichkeiten der Vorgabe von Parametern ist es u.U. schwierig und aufwendig, besonders günstige Parameterkombinationen zu finden, die bei geringer Rechenzeit zu guten Lösungen führen. Überlegungen hierzu findet man u.a. bei Aarts und Korst (1989), de Werra und Hertz (1989) oder Bölte (1994).

Unabhängig von der Wahl der Parameter empfiehlt es sich u.U., mehrere Startlösungen zu erzeugen und jeweils mit SA zu verbessern.

Threshold Accepting[17] ist eine vereinfachte (deterministische) Variante von SA. Hierbei wird stets jede Nachbarlösung akzeptiert, die den Zielfunktionswert höchstens um einen vorzugebenden Wert (Schranke, Threshold) Δ verschlechtert. Im Laufe des Verfahrens wird Δ sukzessive auf 0 reduziert. Vgl. zu dieser Vorgehensweise z.B. Dueck und Scheuer (1990).

1.3.2.2 Tabu Search

Tabu Search startet wie andere lokale Suchverfahren mit einer zulässigen Lösung x und untersucht in jeder Iteration die Nachbarschaft $\mathcal{NB}(x)$ – grundsätzlich nach Verbesserungsmöglichkeiten. Das Verfahren wird aber nicht abgebrochen, wenn kein Nachbar mit besserem Zielfunktionswert gefunden wurde. Vielmehr wird unter allen (nicht verbotenen) Nachbarn derjenige mit dem besten Zielfunktionswert – auch wenn er eine Verschlechterung darstellt – ausgewählt und als Ausgangspunkt für die nächste Iteration verwendet. Dabei wird das *Prinzip des steepest descent / mildest ascent* zugrundegelegt, d.h. es wird versucht, eine größtmögliche Verbesserung oder – wenn es keine verbesserte Nachbarlösung gibt – eine geringstmögliche Verschlechterung des Zielfunktionswertes zu realisieren. Im Gegensatz zum stochastischen SA wird also eine schlechtere Lösung nicht zufällig, sondern nur dann akzeptiert, wenn es keine Verbesserungsmöglichkeit gibt.

Um nun jedoch immer dann, wenn eine Verschlechterung akzeptiert wurde, nicht wieder zu einer zuvor besuchten, besseren Lösung zurückzukehren, müssen derartige Lösungen verboten – *tabu gesetzt* – werden. Da das Speichern und Überprüfen von vollständigen Lösungen aber zumeist zu aufwendig ist, kann man sich u.U. mit der Speicherung bereits erzielter Zielfunktionswerte begnügen. Zumeist ist es jedoch günstiger, Informationen über die in zurückliegenden Iterationen ausgeführten Züge zu speichern.

Als **Zug** bezeichnet man (wie allgemein für lokale Suchverfahren erläutert) das Verändern einer Lösung x, durch das eine Nachbarlösung x' entsteht. Unter dem zu einem Zug z **komplementären Zug** $\bar{z}$ (auch kurz als **Komplement** von z bezeichnet) versteht man einen Zug, der die Wirkung von z unmittelbar rückgängig macht.

---

[17] Auch vom **Sintflutalgorithmus** ist in diesem Zusammenhang gelegentlich die Rede. Läßt man bei Maximierungsproblemen im Laufe der Iterationen eines Threshold Accepting - Verfahrens immer geringere Verschlechterungen des Zielfunktionswertes zu, so kann man dies als das Ansteigen eines Wasserspiegels interpretieren. Der ansteigende Wasserspiegel verhindert immer stärker den Abstieg von bereits erklommenen Hügeln in Täler, von denen aus man u.U. zu noch nicht erreichten Höhen aufsteigen könnte.

Ein Zug und dessen Komplement werden durch sogenannte **Attribute** beschrieben. In Abhängigkeit von der betrachteten Problemstellung und der gewählten Nachbarschaftsstruktur unterscheidet man *einattributige* und *mehrattributige* Züge. Das Verändern einer 0-1-Lösung an einer Stelle des Lösungsvektors läßt sich als einattributiger Zug dokumentieren (z.B. durch z die Fixierung der Variablen x_z zu 1 und durch $\bar{z}$ die Fixierung derselben Variablen zu 0). Das Vertauschen von Lösungselementen stellt dagegen einen mehrattributigen Zug dar (Austausch von Investitionsalternativen bei unserem Knapsack-Problem).

Das erneute Besuchen bereits betrachteter Lösungen und damit das Kreisen des Verfahrens um ein lokales Optimum läßt sich also grundsätzlich dadurch verhindern, daß man Züge für eine bestimmte Anzahl aufeinanderfolgender Iterationen verbietet (**Tabuisierung** von Zügen). Wesentlicher Bestandteil des Verfahrens ist damit die Führung sogenannter **Tabulisten**, in denen tabu gesetzte Züge verwaltet werden. Hierauf gehen wir unten näher ein.

Die Vorgehensweise von Tabu Search zur Lösung eines Minimierungsproblems läßt sich nun wie folgt formulieren:[18]

Tabu Search

Voraussetzung: Eine zulässige Lösung x mit zugehörigem Zielfunktionswert F(x); Speicherplatz für die aktuell beste zulässige Lösung x* und deren Zielfunktionswert F(x*); zu Beginn ist x* := x und F(x*) := F(x).

Iteration:

Solange ein vorzugebendes Abbruchkriterium nicht erfüllt ist, führe aus:

(1) Wähle unter allen zulässigen (nicht verbotenen) Nachbarn $\bar{x} \in \mathit{NB}(x)$ denjenigen Nachbarn x' mit dem kleinsten Zielfunktionswert F(x') aus und setze x := x'.
Falls F(x') < F(x*), setze F(x*) := F(x') und x* := x'.

(2) Tabulisten-Management: Verbiete die tabu zu setzende Lösung bzw. tabu zu setzende Züge, und aktualisiere dadurch die Tabuliste entsprechend.

Abbruch und Ergebnis: Nach Eintritt eines Abbruchkriteriums sind x* die beste im Verlauf des Verfahrens ermittelte zulässige Lösung und F(x*) der zugehörige beste Zielfunktionswert.

* * * * *

Ein übliches Abbruchkriterium für Tabu Search besteht in der Vorgabe einer maximalen Anzahl durchzuführender Iterationen oder einer maximalen Rechenzeit. Eine zulässige Anfangslösung kann zufällig ermittelt oder mit Hilfe eines heuristischen Eröffnungsverfahrens bestimmt werden.

---

[18] Eine ausführliche Darstellung von Tabu Search und Anwendungsmöglichkeiten findet man z.B. in de Werra und Hertz (1989), Glover (1989, 1990 a und b), Glover und Laguna (1993) sowie Domschke et al. (1996).

Das in Schritt 2 angesprochene **Tabulisten-Management** betrifft Entscheidungen hinsichtlich der Auswahl der tabu zu setzenden Züge und der Dauer ihres Tabustatus. Die Definition und Verwaltung von Tabulisten kann, wie Abb. 1.10 zeigt, auf unterschiedliche Art und Weise erfolgen.

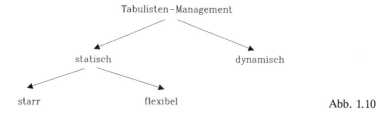

Abb. 1.10

Verwendung einer statischen, starren Tabuliste:

Bei einer statischen, starren Verwaltung der Tabuliste wird in jeder Iteration genau ein Zug, nämlich das Komplement des jeweils letzten Zuges, für eine feste Dauer, d.h. eine feste Anzahl von Iterationen, tabu gesetzt. Die Idee der Vorgehensweise besteht darin, den Zug so lange zu verbieten, bis die Wahrscheinlichkeit des Wiedererreichens einer Lösung durch den tabu gesetzten Zug gering ist.

Die gewählte *Tabudauer* TD, auch bezeichnet als Länge der Tabuliste, beeinflußt die Güte der mit Tabu Search erzielbaren Lösungen erheblich.

In der Literatur wird für TD gelegentlich der empirisch begründete Wert 7 angegeben. Es gibt jedoch viele Beispiele für Probleme, bei denen andere Werte sinnvoller sind (vgl. z.B. Schildt (1994) oder Scholl (1995)). Wird TD zu klein gewählt, kann das Verfahren schnell ins Kreisen geraten; ist TD zu groß, so werden u.U. gute Lösungen in der Nachbarschaft bereits besuchter Lösungen nicht erreicht. Bei Problemen mit sehr wenigen Variablen (wie in unserem nachfolgenden Beispiel) kann schon eine Tabudauer von TD = 3 zu groß sein.

Beispiel: Wir betrachten unser obiges Knapsack-Problem (1.1), (1.2), (1.4), starten mit der Lösung **x** = (1,1,0,0,0) und verwenden eine statische Tabuliste der Länge 2. Es ergibt sich der folgende Lösungsgang, wobei die angegebenen Tabulisten stets am Ende einer Iteration für die nächste Iteration gelten:

Iteration	Lösung	Zielf.-wert	Tabuliste		
	(1,1,0,0,0)	13			
1	(1,1,0,0,**1**)	14	$\bar{5}$		
2	(1,1,0,**1**,1)	19	$\bar{5},\bar{4}$		
3	(**0**,1,0,1,1)	10	$\bar{4},1$		
4	(0,1,0,1,**0**)	9	1,5		
5	(0,1,**1**,1,0)	17	$5,\bar{3}$	usw.	Tab. 1.1

Wenn wir TD = 3 wählen, so erhalten wir:

Iteration	Lösung	Zielf.-wert	Tabuliste	
	(1,1,0,0,0)	13		
1	(1,1,0,0,1)	14	$\bar{5}$	
2	(1,1,0,1,1)	19	$\bar{5},\bar{4}$	
3	(0,1,0,1,1)	10	$\bar{5},\bar{4},1$	
4	(0,1,1,1,1)	18	$\bar{4},1,\bar{3}$	
5	(0,0,1,1,1)	14	$1,\bar{3},2$	Tab. 1.2

Mit der letzten Lösung **x** erreicht das Verfahren ein Stadium, in dem $\mathit{NB}(\mathbf{x}) = \phi$ ist. In diesem Fall kann man die ältesten Verbote aufheben, bis sich ein zulässiger Zug ergibt.

Verwendung einer statischen, flexiblen Tabuliste:

Grundsätzlich ist zu empfehlen, die Tabulistenlänge in Abhängigkeit von der Art der Problemstellung und der Größe der zu lösenden Probleminstanzen zu wählen. Günstig kann sich darüber hinaus auswirken, bei mehreren Durchläufen von Tabu Search für dasselbe Problem die Listenlänge zu variieren oder auch während des Verfahrens die Länge zwischen einer unteren und einer oberen Schranke zu verändern (*Reactive Tabu Search*; vgl. z.B. Taillard (1995) oder Scholl (1995, Kap. 5.2.3)).

Modifikationen beim statischen Tabulisten-Management:

- **Kriterien für das Durchbrechen des Tabustatus** (*Aspirations-Kriterien*): Bei Verwendung einer statischen Tabuliste werden häufig – selbst wenn man die Tabulistenlänge variiert – auch solche Züge verboten, die nicht zu einer bereits ermittelten Lösung führen würden. Das ist dann von Nachteil, wenn diese Lösungen besser als die bisher bekannten sind oder wenn sie in einem noch nicht untersuchten Teil des Lösungsraumes liegen.
  Um dies zu vermeiden, wendet man sogenannte Aspirations-Kriterien an, die die Identifikation (eines Teiles) dieser Züge erlauben. Erfüllt ein Zug eines der Kriterien, so kann sein Tabustatus aufgehoben werden. Man unterscheidet zwischen globalen und lokalen Kriterien.
  Ein *globales Aspirations-Kriterium* überprüft, ob man durch Ausführung eines verbotenen Zuges eine Lösung mit einem neuen besten Zielfunktionswert erhält. Diese Lösung kann mit Sicherheit bislang nicht ermittelt worden sein.
  Von einem *lokalen Aspirations-Kriterium* spricht man, wenn Zielfunktionswerte von Lösungen verglichen werden, die bestimmte gemeinsame Attribute aufweisen. Führt ein verbotener Zug zu einer Lösung mit einem Zielfunktionswert, der besser ist als der bisher beste für diese Attributkombination, so ist die Lösung ebenfalls noch nicht betrachtet worden. Bei Anwendung von Tabu Search auf unser Knapsack-Problem (1.1), (1.2), (1.4) kann z.B. für jede Investitionsalternative der jeweils aktuell beste Zielfunktionswert einer Lösung gespeichert werden, die diese Alternative enthielt bzw. nicht enthielt.

- **Diversifizierung und Intensivierung:** Man ist sowohl daran interessiert, den Lösungsraum weiträumig abzusuchen, als auch daran, in vielversprechenden Bereichen intensiv zu suchen. Beides läßt sich mit Hilfe von Statistiken über den bisherigen Lösungsverlauf erreichen. In unserem Beispiel kann man sich etwa merken, wie oft (in wievielen Iterationen) eine Investitionsalternative z in der Lösung enthalten war. Abhängig von diesen Häufigkeiten läßt sich die Suche dadurch **intensivieren**, daß man Alternativen, die häufig Lösungsbestandteil waren, für eine gewisse Anzahl von Iterationen in der Lösung festhält und Züge nur für andere Alternativen erlaubt. Eine **Diversifizierung** der Suche ergibt sich dadurch, daß man bislang häufig vorkommende Alternativen zeitweise in der Lösung verbietet und so in noch nicht untersuchte Lösungsbereiche vordringt.

Vgl. zu weiteren Modifikationen u.a. Glover und Laguna (1993) oder Voß (1994).

Methoden des dynamischen Tabulisten-Managements:

Derartige Methoden haben v.a. Glover (1989, 1990a und b) sowie Voß (1995) entwickelt. Zu nennen sind die Cancellation Sequence Methode und die **Reverse Elimination Methode (REM)**. Die REM, die wir im folgenden näher erläutern, vermeidet grundsätzlich, daß Lösungen verboten werden, die bislang noch nicht aufgesucht wurden.

Die **Reverse Elimination Methode** verwendet eine sogenannte **Running List (RL)**, die eine chronologische Aufstellung aller seit Beginn des Verfahrens ausgeführten Züge enthält. Sie beinhaltet somit ein Protokoll bzw. ein Gedächtnis des Verfahrens.

In jeder Iteration von Tabu Search wird der zuletzt ausgeführte Zug zur RL hinzugefügt. Danach wird die RL jeweils vom letzten bis zum ersten Eintrag untersucht um festzustellen, welche Züge tabu zu setzen sind, damit keine bereits betrachtete Lösung neu generiert wird. Für diese Überprüfung benutzt man eine Hilfsliste, die als **Residual Cancellation Sequence (RCS)** bezeichnet wird.

Beginnend mit der leeren Liste RCS = <], wird jedes Element z aus RL (beim letzten beginnend) an die Liste RCS angefügt. Danach wird überprüft, ob sich das Komplement $\bar{z}$ bereits in RCS befindet. Ist dies der Fall, so können beide Einträge dort wieder entfernt werden. Falls sich in einem Stadium der Überprüfung nur noch ein Element in der RCS befindet, ist der dazu komplementäre Zug durch Hinzufügen zur **Tabuliste (TL)** tabu zu setzen.

Algorithmisch läßt sich das nach der p-ten Iteration von Tabu Search auszuführende Tabulisten-Management wie folgt beschreiben:

Start: Ergänze die Running List RL um den letzten Zug z_p; d.h. setze RL := <RL, z_p]; setze RCS := TL := <].

Iteration i = p,...,1: Füge das i-te Element aus RL der Liste RCS hinzu; d.h. bilde RCS := <RCS, z_i]; falls $\bar{z}_i \in$ RCS, eliminiere z_i und $\bar{z}_i$ aus RCS; falls danach die RCS genau ein Element enthält, füge dessen Komplement der Tabuliste TL hinzu.

* * * * * *

Beispiel: Wir betrachten ein Problem mit sieben Binärvariablen. Ausgehend von der Lösung $(1,1,1,0,1,0,1)$, seien die folgenden $p = 5$ Tabu Search - Iterationen ausgeführt worden:

Iteration	1	2	3	4	5	6	7	RL	
0	1	1	1	0	1	0	1		
1	1	1	1	0	**0**	0	1	$\bar{5}$	
2	1	1	1	0	0	**1**	1	$\bar{5},6$	
3	1	1	1	**1**	0	1	1	$\bar{5},6,4$	
4	1	1	1	1	0	**0**	1	$\bar{5},6,4,\bar{6}$	
5	1	1	1	1	**1**	0	1	$\bar{5},6,4,\bar{6},5$	Tab. 1.3

Im Rahmen der **Iteration 5** ergibt sich folgender Ablauf des Tabulisten-Managements; dabei werden die am Ende dieser Iteration in der Running List befindlichen Elemente in der umgekehrten Reihenfolge $5,\bar{6},4,6,\bar{5}$ betrachtet:

i	z_i	RCS	TL	
5	5	5	$\bar{5}$	
4	$\bar{6}$	$5,\bar{6}$	$\bar{5}$	
3	4	$5,\bar{6},4$	$\bar{5}$	
2	6	5,4	$\bar{5}$	
1	$\bar{5}$	4	$\bar{5},\bar{4}$	Tab. 1.4

Die Züge 6 und $\bar{6}$ sowie 5 und $\bar{5}$ heben sich gegenseitig auf, so daß in Iteration i = 1 der Zug 4 allein in der RCS verbleibt. Betrachten wir in Tab. 1.3 die Lösung nach Abschluß der Tabu-Iteration 5, so stellen wir fest, daß der Zug $\bar{4}$ genau zur Startlösung führen würde. Darüber hinaus würde der Zug $\bar{5}$ die am Ende von Iteration 4 geltende Lösung liefern. Andere Züge reichen alleine nicht aus, um zu einer bereits besuchten Lösung überzugehen.

Überprüfen wir die in Tab. 1.1 und 1.2 enthaltenen Lösungen, so stellen wir fest, daß dort jeweils nur der letzte Zug tabu gesetzt werden müßte, um keine bereits betrachtete Lösung wieder zu erreichen.

Abschließende Bemerkungen zur dynamischen Tabulistenverwaltung:

Ein Problem des dynamischen Tabulisten-Managements besteht in der von Iteration zu Iteration wachsenden Länge der Running List RL. Auch hierfür ist letztlich eine Beschränkung erforderlich. Statt RL (beliebig) anwachsen zu lassen, empfiehlt es sich eher, nach einer Reihe von Iterationen bei bestimmten Lösungen mit der Suche erneut zu beginnen. Voß (1994) schlägt z.B. vor, durch eine Cluster-Analyse die in einem ersten Verfahrensabschnitt erhaltenen Lösungen in Klassen aufzuteilen. Danach wird in weiteren Verfahrensabschnitten jeweils mit einer besonders guten Lösung aus diesen Klassen die Suche erneut begonnen.

1.3.2.3 Genetische Algorithmen

Als **Genetische Algorithmen** (GA) bezeichnet man eine Gruppe von stochastischen Heuristiken, die den Suchraum simultan an mehreren Stellen untersuchen. Sie greifen Ideen aus der Genetik und dem Darwinismus ("Survival of the Fittest") auf und versuchen, die Prinzipien der biologischen Evolution zur Optimierung mathematisch-technischer Systeme heranzuziehen.[19] Ein GA arbeitet wie die biologische Evolution auf Populationen von Individuen.

Im "biologischen Variablenraum"[20] lassen sich jedem Individuum ein Genotyp (die Gesamtheit der Erbanlagen, charakterisiert durch Ausprägungen der Gene in den Chromosomen) und ein Phänotyp (das sichtbare Erscheinungsbild des Lebewesens) zuordnen.

Grundlage jedes GA ist die geeignete Abbildung des mathematischen Variablenraums in Entsprechung zum biologischen Variablenraum. Dies erfordert eine adäquate formale Repräsentation des zu lösenden Problems durch Definition einer **Kodierung**.

Ein einzelnes **Individuum** stellt, bezogen auf ein Optimierungsproblem, eine zulässige Lösung des Problems dar. Eine **Population** entspricht einer Menge zulässiger Lösungen, also einer Teilmenge des Suchraums. Jedes Individuum einer Population wird durch einen Vektor (**String**) vorgegebener fester Länge repräsentiert, in dem die Werte von Entscheidungsvariablen kodiert sind. Somit ist jedes Individuum durch eine spezifische Ausprägung der Vektorkomponenten, entsprechend der jeweiligen Variablenausprägungen einer korrespondierenden zulässigen Lösung, charakterisiert. Die Dimension des Vektors (Länge des Strings) und die Wertebereiche der einzelnen Vektorkomponenten (Stringpositionen) hängen von der zur Problemrepräsentation verwendeten Kodierung ab; vgl. hierzu auch Bem. 1.6.

Beispiel: Nehmen wir an, es soll das (ganzzahlige) Minimum der Funktion

$$f(x) = x^2 - 18x + 81$$

im Intervall [0,31] mittels eines GA bestimmt werden, dann läßt sich jede ganze Zahl aus dem betrachteten Intervall durch einen Binärvektor mit Elementen 0 oder 1 ausdrücken. Der Vektor (0,0,1,0,1) entspricht dabei der Zahl 5 und der Vektor (1,1,1,1,1) der Zahl 31.

Die Vitalität (Lebensfähigkeit) eines Individuums in einer bestimmten Umwelt wird als **Fitness** oder **Fitness-Wert** des Individuums bezeichnet. Sie ist ein Maß für die Lösungsqualität einer mit den in den Stringpositionen kodierten Variablenausprägungen korrespondierenden Lösung.[21] In unserem Beispiel entspricht die Fitness dem Wert f(x).

---

[19] GA wurden zuerst von Holland (1975) entwickelt; auf ihn geht die Theorie zu GA zurück. Eine umfassende Einführung in genetische Algorithmen bietet v.a. Goldberg (1989).

[20] Im "biologischen Variablenraum" sind alle relevanten Informationen auf Chromosomen kodiert. Diese bestehen aus einer Reihe linear angeordneter Gene. Ein Gen enthält dabei jegliche benötigte Information für spezifisch geformte Makromoleküle; die Reihenfolge bestimmt Form und Eigenschaften; vgl. Rechenberg (1973).

[21] Die Betrachtung von unzulässigen Lösungen als Individuen wird hier ausgeschlossen; eine Bewertung solcher Individuen kann jedoch prinzipiell mit Hilfe von proportional zur jeweils vorliegenden Restriktionsverletzung berechneten Strafkosten erfolgen.

Die **prinzipielle Vorgehensweise eines GA** besteht in der Erzeugung und Betrachtung aufeinanderfolgender Populationen gleicher Kodierung, den **Generationen**, die im Rahmen identisch ablaufender Generationszyklen auseinander hervorgehen. Die Populationsgröße ist in der Regel in allen Iterationen identisch und sei mit N bezeichnet. Abb. 1.11 zeigt schematisch den prinzipiellen Ablauf eines Generationszyklus; vgl. Schildt (1994).

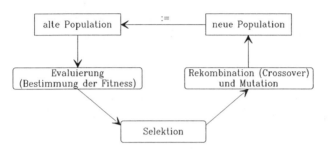

Abb. 1.11

Ein **Generationszyklus** beginnt stets mit der Bewertung aller Individuen der aktuellen Population. Am Ende jedes Generationszyklus wird diese vollständig durch eine neue ersetzt. Die neue Population (Nachfolgegeneration) wird jeweils durch Anwendung der **genetischen Operatoren** Selektion, Rekombination und/oder Mutation aus der aktuellen Population generiert:

- **Selektion:** Aus den Individuen einer Population wird ein sogenannter **Genpool** erzeugt, in den einzelne Individuen mit einer Wahrscheinlichkeit, die proportional zu ihrer Fitness ist, eingehen. Von Individuen mit hoher Fitness enthält der Genpool u.U. mehrere "Kopien", während Individuen mit geringer Fitness evtl. nicht enthalten sind; vgl. Abb. 1.12.

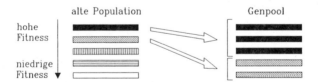

Abb. 1.12

- **Rekombination:** Nach Abschluß der Selektion werden sukzessive jeweils zwei Strings (Individuen) aus dem Genpool entnommen. Mit einer vorzugebenden Crossover-Wahrscheinlichkeit p_c wird das Paar z.B. durch einfache Kreuzung, dem sogenannten **1-Punkt Crossover**, rekombiniert; d.h. es werden zwei neue Strings (Nachkommen) erzeugt. Mit Wahrscheinlichkeit $1-p_c$ wird das Paar unverändert in die neue Population aufgenommen; beide Individuen überleben unverändert.

Bei einem 1-Punkt Crossover wird mittels einer Gleichverteilung zufällig eine maßgebliche Bruchstelle im String (Schnittstelle bzw. Kreuzungsposition) ermittelt. Die eigentliche Kreuzung geschieht durch kreuzweises Vertauschen der Teilstrings, wie in Abb. 1.13 am Beispiel einer binären Kodierung dargestellt. Es werden so genau zwei Nachkommen je String-Paar erzeugt. Vgl. zu allgemeineren Crossover-Varianten Bem. 1.6.

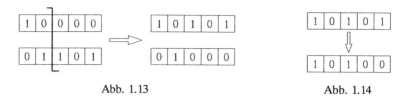

Abb. 1.13   Abb. 1.14

In unserem obigen Beispiel werden die Zahlen $x_1 = 16$ und $x_2 = 13$ miteinander gekreuzt. Es entstehen die Nachkommen $x_3 = 21$ und $x_4 = 8$. Die Funktionswerte sind $f(x_1) = 49$, $f(x_2) = 16$, $f(x_3) = 144$ und $f(x_4) = 1$.

- **Mutation**: Sind bei der Rekombination neue Individuen entstanden, so werden diese mit einer (kleinen) Mutationswahrscheinlichkeit p_m zufällig verändert. Die so mutierten Strings werden als neue Individuen neben den die Rekombination überlebenden der neuen Population hinzugefügt. Die Wirkung des Operators ist schematisch in Abb. 1.14 am Beispiel einer binären Kodierung dargestellt. Eine alternative "Mutationsmöglichkeit" besteht darin, die erhaltenen Nachkommen durch Anwenden eines Verbesserungsverfahrens nachzuoptimieren.

Der Prozeß der Rekombination und Mutation von Strings aus dem Genpool wird so lange fortgesetzt, bis der Genpool leer und damit die neue Population vervollständigt ist. Sie ersetzt daraufhin die aktuelle Population. Der Generationenzyklus beginnt von neuem.

Die Erzeugung einer jeweils neuen Generation wird so lange wiederholt, bis ein vorzugebendes Abbruchkriterium erfüllt ist. Ein solches kann in Form einer maximalen Anzahl untersuchter Generationen oder in Form einer Güteschranke für die beste gefundene Lösung vorgegeben werden. Als Lösung des GA erhält man diejenige im Laufe des Verfahrens erzeugte zulässige Lösung mit dem besten Zielfunktionswert.

Bemerkung 1.5:

- Die Individuen der *Ausgangspopulation* können zufällig oder mit geeigneten Eröffnungsverfahren erzeugt werden. Die *Populationsgröße* N sollte abhängig von Problemstellung und -dimension geradzahlig gewählt werden. Ihr Wert wird u.U. durch die Speicherkapazität des verwendeten Rechners beschränkt.
- Die Selektion dient aufgrund der Bevorzugung überdurchschnittlicher Individuen einer Höherentwicklung im biologischen Sinne in Form einer **Intensivierung** überdurchschnittlicher Strings. Durch Kombination von bekannten Lösungen im Rahmen der Rekombination sollen neue, u.U. bessere Lösungen erzeugt werden. Der Informationsaustausch erfolgt allerdings zufällig. Auch die mit der Mutation verbundene "Verstellung der Gene" dient einer Diversifizierung der Population und, übertragen auf den lokalen Suchprozeß, einer möglichen **Diversifizierung** der Suche.
- Das Basisschema eines GA kann in vielfältiger Weise in eine konkrete Implementierung umgesetzt werden. Geeignete Strategie-Parameter im Algorithmus müssen dabei experi-

mentell ermittelt werden. Dies umfaßt vor allem die Festlegung von Mutations- und Crossover-Wahrscheinlichkeiten, aber auch die Initialisierung der Populationsgröße und der Ausgangspopulation.
Über einen erfolgreichen Einsatz genetischer Algorithmen zur Lösung spezieller Problemklassen berichten z.B. Kopfer (1992), Bierwirth (1993), Nissen (1994) sowie Pesch (1994).

Bemerkung 1.6 *(Kodierung und Crossover bei TSPen)*:
Wendet man das oben geschilderte 1-Punkt Crossover auf Rundreisen an, die durch die Reihenfolge der zu durchlaufenden Knoten angegeben werden, so erhält man zumeist keine neuen *zulässigen* Lösungen. Beispielsweise führen die Rundreisen [C,A,F,E,B,D] und [A,F,E,D,C,B] – auf die Angabe der Rückkehr zum Ausgangsknoten kann verzichtet werden – bei Kreuzung nach dem dritten Ort zu geschlossenen Ketten, die einige Knoten doppelt und andere nicht enthalten. Man kann dieses Problem auf zweierlei Weise umgehen:

a) Man wählt eine besser geeignete Kodierung:
Seien zunächst die Knoten einer Rundreise ρ_{alt} wie oben durch die ersten n Buchstaben des Alphabets beschrieben. Sie wird in Form eines n-elementigen Vektors ρ_{neu} mit ganzen Zahlen zwischen 1 und n neu kodiert. Dazu sortiert man die Buchstaben in einer Liste L alphabetisch und numeriert sie von 1 bis n durch.
An Position 1 von ρ_{neu} wird die Nummer des ersten Buchstabens (Ortes) in ρ_{alt} eingetragen. Anschließend wird dieser Buchstabe in L gelöscht und diese wieder durchgehend (von 1 bis n−1) numeriert. In Iteration i = 2,...,n trägt man an der i-ten Position von ρ_{neu} die aktuelle Nummer des i-ten Buchstabens von ρ_{alt} in der Restliste L ein. Man beachte, daß sich in L jeweils die n−i+1 letzten Buchstaben von ρ_{alt} befinden; somit kommen für Position i von ρ_{neu} nur Nummern zwischen 1 und n−i+1 in Frage.
Beispiel: Auf diese Weise kodiert, erhalten wir für die oben angegebenen Rundreisen die Eintragungen [3,1,4,3,1,1] für [C,A,F,E,B,D] und [1,5,4,3,2,1] für [A,F,E,D,C,B].
Offensichtlich führt jeder 1-Punkt Crossover zweier derart kodierter Rundreisen wieder zu entsprechend kodierten, zulässigen Rundreisen.

b) Man wählt einen allgemeineren Crossover-Operator. Eine von zahlreichen Möglichkeiten ist die folgende (*order crossover*):
Man trennt die Strings an zwei Stellen (2-Punkt Crossover) und behält im ersten Nachkommen den Mittelteil des ersten Elternstrings bei. Die übrigen Knoten werden in der Reihenfolge, in der sie im zweiten Elternstring ab der zweiten Trennstelle vorkommen, ergänzt, wobei man die Ergänzung nach der zweiten Trennstelle beginnt.
Analog wird die Bildung des zweiten Nachkommen durchgeführt, wobei hier der Mittelteil des zweiten Elternstrings erhalten bleibt.
Beispiel: Trennen wir im obigen Beispiel die Rundreisen nach der zweiten und der vierten Position, so entstehen aus den links stehenden Elternstrings die rechts stehenden Nachkommen:

[C,A | F,E | B,D]   [A,D | F,E | C,B]
[A,F | E,D | C,B]   [A,F | E,D | B,C]

Vgl. zu weiteren Crossover-Operatoren z.B. Goldberg (1989), Bierwirth (1993) oder Pesch (1994).

1.4 Literatur zu Kapitel 1

Kap. 1.1 (Definitionen):

Christofides (1975); \
Domschke und Drexl (1995); \
Neumann und Morlock (1993).

Domschke (1995), zitiert als Band I; \
Jungnickel (1990);

Kap. 1.2 (Branch-and-Bound-Verfahren):

Balas und Christofides (1981); \
Domschke et al. (1997); \
Fischetti und Toth (1989); \
Geoffrion (1974); \
Hillier und Lieberman (1988); \
Martello und Toth (1990); \
Neumann und Morlock (1993); \
Scholl et al. (1997).

Domschke und Drexl (1995); \
Fischetti et al. (1994); \
Gendron und Crainic (1994); \
Held et al. (1974); \
Klein und Scholl (1996); \
Mevert und Suhl (1976); \
Parker und Rardin (1988);

Kap. 1.3 (Heuristische Verfahren):

Aarts und Korst (1989); \
Beasley (1993); \
Bierwirth (1993); \
Dammeyer und Voß (1993); \
Domschke et al. (1996); \
Dueck und Scheuer (1990); \
Glover (1989), (1990a und b); \
Goldberg (1989); \
Kolen und Pesch (1994); \
Kuhn (1992); \
Müller-Merbach (1981); \
Osman und Kelly (1996); \
Rechenberg (1973); \
Rehkugler und Zimmermann (1994); \
Schildt (1994); \
Schwefel (1977); \
Voß (1994, 1995); \
Zanakis et al. (1989).

Aarts et al. (1988); \
Berens (1992); \
Bölte (1994); \
de Werra und Hertz (1989); \
Drexl (1988); \
Faigle (1994); \
Glover und Laguna (1993); \
Holland (1975); \
Kopfer (1992); \
Meißner (1979); \
Nissen (1994); \
Pesch (1994); \
Reeves (1993); \
Ritter et al. (1991); \
Scholl (1995); \
Taillard (1995); \
Witte (1979);

Aarts, E. und J. Korst (1989): Simulated annealing and Boltzmann machines. Wiley, Chichester.

Aarts, E.; J. Korst und P. van Laarhoven (1988): A quantitative analysis of the simulated annealing. Math. Programming 21, S. 19-46.

Balas, E. und N. Christofides (1981): A restricted Lagrangean approach to the traveling salesman problem. Math. Programming 21, S. 19-46.

Beasley, J.E. (1993): Lagrangean relaxation. In: Reeves (1993), S. 243-303.

Berens, W. (1992): Beurteilung von Heuristiken - Neuorientierung und Vertiefung am Beispiel logistischer Probleme. Gabler, Wiesbaden.

Bierwirth, C. (1993): Flowshop Scheduling mit parallelen genetischen Algorithmen. Deutscher Universitäts Verlag, Wiesbaden.

Bölte, A. (1994): Modelle und Verfahren zur innerbetrieblichen Standortplanung. Physica, Heidelberg.

Christofides, N. (1975): Graph theory: An algorithmic approach. Academic Press, New York u.a.

Dammeyer, F. und S. Voß (1993): Dynamic tabu list management using the reverse elimination method. Annals of OR **41**, S. 31-46.

de Werra, D. und A. Hertz (1989): Tabu search techniques: A tutorial and an application to neural networks. OR Spektrum **11**, S. 131-141.

Domschke, W. (1995): Logistik: Transport. 4. Aufl., Oldenbourg, München - Wien (zit. als Band I).

Domschke, W. und A. Drexl (1995): Einführung in Operations Research. 3. Aufl., Springer, Berlin u.a.

Domschke, W.; A. Drexl, B. Schildt, A. Scholl und S. Voß (1997): Übungsbuch Operations Research. 2. Aufl., Springer, Berlin u.a.

Domschke, W.; R. Klein und A. Scholl (1996): Taktische Tabus - Tabu Search: Durch Verbote schneller optimieren. c't - Magazin für Computertechnik, Heft 12, S. 326-332.

Drexl, A. (1988): A simulated annealing approach to the multiconstraint zero-one knapsack problem. Computing **40**, S. 1-8.

Dueck, G. und T. Scheuer (1990): Threshold accepting: A general purpose optimization algorithm appearing superior to simulated annealing. Journal of Computational Physics **90**, S. 161-175.

Faigle, U. (1994): Some recent results in the analysis of greedy algorithms for assignment problems. OR Spektrum **15**, S. 181-188.

Fischetti, M.; P. Toth und D. Vigo (1994): A branch-and-bound algorithm for the capacitated vehicle routing problem on directed graphs. Oprns. Res. **42**, S. 846-859.

Fischetti, M. und P. Toth (1989): An additive bounding procedure for combinatorial optimization problems. Oprns. Res. **37**, S. 319-328.

Gendron, B. und T.G. Crainic (1994): Parallel branch-and-bound algorithms: Survey and synthesis. Oprns. Res. **42**, S. 1042-1066.

Geoffrion, A.M. (1974): Lagrangean relaxation for integer programming. Math. Programming Study **2**, S. 82-114.

Glover, F. (1989): Tabu search - part I. ORSA J. on Computing **1**, S. 190-206.

Glover, F. (1990a): Tabu search - part II. ORSA J. on Computing **2**, S. 4-32.

Glover, F. (1990b): Tabu search: A tutorial. Interfaces **20** (4), S. 74-94.

Glover, F. und M. Laguna (1993): Tabu search. In: Reeves (1993), S. 70-150.

Glover, F.; M. Laguna, E. Taillard und D. de Werra (Hrsg.) (1993): Tabu Search. Annals of OR **41**, Baltzer, Basel.

Goldberg, D.E. (1989): Genetic algorithms in search, optimization and machine learning. Addison-Wesley, Reading/Mass. u.a.

Held, M.; P. Wolfe und H.P. Crowder (1974): Validation of subgradient optimization. Math. Programming **6**, S. 62-88.

Hillier, F.S. und G.J. Lieberman (1988): Operations Research. 4. Aufl., Oldenbourg, München - Wien.

Holland, J.H. (1975): Adaption in natural and artificial systems. University of Michigan Press, Ann Arbor.

Jungnickel, D. (1990): Graphen, Netzwerke und Algorithmen. BI-Wissenschaftsverlag, Mannheim u.a.

Klein, R. und A. Scholl (1996): Maximizing the production rate in simple assembly line balancing - a branch and bound procedure. European J. of OR **91**, S. 367-385.

Kolen, A. und E. Pesch (1994): Genetic local search in combinatorial optimization. Discr. Appl. Math. **48**, S. 273-284.

Kopfer, H. (1992): Konzepte genetischer Algorithmen und ihre Anwendungen auf das Frachtoptimierungsproblem im gewerblichen Güterverkehr. OR Spektrum 14, S. 137-147.

Koza, J.R. (1992): Genetic programming. MIT Press, Cambridge (Mass.)-London.

Kuhn, H. (1992): Heuristische Suchverfahren mit simulierter Abkühlung. WiSt 8, S. 387-391.

Laporte, G. und I.H. Osman (Hrsg.) (1996): Metaheuristics in combinatorial optimization. Annals of OR 63, Baltzer, Amsterdam.

Martello, S. und P. Toth (1990): Knapsack problems - algorithms and computer implementations. Wiley, Chichester.

Meißner, J.-D. (1979): Bausteine zur Heuristischen Programmierung. Verlag Florentz, München.

Mevert, P. und U. Suhl (1976): Lösung gemischt-ganzzahliger Planungsprobleme. In: H. Noltemeier (Hrsg.): Computergestützte Planungssysteme. Physica, Würzburg-Wien, S. 111-154.

Michalewicz, Z. (1992): Genetic algorithms + data structures = Evolution programs. Springer, Berlin u.a.

Müller-Merbach, H. (1981): Heuristics and their design: A survey. European J. of OR 8, S. 1-23.

Neumann, K. und M. Morlock (1993): Operations Research. Hanser, München - Wien.

Nissen, V. (1994): Evolutionäre Algorithmen: Darstellung, Beispiele, betriebswirtschaftliche Anwendungsmöglichkeiten. Deutscher Universitäts Verlag, Wiesbaden.

Osman I.H. und J.P. Kelly (1996): Meta-heuristics: Theory & applications. Kluwer, Boston u.a.

Parker, R.G. und R.L. Rardin (1988): Discrete optimization. Academic Press, Boston u.a.

Pearl, J. (1984): Heuristics. Addison-Wesley, Reading u.a.

Pesch, E. (1994): Learning in automated manufacturing - A local search approach. Physica, Heidelberg.

Rechenberg, I. (1973): Evolutionsstrategie: Optimierung technischer Systeme nach Prinzipien der biologischen Evolution. Friedrich Frommann, Stuttgart.

Reeves, C.R. (Hrsg.) (1993): Modern heuristic techniques for combinatorial problems. Blackwell, Oxford.

Rehkugler, H. und H.G. Zimmermann (Hrsg.) (1994): Neuronale Netze in der Ökonomie. Vahlen, München.

Ritter, H.; T. Martinetz und K. Schulten (1991): Neuronale Netze. Addison-Wesley, Bonn u.a.

Schildt, B. (1994): Strategische Produktions- und Distributionsplanung - Betriebliche Standortoptimierung bei degressiv verlaufenden Produktionskosten. Deutscher Universitäts Verlag, Wiesbaden.

Scholl, A. (1995): Balancing and sequencing of assembly lines. Physica, Heidelberg.

Scholl, A.; G. Krispin, R. Klein und W. Domschke (1997): Branch and Bound - Optimieren auf Bäumen: Je beschränkter, desto besser. Schriften zur Quantitativen Betriebswirtschaftslehre 1/97, TH Darmstadt (erscheint in: c't - Magazin für Computertechnik).

Schwefel, H.-P. (1977): Numerische Optimierung von Computer-Modellen mittels der Evolutionsstrategie. Birkhäuser, Basel.

Taillard, E.D. (1995): Comparison of iterative searches for the quadratic assignment problem. Location Science 3, S. 87-105.

Voß, S. (1994): Intelligent search. Habilitationsschrift, TH Darmstadt (erscheint bei Springer).

Voß, S. (1995): Solving quadratic assignment problems using the reverse elimination method. In: S.G. Nash und S. Sofer (Hrsg.): The impact of emerging technologies on Computer Science and Operations Research. Kluwer, Dordrecht, S. 281-296.

Witte, T. (1979): Heuristisches Planen. Gabler, Wiesbaden.

Zanakis, S.H.; J.R. Evans und A.A. Vazacopoulos (1989): Heuristic methods and applications: A categorized survey. European J. of OR 43, S. 88-110.

Kapitel 2: Einige nicht-klassische Transport- und Umladeprobleme

Der Leser wird sich fragen, warum die Trennung zwischen Band I und Band II so erfolgte, daß sich die Behandlung von Transport- und Umladeproblemen über beide Bände erstreckt. Der Grund liegt in der unterschiedlichen Komplexität der verschiedenen Probleme und deren Lösungsmöglichkeiten. Während die in Band I behandelten linearen Transport- und Umladeprobleme mit reellwertigen Variablen x_{ij} zur Klasse $\mathcal{P}$ der in polynomialer Zeit lösbaren Probleme zählen, sind die meisten der hier behandelten Probleme $\mathcal{NP}$-schwer (vgl. Kap. 2.4 in Band I). Als exakte Lösungsverfahren bieten sich für sie – wie z.B. für Traveling Salesman- oder Tourenplanungsprobleme – v.a. Branch-and-Bound-Verfahren an, deren allgemeine Vorgehensweisen in Kap. 1.2 behandelt wurden.

Wie in Band I beschäftigen wir uns nur mit Problemen, die im Zusammenhang mit dem Transport *eines homogenen Gutes* auftreten. Wir beginnen in Kap. 2.1 mit Sensitivitätsüberlegungen zum klassischen Transportproblem (**TPP**), worauf wir im Verlauf von Kap. 2 häufiger zurückgreifen.

In Kap. 2.2 gehen wir kurz auf *verallgemeinerte Transport- und Umladeprobleme* ein. Anschließend behandeln wir in Kap. 2.3 Bottleneck-Probleme, wobei der Schwerpunkt auf dem Bottleneck-TPP liegt. Alle diese Probleme sind mit polynomialem Aufwand lösbar.

In Kap. 2.4 beschäftigen wir uns mit *verallgemeinerten Zuordnungsproblemen* und – als Spezialfall davon – dem *Single Source-TPP*, bei denen es sich bereits um $\mathcal{NP}$-schwere Probleme handelt. In Kap. 2.5 folgen *Fixkosten-TPPe* und *-Umladeprobleme*. In Kap. 2.6 gehen wir auf *Transport- und Umladeprobleme mit allgemeineren nichtlinearen Zielfunktionen* ein.

2.1 Sensitivitätsüberlegungen zum klassischen TPP

Das klassische TPP kann kurz wie folgt beschrieben werden: Von Anbieter A_i ($i = 1,...,m$) werden a_i ME eines Gutes angeboten; bei Nachfrager B_j ($j = 1,...,n$) besteht ein Bedarf von b_j ME an diesem Gut. Das Gesamtangebot ist gleich dem Gesamtbedarf. Die Kosten für den Transport einer ME von i nach j betragen c_{ij} GE.[1] Gesucht ist ein Transportplan $\mathbf{x} = (x_{11}, x_{12},..., x_{mn})$ so, daß bei voller Befriedigung der Nachfrage die Summe der Transportkosten minimiert wird.

---

[1] Wir nehmen o.B.d.A. an, daß jeder Nachfrager von jedem Anbieter beliefert werden kann.

Die mathematische Formulierung des Problems lautet:

$$\text{Minimiere } F(\mathbf{x}) = \sum_{i=1}^{m} \sum_{j=1}^{n} c_{ij} x_{ij} \tag{2.1}$$

unter den Nebenbedingungen

$$\sum_{j=1}^{n} x_{ij} = a_i \qquad \text{für } i = 1,\ldots,m \tag{2.2}$$

$$\sum_{i=1}^{m} x_{ij} = b_j \qquad \text{für } j = 1,\ldots,n \tag{2.3}$$

$$x_{ij} \geq 0 \qquad \text{für alle } i \text{ und } j \tag{2.4}$$

In Kap. 6 und 8 von Band I haben wir Eröffnungs- und Optimierungsverfahren für klassische TPPe sowie Möglichkeiten zu deren effizienten Implementierung behandelt. Auf die für den Praktiker interessante Sensitivitätsanalyse sind wir nicht eingegangen. Deshalb wollen wir jetzt die folgenden beiden Fragen analysieren:

1) Um welchen Wert α_{ij} können sich die Kosten c_{ij} der Basisvariablen x_{ij} einer optimalen Basislösung $\mathbf{x}$ maximal erhöhen, ohne daß die Lösung ihre *Optimalitätseigenschaft* verliert? (Die Optimalitätseigenschaft geht verloren, wenn ein Basistausch erforderlich wird.)

2) Um welchen Wert β_{ij} dürfen die Kosten c_{ij} der Basisvariablen x_{ij} einer optimalen Basislösung $\mathbf{x}$ höchstens sinken, ohne daß die Lösung ihre Optimalitätseigenschaft verliert?

	1	2	3	4	a_i
1	4	6	1	4	6
2	2	5	2	7	4
3	7	4	6	5	2
4	5	3	3	7	5
b_j	3	4	5	5	

Tab. 2.1

	1	2	3	4	u_i
1	3	5	☐3	☐3	1
2	☐3	3	☐1	2	2
3	5	2	4	☐2	2
4	2	☐4	☐1	1	3
v_j	0	0	0	3	

Tab. 2.2

Zur Beantwortung beider Fragen betrachten wir das klassische TPP mit den in Tab. 2.1 angegebenen Daten (Angebotsvektor $\mathbf{a}$, Nachfragevektor $\mathbf{b}$ und Kostenmatrix $C = (c_{ij})$). Es besitzt die optimale Basislösung mit den in Tab. 2.2 in Kästchen angegebenen Basisvariablen und den nicht mit Kästchen versehenen Opportunitätskosten $\bar{c}_{ij} := c_{ij} - u_i - v_j$ für die Nichtbasisvariablen. In Abb. 2.1 a und b zeigen wir jeweils die Basislösung aus Tab. 2.2 (voll ausgezeichnet und ohne Angabe der Variablenwerte) in Form eines Baumes (vgl. Kap. 6.2.4 und 8.2 von Band I).

Kapitel 2.1: Sensitivitätsüberlegungen zum klassischen TPP 45

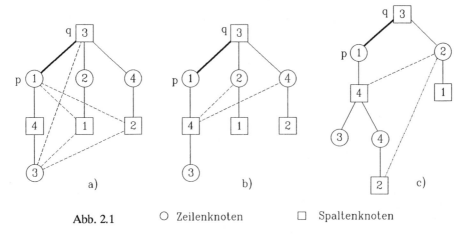

Abb. 2.1   ○ Zeilenknoten   □ Spaltenknoten

Die gestrichelten Verbindungen in Abb. 2.1 a repräsentieren die Nichtbasisvariablen x_{11}, x_{12}, x_{31}, x_{32} und x_{33}. Jede dieser Variablen besitzt die Eigenschaft, daß sich ihre Opportunitätskosten um α vermindern, wenn sich die Kosten c_{13} der Basisvariablen x_{13} um α erhöhen.[2]
Da dies, wie Satz 2.1 besagt, die einzigen Nichtbasisvariablen mit dieser Eigenschaft sind, ist die vorliegende Basislösung nicht mehr optimal, wenn sich c_{13} um mehr als α_{13} = min {$\bar{c}_{11}$, $\bar{c}_{12}$, $\bar{c}_{31}$, $\bar{c}_{32}$, $\bar{c}_{33}$} = $\bar{c}_{32}$ = 2 erhöht. Bei einer Erhöhung von c_{13} um $\alpha > 2$ würde die Variable x_{32} statt der Variablen x_{34} mit dem Wert 2 in der dann optimalen Basis auftreten.
Die zwei in Abb. 2.1 b gestrichelten Verbindungen repräsentieren die Nichtbasisvariablen x_{24} und x_{44}. Das sind genau diejenigen Nichtbasisvariablen, deren Opportunitätskosten sich um β vermindern, wenn die Kosten c_{13} der Basisvariablen x_{13} um β sinken. Die vorliegende Basislösung ist nicht mehr optimal, wenn c_{13} um mehr als β_{13} = min {$\bar{c}_{24}$, $\bar{c}_{44}$} = $\bar{c}_{44}$ = 1 sinkt. Bei einer Verminderung von c_{13} um $\beta > 1$ würde die Variable x_{44} statt der Variablen x_{43} mit dem Wert 1 in die dann optimale Basis gelangen.

Allgemein gilt für die Beantwortung der Fragen 1) und 2) der folgende

Satz 2.1:[3] Seien T der einer optimalen Basislösung x entsprechende Baum und x_{pq} eine Basisvariable von x. Entfernt man die Verbindung (p,q) aus T, so zerfällt T in einen Teilbaum T_p mit dem Zeilenknoten p und in einen Teilbaum T_q mit dem Spaltenknoten q. Es sei

ZK_p := Menge aller Zeilenknoten i aus T_p SK_p := Menge aller Spaltenknoten j aus T_p
ZK_q := Menge aller Zeilenknoten i aus T_q SK_q := Menge aller Spaltenknoten j aus T_q

---

[2] Für x_{11} wird dies daraus ersichtlich, daß die Variable zusammen mit den Basisvariablen x_{13}, x_{23} und x_{21} einen elementaren Kreis bildet. Soll x_{11} den Wert Δ erhalten, so müssen x_{13} und x_{21} um Δ gesenkt und x_{23} um Δ erhöht werden. Die Opportunitätskosten von x_{11} sind somit $\bar{c}_{11} := c_{11} - c_{13} + c_{23} - c_{21}$. Vgl. hierzu Kap. 6.2.3.1 in Band I.

[3] Vgl. zu diesen und weiteren Aussagen zur Sensitivitätsanalyse beim klassischen TPP z.B. Srinivasan und Thompson (1972).

Es gilt: Die Basislösung **x** bleibt optimal, wenn sich die Kosten c_{pq} um höchstens

$$\alpha_{pq} := \min \{\bar{c}_{ij} \mid (i,j) \in ZK_p \times SK_q, (i,j) \neq (p,q)\} \tag{2.5}$$

erhöhen bzw. wenn sie um maximal

$$\beta_{pq} := \min \{\bar{c}_{ij} \mid (i,j) \in ZK_q \times SK_p\} \tag{2.6}$$

gesenkt werden.

Ist $ZK_p \times SK_q - \{(p,q)\}$ leer, so kann c_{pq} beliebig erhöht werden ($\alpha_{pq} := M$); ist $ZK_q \times SK_p$ leer, so kann c_{pq} beliebig gesenkt werden ($\beta_{pq} := M$). Im ersten Fall gibt es keine zulässige Lösung, in der die Variable x_{pq} einen kleineren als den gegenwärtigen Wert besitzt. Im zweiten Fall gibt es keine zulässige Lösung, in der die Variable x_{pq} einen höheren als den gegenwärtigen Wert besitzt.

Der folgende, auf Satz 2.1 aufbauende Satz findet Anwendung bei B&B-Verfahren zur Lösung von verallgemeinerten Zuordnungsproblemen und Fixkosten-TPPen; siehe Kap. 2.4 und 2.5.3.

Satz 2.2: Gegeben sei eine optimale Basislösung **x** eines klassischen TPPs mit dem Zielfunktionswert $F(\mathbf{x})$; die Variable x_{pq} sei Basisvariable von **x** mit dem Wert $0 < x_{pq} < b_q$.

1) Verändert man das betrachtete Problem durch das Verbot der Transportverbindung (p,q), also durch die Forderung $x'_{pq} := 0$, so gilt für den Zielfunktionswert $F(\mathbf{x}')$ einer optimalen Lösung **x**' des neuen TPPs:

$$F(\mathbf{x}') \geq F(\mathbf{x}) + x_{pq} \alpha_{pq}.$$

Die Größe $x_{pq} \alpha_{pq}$ ist somit eine *untere Schranke* für die durch das Verbot von (p,q) hervorgerufene Erhöhung des Zielfunktionswertes $F(\mathbf{x})$.

2) Verändert man das betrachtete Problem durch die Fixierung von x_{pq} zu $\tilde{x}_{pq} := b_q$, so gilt für den Zielfunktionswert $F(\tilde{\mathbf{x}})$ einer optimalen Lösung $\tilde{\mathbf{x}}$ des neuen TPPs:

$$F(\tilde{\mathbf{x}}) \geq F(\mathbf{x}) + (b_q - x_{pq}) \beta_{pq}.$$

Die Größe $(b_q - x_{pq}) \beta_{pq}$ ist somit eine *untere Schranke* für die durch die Fixierung $\tilde{x}_{pq} := b_q$ hervorgerufene Erhöhung des Zielfunktionswertes $F(\mathbf{x})$.

Beweisidee zu Satz 2.2 (vgl. Domschke (1983)):

Teil 1): Steigert man die Kosten c_{pq} um α_{pq}, so bleibt die aktuelle Basislösung **x** nach wie vor optimal. Es gibt jedoch eine zweite optimale Basislösung **x**', bei der sich die bisherige Nichtbasisvariable x_{ij}, die den Wert α_{pq} lieferte, in der Basis befindet. Ist durch den Basistausch die Variable x_{pq} aus der Basis entfernt worden, so gilt $F(\mathbf{x}') = F(\mathbf{x}) + x_{pq} \alpha_{pq}$. Ansonsten sind weitere Basistransformationen erforderlich, bei denen Variablen mit höheren Opportunitätskosten als α_{pq} in die Basis gelangen.

. Teil 2): Soll in einer Basislösung $\bar{x}$ die Variable x_{pq} einen höheren Wert annehmen als in der bisherigen Basislösung x, so erreicht man dies am kostengünstigsten durch Mengenänderungen in dem elementaren Kreis, der die Nichtbasisvariable x_{ij} enthält, die β_{pq} lieferte. Läßt sich dadurch innerhalb dieses Kreises der Wert von x_{pq} auf b_q erhöhen, so gilt $F(\bar{x}) = F(x) + (b_q - x_{pq})\beta_{pq}$. Ansonsten sind weitere Mengenänderungen mit Nichtbasisvariablen erforderlich, deren Opportunitätskosten größer oder gleich β_{pq} sind.

Beispiel: Wir betrachten das klassische TPP mit den Daten in Tab. 2.1 und der optimalen Lösung x mit $F(x) = 48$ in Tab. 2.2 bzw. Abb. 2.1a.

Fordern wir $x'_{13} = 0$, so erhöht sich der Zielfunktionswert mindestens um $x_{13} \bar{c}_{32} = 3 \cdot 2 = 6$; die tatsächliche Erhöhung ist 7, somit $F(x') = 55$.

Fordern wir $\bar{x}_{13} = 5$, so erhöht sich der Zielfunktionswert mindestens um $(5 - x_{13})\bar{c}_{44} = 2$; die tatsächliche Erhöhung ist 3, somit $F(\bar{x}) = 51$. Bei einem ersten Basistausch gelangt die Variable x_{44} mit dem Wert 1 in die Basis, x_{13} steigt auf 4, die Variable x_{43} verläßt die Basis; vgl. den neuen Baum in Abb. 2.1c. Wählt man (erneut) $v_3 = 0$, so sinkt v_2 gegenüber dem früheren Zustand um $\beta_{13} = 1$, die bislang schon nichtnegativen Opportunitätskosten $\bar{c}_{22} = 3$ wachsen um $\beta_{13} = 1$. Beim zweiten Basistausch gelangt x_{24} ($\bar{c}_{24} = 2$) mit Wert 1 in die Basis, und x_{13} wird 5.

Bemerkung 2.1: Untere Schranken für die durch Variablenfixierungen hervorgerufenen Zielfunktionswerterhöhungen, wie wir sie in Satz 2.2 angeben, bezeichnet man in der englischsprachigen Literatur als **Penalties** (Strafen, **Strafkosten**). Die durch eine (erzwungene) *Senkung* eines Variablenwertes verursachten Strafkosten nennt man **Down-Penalties**; oben $DP_{pq} = x_{pq} \alpha_{pq}$. Die durch eine (erzwungene) *Erhöhung* eines Variablenwertes verursachten Strafkosten heißen **Up-Penalties** $UP_{pq} = (b_q - x_{pq})\beta_{pq}$.

2.2 Verallgemeinerte (lineare) Transport- und Umladeprobleme

Als *verallgemeinerte (lineare) Transport- und Umladeprobleme* wollen wir solche Probleme bezeichnen, bei denen auf einzelnen oder sämtlichen Transportverbindungen **Gewichtsveränderungen** (oder Volumenveränderungen) des zu transportierenden Gutes zu berücksichtigen sind. Während der Begriff verallgemeinertes TPP im größeren Teil der Literatur (vgl. z.B. Glover und Klingman (1973)) verwendet wird, findet man statt des Begriffes verallgemeinertes Umladeproblem in der Regel die Bezeichnung *Flußproblem* (oder Umladeproblem) *in Netzwerken mit Kantengewinnen* oder *Kantenverlusten*.

Wir schildern diese Probleme nur der Vollständigkeit halber; auf die Beschreibung von Lösungsverfahren verzichten wir.

Wir betrachten zunächst das *verallgemeinerte TPP*. Es unterscheidet sich vom klassischen TPP dadurch, daß man folgendes annimmt:

Sollen bei Nachfrager j genau x_{ij} ME eines Gutes ankommen, so müssen beim Anbieter i genau $p_{ij} x_{ij}$ ME abgeschickt werden. Dabei ist p_{ij} eine positive Konstante. Über die Angebotsmenge a_i jedes Anbieters i kann vollständig oder auch nur teilweise verfügt werden. Damit lautet das verallgemeinerte TPP formal:

Minimiere $F(\mathbf{x}) = \sum_{i=1}^{m} \sum_{j=1}^{n} c_{ij} x_{ij}$ (2.7)

unter den Nebenbedingungen

$\sum_{j=1}^{n} p_{ij} x_{ij} \leq a_i$ für $i = 1,...,m$ (2.8)

$\sum_{i=1}^{m} x_{ij} = b_j$ für $j = 1,...,n$ (2.9)

$x_{ij} \geq 0$ für alle i und j (2.10)

Das verallgemeinerte TPP ist somit ein lineares, einstufiges TPP.[4] Die in Kap. 6 von Band I beschriebenen Verfahren für das klassische TPP sind jedoch nicht unmittelbar anwendbar. Ein Lösungsverfahren findet man z.B. bei Glover und Klingman (1973) sowie, für Probleme mit Gleichungen in (2.8) und (2.9), bei Hellmann und Richter (1988, S. 58 ff.). Ein Anwendungsbeispiel aus dem Bereich der Energietechnik betrachten Miclescu et al. (1996).

Umladeprobleme in Graphen mit Kantengewinnen treten beispielsweise bei der Lösung von Transport- und/oder Standortproblemen im Bereich der Müllentsorgung oder Altautobeseitigung auf; vgl. z.B. Böttcher (1980) oder Hammerschmid (1990). Bei der Einplanung von Müllverbrennungs- und/oder Kompostierungsanlagen bzw. Schredderanlagen für Altautos sind dabei Gewichts- und/oder Volumenverringerungen zu berücksichtigen.
Verfahren zur Lösung von Umladeproblemen in Graphen mit Kantengewinnen oder -verlusten werden z.B. von Minieka (1978, S. 151 ff.), Kennington und Helgason (1980, S. 91 ff.) sowie Adler und Cosares (1991) beschrieben. Außerdem lassen sich diese Probleme, wie Glover et al. (1976) zeigen, in verallgemeinerte TPPe transformieren und als solche lösen.

Mit **stochastischen verallgemeinerten TPPen** beschäftigt sich Qi (1987).

Im Gegensatz zum oben betrachteten verallgemeinerten TPP handelt es sich bei *verallgemeinerten Zuordnungsproblemen* um $\mathcal{NP}$-schwere binäre lineare Optimierungsprobleme, die wir in Kap. 2.4 ausführlich betrachten.

---

[4] Mit $p_{ij} = 1$ für alle i und j sowie $\sum_i a_i = \sum_j b_j$ ist das Problem mit dem klassischen TPP identisch.

2.3 Bottleneck-Transport- und -Umladeprobleme

Der Schwerpunkt der folgenden Ausführungen liegt auf dem Bottleneck-TPP, mit dessen Formulierungs- und Lösungsmöglichkeiten wir uns in Kap. 2.3.1 – 2.3.4 beschäftigen. In Kap. 2.3.5 nennen wir weitere Bottleneck-Probleme und geben Literaturhinweise.

2.3.1 Das Bottleneck-TPP

Das Bottleneck-TPP besitzt dieselben Nebenbedingungen wie das klassische TPP. Zu minimieren ist jedoch die **maximale Fahrzeit** (die *maximale Entfernung* oder dgl.) $BT(x)$, die bei dem zu ermittelnden Transportplan $x = (x_{11}, x_{12},...,x_{mn})$ in Kauf genommen werden muß. Bezeichnen wir mit t_{ij} die Fahrzeit, die für die Belieferung des Nachfragers j durch den Anbieter i erforderlich ist, so lautet die mathematische Formulierung des Bottleneck-TPPs:

Minimiere $BT(x) = \max \{t_{ij} \mid x_{ij} > 0\}$ (2.11)

unter den Nebenbedingungen

$$\sum_{j=1}^{n} x_{ij} = a_i \qquad \text{für } i = 1,...,m \qquad (2.12)$$

$$\sum_{i=1}^{m} x_{ij} = b_j \qquad \text{für } j = 1,...,n \qquad (2.13)$$

$$x_{ij} \geq 0 \qquad \text{für alle i und j} \qquad (2.14)$$

Anhand des Beispiels in Kap. 2.3.2 überlegt man sich leicht, daß $BT(x)$ eine nichtlineare Funktion von x ist (siehe jedoch Aufgabe 2.3). Das Minimum von $BT(x)$ bezeichnen wir mit BT^* und nennen es **Engpaßzeit** oder **Bottleneck-Zeit**.

Bottleneck-TPPe treten z.B. bei der Transportplanung für verderbliche Güter, bei der Planung der militärischen Einsatzbereitschaft im Verteidigungsfall sowie bei der Zuordnung von Distrikten (Einzugsbereichen) für – bereits vorhandene – Feuerwehr- oder Unfallrettungsstationen sowie Schulen (siehe Aufgabe 2.1) auf. Häufig sind Bottleneck-TPPe Teilprobleme (bzw. Relaxationen bei der Lösung) von komplexeren Planungsproblemen. Ein Beispiel hierfür sind Probleme zur Bestimmung von Zentren in Graphen; siehe Band III.

In manchen Schriften zum Bottleneck-TPP wird außer der obigen Zielsetzung auch diejenige betrachtet, bei der die unter Aufwendung der Engpaßzeit BT^* zu transportierende Gütermenge zu minimieren ist; d.h. es soll möglichst viel über Verbindungen (i,j) mit $t_{ij} < BT^*$ transportiert werden (vgl. z.B. Garfinkel und Rao (1971), Derigs und Zimmermann (1979), Derigs (1982a)). Diese Zielsetzung lautet formal:

Minimiere $\sum_{\substack{(i,j) \\ \text{mit } t_{ij} = BT^*}} x_{ij}$ (2.11)'

mit $BT^* = \min \{BT(x) = \max \{t_{ij} \mid x_{ij} > 0\} \text{ über alle } x\}$

Die im folgenden behandelten Verfahren sind geeignet, Probleme mit den erwähnten Zielsetzungen zu lösen. Auf weitere Varianten der Bottleneck-Zielsetzung sowie geeignete Lösungskonzepte gehen wir in Kap. 2.3.5 ein.

2.3.2 Untere und obere Schranken für die Engpaßzeit beim Bottleneck-TPP

Bei den in Kap. 2.3.3 und 2.3.4 geschilderten Lösungsverfahren für Bottleneck-TPPe spielen untere Schranken BT_u und/oder obere Schranken BT_o für die Engpaßzeit BT^* eine wichtige Rolle. Wir befassen uns daher zunächst mit Möglichkeiten, derartige Schranken zu ermitteln.

Eine **obere Schranke** BT_o erhält man aufgrund jeder zulässigen Lösung x des Bottleneck-TPPs. Da sich Bottleneck-TPP und klassisches TPP lediglich in der Zielfunktion unterscheiden, kann eine solche zulässige Lösung z.B. mit jedem Eröffnungsverfahren für klassische TPPe ermittelt werden. Eine häufig recht gute obere Schranke erhält man auch durch die optimale Lösung $\bar{x}$ des klassischen TPPs.

Eine **untere Schranke** für BT^* ist diejenige *minimale Fahrzeit* BT_u, die selbst dann aufzuwenden wäre, wenn jeder Anbieter A_i ($i=1,...,m$) seine Angebotsmenge an die ihm nächstgelegenen Nachfrager $B_{i_1},...,B_{i_k}$ mit $\sum_{h=1}^{k-1} b_{i_h} < a_i \leq \sum_{h=1}^{k} b_{i_h}$ absetzen würde und jeder Nachfrager B_j ($j=1,...,n$) durch die ihm nächstgelegenen Anbieter $A_{j_1},...,A_{j_l}$ mit $\sum_{h=1}^{l-1} a_{j_h} < b_j \leq \sum_{h=1}^{l} a_{j_h}$ beliefert werden könnte.

Diese untere Schranke kann z.B. dadurch ermittelt werden, daß man zunächst für jeden Anbieter i und Nachfrager j getrennt die erforderlichen Mindestzeiten TA_i und TB_j bestimmt:

TA_i := längste Fahrzeit, die aufzuwenden ist, um das Angebot a_i voll an die nächstgelegenen Nachfrager $B_{i_1},...,B_{i_k}$ abzusetzen;

TB_j := längste Fahrzeit, die aufzuwenden ist, um die Nachfrage b_j voll durch die nächstgelegenen Anbieter $A_{j_1},...,A_{j_l}$ zu befriedigen.

Damit erhält man $BT_u := \max \{TA_1,...,TA_m; TB_1,...,TB_n\}$.

	1	2	3	4	5	a_i
1	12	⑤	20	④	9	7
2	21	14	③	16	④	3
3	②	11	⑥	13	16	6
4	8	10	①	12	⑥	4
b_j	4	3	6	5	2	

Tab. 2.3

Beispiel: Tab. 2.3 zeigt die Fahrzeitmatrix $T = (t_{ij})$ eines Bottleneck-TPPs. Es gilt $TA_1 = 5$, $TA_2 = 3$, $TA_3 = 6$, $TA_4 = 1$; $TB_1 = 2$, $TB_2 = 5$, $TB_3 = 3$, $TB_4 = 4$, $TB_5 = 4$ und damit $BT_u = 6$. Die Elemente $t_{ij} \leq BT_u = 6$ sind in der Tabelle umrahmt.

Bei dem im folgenden beschriebenen Verfahren wird gegenüber der soeben angedeuteten Vorgehensweise Sortieraufwand gespart.
Ausgehend von $BT_u := TA_1$, wird in Iteration $i = 2,...,m$ jeweils $BT_u := \max\{BT_u, TA_i\}$ und anschließend in Iteration $j = 1,...,n$ jeweils $BT_u := \max\{BT_u, TB_j\}$ ermittelt. Nur wenn das aktuelle $BT_u < TA_i$ bzw. $BT_u < TB_j$ ist, muß TA_i bzw. TB_j explizit bestimmt werden; vgl. zur folgenden Vorgehensweise auch Finke und Smith (1979, S. 189 f.). Statt von Anbieter i bzw. Nachfrager j sprechen wir im folgenden von Zeile i bzw. Spalte j der Fahrzeitmatrix $T = (t_{ij})$ oder des Transporttableaus $X = (x_{ij})$.

> **Algorithmus 2.1: Untere Schranke BT_u**

Voraussetzung: Daten a, b und T eines Bottleneck-TPPs.

Start: Ermittle TA_1 und setze $BT_u := TA_1$.

Iteration i ($=2,...,m$): $s := 0$;
addiere in Zeile i alle b_j mit $t_{ij} \leq BT_u$ zu s;
sobald $s \geq a_i$ ist, gehe zur nächsten Iteration; bleibt jedoch $s < a_i$, so berechne mit Hilfe der nächstgrößeren t_{ij} (als BT_u) die Zeit TA_i, setze $BT_u := TA_i$ und gehe zur nächsten Iteration.

Iteration j ($=1,...,n$): $s := 0$;
addiere in Spalte j alle a_i mit $t_{ij} \leq BT_u$ zu s; (usw., analog zu Iteration $i = 2,...,m$ nun für die Spalten).

Ergebnis: Eine untere Schranke BT_u.

* * * * *

Beispiel: Wir betrachten wieder das Problem in Tab. 2.3. Wegen $b_4 < a_1$ und $b_4 + b_2 > a_1$ erhalten wir $TA_1 = \max\{t_{12}, t_{14}\} = 5$; damit ist zunächst $BT_u = 5$.
Iter. $i = 2$: Wegen $b_3 + b_5 > a_2$ bleibt $BT_u = 5$.
Iter. $i = 3$: Es ist $b_1 < a_3$; $TA_3 = \max\{t_{31}, t_{33}\} = 6$; $BT_u = 6$.
In den restlichen Iterationen bleibt $BT_u = 6$.

2.3.3 Überblick über Lösungsverfahren für Bottleneck-TPPe

Verfahren zur Lösung von Bottleneck-TPPen wurden u.a. von Garfinkel und Rao (1971), Srinivasan und Thompson (1976), Derigs und Zimmermann (1979), Finke und Smith (1979) sowie Daduna (1985) entwickelt bzw. weiterentwickelt. Anhand ihrer prinzipiellen Vorgehensweise lassen sie sich in drei "Gruppen" unterteilen: Primale Verfahren, das primal-duale

Verfahren[5] von Garfinkel und Rao (1971, S. 468 f.) sowie das Verfahren der kürzesten erweiternden Wege von Derigs und Zimmermann (1979).

Primale Verfahren bestimmen in jeder ihrer Iterationen eine zulässige Lösung. Sie können z.B. wie folgt vorgehen:

Variante 1 (Suche von BT_o aus): Man beginnt mit einer zulässigen (Basis-) Lösung $\bar{x}$ des Bottleneck-TPPs. Da die Menge der zulässigen Lösungen des Bottleneck-TPPs und diejenige des klassischen TPPs identisch sind, kann eine solche Basislösung z.B. mit einem Eröffnungsverfahren für klassische TPPe (Nordwesteckenregel, Spaltenminimum-Methode etc.) ermittelt werden. Der Zielfunktionswert $BT(\bar{x})$ ist eine obere Schranke BT_o für die Engpaßzeit BT^*. Anschließend wird $\bar{x}$ mit Hilfe der MODI-Methode so lange verbessert (d.h. reduziert), bis eine optimale Lösung x^* mit der Engpaßzeit BT^* gefunden ist.

Ausgehend von einer zulässigen Basislösung $\bar{x}$ mit der maximalen Fahrzeit $BT(\bar{x})$, kann die MODI-Methode, wie dies bei dem von Garfinkel und Rao (1971, S. 466) beschriebenen primalen Verfahren geschieht, zur Lösung des klassischen TPPs

$$\text{Minimiere } F(x) = \sum_{i=1}^{m} \sum_{j=1}^{n} h_{ij} x_{ij}$$

unter den Nebenbedingungen (2.12) – (2.14) mit der Hilfsmatrix $H = (h_{ij})$ mit

$$h_{ij} := \begin{cases} 0 & \text{falls } t_{ij} < BT_o \\ 1 & \text{falls } t_{ij} = BT_o \\ \infty & \text{falls } t_{ij} > BT_o \end{cases}$$

angewendet werden. Liefert die MODI-Methode eine optimale Lösung x' für das klassische TPP mit $F(x') > 0$, so ist $BT(\bar{x}) = BT^*$ und damit eine optimale Lösung gefunden. Ansonsten ist x' eine verbesserte Basislösung des Bottleneck-TPPs mit $BT(x') < BT(\bar{x})$ und damit $BT_o := BT(x')$.

Variante 2 (Suche von BT_u aus): Man ermittelt zunächst eine untere Schranke BT_u (und evtl. eine obere Schranke BT_o) für die Engpaßzeit BT^*. Im Anschluß daran löst man wiederholt klassische TPPe mit einer geeigneten Hilfsmatrix $H = (h_{ij})$, um nach und nach die untere Schranke BT_u bis auf BT^* zu steigern und damit eine optimale Lösung zu erzielen. Das unten beschriebene Verfahren von Finke und Smith (1979) geht entsprechend vor. Daduna (1985) bewertet die Elemente von H prinzipiell wie folgt:

$$h_{ij} := \begin{cases} 0 & \text{falls } t_{ij} \leq BT_u \\ \varphi_{ij}(t_{ij}) & \text{falls } BT_u < t_{ij} \leq BT_o \\ \infty & \text{falls } t_{ij} > BT_o \end{cases}$$

---

[5] Vgl. auch die Beschreibung der prinzipiellen Vorgehensweisen von primal-dualen sowie dualen LP-Verfahren in Kap. 3.3 von Band I. Derigs (1980, S. 50 ff.) bezeichnet das Verfahren von Garfinkel und Rao entgegen unserer Klassifizierung als duales Verfahren.

Durch die Bewertung $\varphi_{ij}(t_{ij})$ werden die Abstände der Elemente t_{ij} aus dem Intervall $[BT_u, BT_o]$ möglichst so stark vergrößert, daß eine optimale Lösung des klassischen TPPs unter Verwendung von H zugleich eine optimale Lösung des Bottleneck-TPPs ist. Für sehr große TPPe mit unterschiedlichen t_{ij} kann wegen des erforderlichen Anwachsens der Hilfsbewertungen $\varphi_{ij}(t_{ij})$ diese Eigenschaft nicht gewährleistet werden.

Variante 3 (Binäre Suche = Suche durch Intervallhalbierung): Ausgehend von einem Intervall $[BT_u, BT_o]$ wird geprüft, ob sich eine zulässige Lösung für einen mittleren Wert z aus diesem Intervall – möglichst $z = (BT_o - BT_u)/2$ – finden läßt. Dazu ist analog zu Variante 1 und 2 ein klassisches TPP zu lösen. Findet man eine zulässige Lösung, so kann das Intervall auf $[BT_u, BT_o := z]$, ansonsten auf $(z =: BT_u, BT_o]$ reduziert werden. Die Vorgehensweise wird wiederholt, bis BT^* gefunden ist.

Neben den bereits genannten Algorithmen zählt das Verfahren von Srinivasan und Thompson (1976) zu den primalen Verfahren.

Das primal-duale Verfahren von Garfinkel und Rao (1971, S. 468 f.):

Das von den Autoren *Threshold-Algorithmus* (Schwellen-Algorithmus) genannte Verfahren besitzt wegen seines primal-dualen Lösungsprinzips Ähnlichkeit mit der Ungarischen Methode für lineare Zuordnungsprobleme; siehe Kap. 10.1.3 in Band I.

Das Verfahren beginnt mit der durch Alg. 2.1 ermittelten unteren Schranke BT_u für die Engpaßzeit BT^*. Danach wird versucht, eine zulässige Lösung x zu finden, die nur für Variablen x_{ij} mit $t_{ij} \leq BT_u$ positive Werte besitzt. Gelingt dies, so ist $BT^* = BT_u$; ansonsten muß BT_u erhöht und erneut nach einer zulässigen Lösung x gesucht werden. Die Suche einer zulässigen Lösung entspricht jeweils der Lösung eines Maximalflußproblems in einem in der Regel nicht vollständigen, bipartiten Graphen G mit m Quellen (Anbietern) und n Senken (Nachfragern). Kann das Maximalflußproblem wegen der noch zu niedrigen Schranke BT_u nicht zu Ende gelöst werden, so wird BT_u gerade so stark erhöht, daß durch den Maximalflußalgorithmus die noch nicht zugeordneten Angebote und Nachfragen um jeweils mindestens eine ME abgebaut werden können (siehe Aufgabe 2.2).

Das Verfahren von Derigs und Zimmermann (1979):

Es handelt sich um eine Modifikation der Shortest Augmenting Path-Verfahren, die wir in Kap. 10.1.4 von Band I für das lineare Zuordnungsproblem beschreiben.

Die bislang genannten Verfahren sind für Probleme mit beliebiger Anzahl an Anbietern und Nachfragern (m und n) konzipiert. Szwarc (1993) entwickelt eine sehr einfache Vorgehensweise, die Bottleneck-TPPe mit 2 Anbietern mit Rechenaufwand O(n) löst.

2.3.4 Ein primales Verfahren für Bottleneck-TPPe

Im folgenden beschreiben wir das primale Verfahren von Finke und Smith (1979, S. 195 f.), das nach der obigen Variante 2 vorgeht. Es wird also jeweils versucht, für BT_u eine zulässige Lösung zu finden. Gelingt dies nicht, so wird BT_u auf den nächsten als Bottleneck-Zeit in Frage kommenden Wert t_{ij} erhöht.

Die gesamte Vorgehensweise beginnt mit der Berechnung einer unteren Schranke BT_u mit Hilfe von Alg. 2.1 und der Ermittlung einer zulässigen Basislösung für das Bottleneck-TPP. Zur Bestimmung dieser Basislösung verwenden die Autoren die (modifizierte) Spaltenminimum-Methode (Alg. 6.2 in Band I) oder alternativ (und mit geringerem Rechenaufwand für das gesamte primale Verfahren) die von ihnen entwickelte *Threshold-Totals-Methode*. Bei dieser Methode werden zunächst nur Variablen x_{ij} mit $t_{ij} \leq BT_u$ als Basisvariablen gewählt. Dabei nicht verplanbare Angebots- und Nachfragemengen werden anschließend mit Hilfe der Nordwesteckenregel (Alg. 6.1 in Band I) einander zugeordnet; dabei werden Variablen x_{ij} mit $t_{ij} \geq BT_u$ zu Basisvariablen.

Im folgenden beschreiben wir zunächst die Threshold-Totals-Methode und anschließend das (gesamte) primale Verfahren. In beiden Fällen gehen wir davon aus, daß die jeweils ermittelte Lösung **x** in Form einer Matrix (eines Transporttableaus) $X = (x_{ij})$ dargestellt wird; siehe jedoch auch Bem. 2.3.

Algorithmus 2.2: Threshold-Totals-Methode

Voraussetzung: Angebotsvektor **a**, Nachfragevektor **b**, Matrix $T = (t_{ij})$; untere Schranke BT_u.

Start: Ermittle für jede Zeile i von X die Menge XZ_i der *zulässigen Variablen* x_{ij}, d.h. der Variablen mit $t_{ij} \leq BT_u$; ermittle analog für jede Spalte j von X die Menge XS_j der zulässigen Variablen x_{ij}.

Durchführung:

Teil A: Ermittle die *Reihe* (:= Zeile oder Spalte) mit der geringsten Zahl an zulässigen Variablen; ermittle in dieser Zeile bzw. Spalte diejenige zulässige Variable, die in der Spalte bzw. Zeile mit der geringsten Zahl[6] an zulässigen Variablen steht. Die ermittelte Variable sei x_{hk}.
Setze $x_{hk} := \min\{a_h, b_k\}$; $a_h := a_h - x_{hk}$; $b_k := b_k - x_{hk}$.
Falls (nun) $a_h = 0$ ist, setze $XZ_h := \phi$ und streiche aus allen XS_j (einschließlich XS_k) die aus XZ_h eliminierten Variablen.
Ansonsten (falls $a_h \neq 0$ und $b_k = 0$) setze $XS_k := \phi$ und streiche aus allen XZ_i (einschließlich XZ_h) die aus XS_k eliminierten Variablen.
Beginne danach erneut mit Teil A.

---

[6] Bei mehreren Minima wähle jeweils unter diesen die Reihe mit der kleinsten Zeilen- bzw. Spaltennummer.

Abbruch von Teil A: Alle XS_i und XZ_j sind leer.

Teil B: Gibt es noch positive a_i und b_j, so ordne sie den Variablen x_{ij} (für sie ist $t_{ij} > BT_u$) gemäß der Nordwesteckenregel zu.

Ergebnis: Eine zulässige Basislösung x für das Bottleneck-TPP.

* * * * *

Algorithmus 2.3: Primales Verfahren von Finke und Smith

Voraussetzung: Angebotsvektor a, Nachfragevektor b, Matrix $T = (t_{ij})$; u.a. Speicherplatz für die Engpaßzeit BT_u und für eine Hilfsmatrix $H = (h_{ij})$ der Dimension $m \times n$.

Start: Bestimme mit Alg. 2.1 eine untere Schranke BT_u und danach mit Alg. 2.2 eine zulässige Basislösung x.

Iteration: Bilde die Hilfsmatrix H mit $h_{ij} := \lfloor t_{ij}/(BT_u + 1) \rfloor$. [7]

Löse, ausgehend von der bisherigen Lösung x, ein klassisches TPP mit der Zielsetzung

$$\text{Minimiere } F(x) = \sum_{i=1}^{m} \sum_{j=1}^{n} h_{ij} x_{ij}$$

mit Hilfe der MODI-Methode. Besitzt die dabei erhaltene Lösung x' den Zielfunktionswert $F(x') = 0$, so kann das Verfahren abgebrochen werden.
Ansonsten berechne anhand der aktuellen Dualvariablenwerte u_i und v_j die neue untere Schranke $BT_u := \min \{t_{ij} \mid u_i + v_j > 0\}$ (siehe Bem. 2.4), setze $x := x'$ und beginne erneut mit der Iteration.

Ergebnis: Eine optimale Lösung x^* des Bottleneck-TPPs mit der Zielsetzung (2.11). Zuletzt gilt $BT_u = BT^*$.

* * * * *

Beispiel: Wir veranschaulichen Alg. 2.3 anhand des Problems in Tab. 2.4 (= Tab. 2.3). Alg. 2.1 liefert die untere Schranke $BT_u = 6$. Werte $t_{ij} \leq 6$ (für zulässige Variablen) sind in Tab. 2.4 umrahmt. Tab. 2.5 zeigt die mit Alg. 2.2 in der Reihenfolge $x_{31} = 4$, $x_{12} = 3$, $x_{14} = 4$, $x_{33} = 2$, $x_{23} = 3$, $x_{43} = 1$, $x_{45} = 2$ und $x_{44} = 1$ erhaltene Basislösung x (umrahmt). Die kleinen Ziffern sind die Werte der Matrix H; die großen Ziffern ohne Kästchen sind die "Opportunitätskosten" $\bar{h}_{ij} := h_{ij} - u_i - v_j$ für die Nichtbasisvariablen.
Die Basislösung ist, da alle $\bar{h}_{ij}$ nichtnegativ sind, eine für H optimale Lösung mit dem Zielfunktionswert 1. Wir ermitteln die neue untere Schranke $BT_u = \min \{t_{22}, t_{32}, t_{42}, t_{24}, t_{34}, t_{44}\} = 10$. Die Werte der neuen Hilfsmatrix H sind in Tab. 2.6 als kleine Ziffern angegeben. Das Tableau enthält außerdem umrahmt die für H optimale Basislösung x sowie mögliche Dualvariablenwerte. Die Lösung x ist eine optimale Lösung mit $BT^* = 10$ für das

---

[7] $h_{ij} :=$ größte ganze Zahl kleiner oder gleich $t_{ij}/(BT_u+1)$; untere Gaußklammer.

Bottleneck-TPP mit der Zielsetzung (2.11). Da nur 1 ME zur Engpaßzeit transportiert wird, ist die Lösung auch optimal für die Zielsetzung (2.11)'.

	1	2	3	4	5	a_i
1	12	[5]	20	[4]	9	7
2	21	14	[3]	16	[4]	3
3	[2]	11	[6]	13	16	6
4	8	10	[1]	12	[6]	4
b_j	4	3	6	5	2	

Tab. 2.4

	1	2	3	4	5	u_i
1	2^1	$[3]^0$	3^2	$[4]^0$	2^1	-1
2	3^3	1^2	$[3]^0$	1^2	0^0	0
3	$[4]^0$	0^1	$[2]^0$	0^1	2^2	0
4	1^1	0^1	$[1]^0$	$[1]^1$	$[2]^0$	0
v_j	0	1	0	1	0	

Tab. 2.5

	1	2	3	4	5	u_i
1	1	$[2]^0$	1	$[5]^0$	0	0
2	1	1	$[3]^0$	1	0	0
3	$[4]^0$	1	$[2]^0$	1	1	0
4	0	$[1]^0$	$[1]^0$	1	$[2]^0$	0
v_j	0	0	0	0	0	

Tab. 2.6

Bemerkung 2.2: Die Zielsetzung (2.11)' läßt sich allgemein dadurch verwirklichen, daß man nach Abschluß von Alg. 2.3 eine Nachoptimierung mit der MODI-Methode anhand der neuen Hilfsmatrix $H = (h_{ij})$ mit folgenden Werten für die h_{ij} durchführt:

$$h_{ij} := \begin{cases} 0 & \text{für } t_{ij} < BT^* \\ 1 & \text{für } t_{ij} = BT^* \\ \infty & \text{sonst} \end{cases}$$

Bemerkung 2.3: Wie beim klassischen TPP läßt sich auch jede zulässige Basislösung des Bottleneck-TPPs (da die Nebenbedingungen identisch sind) in Form eines Baumes mit $m+n$ Knoten und $m+n-1$ Kanten darstellen. Bei einem effizienten Programm zu Alg. 2.3 wird man statt der Matrixdarstellung die Baumdarstellung wählen; siehe dazu Kap. 8 von Band I.

Bemerkung 2.4 (Berechnung einer neuen unteren Schranke $BT_u := \min\{t_{ij} \mid u_i + v_j > 0\}$):

Zu den Variablen x_{ij} mit $u_i + v_j > 0$ gehören alle Basisvariablen mit $h_{ij} > 0$, also werden deren t_{ij} bei der Berechnung von BT_u berücksichtigt; es kann jedoch sein, daß aufgrund einer der Nichtbasisvariablen BT_u einen niedrigeren Wert als das Minimum dieser t_{ij} erhält. Wir können uns dies beispielhaft wie folgt überlegen:

Kapitel 2.3: Bottleneck-Transport- und -Umladeprobleme

Abb. 2.2 zeigt einen elementaren Kreis, der fünf Basisvariablen und die Nichtbasisvariable x_{13} einer zulässigen Basislösung x repräsentiere. Setzen wir die Dualvariable $u_1 = 0$, so ergibt sich $v_3 = h_{12} - h_{42} + h_{44} - h_{24} + h_{23}$. Mit der Aufnahme von x_{13} mit dem Wert Δ in die Basis würden die Variablenwerte von x_{12}, x_{44} und x_{23} jeweils um Δ sinken. Ist v_3 positiv, so würde durch Aufnahme von x_{13} in die Basis durch die Basistransformation innerhalb der bisherigen Basisvariablen eine Mengenverschiebung von höheren zu niedrigeren Transportzeiten erfolgen. Ist $v_3 \leq 0$, so könnte durch den Basistausch keinesfalls verhindert werden, daß eine der bisherigen Basisvariablen x_{ij} mit $t_{ij} > BT_u$ (mit positivem Wert) in der Basis bleibt.

Man betrachte auch unsere Lösung in Tab. 2.5. Die Variable x_{41} mit $u_4 + v_1 = 0$ kann nicht dazu beitragen, die Variable x_{44} aus der Basis zu eliminieren. Das gilt jedoch für die Variable x_{42}; BT_u steigt von 6 auf 10 an.

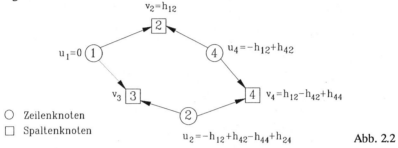

Abb. 2.2

Wir beenden dieses Kapitel mit Aussagen über die zur Lösung von Bottleneck-TPPen erforderlichen **Rechenzeiten**:

Das Bottleneck-TPP gehört zur Klasse $\mathcal{P}$ der mit polynomialem Rechenaufwand lösbaren Probleme. Der *maximale* Rechenaufwand wird von Derigs (1980, S. 77) für das primale Verfahren von Finke und Smith (1979), das Verfahren von Derigs und Zimmermann (1979) sowie für den Treshold-Algorithmus von Garfinkel und Rao (1971) mit $O((m \times n)^3)$ angegeben. Der *durchschnittliche* Rechenaufwand war bei Tests von Derigs (1980, S. 78) jedoch jeweils nur von der Ordnung $(m \times n)^\delta$ mit

$\delta \in [0.86, 0.90]$ für Finke und Smith,

$\delta \in [0.96, 1.18]$ für Derigs und Zimmermann,

$\delta \in [1.18, 1.26]$ für den Threshold-Algorithmus.

Die unterschiedlichen Werte von δ für ein und dasselbe Verfahren resultieren aus Testreihen mit Daten t_{ij}, a_i und b_j aus unterschiedlich großen Zahlenbereichen.

Die "leichte Lösbarkeit" des Bottleneck-TPPs zeigt sich vor allem daran, daß die drei von Derigs getesteten Verfahren alle erzeugten (m = 100, n = 100)-Probleme auf einer CDC Cyber 76 jeweils in weniger als 1 sec CPU-Zeit lösten. Die langsamere UNIVAC 1100/21 benötigte für von uns mit dem Programm von Derigs und Zimmermann[8] gelöste 100×100-Probleme

---

8   Ein FORTRAN IV-Programm findet man in Burkard und Derigs (1980, S. 19 ff.).

jeweils weniger als 6 sec CPU-Zeit. Vgl. auch die Testergebnisse von Derigs (1982a) und Daduna (1985, S. 72 ff.).

2.3.5 Weitere Bottleneck-TPPe und -Umladeprobleme

Kapazitierte Bottleneck-TPPe: Verfahren für unkapazitierte Bottleneck-TPPe lassen sich ebenso zur Lösung kapazitierter Bottleneck-TPPe modifizieren, wie dies beim Übergang von unkapazitierten klassischen TPPen zu kapazitierten klassischen TPPen der Fall ist. Siehe hierzu z.B. Finke (1983), Russell et al. (1983) sowie Daduna (1985).

Minimax-TPP: Hierunter versteht man in der Literatur zumeist ein TPP, bei dem die Transportkosten für den teuersten Transport minimiert werden sollen; vgl. Ahuja (1986) sowie Punnen und Nair (1995):

Minimiere $F(x) = \max \{ c_{ij} x_{ij} \mid i = 1,...,m \text{ und } j = 1,...,n \}$

unter den Nebenbedingungen (2.12) – (2.14)

Ahuja (1986) zeigt, daß dieses Problem unter Verwendung einer "Parametervariablen" z in das folgende lineare Optimierungsproblem transformiert werden kann:

Minimiere $F(x,z) = z$

unter den Nebenbedingungen (2.12) – (2.13) sowie

$$0 \leq x_{ij} \leq z/c_{ij} \qquad \text{für alle i und j}$$

Die Variablen x_{ij} sind durch z/c_{ij} parametrisch nach oben beschränkt. Von dieser Formulierung ausgehend, entwickelt Ahuja (1986) ein primales Lösungsverfahren. Effizienter ist jedoch ein in derselben Arbeit veröffentlichtes primal-duales Verfahren, das zur Lösung des Minimax-TPPs einen Rechenaufwand $O((m+n)^4)$ erfordert.

Multiple Bottleneck-TPPe: Wild et al. (1993) behandeln und lösen ein TPP, bei dem die Summe der von jedem Nachfrager in Kauf zu nehmenden längsten Lieferzeiten minimiert werden soll:

Minimiere $F(x) = \Sigma_j \max \{ t_{ij} \mid x_{ij} > 0, i = 1,...,m \}$

Die Autoren zeigen, daß das Problem $\mathcal{NP}$-schwer ist, und entwickeln für eine gemischt-ganzzahlige Formulierung des Problems ein B&B-Verfahren.

Bottleneck-Zuordnungsprobleme: Es handelt sich um Bottleneck-TPPe mit $a_i = b_j = 1$ für alle i und j. Hierfür spezialisierte Verfahren benötigen i.d.R. weniger Rechenzeit als diejenigen für Bottleneck-TPPe. Vgl. zu Lösungsverfahren z.B. Derigs (1984), Armstrong und Jin (1992) oder Pferschy (1995).

Unkapazitierte Bottleneck-Umladeprobleme: Bei diesen Problemen ist die Fahrzeit für die längste "Lieferkette" von einem Anbieter zu einem Nachfrager zu minimieren. Sie lassen sich mit den beschriebenen Verfahren für Bottleneck-TPPe lösen; denn analog zum klassischen

Umladeproblem läßt sich jedes unkapazitierte Bottleneck-Umladeproblem als unkapazitiertes Bottleneck-TPP formulieren. Jeder Pfeil (i,j) im Graphen des TPPs erhält als Bewertung c_{ij} die Länge des kürzesten Weges von i nach j im Graphen des jeweiligen Umladeproblems.

Kapazitierte Bottleneck-Umladeprobleme: Derartige Probleme sind bislang nur von wenigen Autoren behandelt worden. Lösungsverfahren findet man in Ohse (1978) sowie Hinkle und Jarvis (1982). Daduna (1985) zeigt, daß die Vorgehensweise von Ohse nicht für jede Probleminstanz eine optimale Lösung liefert.

TPPe, Zuordnungsprobleme und Umladeprobleme mit mehrfacher Zielsetzung:

In der Arbeit von Srinivasan und Thompson (1976) werden primale Verfahren beschrieben, die alle bezüglich der Bottleneck-Zielsetzung (2.11) und derjenigen des klassischen TPPs effizienten Lösungen x von (2.12)-(2.14) liefern. Dabei heißt eine Lösung x mit den Zielfunktionswerten BT(x) und F(x) **effizient** (oder Pareto-optimal) genau dann, wenn es keine andere Lösung x' von (2.12)-(2.14) mit BT(x') $\leq$ BT(x) und F(x') < F(x) oder mit BT(x') < BT(x) und F(x') $\leq$ F(x) gibt.

Vgl. zu dieser Fragestellung ferner Isermann (1979, 1984), Derigs (1980) und (1982b), Ringuest und Rinks (1987), Prakash et al. (1988) sowie Rajendra Prasad et al. (1993).

Current und Min (1986) geben einen Literaturüberblick, der sich auf Mehrfachzielsetzungen u.a. bei TPPen, Zuordnungs- und Umladeproblemen sowie Kürzeste Wege-Problemen und TSPen bezieht.

Single Source Bottleneck-TPPe und verallgemeinerte Bottleneck-Zuordnungsprobleme:

In Kap. 2.4 behandeln wir ausführlich verallgemeinerte Zuordnungsprobleme und Single Source-TPPe mit einer Minisum-Zielsetzung. In der Literatur wurden auch entsprechende Probleme mit einer Minimax-Zielsetzung untersucht.

Ein *Single Source Bottleneck-TPP* entsteht z.B. bei der Bildung von Einzugsbereichen für Schulen (siehe Aufgabe 2.1), wenn keine Aufteilung der Schüler aus ein und derselben Straße auf verschiedene Schulen erwünscht ist.
Ein heuristisches sowie ein exaktes (Branch-and-Bound-) Verfahren beschreiben Nagelhout und Thompson (1984). Ein heuristisches Verfahren mit Bezug auf die Ermittlung von Einzugsbereichen für Schulen findet man bei Eden und Pape (1978).

Verallgemeinerte Bottleneck-Zuordnungsprobleme behandeln Mazzola und Neebe (1993) sowie Martello und Toth (1995).

2.4 Verallgemeinerte lineare Zuordnungsprobleme

Im folgenden beschreiben wir zunächst die zu behandelnden Problemstellungen und mögliche mathematische Formulierungen. In Kap. 2.4.2 geben wir einen Überblick über exakte und heuristische Lösungsverfahren. In Kap. 2.4.3 schildern wir einige Verfahren ausführlicher.

2.4.1 Die betrachteten Probleme

Wir betrachten zunächst dasjenige Problem, das man in der Literatur als *das* verallgemeinerte lineare Zuordnungsproblem bezeichnet; danach zeigen wir auf, daß das Single Source-TPP ein Spezialfall davon ist. Schließlich betrachten wir das Segregated Storage-Problem sowie ein zweistufiges TPP mit eindeutiger Kundenbelieferung auf der zweiten Transportstufe.

Das (klassische) lineare Zuordnungsproblem läßt sich verbal wie folgt formulieren (siehe Kap. 3.1.5.1 und 10.1 von Band I): Von n Arbeitskräften (Arbeitern) $i = 1,...,n$ sind n Aufträge (Jobs) $j = 1,...,n$ auszuführen. Jeder Arbeiter soll genau einen dieser Aufträge erledigen. Führt Arbeiter i den Job j durch, so entstehen Kosten in Höhe von cg_{ij} GE. Gesucht ist eine Zuordnung, welche die erforderlichen Gesamtkosten minimiert.

Beim **verallgemeinerten linearen Zuordnungsproblem** (*Generalized Assignment Problem*, abgekürzt **GAP**) wird unterstellt, daß die n Aufträge von m Arbeitern zu erledigen sind. Jeder Arbeiter besitzt eine bestimmte Kapazität (Arbeitszeit) a_i und benötigt für die Ausführung von Auftrag j genau b_{ij} Kapazitätseinheiten (ZE). Gesucht ist auch hier eine kostenminimale Zuordnung von Aufträgen zu Arbeitskräften.

Verwenden wir die binären *Zuordnungsvariablen*[9] z_{ij} ($i = 1,...,m$; $j = 1,...,n$) mit

$$z_{ij} = \begin{cases} 1 & \text{falls Job j dem Arbeiter i zugeordnet wird} \\ 0 & \text{sonst,} \end{cases}$$

so läßt sich das Problem wie folgt mathematisch formulieren:

$$\text{Minimiere } F(z) = \sum_{i=1}^{m} \sum_{j=1}^{n} cg_{ij} \, z_{ij} \tag{2.15}$$

unter den Nebenbedingungen

$$\sum_{j=1}^{n} b_{ij} z_{ij} \leq a_i \qquad \text{für } i = 1,...,m \tag{2.16}$$

$$\sum_{i=1}^{m} z_{ij} = 1 \qquad \text{für } j = 1,...,n \tag{2.17}$$

$$z_{ij} \in \{0,1\} \qquad \text{für alle i und j} \tag{2.18}$$

---

[9] Zur Unterscheidung von kontinuierlichen oder binären Transportvariablen x_{ij} verwenden wir hier die Bezeichnung z_{ij}.

Durch die Faktoren $b_{ij} \neq 1$ in den Nebenbedingungen (2.16) verliert das Nebenbedingungssystem des so veränderten linearen Zuordnungsproblems die Eigenschaft der totalen Unimodularität (vgl. Satz 3.3 in Band I). Damit können die Binär- nicht durch Nichtnegativitätsbedingungen ersetzt werden; im Gegensatz zum klassischen linearen Zuordnungsproblem ist das GAP $\mathcal{NP}$-schwer im strengen Sinne, da auch die Frage, ob eine bestimmte Probleminstanz eine zulässige Lösung besitzt, $\mathcal{NP}$-schwer ist; vgl. Martello und Toth (1990, S. 190).

Das **Single Source-TPP (SSTPP)** unterscheidet sich vom klassischen TPP vor allem durch die Forderung, daß jeder Nachfrager j (= 1,...,n) von *genau einem* Anbieter i vollständig (d.h. mit b_j ME) beliefert wird. Man geht von der Annahme $\Sigma_i a_i \geq \Sigma_j b_j$ aus, woraus folgt, daß über das Angebot a_i jedes Anbieters ganz oder auch nur teilweise verfügt werden kann. c_{ij} seien wie beim klassischen TPP die Kosten für den Transport einer ME von Anbieter i zu Nachfrager j. Dann sind $cg_{ij} := c_{ij} b_j$ die Gesamttransportkosten für die Belieferung von Nachfrager j durch Anbieter i (bei Zuordnung des Nachfragers j zu Anbieter i).

Verwenden wir auch hier binäre *Zuordnungsvariablen* z_{ij} (i = 1,...,m; j = 1,...,n) mit

$$z_{ij} = \begin{cases} 1 & \text{falls Nachfrager j durch Anbieter i (vollständig) beliefert wird} \\ 0 & \text{sonst,} \end{cases}$$

so lautet eine mögliche mathematische Formulierung des Problems:

$$\text{Minimiere } F(z) = \sum_{i=1}^{m} \sum_{j=1}^{n} cg_{ij} z_{ij} \qquad (2.19)$$

unter den Nebenbedingungen

$$\sum_{j=1}^{n} b_j z_{ij} \leq a_i \qquad \text{für } i = 1,...,m \qquad (2.20)$$

$$\sum_{i=1}^{m} z_{ij} = 1 \qquad \text{für } j = 1,...,n \qquad (2.21)$$

$$z_{ij} \in \{0,1\} \qquad \text{für alle i und j} \qquad (2.22)$$

Die mathematische Formulierung macht deutlich, daß es sich bei diesem Problem um einen Spezialfall des GAP mit $b_{ij} = b_j$ für alle i handelt. Wegen der Binarität der Variablen wird das SSTPP auch als **binäres TPP** bezeichnet.

Für die nachfolgende Beschreibung eines B&B-Verfahrens ist es von Vorteil, eine andere mathematische Formulierung des SSTPPs zu wählen. Dabei verwenden wir die Variablen $x_{ij} \in \{0, b_j\}$ (mit i = 1,...,m und j = 1,...,n), die jeweils die von i nach j zu transportierende Menge angeben. Führen wir außerdem einen fiktiven Nachfrager n+1 mit Bedarf

$$b_{n+1} := \sum_{i=1}^{m} a_i - \sum_{j=1}^{n} b_j$$

und damit verbunden die (Schlupf-)Variablen $x_{i,n+1}$ mit $c_{i,n+1} := 0$ für i = 1,...,m ein,[10] so lautet das Problem:

---

[10] Vgl. die Erweiterung von Problem P1 zu einem klassischen TPP in Kap. 6.4.2 von Band I.

Minimiere $F(\mathbf{x}) = \sum_{i=1}^{m} \sum_{j=1}^{n+1} c_{ij} x_{ij}$ (2.23)

unter den Nebenbedingungen

$\sum_{j=1}^{n+1} x_{ij} = a_i$ für $i = 1,...,m$ (2.24)

$\sum_{i=1}^{m} x_{ij} = b_j$ für $j = 1,...,n+1$ (2.25)

$x_{ij} \geq 0$ für alle i und j (2.26)

$x_{ij} \in \{0, b_j\}$ für $i = 1,...,m$ und $j = 1,...,n$ (2.27)

Die bis auf den Fall $j = n+1$ redundanten Nichtnegativitätsbedingungen (2.26) sind im Hinblick auf das unten beschriebene B&B-Verfahren beabsichtigt.
Anwendung findet das SSTPP u.a. im Rahmen der Lösung von knotenorientierten Problemen der Tourenplanung; vgl. Kap. 5.5.3.

Ein dem GAP und dem SSTPP ähnliches Problem ist das **Segregated Storage-Problem**. Ein Anwendungsbeispiel ist die kostenminimale getrennte Lagerung von m Getreidesorten oder -partien zu $a_1,...,a_m$ ME in getrennten Silos mit den Fassungsvermögen $b_1,...,b_n$ ME und – falls erforderlich – in weiteren Mietsilos.

Ein Segregated Storage-Problem entsteht auch, wenn für m Arten von Containern (z.B. für verschiedene Schiffe, auf die sie verladen werden sollen, oder für verschiedene Bestimmungsorte) in den Mengen $a_1,...,a_m$ eine Anzahl n von Stapelflächen bzw. -reihen mit bestimmten Fassungsvermögen $b_1,...,b_n$ zur Verfügung stehen. Innerhalb jeder Fläche soll jeweils nur eine Containersorte gestapelt werden. Die Lagerung der einzelnen Containerarten i auf verschiedenen Flächen j erfordert unterschiedliche Transportkosten oder -zeiten c_{ij}. Eine mögliche mathematische Formulierung des Problems ist (vgl. etwa Cao und Uebe (1995)):

Minimiere $F(\mathbf{x}) = \sum_{i=1}^{m} \sum_{j=1}^{n} c_{ij} x_{ij}$ (2.28)

unter den Nebenbedingungen

$\sum_{j=1}^{n} x_{ij} = a_i$ für $i = 1,...,m$ (2.29)

$\sum_{i=1}^{m} x_{ij} \leq b_j$ für $j = 1,...,n$ (2.30)

$x_{hj} \cdot x_{ij} = 0$ für alle h, i und j mit $h \neq i$ (2.31)

$x_{ij} \geq 0$ für alle i und j (2.32)

x_{ij} gibt die Anzahl der Container der Art i an, die auf Stapelfläche j gelagert werden. Die nichtlineare Nebenbedingung (2.31) stellt sicher, daß auf jeder Lagerfläche j höchstens eine Containerart gelagert wird. Sie läßt sich auf Kosten der Einführung von Binärvariablen vermeiden; siehe Aufgabe 2.4.

Abschließend wollen wir noch **mehrstufige TPPe mit Belieferung jedes Kunden von einem einzigen Knoten** erwähnen. Gefordert wird die Eindeutigkeit der Belieferung "auf der letzten Stufe". Abb. 2.3 zeigt ein solches zweistufiges TPP.

Mathematisch kann ein derartiges Problem als gemischt-binäres lineares Optimierungsproblem mit kontinuierlichen Variablen auf den ersten Stufen und Binärvariablen auf der letzten Stufe formuliert werden. Sind für die Transportverbindungen (Pfeile des Digraphen) keine Kapazitätsbeschränkungen zu berücksichtigen, so sprechen wir von einem *unkapazitierten* und ansonsten von einem *kapazitierten gemischt-binären Umladeproblem*. In der Praxis findet man die Forderung, daß jeder Kunde durch *eine* Lieferung (von *einem* Zentral- oder Auslieferungslager oder von *einem* Werk aus) zu bedienen ist, recht häufig.[11]

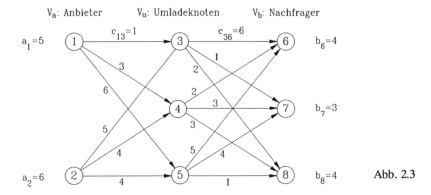

Abb. 2.3

2.4.2 Überblick über Lösungsverfahren

Während bis zu Beginn der 80-er Jahre v.a. das SSTPP und Lösungsmöglichkeiten untersucht wurden, haben sich seither zahlreiche Autoren mit dessen Verallgemeinerung, dem GAP, beschäftigt. Zu seiner Lösung existiert inzwischen eine Vielzahl **exakter Verfahren**, in erster Linie B&B-Verfahren. Sie unterscheiden sich v.a. hinsichtlich der Art der Berechnung unterer Schranken für den optimalen Zielfunktionswert. Dabei sind alle von uns in Kap. 1.2.2 allgemein dargestellten Relaxationsmöglichkeiten geprüft und eingesetzt worden.

Bei der *LP-Relaxation* ersetzt man die Binärbedingungen (2.18) durch $z_{ij} \in [0,1]$ für alle i und j. Sie wurde u.a. von Benders und van Nunen (1983) verwendet. Die Autoren zeigen, daß die Anzahl der Jobs, die in einer optimalen Lösung der Relaxation jeweils auf zwei Arbeiter aufgeteilt werden, kleiner oder gleich der Anzahl der Arbeiter ist, deren Kapazität voll ausgeschöpft wird. Auch das für das SSTPP entwickelte B&B-Verfahren von Nagelhout und Thompson (1980) baut auf der LP-Relaxation auf. Hierbei werden die Bedingungen (2.22) zu $z_{ij} \in [0,1]$ für alle i, j bzw. (2.27) zu $x_{ij} \in [0, b_j]$ für alle i, j relaxiert.

---

[11] Rein-binäre Umladeprobleme, bei denen für jeden Knoten (für Umlade- wie Nachfrageknoten und gegebenenfalls auch für Angebotsknoten, falls es keine Quellen gemäß Def. 1.3 sind) die Eindeutigkeit der Belieferung gefordert wird, dürften für die Praxis keine Bedeutung besitzen.

Ross und Soland (1975) bilden Relaxationen, indem sie die *Bedingungen* (2.16) *weglassen*. Die Lösung der Relaxation erhält man dadurch, daß man jeden Job dem kostengünstigsten Arbeiter zuordnet. Die damit erzielbare untere Schranke $\underline{F}$ läßt sich verbessern, indem man geeignete Strafkosten für die verletzten Kapazitätsrestriktionen (2.16) hinzuaddiert.

Eine *Surrogate-Relaxation* entsteht, wenn man z.B. sämtliche Nebenbedingungen (2.16) – mit positiven λ_i multipliziert – addiert und (2.16) durch diese neue Restriktion ersetzt. Zu lösen bleibt dann ein (einperiodiges) Knapsack-Problem. Vgl. hierzu etwa Lorena und Narciso (1996).

Eine *Lagrange-Relaxation* des GAP erhält man, indem man entweder die Bedingungen (2.16) oder (2.17) aus dem Nebenbedingungssystem entfernt und (deren Schlupf) gewichtet mit Lagrange-Multiplikatoren in die Zielfunktion aufnimmt. Im ersten Fall entsteht ein Spaltenminimierungsproblem wie bei Ross und Soland, im zweiten Fall sind m voneinander unabhängige Knapsack-Probleme zu lösen. Die zweite Möglichkeit verfolgen Fisher et al. (1986). Um die Lagrange-Multiplikatoren u_j für die Bedingungen (2.17) so zu bestimmen, daß der Zielfunktionswert möglichst hoch wird, wenden die Autoren einen Dual Adjustment-Algorithmus an (siehe Kap. 2.4.3.4). Weiterentwicklungen des B&B-Verfahrens von Fisher et al. (1986) findet man u.a. bei Guignard und Rosenwein (1989); die Autoren versuchen v.a. durch Einführung weiterer Restriktionen, die durch die Relaxationen erhältlichen unteren Schranken zu erhöhen. Eine Vorgehensweise mit Lagrange-Relaxation und -Dekomposition wählen Barcia und Jörnsten (1990).

Für die Güte der mit den verschiedenen Relaxationsmöglichkeiten erzielbaren unteren Schranken gilt: Die Lagrange-Relaxation der Bedingungen (2.17) führt zu nicht schlechteren Schranken als diejenige der Bedingungen (2.16) und als die LP-Relaxation. Die mit dem Verfahren von Guignard und Rosenwein (1989) erzielbaren Schranken sind nicht schlechter als die von Fisher et al. (1986) ermittelten. Vgl. zu diesen Aussagen auch Cattrysse und van Wassenhove (1992).

Neben exakten Verfahren wurden zahlreiche **Heuristiken** entwickelt. Auch hier ist mittlerweile die ganze Palette der in Kap. 1.3 skizzierten Prinzipien für die Gestaltung heuristischer Verfahren vertreten.

Als *Eröffnungsverfahren* zur Bestimmung einer (ersten) zulässigen Lösung kann man z.B. eine Verallgemeinerung der Vogel'schen Approximationsmethode (Regret-Verfahren) verwenden. Ein solches Verfahren wurde von Nagelhout und Thompson (1980) für das SSTPP und von Martello und Toth (1981) für das GAP entwickelt. Als Startlösung für lokale Suchverfahren eignen sich darüber hinaus deutlich einfacher (z.B. zufällig) erzeugte Lösungen; siehe etwa die Vorgehensweise von Amini und Racer (1994).

Zur Lösung des GAP wurden *relaxationsbasierte Heuristiken* erfolgreich angewendet. Trick (1992) entwickelt ein auf der LP-Relaxation aufbauendes Verfahren. Lagrange-Heuristiken stammen u.a. von Klastorin (1979) sowie von Jörnsten und Näsberg (1986). Vgl. zu Heuristiken, die von Surrogate- und Lagrange-Relaxationen ausgehen, auch Lorena und

Narciso (1996). Cattrysse et al. (1994) beschreiben einen Set Partitioning-Ansatz mit Spaltengenerierung.

Ferner wurden verschiedene *lokale Suchverfahren* für das GAP entwickelt. Vgl. z.B. Martello und Toth (1981), Amini und Racer (1994) oder die Simulated Annealing- und Tabu Search-Verfahren von Osman (1995).

Einen ausführlicheren **Überblick** über Verfahren für GAPe geben Martello und Toth (1990, S. 189 ff.), Cattrysse und van Wassenhove (1992), Amini und Racer (1994) oder Osman (1995).

Lösungsverfahren für das Segregated Storage-Problem findet man u.a. bei Neebe (1987) oder Cao und Uebe (1995). Neebe beschreibt ein B&B-Verfahren, das zur Bestimmung unterer Schranken für Zielfunktionswerte eine Lagrange-Relaxation verwendet. Sie baut auf einer Formulierung des Problems unter Verwendung von Binärvariablen auf. Cao und Uebe (1995) entwickeln eine Tabu Search-Heuristik.

2.4.3 Beispiele für Lösungsverfahren

Im folgenden beschreiben wir einige Lösungsverfahren für das GAP und das SSTPP ausführlicher. Bei Rechenbeispielen beziehen wir uns stets auf das leichter überschaubare SSTPP.

2.4.3.1 Heuristische Eröffnungsverfahren

Zur Bestimmung von zulässigen Lösungen und einer oberen Schranke $\bar{F}$ für das SSTPP verwenden Nagelhout und Thompson (1980) ein der Vogel'schen Approximationsmethode (Alg. 6.3 in Band I) sehr ähnliches Verfahren, das sie *Regret-Heuristik* nennen, sowie eine Modifikation dieses Verfahrens, die *Größte-Nachfrager-Heuristik*. Die Regret-Heuristik läßt sich unmittelbar auf die Lösung des GAP übertragen; vgl. die entsprechende Vorgehensweise bei Martello und Toth (1981). Bei der folgenden Beschreibung gehen wir von der mathematischen Formulierung (2.15) – (2.18) für das GAP aus.

Die Regret-Heuristik ist ein iteratives Verfahren. In jeder Iteration wird genau ein Job j eingeplant. Dadurch reduziert sich die Restkapazität a_i des für die Ausführung von Job j vorgesehenen Arbeiters um b_{ij}. Es wird jeweils derjenige Job zuerst verplant, für den die Differenz der Kosten bei Bedienung durch den zweitgünstigsten bzw. bei Bedienung durch den günstigsten (noch in Frage kommenden) Arbeiter am größten ist.

Im folgenden sei $cg_{i_h j}$ das **h-kleinste Kostenelement** der Spalte (des Jobs) j. Als **Regret**[12] $Rg(j) := cg_{i_2 j} - cg_{i_1 j}$ bezeichnen wir für jede Spalte j = 1,...,n die Kostendifferenz zwischen den zweitniedrigsten und den niedrigsten Kosten für die Ausführung von Job j.

Wenn im Laufe des Verfahrens die Restkapazität a_i des Arbeiters i unter den Kapazitätsbedarf b_{ij} für Job j sinkt, setzen wir $cg_{ij} := M$. Dadurch verändern sich in der Regel die kleinsten (zulässigen) Kostenelemente und die Regrets Rg(j).

---

[12] Maß des Bedauerns über die Zusatzkosten, die in Kauf genommen werden müssen, falls statt des günstigsten der zweitgünstigste Arbeiter zur Durchführung des Auftrags j gewählt würde.

Wurde im Rahmen des Verfahrens ein Job j zur Einplanung ausgewählt, so erfolgt nicht in jedem Fall die Zuordnung $z_{i_1 j} := 1$ des aktuell günstigsten Arbeiters i_1 zu j, vielmehr wird eine *zufällige Auswahl* unter einer Anzahl von "günstigen" Arbeitern getroffen. Diese zufällige Auswahl bewirkt, daß bei mehrmaliger Anwendung des Algorithmus auf dieselbe Probleminstanz verschiedene Lösungen gefunden werden können. Sie bewirkt damit auch, daß man bei geringer Differenz zwischen Gesamtkapazität $\Sigma_i\, a_i$ und Kapazitätsbedarf (beim SSTPP $\Sigma_j\, b_j$) eher überhaupt eine zulässige Lösung findet als mit einer "starren" Regel, bei der stets der günstigste Arbeiter i_1 zu wählen ist. Zum Zwecke dieser Auswahl unter mehreren Arbeitern definieren wir: $I_j := \{ i_h \mid cg_{i_h j} - cg_{i_1 j} \leq Rg(j)\ \text{und}\ a_{i_h} \geq b_{ij} \}$.

I_j umfaßt (die Indizes) alle(r) Arbeiter, die den Job j zu Kosten ausführen können, die höchstens um $Rg(j)$ GE von denen des günstigsten Arbeiters abweichen.

Bei der folgenden Verfahrensbeschreibung gehen wir davon aus, daß die zu bestimmende Lösung z in einer Matrix (einem Zuordnungstableau) $Z = (z_{ij})$ gespeichert wird.

Algorithmus 2.4: Regret-Heuristik

Voraussetzung: Kapazitätsvektor **a**, Bedarfsmatrix $B = (b_{ij})$, Kostenmatrix $CG = (cg_{ij})$ mit $cg_{ij} = M$, falls $a_i < b_{ij}$.

Start: $J := \{1,2,\ldots,n\}$; ermittle für alle $j \in J$ die kleinsten und zweitkleinsten Kostenelemente $cg_{i_1 j}$ und $cg_{i_2 j}$ sowie $Rg(j)$.

Iteration k ($= 1,\ldots,n$):

Suche den Job s mit $Rg(s) = \max\{Rg(j) \mid j \in J\}$ und ermittle die Indexmenge I_s; wähle *zufällig* ein $i \in I_s$, setze $z_{is} := 1$, $a_i := a_i - b_{is}$, $J := J - \{s\}$ und korrigiere für alle $j \in J$, falls $b_{ij} > a_i$, die Kosten zu $cg_{ij} := M$; ermittle gegebenenfalls $cg_{i_1 j}$, $cg_{i_2 j}$ und $Rg(j)$ für alle $j \in J$ neu.

Abbruch und Ergebnis: Falls in Iteration k für ein $j \in J$ alle cg_{ij} (also auch $cg_{i_1 j}$) den Wert M besitzen, bricht das Verfahren ohne zulässige Lösung ab; ansonsten liegt nach Abschluß von Iteration n eine zulässige Lösung z vor.

* * * * *

Beispiel: Im folgenden wenden wir Alg. 2.4 auf ein SSTPP der Form (2.19)–(2.22) mit den in Tab. 2.7 angegebenen Daten (Angebotsvektor **a**, Nachfragevektor **b** und Kostenmatrix CG) an. Wir modifizieren das Verfahren jedoch der Einfachheit halber so, daß wir aus I_s jeweils i_1 (also den günstigsten Anbieter) auswählen. Tab. 2.7 zeigt außerdem die zu Beginn des Verfahrens geltenden Regrets $Rg(j)$. Im Laufe des Verfahrens erhalten wir in

Iter. 1: $s = 2$, $I_2 = \{2,3\}$; $z_{32} = 1$, $a_3 = 5$, $J = \{1,3,4,5,6\}$; $cg_{33} = cg_{36} = M$; die Regrets $Rg(3)$ und $Rg(6)$ ändern sich dadurch nicht.

Iter. 2: $s = 6$, $I_6 = \{2,4\}$; $z_{46} = 1$; sonstige Werte siehe Tab. 2.8 mit Zuordnungsvariablen in Klammern.

Iter. 3 bis 6: Wir erhalten, in dieser Reihenfolge, $z_{21} = z_{13} = z_{34} = z_{15} = 1$.

	1	2	3	4	5	6	a_i
1	15	30	18	20	4	49	8
2	3	20	12	28	6	42	8
3	15	10	24	16	12	28	10
4	9	25	30	12	8	35	8
b_j	3	5	6	4	2	7	
Rg(j)	6	10	6	4	2	7	

Tab. 2.7

	1	2	3	4	5	6	a_i
1	15		18	20	4		8
2	3		12	28	6		8
3	15	[1]	M	16	12		5
4	M		M	M	M	[1]	1
b_j	3		6	4	2		
Rg(j)	12		6	4	2		

Tab. 2.8

Die bei Abbruch des Verfahrens vorliegende Lösung **x** (zu transportierende Mengen x_{ij}) mit dem Zielfunktionswert $F = 86$ zeigt Tab. 2.9.

	1	2	3	4	5	6	a_i
1			6		2		0
2	3						5
3		5		4			1
4						7	1

Tab. 2.9

Bemerkung 2.5: Eine Alternative zur Bestimmung der Regrets besteht beim GAP darin, die unterschiedlichen Kapazitätsbedarfe b_{ij} einzubeziehen. Als Regret könnte dann z.B. $Rg(j) := cg_{i_2 j}/b_{i_2 j} - cg_{i_1 j}/b_{i_1 j}$ gewählt werden.

Die von Nagelhout und Thompson (1980) für das SSTPP entwickelte Größte-Nachfrager-Heuristik (GNH) kann wie die Regret-Heuristik (Alg. 2.4) als Prioritätsregelverfahren bezeichnet werden. Bei Alg. 2.4 werden die Nachfrager nach monoton abnehmenden, sich im Laufe des Verfahrens u.U. verändernden Regrets verplant. Bei GNH geschieht dies nach monoton abnehmenden, im Laufe des Verfahrens gleichbleibenden Nachfragen b_j.
Wie zu erwarten, liefert GNH bei geringer Differenz zwischen $\sum_i a_i$ und $\sum_j b_j$ eher eine zulässige Lösung als Alg. 2.4; ansonsten sind jedoch die mit Alg. 2.4 erzielten Lösungen i.a. besser als die mit GNH ermittelten. Für ein anschließend auszuführendes lokales Suchverfahren wäre es auch denkbar, mit einer unzulässigen Lösung zu starten. Bei beiden Verfahren könnte ein fiktiver Anbieter $m+1$ mitgeführt werden, der im Laufe des Verfahrens nicht zuordenbare Nachfrager j zu Kosten $cg_{m+1,j} = M$ beliefert.

Für unser obiges Beispiel liefert GNH die Lösung $x_{41} = 3$, $x_{42} = 5$, $x_{23} = 6$, $x_{14} = 4$, $x_{15} = 2$ und $x_{36} = 7$ mit $F(x) = 98$.

2.4.3.2 Lokale Suchverfahren/Verbesserungsverfahren

Im folgenden beschäftigen wir uns kurz mit wichtigen Aspekten eines lokalen Suchverfahrens für das GAP (bzw. das SSTPP). Dabei beschränken wir uns auf reine Verbesserungsverfahren sowie auf Anwendungen der Metastrategien Tabu Search (**TS**) und Simulated Annealing (**SA**); vgl. hierzu die Ausführungen in Kap. 1.3.1.2 und 1.3.2.

Wichtige Aspekte dieser Verfahren sind:

- Wie soll die Nachbarschaft $\mathcal{NB}(z)$ einer Lösung z definiert sein?
- Zu welcher Nachbarlösung von z ist jeweils überzugehen, d.h. welche Auswahlstrategie ist zu wählen?
- Bei TS ist die Art des Tabulisten-Managements festzulegen.
- Bei SA kommen Fragen der Parameterwahl (Anfangstemperatur, Verlauf des Abkühlungsprozesses) hinzu.

Ausgehend von einer gegebenen zulässigen (oder noch) unzulässigen Lösung z, ist folgende Wahl der Nachbarschaft sinnvoll: $\mathcal{NB}(z)$ enthält alle Lösungen z', die

a) durch *Verschieben* eines Jobs zu einem anderen Arbeiter entstehen,

b) durch *Vertauschen* zweier, in z unterschiedlichen Arbeitern zugeordneten Jobs j und k entstehen.

Da die Menge $\mathcal{NB}(z)$ mit dem Aufwand $O(n^2)$ ermittelbar und zu evaluieren ist, kann jeweils zur *besten* Nachbarlösung übergegangen werden (Best fit).

Bei TS bietet es sich an, eine statische, flexible *Tabuliste* (reactive Tabu Search) zu verwenden. Man kann sie so organisieren, daß in einer (m×n)-Matrix TL für jedes Paar (i,j) aus Arbeiter i und Job j notiert wird, in welcher Iteration des Verfahrens die Zuordnung j → i zuletzt aufgehoben wurde, der Job j also einem anderen Arbeiter als i zugeordnet wurde. Zu Beginn enthält die Matrix ausschließlich negative Einträge (z.B. $-1 \times$ maximale Tabudauer), um anzuzeigen, daß während des Verfahrens noch kein Verschieben oder Vertauschen von Jobs stattgefunden hat. Beträgt die Tabudauer TD Iterationen, so wird in den nächsten TD Iterationen die erneute Zuordnung von j zu i verboten – es sei denn, die Zuordnung führt zu einer besseren als der besten bislang bekannten Lösung (globales Aspirations-Kriterium).

Beispiel: Wir wenden TS mit obiger Nachbarschaftsdefinition und dem geschilderten Tabulistenmanagement mit einer starren Tabudauer TD = 3 auf unser SSTPP an. In jeder Iteration soll unter allen Nachbarlösungen stets unter Beachtung der Tabuliste zur besten zulässigen Lösung übergegangen werden.

Starten wir mit der durch die Regret-Heuristik erhaltenen Lösung (siehe Tab. 2.9) mit F(x) = 86, so ergibt sich folgender Verlauf:

Iter. 1: Verschieben, Nachfrager 5 von Anbieter 1 nach 2; F(x) = 88.

Iter. 2: Vertauschen, Nachfrager 1 und 3 zwischen Anbieter 2 und 1; F(x) = 94.

Iter. 3: Vertauschen, Nachfrager 1 und 4 zwischen Anbieter 1 und 3; F(x) = 98.

Bis zur Iteration 4 verschlechtert sich der Zielfunktionswert auf F(x) = 104, danach erfolgen Verbesserungen. In Iteration 9 wird eine Lösung mit F(x) = 85 gefunden; es handelt sich, wie wir im nächsten Kapitel sehen werden, um die optimale Lösung. Die nachfolgenden Tableaus zeigen die Startlösung sowie die ersten beiden Lösungen und die zugehörigen Tabumatrizen.

Lösungen F(x): Start   Iter. 1   Iter. 2

	1	2	3	4	5	6	a_i		1	2	3	4	5	6	a_i		1	2	3	4	5	6	a_i
1			6		2		0				6				2		3						5
2	3						5		3					2	3					6		2	0
3		5		4			1			5		4			1		5			4			1
4						7	1							7	1							7	1

Tabumatrizen TL:

	1	2	3	4	5	6		1	2	3	4	5	6		1	2	3	4	5	6
1	−3	−3	−3	−3	−3	−3		−3	−3	−3	−3	1	−3		−3	−3	2	−3	1	−3
2	−3	−3	−3	−3	−3	−3		−3	−3	−3	−3	−3	−3		2	−3	−3	−3	−3	−3
3	−3	−3	−3	−3	−3	−3		−3	−3	−3	−3	−3	−3		−3	−3	−3	−3	−3	−3
4	−3	−3	−3	−3	−3	−3		−3	−3	−3	−3	−3	−3		−3	−3	−3	−3	−3	−3

Startet man hingegen mit der durch die Größte-Nachfrager-Heuristik erhaltenen Lösung, so wird durch fortlaufende Verbesserungen bereits in Iteration 3 die optimale Lösung gefunden. Das bestätigt das häufig erkennbare Verhalten, daß für Tabu Search die Güte der Anfangslösung i.d.R. nicht von wesentlicher Bedeutung ist.

Zu weiteren Details hinsichtlich Tabu Search und Simulated Annealing für das GAP und das SSTPP verweisen wir auf Osman (1995).

2.4.3.3 Das B&B-Verfahren von Nagelhout und Thompson

Im folgenden beschreiben wir eine modifizierte Vorgehensweise des B&B-Verfahrens von Nagelhout und Thompson (1980) für SSTPPe. Dabei gehen wir von der Formulierung (2.23) – (2.27) aus und setzen die Ausführungen zu B&B-Verfahren aus Kap. 1.2 als bekannt voraus.

Wie dort bezeichnen wir das zu lösende Problem mit P_0. Die im Laufe des Verzweigungsprozesses entstehenden Teilprobleme nennen wir P_1, P_2, ...
In P_0 sind alle x_{ij} noch **freie Variablen**; d.h. sie dürfen in einer zulässigen Lösung des Problems die Werte 0 oder b_j annehmen. In P_1, P_2, ... gibt es dagegen bestimmte Variablen x_{hk}, deren Wert jeweils zu 0 oder b_k **fixiert** ist. Statt von einer freien oder einer zu 0 bzw. b_k fixierten Variablen x_{hk} sprechen wir auch von einer noch **freien** oder einer **verbotenen** bzw. einer in jede zulässige Lösung des betrachteten Problems P_μ **einbezogenen Transportverbindung** (h,k).

Wir beschreiben nun die Komponenten des Verfahrens (vgl. das Flußdiagramm in Abb. 1.4).

Komponente 1: Verwende eine Heuristik (z.B. die Größte-Nachfrager-Heuristik, gefolgt von einigen Iterationen von Tabu Search) zur Ermittlung einer zulässigen Lösung und einer oberen Schranke $\bar{F}$ für P_0. Wird keine zulässige Lösung gefunden, so starte mit $\bar{F} = \infty$ (bzw. = M).

Komponente 2 *(Relaxation P_μ' und untere Schranke $\underline{F}_\mu$)*: Für jedes (Teil-) Problem P_μ bildet und löst man die LP-Relaxation P_μ' (Weglassen der Binärbedingungen (2.27)). P_μ' ist damit ein klassisches TPP, das besonders effizient mit der Spaltenminimum- und der MODI-Methode gelöst werden kann. Der Zielfunktionswert der ermittelten optimalen Lösung von P_μ' liefert eine untere Schranke $\underline{F}_\mu$.

Sonstige (z.B. verschärfte) Relaxationen außer P_μ' werden nicht betrachtet (**Komponente 8** fehlt).

Komponente 3 *(Ausloten eines Problems)*: Wie in der allgemeinen Beschreibung in Kap. 1.2. Werden Transportverbindungen (von vornherein oder durch Fixierung) lediglich durch Korrekturen in der Kostenmatrix C verboten, so tritt Fall c des Auslotens nicht auf.

Komponente 4 und 5 *(Ablegen und Auswahl von Problemen)*: Kann ein Problem P_μ nicht ausgelotet werden, so wird es der Kandidatenliste hinzugefügt. Als Regel zur Auswahl von Problemen aus der Liste dient die LIFO-Regel.

Komponente 6 *(Verzweigungsprozeß)*: Ein nicht auslotbares Problem P_μ wird in genau zwei Teilprobleme P_{μ_1} und P_{μ_2} verzweigt. In P_{μ_1} wird eine Variable x_{hk} zu b_k, in P_{μ_2} zu 0 fixiert. Die Fixierungen können durch Korrekturen in der Kostenmatrix erfolgen. Z.B. kann im ersten Fall $c_{ik} := M$ in allen Zeilen $i \neq h$ und im zweiten Fall $c_{hk} := M$ gesetzt werden. Im ersten Fall bietet es sich jedoch auch an, den Nachfrager k aus dem Problem zu eliminieren (vgl. die entsprechende Vorgehensweise bei TSPen in Kap. 3.3.1 und 3.3.2).

Zur Auswahl der zu fixierenden Variablen x_{hk} geben Nagelhout und Thompson (1980) zwei sich (von der Beschreibung her) geringfügig unterscheidende Regeln an. Die i.a. vorteilhaftere der beiden Regeln ist die *Basic-Cell-Regret-Regel* (vgl. einige Bezeichnungen zu Beginn von Kap. 2.4.3.1):

Betrachte die ermittelte optimale Lösung der Relaxation P_μ'.

a) **Spaltenwahl:** Wähle unter allen Spalten j ($=1,...,n$) mit mehr als einer Basisvariablen mit positivem Wert die Spalte k mit maximalem Regret Rg(k).

b) **Zeilenwahl:** Bestimme in Spalte k die beiden Basisvariablen mit positivem Wert, die die niedrigsten bzw. die zweitniedrigsten Transportkosten $c_{i_1 k}$ bzw. $c_{i_2 k}$ aufweisen. Berechne mit Hilfe von Formel (2.5) in Satz 2.1 die beiden Down-Penalties[13] $x_{i_1 k} \alpha_{i_1 k}$ und $x_{i_2 k} \alpha_{i_2 k}$. Fixiere die Variable x_{hk} mit den größten Down-Penalties. Bei Fixierung von x_{hk} zu 0 steigt der Wert der unteren Schranke $\underline{F}_\mu$ mindestens um $x_{hk} \alpha_{hk}$.

---

[13] Siehe auch Satz 2.2 und Bem. 2.1. Die Ermittlung von Down- und Up-Penalties sowie eine Variablenwahl aufgrund *beider* Größen hat sich nach den Angaben der Autoren im Rahmen ihres Algorithmus nicht bewährt. Zur Verwendung von Up-Penalties siehe Aufgabe 2.9.

Komponente 7 *(Logische Tests)*:

1) Nach dem Lösen der Relaxation P_0' wird, falls $\underline{F}_0 < \overline{F} < \infty$ gilt, anhand der optimalen Lösung von P_0' der folgende Test ausgeführt:

Gilt für eine Nichtbasisvariable x_{ij} die Ungleichung

$$(c_{ij} - u_i - v_j) b_j + \underline{F}_0 \geq \overline{F},$$

so kann die Variable zu 0 fixiert werden; denn durch die Fixierung von x_{ij} zu b_j würde sich der Wert der Lösung um mindestens $\bar{c}_{ij} b_j = (c_{ij} - u_i - v_j) b_j$ erhöhen.

Dieser Test ist grundsätzlich auch im Anschluß an die Lösung der Relaxationen $P_1', P_2', \ldots$ anwendbar. Nach den Erfahrungen von Nagelhout und Thompson (1980) ist er in diesen Fällen jedoch nicht effizient.

2) Bei jeder *Fixierung* einer Variablen x_{hk} zu b_k wird das Angebot des Anbieters h, das nicht durch bereits fixierte Variablen verplant ist, um b_k vermindert. Das verbleibende, noch "freie" Angebot sei a_h. Dann können alle diejenigen noch freien Variablen x_{hj} zu 0 fixiert werden, die in einer Spalte j mit $b_j > a_h$ stehen.

Beispiel: Wir wollen das in Tab. 2.7 mit Gesamtkostenmatrix CG angegebene SSTPP lösen. Tab. 2.10 zeigt die Kostenmatrix C und enthält bereits einen fiktiven Anbieter 7. Wenden wir als heuristisches Eröffnungsverfahren die Regret-Heuristik (Alg. 2.4) an, so erhalten wir die zulässige Lösung in Tab. 2.9 und die obere Schranke $\overline{F} = 86$.

	1	2	3	4	5	6	7	a_i
1	5	6	3	5	2	7	0	8
2	1	4	2	7	3	6	0	8
3	5	2	4	4	6	4	0	10
4	3	5	5	3	4	5	0	8
b_j	3	5	6	4	2	7	7	

	1	2	3	4	5	6	7	u_i
1	3	$\underline{3}$	$\boxed{1}$	2	$\boxed{2}$	$\underline{2}$	$\boxed{5}$	0
2	$\boxed{3}$	2	$\boxed{5}$	$\underline{5}$	2	$\underline{2}$	1	-1
3	4	$\boxed{5}$	2	2	5	$\boxed{5}$	1	-1
4	1	2	2	$\boxed{4}$	2	$\boxed{2}$	$\boxed{2}$	0
v_j	2	3	3	3	2	5		

Tab. 2.10   Tab. 2.11

Problem P_0: Die Werte der Basisvariablen der optimalen Lösung von P_0' mit $\underline{F}_0 = 72$ zeigt (eingerahmt) Tab. 2.11. Nicht eingerahmt sind die Opportunitätskosten der Nichtbasisvariablen. Unterstrichen sind die Opportunitätskosten der Variablen x_{12}, x_{16}, x_{24} und x_{26}, die aufgrund des logischen Tests 1) zu 0 fixiert werden können.

Das Problem ist nicht auslotbar. Die zur Verzweigung zu fixierende Variable befindet sich wegen $Rg(3) = 6 < Rg(6) = 7$ in Spalte 6 und ist entweder x_{36} oder x_{46}. Wegen $\alpha_{36} = \min \{\bar{c}_{3j} \mid j = 1,3,4,5,7\} = 1$, $\alpha_{46} = \min \{\bar{c}_{12}, \bar{c}_{16}, \bar{c}_{22}, \bar{c}_{26}, \bar{c}_{42}\} = 2$ und $x_{36} \alpha_{36} > x_{46} \alpha_{46}$ wird x_{36} fixiert. Vgl. den Lösungsbaum in Abb. 2.4.

Problem P_1: Es entsteht aus P_0 durch Fixierung von $x_{36} = 7$. Aufgrund des logischen Tests 2) gilt $x_{32} = x_{33} = x_{34} = 0$. Die Kostenmatrix, eingeklammert $x_{36} = 7$, für dieses Problem zeigt Tab. 2.12. Die Relaxation P_1' besitzt (u.a.) die in Tab. 2.13 angegebene optimale Lösung. Sie ist zulässig für P_0. Mit $F(\mathbf{x}) = 85$ ist sie zugleich eine bessere als die bislang bekannte zulässige Lösung. P_1 ist ausgelotet (Fall b).

	1	2	3	4	5	6	7
1	5	M	3	5	2	M	0
2	1	4	2	M	3	M	0
3	5	M	M	M	6	[7]	0
4	3	5	5	3	4	M	0

Tab. 2.12

	1	2	3	4	5	6	7
1					6	2	0
2	3	5	0				
3						7	3
4				4			4

Tab. 2.13

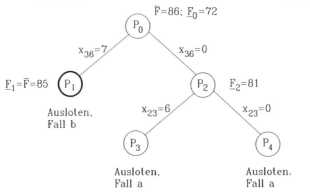

Abb. 2.4

Problem P_2: Es entsteht aus P_0 durch Fixierung von $x_{36} = 0$. Wegen $x_{16} = x_{26} = 0$ ergeben sich zusätzlich die Fixierungen $x_{46} = 7$ und $x_{41} = \ldots = x_{45} = 0$. Wir erhalten für P_2' die optimale Lösung $x_{21} = 3$, $x_{32} = x_{23} = 5$, $x_{13} = 1$, $x_{34} = 4$, $x_{15} = 2$, $x_{46} = 7$, $x_{17} = 5$, $x_{37} = x_{47} = 1$ mit $\underline{F}_2 = 81$. Das Problem ist nicht auslotbar. Zum Verzweigen von P_2 kommt nur die Fixierung von x_{13} oder x_{23} in Frage. Es gilt $\alpha_{13} = \min\{\bar{c}_{11}, \bar{c}_{31}, \bar{c}_{41}, \bar{c}_{33}, \bar{c}_{43}\} = 1$ und $\alpha_{23} = \min\{\bar{c}_{2j} \mid j = 2,4,5,6,7\} = 1$. Es wird x_{23} zur Fixierung vorgesehen (wegen $\underline{F}_2 + x_{23}\alpha_{23} = 86$ kann später P_4 sogleich ausgelotet werden; siehe unten).

	1	2	3	4	5	6	7	a_i
1	5	M	M	5	2	M	0	8
2	M	M	[6]	M	3	M	0	2
3	5	2	M	4	6	M	0	10
4	M	M	M	M	M	[7]	0	1
b_j	3	5	–	4	2	–	7	

Tab. 2.14

Problem P_3: Es entsteht aus P_2 durch Fixierung von $x_{23} = 6$. Neben den bereits in P_2 fixierten Variablen können x_{21} und x_{22} zu 0 fixiert werden. Die Kostenmatrix für P_3 sowie die Restangebots- und Restnachfragemengen nach Fixierung von $x_{46} = 7$ und $x_{23} = 6$ (eingeklammert) zeigt Tab. 2.14. Eine optimale Lösung von $P_3^!$ ist die für P_0 zulässige Lösung $x_{11} = 3$, $x_{32} = 5$, $x_{23} = 6$, $x_{34} = 4$, $x_{15} = 2$, $x_{46} = 7$ ($x_{17} = 3$, $x_{27} = 2$, $x_{37} = x_{47} = 1$) mit $\underline{F}_3 = 92$; das Problem ist ausgelotet (Fall a).

Problem P_4: Es entsteht aus P_2 durch Fixierung von $x_{23} = 0$ und kann sofort ausgelotet werden.

Damit ist die für $P_1^!$ bzw. P_1 erhaltene Lösung optimal.

2.4.3.4 Das B&B-Verfahren von Fisher et al.

Im folgenden skizzieren wir v.a. die Art der Berechnung unterer Schranken im Verfahren von Fisher et al. (1986) für das GAP. Die Autoren verwenden die *Lagrange-Relaxation*, bei der (2.17) – gewichtet mit nichtnegativen Lagrange-Multiplikatoren u_j – in die Zielfunktion aufgenommen wird. Damit ist das folgende Problem zu lösen:

Minimiere $F_u(z) = \sum_{i=1}^{m} \sum_{j=1}^{n} (cg_{ij} - u_j) z_{ij} + \sum_{j=1}^{n} u_j$ \hfill (2.33)

unter den Nebenbedingungen

$\sum_{j=1}^{n} b_{ij} z_{ij} \leq a_i$ \quad für $i = 1,\ldots,m$ \hfill (2.34) = (2.16)

$z_{ij} \in \{0,1\}$ \quad für alle i und j \hfill (2.35) = (2.18)

Für vorgegebene u_j zerfällt das Problem in m voneinander unabhängige Knapsack-Probleme KSP_i. Wählen wir die Bezeichnung $w_{ij} := cg_{ij} - u_j$, so lautet das Problem für Arbeiter i:

KSP_i: Minimiere $F_{u_i}(z_i) = \sum_{j=1}^{n} w_{ij} z_{ij}$ \hfill (2.36)

unter den Nebenbedingungen

$\sum_{j=1}^{n} b_{ij} z_{ij} \leq a_i$ \hfill (2.37)

$z_{ij} \in \{0,1\}$ \quad für alle j \hfill (2.38)

Eine optimale Lösung von (2.36) – (2.38) besitzt nur für $w_{ij} \leq 0$ Zuordnungen $z_{ij} = 1$.

Zur Bestimmung einer größtmöglichen unteren Schranke $\underline{F}$ für das GAP ist das folgende *Lagrange-Problem* zu lösen:

Maximiere $\{ \text{Min } F_u(z) \mid u \geq 0 \}$ unter den Nebenbedingungen (2.34) und (2.35)

In Anlehnung an den von Fisher et al. (1986) für Maximierungsprobleme entwickelten Dual Adjustment-Algorithmus läßt sich dafür die folgende Vorgehensweise verwenden:

> **Algorithmus 2.5: Dual Adjustment**

Voraussetzung: Kapazitätsvektor a, Bedarfsmatrix $B = (b_{ij})$, Kostenmatrix $CG = (cg_{ij})$ mit $cg_{ij} = M$, falls $a_i < b_{ij}$.

Start: Setze alle $u_j := cg_{i_2 j}$ (zweitkleinstes Kostenelement in Spalte j).
Löse für jede Zeile i das entstehende Knapsack-Problem KSP_i, wobei nur Zuordnungen $z_{ij} = 1$ für $w_{ij} < 0$ erlaubt sind. Da die Matrix $W = (w_{ij})$ in jeder Spalte höchstens ein negatives Element enthält, besitzt die Lösung der Relaxation (2.33)-(2.35) für jeden Job j höchstens ein Element $z_{ij} = 1$.

Iteration μ $(= 1, 2, \ldots)$:

Falls es nach Lösung der Knapsack-Probleme Jobs j gibt, die keinem Arbeiter zugeordnet wurden, versuche die Lösung durch Zuordnungen $z_{ij} = 1$ an Positionen mit $w_{ij} = 0$ unter Berücksichtigung des Restangebots zu ergänzen. Hierzu eignet sich z.B. eine heuristische Vorgehensweise, die Ergänzungen nach monoton wachsenden cg_{ij} vornimmt.
Gilt nun für jeden Job j die Bedingung $\Sigma_i z_{ij} = 1$, ist also (2.17) erfüllt, so ist eine optimale Lösung des Lagrange-Problems gefunden; das Verfahren kann beendet werden. Ansonsten führe die folgenden Schritte aus:

Schritt 1: Bilde die Menge J^0 aller Jobs, die bislang keinem Arbeiter zugeordnet sind.

Schritt 2: Suche einen Job $k \in J^0$ und bestimme den kleinsten Wert δ_k, um den u_k zu erhöhen ist, so daß der Job k zumindest in der optimalen Lösung eines Knapsack-Problems KSP_i eine Zuordnung erhält. Zur Bestimmung von δ_k ist für jede Zeile i die Differenz der Zielfunktionswerte der optimalen Lösungen zweier Knapsack-Probleme zu bilden:

a) Des zuletzt gelösten KSP_i, sein Zielfunktionswert sei $F1_i$.
b) Desjenigen KSP_i mit dem aktuellen Vektor u, das nach eindeutiger Zuordnung von Job k zu Arbeiter i für die Restkapazität a_i ($:= a_i - b_{ik}$) gelöst wird; der optimale Zielfunktionswert (einschließlich w_{ik}) sei $F2_i$.

Die Differenz der Zielfunktionswerte ist $d_i := F2_i - F1_i \geq 0$. Wähle δ_k als zweitkleinste Differenz d_i.[14] Ist $\delta_k = 0$, so entferne k aus J^0 und gehe nach Schritt 2.

Schritt 3: Es gilt $\delta_k > 0$.
Setze $u_k := u_k + \delta_k$ und löse für die Zeile i mit der kleinsten Differenz d_i unter Berücksichtigung des neuen Wertes w_{ik} ein Knapsack-Problem KSP_i.
Gibt es aufgrund der Lösungen aller Knapsack-Probleme mindestens einen Job j, dem mehr als ein Arbeiter zugeordnet wurde, so mache die Erhöhung von u_k rückgängig, entferne k aus J^0 und gehe nach Schritt 2; ansonsten beginne mit der nächsten Iteration.

---

[14] Durch diese Wahl von δ_k wird sichergestellt, daß sich nur für die Zeile mit der kleinsten Differenz d_i in der optimalen Lösung des Knapsack-Problems eine Veränderung ergeben kann.

Kapitel 2.4: Verallgemeinerte lineare Zuordnungsprobleme

Abbruch: Falls jeder Job einem Arbeiter zugeordnet wurde oder sobald im Laufe einer Iteration der Zustand $J^0 = \phi$ eintritt. Im ersten Fall endet das Verfahren mit einer optimalen Lösung des GAPs. Im zweiten Fall kann der höchste im Laufe des Verfahrens erhaltene Wert $\underline{F} := \sum_j u_j + \sum_i \sum_j w_{ij} z_{ij}$ als untere Schranke verwendet werden.

* * * * *

Beispiel: Wir betrachten wiederum das (im Vergleich zum GAP für Handrechnungen geeignetere) SSTPP und gehen von demjenigen in Tab. 2.7 aus. Im Startschritt ergeben sich die in Tab. 2.15 angegebenen u_j und w_{ij}. Die in Tab. 2.16 wiedergegebene Lösung **x** ohne x_{13} ist eine von mehreren optimalen Lösungen der Knapsack-Probleme.

	1	2	3	4	5	6	a_i
1	6	10	0	4	-2	14	8
2	-6	0	-6	12	0	7	8
3	6	-10	6	0	6	-7	10
4	0	5	12	-4	2	0	8
b_j	3	5	6	4	2	7	
u_j	9	20	18	16	6	35	

Tab. 2.15

	1	2	3	4	5	6	a_i
1			[6]		2		0
2	3						5
3		5					5
4				4			4
b_j	-	-	-	-	-	7	
u_j	9	20	18	16	6	35	

Tab. 2.16

Iter. 1: Wegen $w_{13} = 0$ kann die Startlösung um $x_{13} = 6$ ergänzt werden. Die dadurch erhaltene untere Schranke besitzt den Wert $\underline{F} = 104 \; (= \sum_j u_j) + 0 - 2 - 6 - 10 - 4 = 82$.

Da Job $k = 6$ keinem Arbeiter zugeordnet ist, wird für jede Zeile i die Differenz d_i bestimmt. Für Zeile 1 erhalten wir $F1_1 = -2$ und $F2_1 = 14$, falls Job 6 dem Arbeiter 1 fest zugeordnet wird, und somit $d_1 = 14 + 2 = 16$. Die Kostendifferenzen der übrigen Zeilen sind $d_2 = 7 + 6 = 13$, $d_3 = -7 + 10 = 3$ und $d_4 = 0 + 4 = 4$. Damit erhalten wir $\delta_6 = 4$ und $u_6 = 35 + 4 = 39$.

Für Zeile 3 wird unter Berücksichtigung des neuen Wertes $w_{36} = 1$ erneut ein Knapsack-Problem gelöst. Die Lösung dieses Problems für Zeile 3 sowie die unveränderten Lösungen der Knapsack-Probleme für die Zeilen 1, 2 und 4 zeigt Tab. 2.17.

	1	2	3	4	5	6	a_i
1					2		0
2	3						5
3						7	3
4				4			4
b_j	-	5	6	-	-	-	
u_j	9	20	18	16	6	39	

Tab. 2.17

	1	2	3	4	5	6	a_i
1			6		2		0
2	3	5					0
3						7	3
4				4			4
b_j	-	-	-	-	-	-	
u_j	9	20	18	16	6	39	

Tab. 2.18

Iter. 2: Die Lösung der Knapsack-Probleme kann um $x_{13} = 6$ und $x_{22} = 5$ ergänzt werden. Der neue Zielfunktionswert ist $\underline{F} = 108 + 0 + 0 - 2 - 6 - 11 - 4 = 85$. Da jeder Job einem Arbeiter zugeordnet ist, handelt es sich um die optimale Lösung; siehe Tab. 2.18.

Bemerkung 2.6: Bricht Alg. 2.5 ohne zulässige Lösung für das GAP ab, so wird im Rahmen des B&B-Verfahrens von Fisher et al. (1986) das betrachtete (Teil-) Problem verzweigt. Der Verzweigungsprozeß orientiert sich an einem Job, der in der besten, mit Alg. 2.5 erhaltenen Lösung keinem Arbeiter zugeordnet wurde.

2.4.3.5 Verfahrensvergleiche

Das GAP und das SSTPP gehören zur Klasse der $\mathcal{NP}$-schweren Optimierungsprobleme. Der *maximale* Rechenaufwand für die Bestimmung einer optimalen Lösung wächst also mit zunehmender Problemgröße (m und n) exponentiell.

Diese Aussage über den maximalen Rechenaufwand ist aber für praktische Probleme u.U. von geringer Bedeutung; denn der tatsächlich benötigte Rechenaufwand kann bei Probleminstanzen ein und derselben Größe ganz erheblich differieren. Der erforderliche Rechenaufwand ist außer von m und n abhängig von der Größe des Schlupfes zwischen vorhandener Kapazität und Kapazitätsbedarf (beim SSTPP: $\sum_i a_i - \sum_j b_j$), von der unterschiedlichen Höhe der Kosten c_{ij}, von den konkreten Werten a_i und b_{ij} bzw. b_j und von der Anzahl der zulässigen Transportverbindungen. So ist z.B. eine Probleminstanz, bei der jeder Job voll durch den für ihn günstigsten Arbeiter bedient werden kann, sehr leicht lösbar; die optimale Lösung der Relaxation P'_0 ist in diesen Fällen zugleich eine optimale Lösung des GAPs oder des SSTPPs.[15] Einen Anhaltspunkt dafür, welche Gesamtrechenzeit für die Lösung eines SSTPPs vermutlich erforderlich sein wird, erhält man am ehesten aus der Anzahl der in der optimalen Lösung der Relaxation P'_0 enthaltenen Basisvariablen mit Werten $0 < x_{ij} < b_j$. Je größer diese Zahl ist, desto höher wird die erforderliche gesamte Rechenzeit sein.

Vergleiche von exakten Verfahren findet man u.a. in Guignard und Rosenwein (1989) sowie Cattrysse und van Wassenhove (1992). Danach dürften die Verfahren von Fisher et al. (1986) sowie Guignard und Rosenwein (1989) derzeit zu den besten zählen. Testrechnungen wurden unterschiedlich schwierige Probleminstanzen zugrunde gelegt. Die größten von Guignard und Rosenwein (1989) gelösten Probleme hatten die Dimension m = 10 und n = 50.

Umfangreiche Vergleichstests für Heuristiken wurden von Trick (1992), Amini und Racer (1994), Osman (1995) sowie Lorena und Narciso (1996) ausgeführt. Gute Kombinationen aus Eröffnungs- und lokalen Suchverfahren oder gute relaxationsbasierte Heuristiken finden auch für größere Probleminstanzen Lösungen, die dem Optimum sehr nahe kommen.

---

[15] Siehe außerdem den in Aufgabe 2.5 behandelten, leicht zu lösenden Spezialfall eines SSTPPs.

2.5 Fixkosten-TPPe und -Umladeprobleme

Im Mittelpunkt der Betrachtungen stehen im folgenden Fixkosten-TPPe. In Kap. 2.5.1 (Bem. 2.9) geben wir darüber hinaus Hinweise auf Literatur zu Fixkosten-Umladeproblemen.

2.5.1 Problemstellungen und Überblick über Lösungsverfahren

Wenn man ein TPP der betrieblichen Praxis mittels eines klassischen TPPs abbildet, um über die Lösung dieses Problems zu einer möglichst guten Lösung des realen Problems zu gelangen, so nimmt man in der Regel vor allem bei der Wahl der linearen Zielfunktion eine mehr oder weniger starke Vereinfachung vor. Oft ist die Durchführung von Transporten mit Fixkosten verbunden, und häufig sind auch die variablen Kosten pro ME nicht konstant (wie bei linearen Funktionen), sondern von der transportierten Menge abhängig (siehe Kap. 2.6).

Durch die Berücksichtigung von nichtnegativen **Fixkosten** f_{ij} für die Durchführung eines Transportes vom Anbieter A_i zum Nachfrager B_j (und linearen variablen Kosten wie bislang) geht das klassische TPP über in das **Fixkosten-TPP** (*Fixed-Charge-TPP*):

Minimiere $F(x,y) = \sum_{i=1}^{m} \sum_{j=1}^{n} (c_{ij} x_{ij} + f_{ij} y_{ij})$ (2.39)

unter den Nebenbedingungen (2.2) – (2.4) sowie

$x_{ij} \leq \eta_{ij} y_{ij}$ für alle i und j (2.40)

$y_{ij} \in \{0,1\}$ für alle i und j (2.41)

Dabei ist $\eta_{ij} := \min\{a_i, b_j\}$.[16] Die y_{ij} sind Binärvariablen. Die Transportvariable x_{ij} kann wegen (2.40) nur dann einen positiven Wert annehmen, wenn $y_{ij} = 1$ ist und somit die Fixkosten f_{ij} in $F(x,y)$ eingehen.

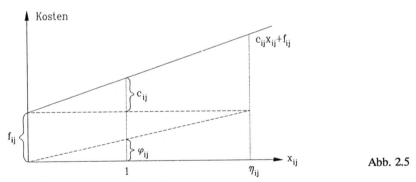

Abb. 2.5

Definieren wir noch $\varphi_{ij} := f_{ij}/\eta_{ij}$ für alle i und j (vgl. Abb. 2.5), und wählen wir $y_{ij} \in \{0, \eta_{ij}\}$, so können wir das Fixkosten-TPP auch wie folgt formulieren:

---

[16] Statt der η_{ij} könnte auch eine für alle Bedingungen gleiche, hinreichend große Zahl M verwendet werden.

Minimiere $F(x,y) = \sum_{i=1}^{m} \sum_{j=1}^{n} (c_{ij} x_{ij} + \varphi_{ij} y_{ij})$ (2.42)

unter den Nebenbedingungen

$\sum_{j=1}^{n} x_{ij} = a_i$ für $i = 1,...,m$ (2.43)

$\sum_{i=1}^{m} x_{ij} = b_j$ für $j = 1,...,n$ (2.44)

$x_{ij} \geq 0$ für alle i und j (2.45)

$x_{ij} - y_{ij} \leq 0$ für alle i und j (2.46)

$y_{ij} \in \{0, \eta_{ij}\}$ für alle i und j (2.47)

Von dieser Formulierung gehen wir im folgenden vorwiegend aus. Definieren wir

$F_1(x) := \sum_i \sum_j c_{ij} x_{ij}$ und $F_2(y) := \sum_i \sum_j \varphi_{ij} y_{ij}$, so können wir für (2.42) auch schreiben:

Minimiere $F(x,y) = F_1(x) + F_2(y)$ (2.42)'

Bemerkung 2.7 (*Lösungsverfahren für Fixkosten-TPPe*): Fixkosten-TPPe sind $\mathcal{NP}$-schwere Optimierungsprobleme. Zu ihrer Lösung existieren mehrere heuristische und exakte Verfahren:

Heuristische Verfahren wurden u.a. von Balinski (1961), Kuhn und Baumol (1962) sowie Palekar (1986) entwickelt. Die Verfahren von Balinski sowie Kuhn und Baumol skizzieren wir in Kap. 2.5.2.

Zu den **exakten Verfahren** zählen diejenigen von Murty (1968), Kennington und Unger (1976), Barr et al. (1981). Mit Ausnahme des Verfahrens von Murty, das wir in Kap. 2.5.2 skizzieren, handelt es sich um B&B-Verfahren. In Kap. 2.5.3 beschreiben wir eine vereinfachte Version des Verfahrens von Kennington und Unger (1976).
Weiterentwicklungen dieser Verfahren stammen von Cabot und Erenguc (1984, 1986), Palekar (1986), Schaffer und O'Leary (1989) sowie Palekar et al. (1990). Die Autoren haben sich v.a. darum bemüht, schärfere und bessere Up- und Down-Penalties als diejenigen zu entwickeln, die in den Verfahren von Kennington und Unger sowie Barr et al. verwendet wurden; vgl. hierzu auch Boenchendorf (1985, 1986).

Bemerkung 2.8: Einen Spezialfall des von uns betrachteten Fixkosten-TPPs, das sogenannte **reine Fixkosten-TPP** erhält man, wenn ausschließlich Fixkosten f_{ij}, nicht aber zusätzlich lineare variable Kosten c_{ij} auf den Transportverbindungen (i,j) berücksichtigt werden. Lösungsverfahren für diesen Spezialfall beschreiben z.B. Fisk und McKeown (1979) sowie Göthe-Lundgren und Larsson (1994).

Darüber hinaus gibt es Arbeiten wie Sandrock (1988), in denen lediglich Fixkosten bei den Anbietern (z.B. für den Betrieb von Lagern) berücksichtigt werden. Die Autoren übersehen jedoch, daß diese Problemstellung dem Warehouse Location-Problem, einem Standortproblem in Netzen, entspricht, zu dem eine Fülle von Lösungsmöglichkeiten existiert, und mit dem wir uns ausführlich in Kap. 3 von Band III beschäftigen.

Fixkosten-TPPe mit Kantenverlusten oder -gewinnen behandelt Diaby (1991).

Bemerkung 2.9 *(Fixkosten-Umladeprobleme und Lösungsmöglichkeiten):* Fixkosten-Umladeprobleme, bei denen die Pfeilverbindungen (i,j) neben linearen variablen Kosten c_{ij} mit einem Fixkostenblock f_{ij} bewertet sind, lassen sich exakt z.B. mit einem ähnlichen B&B-Verfahren lösen, wie wir dies unten für Fixkosten-TPPe beschreiben. Mit dieser Problemstellung einschließlich Implementierungsfragen hat sich Arlt (1994) ausführlich beschäftigt; vgl. ferner Shetty (1990) sowie Khang und Fujiwara (1991).

2.5.2 Eigenschaften von Fixkosten-TPPen und daraus ableitbare Verfahren

Wir betrachten zunächst zwei wichtige Eigenschaften von Fixkosten-TPPen:

Satz 2.3: Jedes Fixkosten-TPP (2.42) – (2.47) besitzt mindestens eine optimale Lösung, die zugleich eine zulässige *Basislösung* bezüglich der Nebenbedingungen (2.43) – (2.45), also bezüglich der Nebenbedingungen des klassischen TPPs, ist.
Anders ausgedrückt (vgl. Murty (1968)): Die Zielfunktion (2.42) nimmt ihr Minimum (u.a.) in einem *Extrempunkt* des durch (2.43) – (2.45) aufgespannten konvexen Polyeders an.

Aus Satz 2.3 folgt unmittelbar

Satz 2.4: Besitzt das in einem Fixkosten-TPP enthaltene klassische TPP keine degenerierte Basislösung (d.h. keine Basislösung, bei der mindestens eine Basisvariable den Wert 0 besitzt) und sind alle Fixkosten f_{ij} gleich groß, so ist eine optimale Lösung des klassischen TPPs zugleich optimale Lösung des Fixkosten-TPPs.

Beide Sätze sind leicht zu beweisen; vgl. Kuhn und Baumol (1962, S. 4).

Satz 2.3 ist Grundlage des *exakten* Verfahrens von Murty (1968). Bei diesem Verfahren werden systematisch die beste, zweitbeste usw. Basislösung des im Fixkosten-TPP enthaltenen klassischen TPPs ermittelt. Durch Berechnung einer unteren Schranke für die gesamten Fixkosten $F_2(y)$ in einer optimalen Lösung des Fixkosten-TPPs ist zugleich bekannt, welchen Wert $F_1(x)$ in dieser Lösung höchstens annimmt. Basislösungen mit größerem $F_1(x)$ brauchen somit nicht ermittelt zu werden. Das Verfahren ist vor allem bei Problemen, die degenerierte Basislösungen x besitzen, neueren B&B-Verfahren unterlegen.

Während die Existenz degenerierter Basislösungen das Auffinden einer optimalen Lösung durch das Verfahren von Murty erschwert, wird sie bei dem *heuristischen* Verfahren von Kuhn und Baumol (1962) ausgenützt. Durch geringfügige Abweichung der verplanten von den vorgegebenen Angebots- und Nachfragemengen wird zudem versucht, den Grad der Degeneration zu erhöhen. Das Verfahren ist jedoch nur dann geeignet, wenn die Fixkosten f_{ij} aller

Transportverbindungen nahezu gleich groß sind oder wenn es sich um ein reines Fixkosten-TPP handelt. Wir skizzieren das Verfahren für ein reines Fixkosten-TPP. Kern des Verfahrens ist die Matrix-Minimum-Methode, ein Eröffnungsverfahren für klassische TPPe.

Algorithmus 2.6: Kuhn und Baumol

Voraussetzung: Angebotsvektor a, Nachfragevektor b, Fixkostenmatrix $\mathcal{F} = (f_{ij})$ eines reinen Fixkosten-TPPs; Parameter Δ.

Start: Alle Zeilen und Spalten unmarkiert.

Iteration μ ($=1,...$): Ermittle $f_{hk} := \min\{f_{ij} \mid$ Zeile i und Spalte j nicht markiert$\}$;
falls $|a_h - b_k| \le \Delta$, setze $x_{hk} := \max\{a_h, b_k\}$ und markiere Zeile h und Spalte k;
ansonsten setze $x_{hk} := \min\{a_h, b_k\}$, $a_h := a_h - x_{hk}$, $b_k := b_k - x_{hk}$ und markiere Zeile h, falls $a_h = 0$, bzw. Spalte k, falls $b_k = 0$.

Abbruch: Alle Zeilen und Spalten sind markiert. [17]

* * * * *

Den Parameter Δ bezeichnen Kuhn und Baumol (1962) als "degeneracy limiting constant". Er ist derjenige Wert, um den das verplante Angebot (die verplante Nachfrage) das tatsächliche Angebot a_i (die tatsächliche Nachfrage b_j) jedes Anbieters (Nachfragers) höchstens über- oder unterschreiten darf. Δ ist vom Planer vorzugeben. Ein Beispiel zu diesem Verfahren betrachten wir in Aufgabe 2.7.

Eine weitere wichtige Eigenschaft von Fixkosten-TPPen ist die folgende:

Satz 2.5: Die durch Abschwächung der Nebenbedingungen (2.47) zu

$$y_{ij} \ge 0 \qquad \text{für alle i und j} \qquad (2.47)'$$

entstehende Relaxation des Fixkosten-TPPs (2.42) – (2.47) kann als klassisches TPP formuliert und gelöst werden; denn für jede optimale Lösung der Relaxation gilt $y_{ij} = x_{ij}$ für alle i und j.

Der **Beweis** ist, ausgehend von Satz 2.3, sehr einfach. Zu jedem beliebigen Vektor $\mathbf{x} = (x_{11},...,x_{mn})$, der die Bedingungen (2.43) bis (2.45) erfüllt, gibt es bei nichtnegativen f_{ij} und somit nichtnegativen φ_{ij} keine günstigere Möglichkeit, als $\mathbf{y} = (y_{11},...,y_{mn})$ so zu wählen, daß stets y_{ij} gleich x_{ij} ist. Damit kann die zu lösende Relaxation auch wie folgt formuliert werden:

---

[17] Falls die "Überbuchungen" auf der Angebots- und der Nachfrageseite um mehr als Δ voneinander abweichen, tritt dieser Endzustand jedoch nicht ein. Die Lösung muß vom Planer ergänzt werden.
Die Vorgehensweise von Kuhn und Baumol (1962) ist in erster Linie für unternehmensinterne Transportplanungen erwägenswert; Ausgangspunkt der Studie der beiden Autoren waren Transportprobleme bei der amerikanischen Marine.

Minimiere $FR(x) = \sum_{i=1}^{m} \sum_{j=1}^{n} (c_{ij} + \varphi_{ij}) x_{ij}$ (2.42)"

unter den Nebenbedingungen (2.43) – (2.45)

Mit Hilfe von Satz 2.5 ergibt sich die folgende **relaxationsbasierte Heuristik** von Balinski zur Lösung von Fixkosten-TPPen (vgl. Balinski (1961, S. 47 ff.) sowie Kap. 1.3.1.5):

Löse die Relaxation (2.42)", (2.43) – (2.45). Der Vektor **x** sei die erhaltene optimale Lösung der Relaxation. Ermittle, ausgehend von **x**, die zulässige Lösung {**x,y**} des Fixkosten-TPPs mit

$$y_{ij} = \begin{cases} \eta_{ij} \ (= \min\{a_i, b_j\}) & \text{falls } x_{ij} > 0 \\ 0 & \text{sonst} \end{cases} \quad \text{für } i = 1,\ldots,m \text{ und } j = 1,\ldots,n.$$

* * * * *

Beispiel: Gegeben sei das Fixkosten-TPP mit der Kostenmatrix $C = (c_{ij})$ in Tab. 2.19 und der Fixkostenmatrix $\mathcal{F} = (f_{ij})$ sowie den Angebots- und Nachfragemengen in Tab. 2.20. Definieren wir $c\varphi_{ij} := c_{ij} + \varphi_{ij}$ für alle i und j, so erhalten wir die in Tab. 2.21 dargestellte Matrix $C\Phi = (c\varphi_{ij})$. Die optimale Lösung **x** des klassischen TPPs (2.42)", (2.43) – (2.45) mit $FR(x) = 108$ zeigt Tab. 2.22 (eingeklammert die Basisvariablen, nicht eingeklammert die Opportunitätskosten der Nichtbasisvariablen). Daraus erhalten wir die zulässige Lösung {**x,y**} mit $y_{11} = 4$, $y_{12} = 5$, $y_{32} = 5$ und $y_{ij} = x_{ij}$ sonst mit dem Zielfunktionswert $F(x,y) = 129$.

C	1	2	3	4
1	4	2	3	6
2	2	6	4	9
3	7	3	6	5
4	6	4	1	6

Tab. 2.19

$\mathcal{F}$	1	2	3	4	a_i
1	12	15	12	20	5
2	6	4	10	4	2
3	8	15	9	18	8
4	12	12	6	9	3
b_j	4	5	3	6	

Tab. 2.20

$C\Phi$	1	2	3	4	a_i
1	7	5	7	10	5
2	5	8	9	11	2
3	9	6	9	8	8
4	10	8	3	9	3
b_j	4	5	3	6	

Tab. 2.21

	1	2	3	4	u_i
1	[2]	[3]	[0]	3	0
2	[2]	5	4	6	-2
3	1	[2]	1	[6]	1
4	7	7	[3]	6	-4
v_j	7	5	7	7	

Tab. 2.22

2.5.3 Ein B&B-Verfahren

Im folgenden beschreiben wir ein B&B-Verfahren, das im wesentlichen der Vorgehensweise von Kennington und Unger (1976) entspricht. Dabei setzen wir die Ausführungen zu B&B-Verfahren in Kap. 1.2 als bekannt voraus. Wie dort bezeichnen wir das zu lösende Problem (hier ein Fixkosten-TPP) mit P_0. Die im Laufe des Verzweigungsprozesses entstehenden Teilprobleme nennen wir $P_1, P_2, \ldots$.

In P_0 sind alle Variablen y_{ij} noch **freie Variablen**, d.h. sie dürfen in einer zulässigen Lösung des Problems die Werte 0 oder η_{ij} (= min $\{a_i, b_j\}$) annehmen. In $P_1, P_2, \ldots$ gibt es dagegen bestimmte Variablen y_{hk}, deren Wert jeweils zu 0 oder η_{hk} **fixiert** ist. Statt von einer freien oder einer zu 0 bzw. η_{hk} fixierten Variablen y_{hk} sprechen wir auch von einer noch **freien** oder einer **verbotenen** bzw. einer in jede zulässige Lösung des betrachteten Problems P_μ **einbezogenen Transportverbindung** (h, k).

Da bei neueren B&B-Verfahren die Bestimmung und Verwendung von Up- und Down-Penalties eine wichtige Rolle spielt, wollen wir uns zunächst kurz damit beschäftigen.

2.5.3.1 Bestimmung von Up- und Down-Penalties

Wir betrachten das Ausgangsproblem P_0. Die LP-Relaxation P_0' entsteht dadurch, daß man für alle i und j die Bedingung $y_{ij} \in \{0, \eta_{ij}\}$ zu $y_{ij} \in [0, \eta_{ij}]$ relaxiert. $\{\mathbf{x}^*, \mathbf{y}^*\}$ sei eine optimale Lösung von P_0'. Erfüllen die Elemente von $\mathbf{y}^*$ nicht die Binaritätsbedingung $y_{ij} \in \{0, \eta_{ij}\}$, so wird P_0 verzweigt.

Up- bzw. Down-Penalties sind Zusatz- oder Strafkosten, die bei Fixierung einer in $\mathbf{y}^*$ noch freien Variablen y_{hk} zu η_{hk} bzw. 0 mindestens in Kauf zu nehmen sind, d.h. Werte, um die die untere Schranke $\underline{F}_0$ mindestens steigt. In Kap. 2.1 haben wir in Satz 2.1 und 2.2 Down-Penalties $x_{pq}' \alpha_{pq}$ und Up-Penalties $(\eta_{pq} - x_{pq}) \beta_{pq}$ beschrieben, die bei SSTPPen Anwendung finden können.

Man kann sich überlegen, daß $y_{pq} \alpha_{pq}$ auch beim Fixkosten-TPP geeignete Down-Penalties darstellen. Die oben angegebenen Up-Penalties sind jedoch nicht verwendbar, da sie den Kostenanstieg bei Erhöhung von y_{pq} auf η_{pq} u.U. überschätzen. Der Ausdruck ist durch

$$UP_{pq} = \min \{(\eta_{pq} - y_{pq}) \beta_{pq}, (\eta_{pq} - y_{pq}) f_{pq} / \eta_{pq}\}, \qquad (2.48)$$

zu ersetzen, wobei β_{pq} wie in Satz 2.1 ermittelt wird.

Beispiel: Abb. 2.6 zeigt den Basisbaum zu der in Tab. 2.22 enthaltenen Lösung. Es gilt y_{11} = 2 < η_{11} = 4. Bei Berechnung der Up-Penalties erhält man $(\eta_{11} - y_{11}) \beta_{11}$ = 2 · min $\{\bar{c}_{22}, \bar{c}_{23}, \bar{c}_{24}\}$ = 8. Erhöht man jedoch y_{11} ohne Veränderung von x-Werten auf η_{11}, so steigen die Kosten lediglich um $(\eta_{11} - y_{11}) f_{11} / \eta_{11}$ = 2 · 3 = 6. Es gilt UP_{11} = 6.

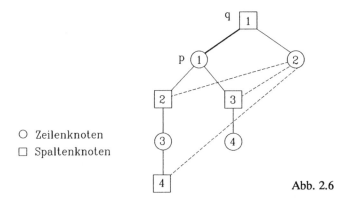

Abb. 2.6

Mit der Entwicklung verbesserter Penalties haben sich Cabot und Erenguc (1984, 1986), Boenchendorf (1985, 1986), Palekar (1986) sowie Palekar et al. (1990) beschäftigt. Cabot und Erenguc gewinnen ihre Penalties, indem sie eine Lagrange-Relaxation des Problems betrachten, wobei die Bedingungen (2.43) und (2.44) relaxiert werden.

2.5.3.2 Das B&B-Verfahren

Wir beschreiben nun die Komponenten des Verfahrens (vgl. das Flußdiagramm in Abb. 1.4).

Komponente 1, 7 und 8 fehlen. Wir starten also mit der oberen Schranke $\bar{F} = \infty$ (bzw. $= M$) und betrachten jeweils nur *eine* Relaxation P_μ' ($\mu = 0, 1, \ldots$). Siehe jedoch zur Ermittlung von $\bar{F}$ die Bemerkung am Schluß der Beschreibung.

Komponente 2 *(Relaxation P_μ' und untere Schranke $\underline{F}_\mu$)*: Für jedes Problem P_μ bilden und lösen wir die oben geschilderte LP-Relaxation (2.42)", (2.43) – (2.45). Wir bezeichnen das zu lösende klassische TPP als Relaxation P_μ'. Die dabei zugrundeliegende Kostenmatrix wollen wir $C\Phi = (c\varphi_{ij})$ nennen. Ihre Elemente werden bei der Lösung von P_0', wie in Kap. 2.5.2 angegeben, durch Addition der variablen Kosten c_{ij} und der anteiligen fixen Kosten φ_{ij} gebildet, also ist $c\varphi_{ij} := c_{ij} + \varphi_{ij}$ für alle i und j. Später werden sie durch Fixierung verändert. Definieren wir $Ff := \sum_{(i,j) \text{ mit } y_{ij} = \eta_{ij}} f_{ij}$ (d.h. Ff ist die Summe der Fixkosten f_{ij} aller zu η_{ij} fixierten Variablen y_{ij}), so liefert die Summe aus Ff und dem Wert FR(x) der optimalen Lösung der Relaxation P_μ' eine untere Schranke $\underline{F}_\mu$.

Komponente 3 *(Ausloten eines Problems)*: Wie in der allgemeinen Beschreibung in Kap. 1.2. Werden Transportverbindungen (von vornherein oder durch Fixierung) lediglich durch Korrekturen in der Kostenmatrix $C\Phi$ verboten, so tritt Fall c des Auslotens nicht auf.

Komponente 4 und 5 *(Ablegen und Auswahl von Problemen)*: Kann ein Problem P_μ nicht ausgelotet werden, so wird es der Kandidatenliste hinzugefügt. Als Regel zur Auswahl von Problemen aus der Liste wählen wir die Minimal-Lower-Bound-Regel.

Komponente 6 *(Verzweigungsprozeß)*: Ein nicht auslotbares Problem P_μ wird in genau zwei Teilprobleme P_{μ_1} und P_{μ_2} verzweigt. In P_{μ_1} wird eine Variable y_{hk} zu 0 fixiert, in P_{μ_2} wird dieselbe Variable zu η_{hk} fixiert. Die Fixierungen werden wie folgt ausgeführt:
Bei P_{μ_1} setzen wir $c\varphi_{hk} := M$. Bei P_{μ_2} reduzieren wir $c\varphi_{hk}$ auf c_{hk}, während die gesamten Fixkosten f_{hk} zu Ff hinzugefügt werden. Die Auswahl der zu fixierenden Variablen geschieht wie folgt: Ermittle mit Hilfe von Formel (2.5) in Satz 2.1 für jede Basisvariable x_{ij} mit $0 < x_{ij} < \eta_{ij}$ in der optimalen Lösung von P_μ' die Down-Penalties $DP_{ij} = x_{ij}\,\alpha_{ij}$ und aufgrund von Formel (2.48) die Up-Penalties UP_{ij}. Wähle unter diesen die (bzw. eine beliebige) Variable x_{hk}, für die gilt:

$$\max\{DP_{hk}, UP_{hk}\} = \max\{\max\{DP_{ij}, UP_{ij}\} \mid \text{alle i und j}\}.$$

Fixiere die zugehörige Binärvariable y_{hk} einerseits zu 0 und andererseits zu η_{hk}.

Abschließende Bemerkung: Für P_0 und für jedes P_{μ_2}, das aus seinem Vorgängerproblem P_μ durch Fixierung einer Variablen y_{hk} zu η_{hk} entstanden ist, empfiehlt sich folgendes:

Ausgehend von der optimalen Lösung x für die Relaxation des betrachteten Problems, bestimmt man, wie in Kap. 2.5.2 im Verfahren von Balinski (1961) beschrieben, eine zulässige Lösung $\{x,y\}$ für das Fixkosten-TPP und vergleicht dessen Zielfunktionswert $F(x,y)$ mit der aktuellen oberen Schranke $\bar{F}$. Falls $F(x,y) < \bar{F}$, ist eine verbesserte zulässige Lösung gefunden, die eine neue obere Schranke $\bar{F} := F(x,y)$ liefert. Nach einer Verringerung von $\bar{F}$ lassen sich u.U. Probleme, die sich noch in der Kandidatenliste befinden, *nachträglich ausloten*.

Beispiel: Wir wenden das B&B-Verfahren auf das Problem in Tab. 2.19 und Tab. 2.20 an. Siehe zum Gang der Lösung auch den Lösungsbaum in Abb. 2.7.

Problem P_0: Die optimale Lösung x der Relaxation P_0' mit $FR(x) = 108$ zeigt Tab. 2.22. Aus x erhalten wir die in Kap. 2.5.2 beschriebene zulässige Lösung $\{x,y\}$ für P_0 mit dem Zielfunktionswert $F(x,y) = 129$.

Unter Zuhilfenahme der Baumdarstellung der Basislösung x ermitteln wir für die Variablen x_{11}, x_{12} und x_{32} mit $0 < x_{ij} < \eta_{ij}$ die folgenden UP- und Down-Penalties:

$UP_{11} = (\eta_{11}-x_{11})f_{11}/\eta_{11} = 6$ $UP_{12} = (\eta_{12}-x_{12})\beta_{12} = 2\bar{c}_{31} = 2$
$UP_{32} = (\eta_{32}-x_{32})\beta_{32} = 3\bar{c}_{14} = 9$ $DP_{11} = x_{11}\alpha_{11} = 2\bar{c}_{31} = 2$
$DP_{12} = x_{12}\alpha_{12} = 3\bar{c}_{14} = 9$ $DP_{32} = x_{32}\alpha_{32} = 2\bar{c}_{31} = 2$

Zum Verzweigen wählen wir y_{12} (eine gleichwertige Alternative wäre y_{32}).

Problem P_1: Das Problem entsteht aus P_0 durch Fixierung von y_{12} zu 0. Die optimale Lösung für die Relaxation P_1' ist $x_{11} = x_{21} = 2$, $x_{32} = 5$, $x_{14} = x_{34} = x_{43} = 3$ und $x_{ij} = 0$ sonst mit $FR(x) = \underline{F}_1 = 117$. Das Problem ist (zunächst) nicht auslotbar.

Problem P_2: Das Problem entsteht aus P_0 durch Fixierung von y_{12} zu 5. Die optimale Lösung der Relaxation P_2' ist $x_{21} = x_{31} = 2$, $x_{12} = 5$, $x_{34} = 6$, $x_{43} = 3$ und $x_{ij} = 0$ sonst. Sie liefert die untere Schranke $\underline{F}_2 = FR(x) + Ff = 95 + f_{12} = 110$.

Ausgehend von **x**, erhalten wir die zulässige Lösung $\{x,y\}$ des Fixkosten-TPPs mit $y_{31} = 4$ und $y_{ij} = x_{ij}$ sonst sowie $F(x,y) = 114$ und somit eine neue obere Schranke $\bar{F} = 114$.

Das Problem ist nicht auslotbar. Aufgrund der Anwendung der MLB-Regel wird Problem P_2 durch Fixierung der Variablen y_{31} als nächstes verzweigt.

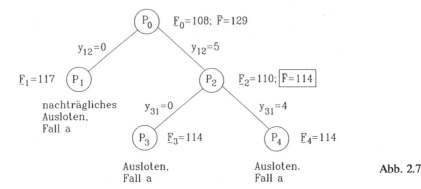

Abb. 2.7

Problem P_3 und P_4: Die optimalen Lösungen der Relaxationen P_3' und P_4' liefern die unteren Schranken $\underline{F}_3 = \underline{F}_4 = 114$. Dieser Wert ist nicht besser als $\bar{F}$. Die Probleme sind ausgelotet.

Problem P_1 befindet sich allein noch in der Kandidatenliste. Wegen $\underline{F}_1 > \bar{F}$ ist auch dieses Problem ausgelotet.

Somit ist die aus der optimalen Lösung der Relaxation P_2' entwickelte zulässige Lösung von P_0 optimal.

2.5.4 Hinweise zum Rechenaufwand für Fixkosten-TPPe

Gemessen an den Lösungsmöglichkeiten für SSTPPe, vor allem aber gemessen an denjenigen für klassische TPPe, können bislang nur relativ kleine Fixkosten-TPPe exakt gelöst werden. Z.B. besaßen die größten von Schaffer und O'Leary (1989) getesteten Probleme m = 10 Anbieter sowie n = 55 Nachfrager, und Palekar et al. (1990) lösten Probleme mit maximal 1200 Transportverbindungen. Die Rechenzeiten schwanken bei gleicher Zahl an Transportverbindungen in Abhängigkeit vom Verhältnis m/n und in Abhängigkeit von der Kostenstruktur (z.B. Höhe der Fixkosten f_{ij} im Vergleich zur Höhe der variablen Kosten c_{ij}, maximale Differenz zwischen den f_{ij} usw.) von Problem zu Problem ganz erheblich. Im allgemeinen wachsen die Rechenzeiten (bei gleicher Zahl an Transportverbindungen) mit zunehmender Annäherung der Werte von m und n und mit zunehmendem Fixkostenanteil; vgl. zu diesem Verhalten v.a. Palekar et al. (1990).

Rechenzeitbeispiele: Auf einer Univac 1100/82 benötigte das B&B-Verfahren von Schaffer und O'Leary (1989) für 8×55-Probleme durchschnittlich 6.06 und für 10×55-Probleme 20.57 sec CPU-Zeit.

2.6 Transport- und Umladeprobleme mit sonstigen nichtlinearen Zielfunktionen

Die in Kap. 2 betrachteten, nichtlinearen Transport- und Umladeprobleme unterscheiden sich von den zuvor behandelten, linearen (klassischen) Transport- und Umladeproblemen nur durch die Zielfunktion. Liegt dem zu lösenden TPP oder Umladeproblem ein Graph G mit der Pfeilmenge E zugrunde, so lautet die Zielsetzung im linearen Fall:

$$\text{Minimiere } F(\mathbf{x}) = \sum_{(i,j) \in E} c_{ij} x_{ij} \qquad (2.49)$$

Im nichtlinearen Fall können wir schreiben:

$$\text{Minimiere } F(\mathbf{x}) = \sum_{(i,j) \in E} \psi_{ij}(x_{ij}) \qquad (2.50)$$

Interpretieren wir die Zielfunktionen als Transportkostenfunktionen, so ist $\psi_{ij}(x_{ij})$ die Gesamtkostenfunktion für die Transportverbindung (i,j). Sind alle $\psi_{ij}(x_{ij})$ lineare Funktionen und betragen die Kosten pro ME c_{ij} Geldeinheiten, so gilt für alle $(i,j) \in E$ die Beziehung $\psi_{ij}(x_{ij}) = c_{ij} x_{ij}$. Ein Beispiel für eine nichtlineare Funktion ist die in Abb. 2.5 graphisch dargestellte Fixkostenfunktion:

$$\psi_{ij}(x_{ij}) = \begin{cases} 0 & \text{falls } x_{ij} = 0 \\ c_{ij} x_{ij} + f_{ij} & \text{falls } x_{ij} > 0 \end{cases} \qquad (2.51)$$

Mit Funktionen ψ_{ij}, wie in (2.51) definiert, läßt sich das Fixkosten-TPP aus Kap. 2.5.1 ohne Verwendung von Binärvariablen wie folgt formulieren:

$$\text{Minimiere } F(\mathbf{x}) = \sum_{i=1}^{m} \sum_{j=1}^{n} \psi_{ij}(x_{ij}) \qquad (2.52)$$

unter den Nebenbedingungen (2.2) – (2.4).

In Kap. 2.6 sollen einerseits Transport- und Umladeprobleme mit konvexen, andererseits solche mit allgemeinen nichtlinearen Zielfunktionen betrachtet werden. Die beiden Gruppen von Problemen unterscheiden sich, wie die nachfolgenden Ausführungen zeigen werden, sehr wesentlich hinsichtlich ihrer Komplexität und somit auch hinsichtlich der Möglichkeit, sie zu lösen.

2.6.1 Probleme mit konvexen Zielfunktionen

Transport- und Umladeprobleme mit einer konvexen Kostenfunktion $\psi_{ij}(x_{ij})$ für jede Transportverbindung (i,j) lassen sich näherungsweise lösen, indem man jede Funktion ψ_{ij} stückweise linearisiert und das dadurch entstehende kapazitierte, lineare Problem mit einem der dafür verfügbaren Verfahren löst.

Kapitel 2.6: Transport- und Umladeprobleme mit sonst. nichtlin. Zielfunktionen

Wir wollen die Vorgehensweise näher erläutern und gehen davon aus, daß dem zu lösenden Transport- oder Umladeproblem ein bewerteter Digraph $\hat{G}$ mit der Knotenmenge V, der Pfeilmenge $\hat{E}$ und einer konvexen Kostenfunktion $\psi_{ij}(x_{ij})$ für jeden Pfeil (i,j) zugrunde liegt. Für jeden Pfeil (i,j) kann, wenn sie nicht ohnehin explizit vorgegeben ist, eine obere Kapazitätsbeschränkung $\hat{\kappa}_{ij}$ ermittelt werden (z.B. bei Transportproblemen $\hat{\kappa}_{ij} := \min\{a_i, b_j\}$). Wir erweitern $\hat{G}$ zu einem bewerteten gerichteten Graphen $G = (V, E, c, \kappa)$ mit parallelen Pfeilen. Dazu unterteilen wir den Definitionsbereich $[0, \hat{\kappa}_{ij}]$ jedes Pfeiles $(i,j) \in \hat{E}$ mit nichtlinearer, konvexer Kostenfunktion in l nicht notwendig gleichlange Intervalle mit den Intervallgrenzen $t_{ij}^0 := 0, t_{ij}^1, \ldots, t_{ij}^l = \hat{\kappa}_{ij}$ und linearem Kostenverlauf mit den "Stückkosten"

$$c_{ij}^h := (\psi_{ij}(t_{ij}^h) - \psi_{ij}(t_{ij}^{h-1})) / (t_{ij}^h - t_{ij}^{h-1}) \qquad \text{für } h = 1, \ldots, l. \,^{18}$$

Statt *eines* Pfeiles (i,j) erhält der erweiterte Graph G dann genau l *parallele* Pfeile (i,j) mit den folgenden Kostenbewertungen und oberen Kapazitätsbeschränkungen für die Transportmenge x_{ij}^h:

$$(c_{ij}^h, \kappa_{ij}^h = t_{ij}^h - t_{ij}^{h-1}) \qquad \text{für } h = 1, \ldots, l.$$

Nach der Linearisierung der Kostenfunktionen ψ_{ij} lösen wir – ausgehend von den Angebots- und Nachfragemengen des ursprünglichen Problems – für den Graphen G ein *lineares Umladeproblem*. Die optimale Lösung dieses Problems liefert, summiert man die Mengen x_{ij}^h aller parallelen Pfeile (i,j) zu x_{ij} auf, eine näherungsweise optimale Lösung für das ursprüngliche Problem mit konvexen Funktionen. Zur Lösung des linearen Umladeproblems kann z.B. der in Kap. 7.3 von Band I beschriebene primale Algorithmus unmittelbar verwendet werden (zur Beschreibung des Algorithmus hatten wir uns dort nur der Einfachheit halber auf Digraphen, also Graphen ohne parallele Pfeile, beschränkt). Hierzu überlegt man sich leicht, daß für lineare Umladeprobleme, die durch stückweise Linearisierung der Kostenfunktionen eines Transport- oder Umladeproblems entstanden sind, folgendes gilt:

Besitzt der dem Problem zugrundeliegende Graph G genau n Knoten, so enthält jede Basislösung n−1 Basisvariablen. Existieren zwischen zwei Knoten i und j des Graphen l parallele Pfeile (i,j) mit den Bewertungen $c_{ij}^1 \leq c_{ij}^2 \leq \ldots \leq c_{ij}^l$, so kann die Variable x_{ij}^h (der h-te Pfeil (i,j)) nur dann Basisvariable (Basispfeil) einer optimalen Basislösung sein, wenn die Variablen $x_{ij}^1, \ldots, x_{ij}^{h-1}$ gesättigte Nichtbasisvariablen (vgl. Kap. 6.3 von Band I) mit $x_{ij}^1 = \kappa_{ij}^1, \ldots, x_{ij}^{h-1} = \kappa_{ij}^{h-1}$ sind.

Beispiel: Wir betrachten die Funktion $\psi_{ij}(x_{ij}) = x_{ij}^2$ mit $\hat{\kappa}_{ij} = 3$ in Abb. 2.8. Eine mögliche Linearisierung der oben geschilderten Art enthält statt eines Pfeiles (i,j) drei Pfeile mit den Bewertungen $(c_{ij}^1 = 1, \kappa_{ij}^1 = 1)$, $(c_{ij}^2 = 3, \kappa_{ij}^2 = 1)$ und $(c_{ij}^3 = 5, \kappa_{ij}^3 = 1)$.

---

[18] Evtl. vorhandene untere Kapazitätsbeschränkungen lassen sich, wie in Band I, S. 56 f., dargestellt, leicht einbeziehen.

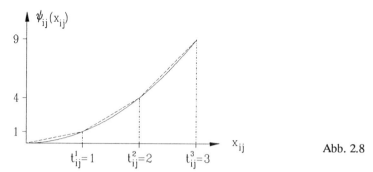

Abb. 2.8

Wie aus Abb. 2.8 ersichtlich wird, liegt bei der oben geschilderten Möglichkeit der Linearisierung die "Ersatzfunktion" für kein x_{ij} unterhalb von $\psi_{ij}(x_{ij})$. Eine alternative Vorgehensweise besteht in der Ermittlung einer stückweise linearen "Ersatzfunktion", für die – bei vorgegebenen Intervallgrenzen – das Integral der quadrierten Abweichungen zwischen dieser Funktion und $\psi_{ij}(x_{ij})$ minimiert wird. Die dabei erhaltene "Ersatzfunktion" besitzt auch Bereiche, in denen sie unterhalb von ψ_{ij} liegt; vgl. dazu z.B. Kennington und Helgason (1980, S. 185 ff.).

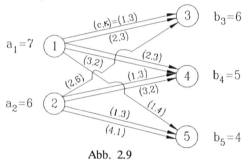

	3	4	5	a_i
1	(1,2)	(2,3)	(1,1)	7
2	(2,2)	(1,3)	(1,4)	8
b_j	6	5	4	

Abb. 2.9   Tab. 2.23

Beispiel: Wir betrachten die in Tab. 2.23 enthaltenen Daten eines TPPs mit bereits stückweise linearisierten, konvexen Transportkosten. In dem für jede Transportverbindung angegebenen Zahlenpaar bedeute die erste Zahl die Kosten/ME für die ersten drei Transporteinheiten, die zweite Zahl gebe die Kosten für jede weitere über die Verbindung transportierbare ME an. Für dieses Problem kann der in Abb. 2.9 angegebene Graph entwickelt werden. Ausgehend von diesem Graphen, kann unmittelbar ein kapazitiertes lineares Umladeproblem formuliert und gelöst werden. Gemäß Kap. 7.3.1 von Band I kann durch Hinzufügen eines fiktiven Umladeknotens und inzidenten Pfeilen eine für das so erweiterte Problem zulässige Basislösung angegeben werden. Im Laufe der Verbesserung der Anfangslösung werden sukzessive Pfeile des ursprünglichen Graphen der (Basis-) Lösung hinzugefügt.

Obwohl der Graph in Abb. 2.9 bipartit ist, also eine Transformation in ein kapazitiertes klassisches TPP naheliegend wäre, können aufgrund der parallelen Pfeile die entsprechenden Lösungsverfahren nicht so unmittelbar angewendet werden, wie dies beim Umladeproblem der

Fall ist. Es ist jedoch möglich, Verfahren für kapazitierte TPPe geeignet zu modifizieren; siehe Aufgabe 2.8.

Eine andere Möglichkeit zur Lösung von Transport- und Umladeproblemen mit konvexen Transportkostenfunktionen $\psi_{ij}(x_{ij})$ besitzt große Ähnlichkeit mit der Vorgehensweise der von uns in Kap. 9 von Band I beschriebenen Inkrementgraphen-Algorithmen (vgl. z.B. auch Jensen und Barnes (1980, S. 357 ff.)):

Wir nehmen an, es sei ein zulässiger Fluß (= Transportmengenvektor) $x : \hat{E} \rightarrow \mathbb{R}_+$ für den betrachteten Graphen $\hat{G}$ mit der Pfeilmenge $\hat{E}$ gegeben. Dann kann anhand von ψ_{ij} für jeden Pfeil (i,j) ermittelt werden, um welchen Betrag sich die Transportkosten verändern, wenn x_{ij} um Δ erhöht oder um Δ gesenkt wird. Gibt es in $\hat{G}$ einen Kreis (oder Zyklus), in dem eine (zulässige!) Flußveränderung um Δ mit einer Senkung der Gesamttransportkosten verbunden ist, so wird die Veränderung durchgeführt; der neue Fluß x wird auf dieselbe Weise überprüft. Wenn es bei dem für Δ gewählten Wert keine Verbesserungsmöglichkeit mehr gibt, so wird Δ verkleinert und die Überprüfung fortgesetzt. Mit abnehmendem Δ nähert sich der gefundene Fluß x dem optimalen (d.h. kostenminimalen) Fluß.

Zur weiteren Beschäftigung mit der betrachteten Problemstellung verweisen wir auf die Arbeiten von Collins et al. (1978), Rao und Shaftel (1980), Minoux (1984) sowie Cosares und Hochbaum (1994). Die bei Collins et al. sowie bei Rao und Shaftel angegebenen Testergebnisse zeigen, daß relativ große Transport- und Umladeprobleme mit konvexer Zielfunktion (näherungsweise) exakt gelöst werden können. Rao und Shaftel haben z.B. ein (m = 95, n = 95)-TPP mit konvexer Zielfunktion gelöst.

2.6.2 Probleme mit nichtkonvexen Zielfunktionen

Die Überschrift legt den Gedanken nahe, daß hier Transport- und Umladeprobleme mit nichtlinearer Zielfunktion behandelt werden, die weniger wichtig sind. In Wirklichkeit verhält es sich jedoch so, daß Probleme der Praxis häufig konkave oder weder konvexe, noch konkave (also auch keine linearen) Kostenfunktionen $\psi_{ij}(x_{ij})$ besitzen.[19] Da diese Probleme, wie die nachfolgenden Ausführungen zusammen mit den Angaben zum Fixkosten-TPP (Kap. 2.5) zeigen, mit den heute verfügbaren Methoden in der Regel nicht exakt lösbar sind, vereinfacht man häufig die realen Probleme durch die Annahme[20] *einer linearen Kostenfunktion* (oder einer Fixkosten-Funktion) für jede Transportverbindung. Je ungenauer die linearen Funktionen die wahren Funktionen $\psi_{ij}(x_{ij})$ approximieren, um so stärker weicht die optimale Lösung des linearisierten Problems von derjenigen des ursprünglichen Problems ab. Im folgenden betrachten und erläutern wir vier verschiedene Typen nichtlinearer Kostenfunktionen.

---

19 Anwendungsbeispiele für Netzwerkflußprobleme mit allgemeinen, nichtlinearen Zielfunktionen sind in Dembo et al. (1989) dargestellt.

20 Man bildet ein vereinfachtes Abbild (ein Modell) des realen Problems.

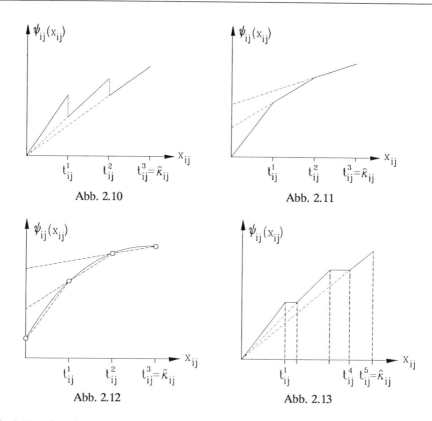

Abb. 2.10

Abb. 2.11

Abb. 2.12

Abb. 2.13

Abb. 2.10 zeigt eine stückweise lineare, aber weder konvexe noch konkave Transportkostenfunktion, wie sie vorliegt, wenn etwa ein (Stückgut-) Spediteur von bestimmten Intervallgrenzen an Mengenrabatt auf *alle* zu transportierenden ME gewährt. Die stückweise lineare, konkave Funktion in Abb. 2.11 ergibt sich, wenn ein (Stückgut-) Spediteur von bestimmten Intervallgrenzen an nur auf die die Grenze überschreitenden ME einen Rabatt gewährt.

Abb. 2.12 zeigt eine konkave Funktion $\psi_{ij}(x_{ij})$ und eine mögliche stückweise Linearisierung.

Die stückweise lineare, aber weder konvexe, noch konkave Funktion in Abb. 2.13 gibt unter allen dargestellten Kostenverläufen die in der Praxis anzutreffenden Stückguttarife am besten wieder. Einen solchen Verlauf wies in etwa der in Deutschland bis Ende 1993 geltende Reichskraftwagentarif auf; vgl. Dehnert (1979) oder Fleischmann (1993).

Alle dargestellten Funktionen $\psi_{ij}(x_{ij})$ besitzen stückweise lineare Abschnitte, oder sie können, wie angegeben, stückweise linearisiert werden. Trotzdem lassen sich die Vorgehensweisen für Probleme mit konvexen Kostenfunktionen hier nicht anwenden.

Wollte man ein lineares Umladeproblem für einen Graphen G lösen, der für jeden linearen Abschnitt $[t_{ij}^{h-1}, t_{ij}^{h}]$ der Kostenfunktion $\psi_{ij}(x_{ij})$ einer Transportverbindung (i,j) einen Pfeil enthält, so würden (wie im vorigen Kapitel geschildert) durch das Verfahren zunächst die

Pfeile mit den billigeren Stückkosten mit Mengen belegt werden. Das würde bei nichtkonvexen Kostenfunktionen zu falschen Ergebnissen führen, weil die billigeren Abschnitte $[t_{ij}^{h-1}, t_{ij}^{h}]$ nur dann belegt werden dürfen, wenn bereits t_{ij}^{h-1} ME zu (in der Regel) höheren Stückkosten (ohne oder mit geringeren Rabatten) verplant sind.

Eine korrekte mathematische Formulierung trägt dem durch multiplikative Verknüpfung von Variablen oder durch Verwendung von Binärvariablen Rechnung. Diese sorgen also dafür, daß Bereiche mit geringeren Kosten erst dann in Anspruch genommen werden, wenn die teureren Abschnitte verplant sind. Bei beiden Modellierungsmöglichkeiten wird deutlich, daß die Probleme NP-schwer sind.

Beispiel: Die Kostenfunktion in Abb. 2.11 besteht aus drei linearen Teilabschnitten. Deren Stückkosten seien mit $c_{ij}^1 \geq c_{ij}^2 \geq c_{ij}^3$, die jeweiligen Transportmengen mit x_{ij}^1, x_{ij}^2 und x_{ij}^3 bezeichnet. Um zu gewährleisten, daß die Abschnitte in der Reihenfolge 1, 2, 3 verplant werden, können z.b. zwei Binärvariablen y_{ij}^1 und y_{ij}^2 und die folgenden Nebenbedingungen verwendet werden, wobei M als hinreichend große Zahl zu wählen ist:

$$y_{ij}^1 \leq x_{ij}^1 / t_{ij}^1 \qquad x_{ij}^2 \leq M \cdot y_{ij}^1 \qquad y_{ij}^2 \leq x_{ij}^2 / (t_{ij}^2 - t_{ij}^1) \qquad x_{ij}^3 \leq M \cdot y_{ij}^2$$

Zur Lösung von Transport- und Umladeproblemen mit konkaven Kostenfunktionen wurden sowohl exakte als auch heuristische Verfahren entwickelt. Sie nutzen die in Satz 2.3 für Fixkosten-TPPe formulierte und auch hier gültige Eigenschaft: Unter den zulässigen Basislösungen bzw. Eckpunkten des konvexen Lösungspolyeders des Problems befindet sich stets eine optimale Lösung. Vgl. hierzu Zangwill (1968) oder Gallo und Sodini (1979).

Grundsätzlich kann leicht mit den für lineare Transport- und Umladeprobleme bekannten Verfahren eine zulässige Basislösung erzeugt und verbessert werden. Dabei ist jedoch nicht garantiert, daß das globale Optimum erreicht wird. Eine solche Vorgehensweise stellt somit nur eine **Heuristik** dar. Zur Überwindung eines lokalen Optimums eignen sich auch hier Tabu Search oder Simulated Annealing. Tabu Search wird z.B. von Bazlamacci und Hindi (1996) zur Lösung eines unkapazitierten Umladeproblems mit konkaven Kostenfunktionen eingesetzt. Balakrishnan und Graves (1989) sowie Larsson et al. (1994) beschreiben Lagrange-Heuristiken. Nourie und Güder (1994) geben ein Verbesserungsverfahren für ein kombiniertes Produktions- und Transportproblem an, wobei jedoch nur für den Produktionsbereich konkave Kostenfunktionen unterstellt werden. Vgl. zu weiteren Heuristiken Gallo und Sodini (1979) sowie Dangalchev (1996).

Bei den **exakten Verfahren** handelt es sich zumeist um B&B-Verfahren; siehe z.B. Balachandran und Perry (1976), Dehnert (1976), Gallo et al. (1980), McKeown (1980). Erickson et al. (1987) lösen Umladeprobleme mit konkaven Kostenfunktionen mittels dynamischer Optimierung. Vgl. ferner Guisewite und Pardalos (1990) und die dort angegebene Literatur sowie Tuy et al. (1993).

Mit den betrachteten Problemen eng verwandt sind Probleme der Standortplanung mit konkaven Kostenfunktionen; vgl. zu heuristischen und exakten Lösungsverfahren Schildt (1994).

2.7 Literatur zu Kapitel 2

Kap. 2.1 (Sensitivitätsüberlegungen zum klassischen TPP):

Domschke (1983);　　　　　　　　　　Srinivasan und Thompson (1972).

Kap. 2.2 (Verallgemeinerte Transport- und Umladeprobleme):

Adler und Cosares (1991);
Glover und Klingman (1973);
Hammerschmid (1990);
Kennington und Helgason (1980);
Minieka (1978);

Böttcher (1980);
Glover et al. (1976);
Hellmann und Richter (1988);
Miclescu et al. (1996);
Qi (1987).

Kap. 2.3 (Bottleneck-Transport- und -Umladeprobleme):

Ahuja (1986);
Burkard und Derigs (1980);
Daduna (1985);
Derigs und Zimmermann (1979);
Finke (1983);
Garfinkel und Rao (1971);
Isermann (1979), (1984);
Mazzola und Neebe (1993);
Ohse (1978);
Prakash et al. (1988);
Rajendra Prasad et al. (1993);
Russell et al. (1983);
Szwarc (1993);

Armstrong und Jin (1992);
Current und Min (1986);
Derigs (1980), (1982 a), (1982 b), (1984);
Eden und Pape (1978);
Finke und Smith (1979);
Hinkle und Jarvis (1982);
Martello und Toth (1995);
Nagelhout und Thompson (1984);
Pferschy (1995);
Punnen und Nair (1995);
Ringuest und Rinks (1987);
Srinivasan und Thompson (1976);
Wild et al. (1993).

Kap. 2.4 (Verallgemeinerte lineare Zuordnungsprobleme):

Amini und Racer (1994);
Benders und van Nunen (1983);
Cattrysse und van Wassenhove (1992);
Fisher et al. (1986);
Jörnsten und Näsberg (1986);
Lorena und Narciso (1996);
Nagelhout und Thompson (1980);
Osman (1995);
Trick (1992).

Barcia und Jörnsten (1990);
Cao und Uebe (1995);
Cattrysse et al. (1994);
Guignard und Rosenwein (1989);
Klastorin (1979);
Martello und Toth (1981), (1990);
Neebe (1987);
Ross und Soland (1975);

Kap. 2.5 (Fixkosten-TPPe und -Umladeprobleme):

Arlt (1994);
Barr et al. (1981);
Cabot und Erenguc (1984), (1986);
Fisk und McKeown (1979);
Kennington und Unger (1973), (1976);
Kuhn und Baumol (1962);
Palekar (1986);
Sandrock (1988);
Shetty (1990).

Balinski (1961);
Boenchendorf (1985), (1986);
Diaby (1991);
Göthe-Lundgren und Larsson (1994);
Khang und Fujiwara (1991);
Murty (1968);
Palekar et al. (1990);
Schaffer und O'Leary (1989);

Kap. 2.6 (Transport- und Umladeprobleme mit sonstigen nichtlinearen Zielfunktionen):

Balachandran und Perry (1976);
Bazlamacci und Hindi (1996);
Cosares und Hochbaum (1994);
Dehnert (1976), (1979);
Erickson et al. (1987);
Gallo und Sodini (1979);
Guisewite und Pardalos (1990);

Balakrishnan und Graves (1989);
Collins et al. (1978);
Dangalchev (1996);
Dembo et al. (1989);
Fleischmann (1993);
Gallo et al. (1980);
Jensen und Barnes (1980);

Kennington und Helgason (1980);
Marins et al. (1997);
Minoux (1984);
Rao und Shaftel (1980);
Tuy et al. (1993);

Larsson et al. (1994);
McKeown (1980);
Nourie und Güder (1994);
Schildt (1994);
Zangwill (1968).

Adler, I. und S. Cosares (1991): A strongly polynomial algorithm for a special class of linear programs. Oprns. Res. **39**, S. 955-960.

Ahuja, R.K. (1986): Algorithms for the minimax transportation problem. Nav. Res. Logist. Quart. **33**, S. 725-739.

Ahuja, R.K.; J.L. Batra und S.K. Gupta (1984): A parametric algorithm for convex cost network flow and related problems. European J. of OR **16**, S. 222-235.

Amini, M.M. und M. Racer (1994): A rigorous computational comparison for alternative solution methods for the generalized assignment problem. Management Science **40**, S. 868-890.

Arlt, C. (1994): Netzwerkflußprobleme - Lösungsansätze unter Berücksichtigung von Fixkosten. Deutscher UniversitätsVerlag, Wiesbaden.

Armstrong, R.D. und Z. Jin (1992): Solving linear bottleneck assignment problems via strong spanning trees. OR Letters **12**, S. 179-180.

Balachandran, V. und A. Perry (1976): Transportation type problems with quantity discounts. Nav. Res. Logist. Quart. **23**, S. 195-209.

Balakrishnan, A. und S.C. Graves (1989): A composite algorithm for a concave-cost network flow problem. Networks **19**, S. 175-202.

Balinski, M.L. (1961): Fixed cost transportation problems. Nav. Res. Logist. Quart. **8**, S. 41-54.

Barcia, P. und K. Jörnsten (1990): Improved Lagrangean decomposition: An application to the generalized assignment problem. European J. of OR **46**, S. 84-92.

Barr, R.S.; F. Glover und D. Klingman (1981): A new optimization method for large scale fixed charge transportation problems. Oprns. Res. **29**, S. 448-463.

Bazlamacci, C.F. und K.S. Hindi (1996): Enhanced adjacent extreme-point search and tabu search for the minimum concave-cost uncapacitated transshipment problem. J. of the Opl. Res. Society **47**, S. 1150-1165.

Benders, J.F. und J.A.E.E. van Nunen (1983): A property of assignment type mixed linear programming problems. OR Letters **2**, S. 47-52.

Boenchendorf, K. (1985): Improving the Kennington/Unger penalty-method for the fixed-charge transportation problem. Methods of OR **49**, S. 139-146.

Boenchendorf, K. (1986): Combining penalties for the fixed-charge transportation problem. Methods of OR **53**, S. 231-237.

Böttcher, H. (1980): Optimierungsverfahren für regionale Kommunikationssysteme. Dissertation, Karlsruhe.

Burkard, R.E. und U. Derigs (1980): Assignment and matching problems: Solution methods with FORTRAN-Programs. Springer, Berlin u.a.

Cabot, A.V. und S.S. Erenguc (1984): Some branch-and-bound procedures for fixed-cost transportation problems. Nav. Res. Logist. Quart. **31**, S. 145-154.

Cabot, A.V. und S.S. Erenguc (1986): Improved penalties for fixed cost linear programs using Lagrangean relaxation. Management Science **32**, S. 856-869.

Cao, B. und G. Uebe (1995): Solving transportation problems with nonlinear side constraints with tabu search. Comput. & Oprns. Res. **22**, S. 593-603.

Cattrysse, D.G.; M. Salomon und L.N. van Wassenhove (1994): A set partitioning heuristic for the generalized assignment problem. European J. of OR **72**, S. 167-174.

Cattrysse, D.G. und L.N. van Wassenhove (1992): A survey of algorithms for the generalized assignment problem. European J. of OR **60**, S. 260-272.

Collins, M.; L. Cooper, R. Helgason, J. Kennington und L. LeBlanc (1978): Solving the pipe network analysis problem using optimization techniques. Management Science 24, S. 747-760.

Cosares, S. und D.S. Hochbaum (1994): Strongly polynomial algorithms for the quadratic transportation problem with a fixed number of sources. Mathematics of OR 19, S. 94-111.

Current, J. und H.K. Min (1986): Multiobjective design of transportation networks: Taxonomy and annotation. European J. of OR 26, S. 187-201.

Daduna, J. (1985): Engpaßzeitminimierung bei Transport-, Umlade- und Standortproblemen. Lang, Frankfurt/M. u.a.

Dangalchev, C.A. (1996): Partially-linear transportation problems. European J. of OR 91, S. 623-633.

Dehnert, G. (1976): Regionale Planung der Standorte für Abfallbehandlungsanlagen mit Hilfe graphentheoretischer Algorithmen. Schmidt, Bielefeld.

Dehnert, G. (1979): Ein Branch-and-Bound-Verfahren für Distributionsprobleme mit nichtkonkaven, degressiven Kostenfunktionen. Oprns. Res.-Verfahren 35, S. 89-101.

Dembo, R.S.; J.M. Mulvey und S.A. Zenios (1989): Large-scale nonlinear network models and their application. Oprns. Res. 37, S. 353-372.

Derigs, U. (1980): Engpaß-Zielfunktion und Zeit/Kosten-Trade-Offs beim Transportproblem. Dissertation, Köln.

Derigs, U. (1982a): On three basic methods for solving bottleneck transportation problems. Nav. Res. Logist. Quart. 29, S. 505-515.

Derigs, U. (1982b): Efficiency and time-cost-tradeoffs in transportation problems. OR Spektrum 4, S. 213-222.

Derigs, U. (1984): Alternate strategies for solving bottleneck assignment problems - Analysis and computational results. Computing 33, S. 95-106.

Derigs, U. (1988): Programming in networks and graphs - On the combinatorial background and near-equivalence of network flow and matching algorithms. Springer, Berlin u.a.

Derigs, U. und U. Zimmermann (1979): An augmenting path method for solving linear bottleneck transportation problems. Computing 22, S. 1-15.

Diaby, M. (1991): Successive linear approximation procedure for generalized fixed-charge transportation problems. J. of the Opl. Res. Society 42, S. 991-1001.

Domschke, W. (1983): Bemerkungen zur Lösung des binären Transportproblems. In: M.J. Beckmann et al. (Hrsg.): Mathematische Systeme in der Ökonomie. Athenäum, Königstein/Ts., S. 129-139.

Domschke, W. (1995): Logistik: Transport. 4. Aufl., Oldenbourg, München-Wien (zit. als Band I).

Domschke, W. und A. Drexl (1996): Logistik: Standorte. 4. Aufl., Oldenbourg, München-Wien (zit. als Band III).

Eden, B.N. und U. Pape (1978): Ein heuristisches Verfahren zur Distriktermittlung in bewerteten Graphen. Angewandte Informatik 20, S. 66-73.

Erickson, R.E.; C.L. Monma und A.F. Veinott (1987): Send-and-split method for minimum-concave-cost network flows. Mathematics of OR 12, S. 634-664.

Finke, G. (1983): Minimizing overshipments in bottleneck transportation problems. Canadian J. of OR and Information Processing 21, S. 121-135.

Finke, G. und P.A. Smith (1979): Primal equivalents to the treshold algorithm. Oprns. Res.-Verfahren 31, S. 185-198.

Fisher, M.L.; R. Jaikumar und L.N. van Wassenhove (1986): A multiplier adjustment method for the generalized assignment problem. Management Science 32, S. 1095-1103.

Fisk, J. und P. McKeown (1979): The pure fixed charge transportation problem. Nav. Res. Logist. Quart. 26, S. 631-641.

Fleischmann, B. (1993): Designing distribution systems with transport economies of scale. European J. of OR 70, S. 31-42.

Gallo, G.; C. Sandi und C. Sodini (1980): An algorithm for the min concave cost flow problem. European J. of OR **4**, S. 248-255.

Gallo, G. und C. Sodini (1979): Adjacent extreme flows and application to min concave cost flow problems. Networks **9**, S. 95-121.

Garfinkel, R.S. und M.R. Rao (1971): The bottleneck transportation problem. Nav. Res. Logist. Quart. **18**, S. 465-472.

Glover, F. und D. Klingman (1973): A note on computational simplifications in solving generalized transportation problems. Transportation Science **7**, S. 351-361.

Glover, F.; D. Klingman und A. Napier (1976): Equivalence of generalized network and generalized transportation problems. Opsearch **13**, S. 93-100.

Göthe-Lundgren, M. und T. Larsson (1994): A set covering reformulation of the pure fixed charge transportation problem. Discr. Appl. Math. **48**, S. 245-259.

Guignard, M. und M.B. Rosenwein (1989): An improved dual based algorithm for the generalized assignment problem. Oprns. Res. **37**, S. 658-663.

Guisewite, G.M. und P.M. Pardalos (1990): Minimum concave-cost network flow problems: Applications, complexity and algorithms. Annals of OR **25**, S. 75-100.

Hall, R.W. (1989): Route choice on freight networks with concave costs and exclusive arcs. Transportation Research **23B**, S. 177-194.

Hammerschmid, R. (1990): Entwicklung technisch-wirtschaftlich optimierter regionaler Entsorgungsalternativen. Physica, Heidelberg.

Hellmann, L. und K.-J. Richter (1988): Produktions-Transport-Optimierung. Transpress-Verlag, Berlin.

Hinkle, R.G. und J.J. Jarvis (1982): Time minimizing flows in directed networks. Nav. Res. Logist. Quart. **29**, S. 247-256.

Isermann, H. (1979): The enumeration of all efficient solutions for a linear multiple objective transportation problem. Nav. Res. Logist. Quart. **26**, S. 123-139.

Isermann, H. (1984): Linear bottleneck transportation problems. Asia-Pacific J. Opl. Res. **1**, S. 38-52.

Jensen, P.A. und J.W. Barnes (1980): Network flow programming. Wiley, New York u.a.

Jörnsten, K. und M. Näsberg (1986): A new Lagrangean relaxation approach to the generalized assignment problem. European J. of OR **27**, S. 313-323.

Khang, D.B. und O. Fujiwara (1991): Approximate solutions of capacitated fixed-charge minimum cost network flow problems. Networks **21**, S. 689-704.

Kennington, J.L. und R.V. Helgason (1980): Algorithms for network programming. Wiley, New York u.a.

Kennington, J.L. und V.E. Unger (1973): The group-theoretic structure in the fixed-charge transportation problem. Oprns. Res. **21**, S. 1142-1152.

Kennington, J. und E. Unger (1976): A new branch-and-bound algorithm for the fixed-charge transportation problem. Management Science **22**, S. 1116-1126.

Klastorin, T.D. (1979): On the maximal covering location problem and the generalized assignment problem. Management Science **25**, S. 107-112.

Kuhn, H.W. und W.J. Baumol (1962): An approximative algorithm for the fixed-charge transportation problem. Nav. Res. Logist. Quart. **9**, S. 1-15.

Larsson, T.; A. Migdalas und M. Rönnqvist (1994): A Lagrangean heuristic for the capacitated concave minimum cost network flow problem. European J. of OR **78**, S. 116-129.

Lorena, L.A.N. und M.G. Narciso (1996): Relaxation heuristics for a generalized assignment problem. European J. of OR **91**, S. 600-610.

Marins, F.A.S.; E.L.F. Senne, K. Darby-Dowman, A.F. Machado und C. Perin (1997): Algorithms for network piecewise-linear programs: A comparative study. European J. of OR **97**, S. 183-199.

Martello, S. und P. Toth (1981): An algorithm for the generalized assignment problem. In: J.P. Brans (Hrsg.): Operational Research '81. North-Holland, Amsterdam, S. 589-603.

Martello, S. und P. Toth (1990): Knapsack problems. Wiley, Chichester u.a.

Martello, S. und P. Toth (1995): The bottleneck generalized assignment problem. European J. of OR **83**, S. 621-638.

Mazzola, J.B. und A.W. Neebe (1993): An algorithm for the bottleneck generalized assignment problem. Comput. & Oprns. Res. **20**, S. 355-362.

McKeown, P.G. (1980): Solving incremental quantity discounted transportation problems by vertex ranking. Nav. Res. Logist. Quart. **27**, S. 437-445.

Miclescu, T.; W. Domschke, G. Bazacliu und V. Dumbrava (1996): Energy resources planning. National Energy Conference, Proceedings of Section 1, Neptun-Olimp, Rumänien, S. 19-25.

Minieka, E. (1978): Optimization algorithms for networks and graphs. Dekker, New York-Basel.

Minoux, M. (1984): A polynomial algorithm for minimum quadratic cost flow problems. European J. of OR **18**, S. 377-387.

Murty, K.G. (1968): Solving the fixed charge problem by ranking the extreme points. Oprns. Res. **16**, S. 268-279.

Nagelhout, R.V. und G.L. Thompson (1980): A single source transportation algorithm. Comput. & Oprns. Res. **7**, S. 185-198.

Nagelhout, R.V. und G.L. Thompson (1984): A study of the bottleneck single source transportation problem. Comput. & Oprns. Res. **11**, S. 25-36.

Neebe, A.W. (1987): An improved, multiplier adjustment procedure for the segregated storage problem. J. of the Opl. Res. Society **38**, S. 815-825.

Neebe, A.W. und M.R. Rao (1983): An algorithm for the fixed-charge assigning users to sources problem. J. of the Opl. Res. Society **34**, S. 1107-1113.

Nourie, F.J. und F. Güder (1994): A restricted-entry method for a transportation problem with piecewise-linear concave costs. Comput. & Oprns. Res. **21**, S. 723-733.

Ohse, D. (1978): Das Zeit-Umlade- oder Bottleneck-Transshipmentproblem. In: K. Brockhoff et al. (Hrsg.): Proceedings in Operations Research 7, Physica, Würzburg-Wien, S. 409-419.

Osman, I.H. (1995): Heuristics for the generalised assignment problem: Simulated annealing and tabu search approaches. OR Spektrum **17**, S. 211-225.

Palekar, U.S. (1986): Approaches for solving the fixed charge transportation problem. Dissertation, Faculty of the Graduate School of State University of New York at Buffalo.

Palekar, U.S.; M.H. Karwan und S. Zionts (1990): A branch-and-bound method for the fixed charge transportation problem. Management Science **36**, S. 1092-1105.

Pferschy, U. (1995): Solution methods and computational investigations for the linear bottleneck assignment problem. Bericht 22, Spezialforschungsbereich F 003 der Karl-Franzens-Universität und der TU Graz.

Prakash, S.; A.K. Agarwal und S. Shah (1988): Nondominated solutions of cost-time trade-off transportation and assignment problems. Opsearch **25**, S. 126-131.

Punnen A.P. und K.P.K. Nair (1995): Polynomial algorithms for a class of discrete minmax linear programming problems. J. of the Opl. Res. Society **46**, S. 499-506.

Qi, L. (1987): The a-forest iteration method for the stochastic generalized transportation problem. Mathematics of OR **12**, S. 1-21.

Rajendra Prasad, V.; K.P.K. Nair und Y.P. Aneja (1993): A generalized time-cost trade-off transportation problem. J. of the Opl. Res. Society **44**, S. 1243-1248.

Rao, R.C. und T.L. Shaftel (1980): Computational experience on an algorithm for the transportation problem with nonlinear objective functions. Nav. Res. Logist. Quart. **27**, S. 145-157.

Ringuest, J.L. und D.B. Rinks (1987): Interactive solutions for the linear multiobjective transportation problem. European J. of OR **32**, S. 96-106.

Ross, G.T. und R.M. Soland (1975): A branch and bound algorithm for the generalized assignment problem. Math. Programming **8**, S. 91-103.

Russell, R.A.; D.D. Klingman und P. Partow-Navid (1983): An efficient primal approach to bottleneck transportation problems. Nav. Res. Logist. Quart. **30**, S. 13-35.

Sandrock, K. (1988): A simple algorithm for solving small, fixed-charge transportation problems. J. of the Opl. Res. Society **39**, S. 467-475.

Schaffer, J.R. und D.E. O'Leary (1989): Use of penalties in a branch and bound procedure for the fixed charge transportation problem. European J. of OR **43**, S. 305-312.

Schildt, B. (1994): Strategische Produktions- und Distributionsplanung - Betriebliche Standortoptimierung bei degressiv verlaufenden Produktionskosten. Deutscher Universitäts Verlag, Wiesbaden.

Shetty, B. (1990): A relaxation/decomposition algorithm for the fixed charge network problem. Nav. Res. Logist. **37**, S. 327-340.

Srinivasan, V. und G.L. Thompson (1972): An operator theory of parametric programming for the transportation problem, Part I and II. Nav. Res. Logist. Quart. **19**, S. 205-225 und 227-252.

Srinivasan, V. und G.L. Thompson (1976): Algorithms for minimizing total cost, bottleneck time and bottleneck shipment in transportation problems. Nav. Res. Logist. Quart. **23**, S. 567-595.

Szwarc, W. (1993): An instant solution of the $2 \times n$ bottleneck transportation problem. OR Letters **14**, S. 261-264.

Trick, M.A. (1992): A linear relaxation heuristic for the generalized assignment problem. Nav. Res. Log. **39**, S. 137-151.

Tuy, H.; S. Ghannadan, A. Migdalas und P. Värbrand (1993): Strongly polynomial algorithm for a production-transportation problem with concave production cost. Optimization **27**, S. 205-227.

Wild, B. Jr.; K.R. Karwan und M.H. Karwan (1993): The multiple bottleneck transportation problem. Comput. & Oprns. Res. **20**, S. 261 - 274.

Zangwill, W.J. (1968): Minimum concave cost flows in certain networks. Management Science **14**, S. 429-450.

2.8 Aufgaben zu Kapitel 2

Aufgabe 2.1: Zu ermitteln sind die Einzugsbereiche zweier Schulen A und B einer Stadt. Die Straßen der Stadt sind in Abb. 2.14 als Kanten eines Graphen dargestellt. Die Wertepaare an jeder Kante geben die Länge der betreffenden Straße und die in der Straße wohnende Anzahl der Schüler an. Es wird angenommen, daß ein in der Straße [i,j] mit der Länge c_{ij} wohnender Schüler sowohl bis zum Knoten i als auch bis zum Knoten j genau $0.5\ c_{ij}$ LE zurückzulegen hat. Die beiden Schulen können jeweils die Hälfte aller Schüler, also 14, aufnehmen.

a) Ermitteln Sie die Einzugsbereiche so, daß die Gesamtlänge aller von den Schülern zurückzulegenden Wege minimal ist.

b) Ermitteln Sie die Einzugsbereiche so, daß der *längste* von einem Schüler zurückzulegende (kürzeste) Weg minimale Länge besitzt.

Bei beiden Lösungen sei erlaubt, daß Schüler aus ein und derselben Straße verschiedenen Schulen zugeordnet werden.

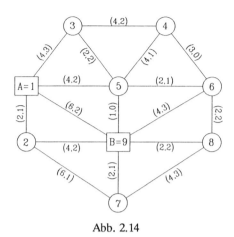

	1	2	3	4	a_i
1	6	2	9	3	8
2	5	7	6	2	1
3	1	8	7	4	3
4	1	6	3	9	8
b_j	7	6	5	2	

Abb. 2.14   Tab. 2.24

Aufgabe 2.2: Die Maximalflußprobleme, die im Rahmen des Threshold-Algorithmus von Garfinkel und Rao (1971) auftreten, sollen auf verschiedene Weisen gelöst werden. Gegeben sei ein Bottleneck-TPP mit den Daten (Matrix T, Angebote, Nachfragen) in Tab. 2.24.

a) Bestimmen Sie mit Hilfe von Alg. 2.1 eine untere Schranke BT_u für die Engpaßzeit.

b) Bestimmen Sie eine Lösung **x**, so daß für $x_{ij} > 0$ stets $t_{ij} \leq BT_u$ gilt. Verwenden Sie dazu geeignete Modifikationen bzw. Verallgemeinerungen folgender Algorithmen aus Band I:

   α) Maximalflußalgorithmus 9.4 (Preflow push)

   β) Out-of-Kilter-Algorithmus

Um welchen Wert η muß BT_u erhöht werden, damit die genannten Verfahren eine zulässige Lösung finden? Wie erhält man bei beiden Verfahren die Größe η?

Aufgabe 2.3: Formulieren Sie das Bottleneck-TPP (2.11) – (2.14) als lineares Optimierungsproblem unter Einbeziehung von Binärvariablen.

Aufgabe 2.4: Geben Sie für das Segregated Storage-Problem in Kap. 2.4.1 eine mathematische Formulierung an, bei der die nichtlinearen Bedingungen (2.31) durch Verwendung von Binärvariablen ersetzt werden.

Aufgabe 2.5: Zu lösen ist das SSTPP mit den folgenden Daten:

$$C = \begin{bmatrix} 4 & 6 & 3 & 5 & 7 \\ 2 & 5 & 4 & 1 & 6 \\ 4 & 8 & 6 & 2 & 5 \\ 2 & 3 & 4 & 6 & 2 \end{bmatrix} \quad \begin{array}{l} \mathbf{a} = (7, 9, 6, 8) \\ \mathbf{b} = (4, 4, 4, 4, 4) \end{array}$$

Geben Sie die optimale Lösung an. Auf welche Weise kann sie besonders effizient ermittelt werden?

Aufgabe 2.6: Betrachten Sie das gemischt-binäre Umladeproblem (zweistufiges TPP mit eindeutiger Belieferung auf der zweiten Stufe) mit dem in Abb. 2.3 dargestellten Graphen.

a) Transformieren Sie das Problem in ein gemischt-binäres, einstufiges TPP.
b) Ermitteln Sie die beste zulässige Lösung, bei der jeder Nachfrager durch den für ihn günstigsten (minimales c_{ij}) Umladeknoten voll beliefert wird.
c) Bestimmen Sie mit Hilfe einer geeigneten Modifikation des Verfahrens von Nagelhout und Thompson in Kap. 2.4.3.3 die optimale Lösung des gemischt-binären TPPs.

Aufgabe 2.7: Gegeben sei das reine Fixkosten-TPP mit der Fixkostenmatrix $\mathcal{F} = (f_{ij})$ und den Angebotsmengen a_i und Nachfragemengen b_j in Tab. 2.25. Lösen Sie das Problem mit Hilfe des in Kap. 2.5.2 beschriebenen heuristischen Verfahrens von Kuhn und Baumol (1962) unter Verwendung von $\Delta = 1$.

	1	2	3	4	5	6	a_i
1	6	12	9	6	9	10	5
2	7	3	7	12	5	8	6
3	6	5	3	11	1	11	2
4	10	8	9	2	4	8	9
b_j	4	4	6	2	4	2	

Tab. 2.25

	3	4	5
1	3/0	[1]/0	3/0
2	[3]/0	3/[1]	[1]/0

Tab. 2.26

Aufgabe 2.8:

a) Geben Sie zu der in Tab. 2.26 gezeigten Lösung (Werte von Basisvariablen eingeklammert, sonst Nichtbasisvariablen) für das erweiterte kapazitierte klassische TPP in Tab. 2.23 und Abb. 2.9 die Opportunitätskosten für alle gesättigten und ungesättigten Nichtbasisvariablen an.
b) Ermitteln Sie eine optimale Lösung des Problems.

Aufgabe 2.9: Man betrachte das in Kap. 2.4.3.3 als Beispiel gelöste SSTPP (Tab. 2.10). Es soll erneut mit Hilfe des B&B-Verfahrens von Nagelhout und Thompson gelöst werden. Zuvor werde das Verfahren durch Modifikation der Basic-Cell-Regret-Regel in Teil b (Zeilenwahl) wie folgt verändert:

Ermittle statt der Down-Penalties mit Hilfe von Formel (2.6) in Satz 2.1 die Up-Penalties $(b_k - x_{i_1k}) \beta_{i_1k}$ und $(b_k - x_{i_2k}) \beta_{i_2k}$. Fixiere jeweils die Variable mit dem größten Up-Penalty.

Kapitel 3:
Traveling Salesman - Probleme

Die Kapitel 3.1 bis 3.4 sind dem *Traveling Salesman-Problem* mit seinen beiden Ausprägungen, dem asymmetrischen und dem symmetrischen Problem, gewidmet. In Kap. 3.5 beschäftigen wir uns kurz mit Verallgemeinerungen des Traveling Salesman-Problems und geben dabei v.a. Hinweise auf neuere Literatur.

3.1 Grundlagen

3.1.1 Probleme, Definitionen, Anwendungen

Ein **Traveling Salesman-Problem**[1] (abgekürzt: **TSP**) **der Praxis** könnte wie folgt lauten: Ein Handlungsreisender möchte eine Anzahl von Kunden in verschiedenen Orten besuchen. Nach Abschluß der Besuche möchte er in seinen Ausgangsort zurückkehren. Welchen Weg soll er wählen (in welcher Reihenfolge soll er die Kunden besuchen), damit die dabei insgesamt zurückzulegende Entfernung so gering wie möglich ist?

Wir wollen ein zweites praktisches Beispiel noch etwas ausführlicher schildern:

Vier Einzelhandelsgeschäfte einer Großstadt sollen von einem Lager aus mit Ware beliefert werden. Für den Transport der benötigten Waren aller vier Geschäfte reicht die Ladekapazität eines Lkws aus. Der bewertete Digraph G_v in Abb. 3.1 repräsentiert die wesentlichen Straßen und Plätze der Stadt. Ein einziger Pfeil stellt eine Einbahnstraße dar, zwei einander entgegengesetzte Pfeile repräsentieren eine in beiden Richtungen befahrbare Straße. Die Bewertungen entsprechen den Längen der Straßen. Das Lager befindet sich am Platz (Knoten) 5; die zu beliefernden Geschäfte an den Plätzen 1, 2, 6 und 9.

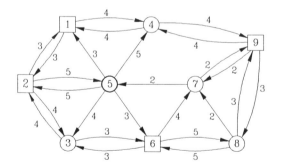

Abb. 3.1

---

[1] In der deutschsprachigen Literatur sind auch die Bezeichnungen **Handlungsreisendenproblem** und **Rundreiseproblem** gebräuchlich.

Welchen geschlossenen Weg (beginnend und endend in 5) soll der Lkw fahren, damit die insgesamt zurückzulegende Entfernung minimal wird?

Die Lösung des Problems lautet: Der Lkw soll den Weg w = (5,1,2,3,6,7,9,7,5) mit der Länge 23 wählen. Er kreuzt zweimal den Platz 7.

Kann man das hier betrachtete Problem noch durch "Hinsehen" lösen, so gilt dies für umfangreichere Probleme nicht mehr. Man kann sich jedoch der vom Operations Research (speziell von der angewandten Graphentheorie) angebotenen Hilfsmittel bedienen.

Im folgenden beschäftigen wir uns mit *TSPen*, wie sie in der *Graphentheorie* definiert und betrachtet werden.

Definition 3.1:

a) Gegeben sei ein bewerteter Digraph G = (V,E,c) mit n Knoten.
  Einen Zyklus ρ, der jeden Knoten von G genau einmal enthält, bezeichnen wir als **Rundreise** oder als **Hamiltonschen Zyklus** von G. [2]
  Einen Zyklus ζ, der weniger als n Knoten enthält, bezeichnen wir als **Kurzzyklus** (engl. *Subtour*) von G. [3]
  Das Problem der Bestimmung einer kürzesten Rundreise in einem gerichteten Graphen bezeichnet man als **asymmetrisches TSP**.

b) Gegeben sei ein bewerteter, schlichter, ungerichteter Graph G = [V,E,c] mit n Knoten.
  Analog zu den Begriffen unter a) definieren wir eine **Rundreise** oder einen **Hamiltonschen Kreis**, einen **Kurzzyklus** (*Subtour*) sowie ein **symmetrisches TSP**.

Bemerkung 3.1: Bei einem graphentheoretischen TSP wird also gefordert, daß jeder Knoten des betrachteten Graphen genau einmal in einer Rundreise enthalten ist. Dagegen wird bei praktischen Problemen häufig nur verlangt, daß *bestimmte* Knoten des Graphen *mindestens einmal* in einem geschlossenen Weg enthalten sind. Am Ende dieses Kapitels zeigen wir anhand des obigen praktischen Beispiels, wie TSPe der Praxis in TSPe der Graphentheorie transformiert werden können.

Bei der Definition von TSPen können wir uns auf schlichte Graphen (Digraphen sind schlichte, gerichtete Graphen) beschränken; denn Schlingen sind dabei ohne Bedeutung, und unter mehreren parallelen Pfeilen bzw. Kanten kann mit Ausnahme des Pfeiles bzw. der Kante mit der kleinsten Bewertung auf alle übrigen verzichtet werden.

---

[2] Den in der Literatur ebenfalls gebräuchlichen Begriff *Tour* benutzen wir nicht, da wir ihn in Kapitel 5 — wie in der Tourenplanung üblich — verwenden (siehe Def. 5.2).

[3] Gemäß Def. 1.7 ist jeder Knoten eines Kurzzyklus *genau einmal* in ihm enthalten; denn einen Zyklus haben wir als *elementaren* geschlossenen Weg definiert.

Bemerkung 3.2: Natürlich besitzt nicht jeder Graph eine Rundreise. Graphen, die mindestens eine Rundreise enthalten, nennt man *Hamiltonsche Graphen*. Eine hinreichende Bedingung für die Existenz einer Rundreise in einem Graphen G mit n Knoten ist beispielsweise: [4]

a) Für Digraphen: $g_i^+ \geq \frac{n}{2}$ und $g_i^- \geq \frac{n}{2}$ für $i = 1,...,n$

b) Für ungerichtete Graphen: $g_i \geq \frac{n}{2}$ für $i = 1,...,n$

Die in Def. 3.1 definierten TSPe bezeichnet man als **geschlossene TSPe**. Im Gegensatz dazu wird bei einem **offenen TSP** ein elementarer, offener Weg bzw. eine elementare, offene Kette in einem Graphen gesucht, der (die), ausgehend von einem Startknoten a und endend in einem Zielknoten b, jeden Knoten von G genau einmal enthält. Da offene TSPe leicht in geschlossene TSPe zu transformieren sind, verzichten wir auf nähere Erläuterungen dazu und verweisen auf die Aufgabe 3.5.

Die Kostenmatrix [5] für asymmetrische TSPe definieren wir, abweichend von Def. 2.5 in Bd. I, wie folgt:

Definition 3.2: Sei $G = (V, E, c)$ ein bewerteter Digraph mit n Knoten, dann bezeichnen wir die $n \times n$-Matrix $C = (c_{ij})$ mit

$$c_{ij} = \begin{cases} c(i,j) & \text{falls } (i,j) \in E \\ \infty & \text{sonst} \end{cases}$$

als **Kostenmatrix** von G.

Indem wir den Elementen c_{ii} der Hauptdiagonale der Kostenmatrix sehr große Werte zuordnen, bewirken wir, daß bei der Lösung von TSPen die Kurzzyklen (i,i) nicht explizit in Form von Nebenbedingungen ausgeschlossen werden müssen (vgl. die mathematischen Formulierungen in Kap. 3.1.2).

Für symmetrische TSPe läßt sich analog eine Kostenmatrix (symmetrisch oder als obere bzw. untere Dreiecksmatrix) definieren.

Ein TSP erfüllt die **Dreiecksungleichung**, wenn für jedes Tripel $i, j, k \in V$ die Bedingung $c(i,k) \leq c(i,j) + c(j,k)$ – bzw. in ungerichteten Graphen $c[i,k] \leq c[i,j] + c[j,k]$ – gilt.

Beispiel: Gegeben sei der Digraph G in Abb. 3.2. Seine Kostenmatrix ist:

$$C = \begin{bmatrix} \infty & 5 & 7 & 3 \\ 6 & \infty & 2 & 9 \\ 4 & \infty & \infty & 7 \\ \infty & 4 & 6 & \infty \end{bmatrix}$$

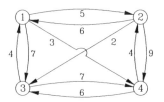

Abb. 3.2

---

[4] Einen Beweis für ungerichtete Graphen findet man z.B. in Ihringer (1994, S. 21 f.).

[5] Wie bei den Kürzeste Wege-Problemen in Kap. 5 von Band I sprechen wir auch hier von einer *Kostenmatrix*, obwohl wir die c(i,j) gelegentlich als Längen, Fahrzeiten oder dgl. interpretieren.

Unter den möglichen drei Rundreisen[6] von G ist $\rho = (1,4,2,3,1)$ die kürzeste mit $c(\rho) = 13$. $\zeta = (4,2,3,4)$ ist ein Kurzzyklus.

Unser TSP der Praxis: Wir kehren nun zu dem zu Beginn etwas ausführlicher beschriebenen, *praktischen* TSP (siehe Abb. 3.1) zurück. Wir erläutern, wie dieses Problem der Bestimmung eines kürzesten geschlossenen Weges, der bestimmte Knoten eines Graphen mindestens einmal enthalten muß, als graphentheoretisches TSP formuliert und gelöst werden kann.

Den bewerteten Digraphen $G = (V,E,c)$ des graphentheoretischen TSPs erhalten wir aus dem das Verkehrsnetz repräsentierenden Graphen G_v wie folgt:

Die Knotenmenge V von G umfaßt genau diejenigen Knoten von G_v, die im gesuchten geschlossenen Weg enthalten sein *müssen*. Die Pfeilmenge von G ist $E = \{(i,j) \mid i,j \in V, i \neq j\}$, d.h. der Graph ist vollständig. Die Bewertung c_{ij} jedes Pfeiles (i,j) ist gleich der *kürzesten Entfernung* von i nach j in G_v. Behalten wir in G die Knotennummern aus G_v bei, so zeigt Tab. 3.1 die Kostenmatrix von G.

Der Graph G besitzt die kürzeste Rundreise $\rho = (5,1,2,6,9,5)$ mit der Länge 23. Fügt man zwischen in ρ benachbarten Knoten i und j die Knoten des kürzesten Weges von i nach j in G_v ein, so ergibt sich der für das ursprüngliche Problem kürzeste geschlossene Weg $w = (5,1,2,3,6,7,9,7,5)$, der natürlich ebenfalls die Länge 23 besitzt.

	1	2	5	6	9
1	∞	3	8	10	8
2	3	∞	5	7	11
5	3	5	∞	3	9
6	9	7	6	∞	6
9	7	9	4	7	∞

Tab. 3.1

Bemerkung 3.3 *(Weitere Anwendungen des TSPs)*: Neben dem Problem, daß ein Handlungsreisender eine kürzeste Rundreise durch n Orte plant, gibt es zahlreiche weitere Anwendungen des TSPs. Beispiele sind (siehe diese und weitere z.B. bei Laporte (1992) oder Reinelt (1994)):

- **Knotenorientierte Probleme der Tourenplanung:** TSPe treten v.a. als Teilprobleme (Relaxationen) der von uns in Kap. 5 behandelten knotenorientierten Tourenprobleme auf.
- Das Anbringen von Lötstellen, Bohrlöchern oder Bauteilen auf einer Platine so, daß der Bestückungsautomat einen möglichst kurzen Weg zurückzulegen hat.
  Bei derartigen Problemen lassen sich die Entfernungen zwischen je zwei Knoten (Lötstellen, Bohrlöchern, Bauteilpositionen) häufig durch eine Metrik (zumeist L_1- oder

---

[6] Wie bei der Definition von Kreisen und Zyklen in Kap. 1.1 interpretieren wir z.B. $\rho_1 = (1,4,2,3,1)$ und $\rho_2 = (4,2,3,1,4)$ als ein und dieselbe Rundreise.

L_2-Metrik, d.h. rechtwinkliges oder euklidisches Entfernungsmaß; vgl. Band III, S. 163 f.) beschreiben.

TSPe, bei denen die Knoten Punkten eines Raumes entsprechen und sich die Distanzen zwischen ihnen durch eine Metrik beschreiben lassen, bezeichnet man als **metrische TSPe**; bei euklidischem Entfernungsmaß spricht man auch von einem **euklidischen TSP**. Hinweise auf Lösungsverfahren, die eine derartige Problemstruktur ausnutzen, geben wir in Kap. 3.2.1.4.

- Das Zusammenstellen von Sendungen in einem Lagerhaus (engl. *order picking*) so, daß die insgesamt zurückgelegten Wege minimale Gesamtlänge besitzen; siehe Ratliff und Rosenthal (1983).

- *Maschinenbelegungsplanung:* Auf einer Maschine sind n zum Planungszeitpunkt vorhandene Aufträge mit gegebenen Bearbeitungszeiten t_j so zu fertigen, daß die Zykluszeit Z, d.h. die Gesamtzeit der Bearbeitung aller Aufträge, minimiert wird. Ohne zusätzliche Forderungen ist jede beliebige Reihenfolge der Aufträge ohne Leerzeiten gleich gut, nämlich $Z = \Sigma_j t_j$. Sind jedoch reihenfolgeabhängige Rüstzeiten zu berücksichtigen, so ist ein TSP zu lösen. Vgl. zu diesem wie zu einem entsprechenden 2-Maschinen-Flow Shop-Problem z.B. Domschke et al. (1993, Kap. 5.3.2.2 bzw. 5.5.1.2).

- *Untersuchung von Kristallstrukturen mit Röntgenstrahlen:* Der Kristall muß aus zahlreichen (bis zu 30 000) verschiedenen Positionen bestrahlt werden. Die Veränderung der Position erfolgt mittels mehrerer Motoren. Die Dauer für den Übergang von einer Position zu einer anderen kann sehr genau bestimmt werden. Durch die Bestimmung einer möglichst kurzen "Rundreise" über alle Positionen mit Hilfe von Verfahren zur Lösung von TSPen kann u.U. sehr viel Untersuchungszeit eingespart werden. Vgl. hierzu Bland und Shallcross (1989).

Weitere Anwendungen ergeben sich durch Verallgemeinerung des TSPs. Eine Auswahl stellen wir in Kap. 3.5 vor.

3.1.2 Mathematische Formulierungen für TSPe

Im folgenden betrachten wir verschiedene Möglichkeiten der mathematischen Formulierung eines asymmetrischen bzw. eines symmetrischen TSPs, die zum großen Teil im Rahmen der Entwicklung von Lösungsverfahren von Bedeutung sind.

3.1.2.1 Formulierungen für asymmetrische Probleme

Wir verwenden die Variablen x_{ij} (i, j = 1,...,n) mit folgender Bedeutung:

$$x_{ij} = \begin{cases} 1 & \text{falls die Rundreise von Knoten i unmittelbar nach Knoten j führt} \\ 0 & \text{sonst} \end{cases}$$

Damit läßt sich das **asymmetrische TSP** für einen bewerteten Digraphen $G = (V,E,c)$ mit n Knoten und der wie oben definierten Kostenmatrix $C = (c_{ij})$ wie folgt formulieren:[7]

$$\text{Minimiere } F(x) = \sum_{i=1}^{n} \sum_{j=1}^{n} c_{ij} x_{ij} \tag{3.1}$$

unter den Nebenbedingungen

$$\sum_{j=1}^{n} x_{ij} = 1 \qquad \text{für } i = 1,\ldots,n \tag{3.2}$$

$$\sum_{i=1}^{n} x_{ij} = 1 \qquad \text{für } j = 1,\ldots,n \tag{3.3}$$

$$x_{ij} \in \{0,1\} \qquad \text{für } i,j = 1,\ldots,n \tag{3.4}$$

$$\text{Bedingungen zur Verhinderung von Kurzzyklen} \tag{3.5}$$

Die Nebenbedingungen (3.2) bzw. (3.3) stellen sicher, daß jeder Knoten genau einmal verlassen bzw. erreicht wird. Die Zielsetzung (3.1) und die Nebenbedingungen (3.2)–(3.4) des TSPs stimmen mit denjenigen des *linearen Zuordnungsproblems* (vgl. Kap. 10.1 in Band I) überein.[8] Die beim TSP hinzukommenden Zyklusbedingungen (3.5) sind erforderlich, weil z.B. für ein Problem mit vier Knoten $x_{12} = x_{21} = 1$, $x_{34} = x_{43} = 1$ und $x_{ij} = 0$ sonst eine zulässige Lösung des linearen Zuordnungsproblems, aber keine Rundreise ist. Die geschilderte Lösung bestünde aus den *Kurzzyklen* $\zeta_1 = (1,2,1)$ und $\zeta_2 = (3,4,3)$.

Die **Formulierung von Zyklusbedingungen** kann aufgrund verschiedenartiger Überlegungen erfolgen. Wir betrachten drei Alternativen, die sich in der Anzahl der erforderlichen Nebenbedingungen erheblich unterscheiden.[9]

Alternative I:

Für alle Permutationen $(i_1, i_2, \ldots, i_k)$ von k der n Knoten des Graphen und für alle

$$k = 2, 3, \ldots, \left\lfloor \frac{n}{2} \right\rfloor \text{ wird gefordert: } x_{i_1 i_2} + x_{i_2 i_3} + \ldots + x_{i_k i_1} \leq k - 1 \tag{3.5-I}$$

Die Bedingungen verhindern Kurzzyklen mit k = 2 Pfeilen, k = 3 Pfeilen usw. Kurzzyklen der Art (i,i) mit einem Pfeil schließen wir faktisch durch die $c_{ii} = \infty$ in der Kostenmatrix aus. Damit können natürlich auch die jeweils "komplementären" Kurzzyklen mit n−k bzw. n−1 Pfeilen nicht auftreten.

---

[7] Bei der Formulierung gehen wir von der $n \times n$-*Kostenmatrix* C und nicht vom u.U. nicht vollständigen Digraphen G aus; denn die Verfahren in Kap. 3.3 und 3.4 fußen ebenfalls auf der Matrix C.

[8] Neben der Formulierung des TSPs als LZOP mit zusätzlichen Nebenbedingungen ist es möglich, das Problem als *quadratisches ZOP* zu formulieren, siehe Aufgabe 3.4.

[9] Vgl. zu diesen und/oder weiteren Formulierungsmöglichkeiten und Literaturhinweisen u.a. Müller-Merbach (1970, S. 69 ff.), Finke et al. (1984), Langevin et al. (1990), Padberg und Sung (1991) oder Laporte (1992). In Langevin et al. findet man auch Aussagen über die Güte der unteren Schranken, die man bei einer LP-Relaxation (alle Variablen reellwertig gewählt) mit den verschiedenen Formulierungen erhält.

Für jedes $k = 2,3,\ldots,\lfloor\frac{n}{2}\rfloor$ sind $\binom{n}{k} \cdot (k-1)!$ Nebenbedingungen zu berücksichtigen. Es gibt $\binom{n}{k}$ verschiedene k-elementige Teilmengen der Knotenmenge. Für jede Teilmenge lassen sich k! verschiedene Permutationen bilden; da es jedoch gleichgültig ist, bei welchem der k Knoten ein Zyklus beginnt und endet, ist (k-1)! die Anzahl der verschiedenen Kurzzyklen. Man kann sich ferner überlegen, daß für gegebenes n und $k = \lfloor n/2 \rfloor$ die Zahl der angegebenen Nebenbedingungen auf die Hälfte reduziert werden kann.

Die Zahl der insgesamt erforderlichen Nebenbedingungen wächst exponentiell mit n. Sie beträgt für n = 10 genau 4569 und für n = 12 bereits mehr als 100 000.

Alternative II (*Dantzig-Fulkerson-Johnson-Bedingungen*):

Sei (Q,V-Q) eine Zerlegung der Knotenmenge des gegebenen Graphen G = (V,E,c). Die Ungleichungen

$$\sum_{i \in Q} \sum_{j \in V-Q} x_{ij} \geq 1 \qquad \text{für alle Teilmengen } Q \subset V \text{ mit } 2 \leq |Q| \leq \lfloor\tfrac{n}{2}\rfloor \qquad (3.5\text{-II})$$

stellen ebenfalls mögliche Zyklusbedingungen dar. Äquivalent dazu sind die Bedingungen:

$$\sum_{i \in Q} \sum_{j \in Q} x_{ij} \leq |Q|-1 \qquad \text{für alle Teilmengen } Q \subset V \text{ mit } 2 \leq |Q| \leq \lfloor\tfrac{n}{2}\rfloor \qquad (3.5\text{-II})'$$

Von je zwei zueinander komplementären Zerlegungen (z.B. sind $(Q = \{1,3,4\}, V-Q = \{2,5\})$ und $(Q = \{2,5\}, V-Q = \{1,3,4\})$ zueinander komplementär) ist nur eine Bedingung erforderlich. Dennoch wächst auch bei Alternative II die Zahl der erforderlichen Nebenbedingungen exponentiell mit n.

Die Abbildungen 3.3 bis 3.5 dienen zur Veranschaulichung dieser Zyklusbedingungen, auf die wir insbesondere in Kap. 3.3.3 zurückgreifen. In Abb. 3.3 wird gegen die Bedingungen verstoßen, in den übrigen Abbildungen sind die Bedingungen erfüllt (sie zeigen Rundreisen).

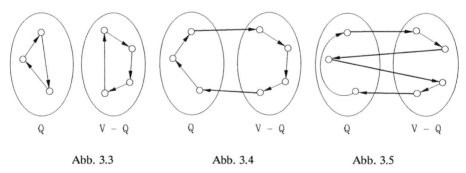

Abb. 3.3　　　　　Abb. 3.4　　　　　Abb. 3.5

Alternative III (*Miller-Tucker-Zemlin-Bedingungen*):

Führt man für jeden Knoten $i \neq 1$ eine reelle Hilfsvariable π_i ein, so kommt man mit $(n-1) \cdot (n-2)$ Zyklusbedingungen aus. Sie lauten:

$$\pi_i - \pi_j + n x_{ij} \leq n-1 \qquad \text{für alle } i, j = 2, \ldots, n \text{ mit } i \neq j \qquad (3.5\text{-III})\,{}^{10}$$

Durch (3.5-III) werden sämtliche Zyklen, die Knoten 1 nicht enthalten, ausgeschlossen; als zulässige Zyklen verbleiben daher nur Rundreisen.
Innerhalb eines Kurzzyklus ζ, dem Knoten 1 angehört, oder einer Rundreise ζ erfüllen z.B. ganzzahlige Werte für die π_i, die der Position des Knotens i innerhalb von ζ entsprechen, das Ungleichungssystem.

Beispiel: Wir betrachten den Graphen G in Abb. 3.6. Seine Pfeile (i, j) repräsentieren die positiven Basisvariablen (x_{ij} = 1) einer zulässigen Lösung des linearen Zuordnungsproblems (3.1) - (3.4) mit n = 6. G enthält die Kurzzyklen $\zeta_1 = (1,4,3,5,1)$ und $\zeta_2 = (2,6,2)$. Für die Pfeile der beiden Zyklen lauten die Bedingungen:

$$\left. \begin{array}{l} \pi_4 - \pi_3 + 6 \leq 5 \\ \pi_3 - \pi_5 + 6 \leq 5 \end{array} \right\} \text{ für } \zeta_1$$

$$\left. \begin{array}{l} \pi_2 - \pi_6 + 6 \leq 5 \\ \pi_6 - \pi_2 + 6 \leq 5 \end{array} \right\} \text{ für } \zeta_2$$

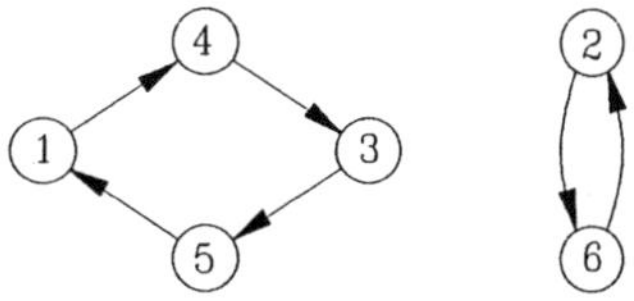

Abb. 3.6

Für die Knoten von ζ_1 erfüllen $\pi_4 = 2$, $\pi_3 = 3$ und $\pi_5 = 4$ die Bedingungen. Für ζ_2 und die zugehörigen Hilfsvariablen läßt sich jedoch keine zulässige Lösung angeben; denn die beiden Bedingungen fordern sowohl $\pi_2 - \pi_6 \leq -1$ als auch $\pi_2 - \pi_6 \geq 1$.

3.1.2.2 Formulierungen für symmetrische Probleme

Wir verwenden die Variablen x_{ij} (i, j = 1,...,n und i < j) mit folgender Bedeutung:

$$x_{ij} = \begin{cases} 1 & \text{falls die Rundreise unmittelbar von i nach j führt oder umgekehrt} \\ 0 & \text{sonst} \end{cases}$$

Damit läßt sich das **symmetrische TSP** für einen bewerteten ungerichteten Graphen G = [V,E,c] mit n Knoten und der wie oben definierten, in diesem Fall symmetrischen Kostenmatrix C = (c_{ij}) z.B. wie folgt formulieren:

Alternative I (*mit 1-Baum-Relaxation*):

$$\text{Minimiere } F(x) = \sum_{i=1}^{n-1} \sum_{j=i+1}^{n} c_{ij} x_{ij} \qquad (3.6)$$

unter den Nebenbedingungen

---

[10] Das gilt für vollständige Digraphen. Für nicht vollständige Digraphen könnte (3.5-III) auf alle Pfeile (i,j) mit i, j ≠ 1 beschränkt werden.

$$\sum_{h=1}^{i-1} x_{hi} + \sum_{j=i+1}^{n} x_{ij} = 2 \qquad \text{für } i = 1,\ldots,n \qquad (3.7)$$

x repräsentiert einen 1-Baum (3.8)

Gemäß Def. 1.17 ist ein 1-Baum ein zusammenhängender, ungerichteter Graph mit genau einem Kreis. Ein vorgegebener Knoten i_0 gehört zum Kreis und besitzt den Grad 2. Die Bedingung (3.7) fordert auch für jeden anderen Knoten den Grad 2. Somit ist jede bezüglich (3.6) – (3.8) zulässige Lösung eine Rundreise.

Alternative II (*mit 2-Matching-Relaxation*):

$$\text{Minimiere } F(\mathbf{x}) = \sum_{i=1}^{n-1} \sum_{j=i+1}^{n} c_{ij} x_{ij} \qquad (3.9)$$

unter den Nebenbedingungen

$$\sum_{h=1}^{i-1} x_{hi} + \sum_{j=i+1}^{n} x_{ij} = 2 \qquad \text{für } i = 1,\ldots,n \qquad (3.10)$$

$$\sum_{\substack{i \in Q, j \in V-Q \\ i<j}} x_{ij} + \sum_{\substack{i \in V-Q, j \in Q \\ i<j}} x_{ij} \geq 2 \qquad \text{für alle } Q \subset V \text{ mit } 2 \leq |Q| \leq \left\lfloor \frac{n}{2} \right\rfloor \qquad (3.11)$$

$$x_{ij} \in \{0,1\} \qquad \text{für } i,j = 1,\ldots,n; \ i<j \qquad (3.12)$$

Bei Alternative I haben wir den Zusatz "mit 1-Baum-Relaxation" gewählt, da die sogenannten 1-Baum-Verfahren (vgl. Kap. 3.4) auf dieser Formulierung basieren und 1-Baum-Probleme als Relaxationen betrachten. Bei Alternative II haben wir den Zusatz "mit 2-Matching-Relaxation" gewählt, da Schnittebenen-Verfahren zunächst von Problem (3.9), (3.10), (3.12), einem 2-Matching-Problem, ausgehen und nach und nach zusätzliche Nebenbedingungen hinzufügen; siehe unsere Ausführungen zu Beginn von Kap. 3.4.

Wir beenden Kap. 3.1.2 mit der folgenden abschließenden Bemerkung.

Bemerkung 3.4: Die oben angegebenen mathematischen Formulierungen für TSPe gehen von beliebigen, reellwertigen Elementen c_{ij} der Kostenmatrix C des gegebenen Graphen aus. Dagegen fordern wir bei einigen Algorithmen (z.B. in Kap. 3.3) die Nichtnegativität der Elemente c_{ij}. Dies bedeutet jedoch aus folgenden Gründen keine Beschränkung der Einsatzmöglichkeit der betreffenden Verfahren: Addieren wir zu jedem Element von C eine Konstante k, so ändert sich die Rangfolge der Rundreisen nicht (d.h. insbesondere, daß die bislang kürzeste auch nach Änderung der Matrix die kürzeste Rundreise ist). Lediglich die Länge jeder Rundreise erhöht sich um k × n Einheiten.

3.1.3 Lösungsmöglichkeiten für TSPe

Asymmetrische wie symmetrische TSPe sind $\mathcal{NP}$-schwere Optimierungsprobleme. Sie zählen zu den am intensivsten untersuchten und bearbeiteten Problemen des Operations Research. Das äußert sich in der Vielzahl an exakten und heuristischen Verfahren, die dafür inzwischen entwickelt wurden. Es zeigt sich aber auch am Fortschritt, der (über die Weiterentwicklung der Rechner hinaus) bei der exakten Lösung der Probleme in der Vergangenheit erzielt wurde. Während z.B. Müller-Merbach (1970, S. 67) über die besten der dort geschilderten exakten Verfahren aussagt, "mit ihnen lassen sich je nach Datenstruktur Probleme bis zur Größe von 40 bis 80 Orten in vertretbarer Rechenzeit lösen", ermitteln Balas und Christofides (1981) bereits optimale Lösungen für asymmetrische Probleme mit 325 Knoten. In neueren Arbeiten wird von Problemen mit mehr als 2000 Knoten berichtet, die exakt gelöst werden konnten; vgl. z.B. Miller und Pekny (1989), Padberg und Rinaldi (1990) oder Grötschel und Holland (1991).

Trotz dieses Fortschrittes bei exakten Lösungsverfahren sind **Heuristiken** für TSPe v.a. im Bereich der knotenorientierten Tourenplanung nach wie vor von Bedeutung. Neben Eröffnungsverfahren wurden für TSPe schon sehr früh reine Verbesserungsverfahren entwickelt; genannt seien die r-optimalen Verfahren und deren Varianten. Darüber hinaus gelang es durch die Anwendung neuerer Metastragien wie Simulated Annealing und Tabu Search, zu immer leistungsfähigeren heuristischen Vorgehensweisen zu gelangen. Heuristiken für TSPe beschreiben wir in Kap. 3.2.

Exakte Verfahren für TSPe sind entweder Branch-and-Bound- oder Schnittebenen-Verfahren. Sie lassen sich einerseits nach der betrachteten Problemstellung (asymmetrische bzw. symmetrische TSPe) und andererseits nach der Art der verwendeten Relaxation unterscheiden.

Zu Beginn wurden v.a. B&B-Verfahren für asymmetrische TSPe entwickelt, die das lineare Zuordnungsproblem als Relaxation zur Gewinnung unterer Schranken verwenden. Genannt seien der Algorithmus von Little et al. (1963) sowie Subtour-Eliminations-Verfahren und deren Modifikationen und Weiterentwicklungen, auf die wir in Kap. 3.3 näher eingehen.

In den 70-er Jahren folgten B&B-Verfahren für symmetrische TSPe, die sich auf das 1-Baum-Problem als Relaxation zur Ermittlung unterer Schranken stützen. Erstmals wurde diese Art der Relaxation von Held und Karp (1970) erfolgreich angewandt. Vgl. hierzu und zu Weiterentwicklungen Kap. 3.4.

Ab Mitte der 70-er Jahre gelang es, große TSPe der Praxis (auch) mit Hilfe von Schnittebenenverfahren oder einer Kombination aus B&B- und Schnittebenenverfahren zu lösen; vgl. z.B. Grötschel (1977). Grundprinzipien dieser Verfahren skizzieren wir zu Beginn von Kap. 3.4.

Einen umfassenden Überblick über Lösungsmöglichkeiten für TSPe bieten Lawler et al. (1985), Laporte (1992), Reinelt (1994) oder Jünger et al. (1995).

3.2 Heuristische Verfahren

Die Vielzahl der in der Literatur veröffentlichten Heuristiken zur Lösung von TSPen läßt sich einer der beiden Gruppen *Eröffnungsverfahren* und *Verbesserungs- bzw. lokale Suchverfahren* zuordnen. Im folgenden geben wir jeweils einen Überblick über derartige Vorgehensweisen und beschreiben einige wichtige Vertreter. I.d.R. wird jedoch nicht ein einzelnes Verfahren aus beiden Gruppen zur Lösung eines Problems angewandt, vielmehr wird man *eine Kombination* von Verfahren aus beiden Gruppen wählen. Hinweise hierauf sowie auf Lösungsgüten und Rechenzeiten von Verfahren geben wir in Kap. 3.2.3.

3.2.1 Eröffnungsverfahren

Häufig für praktische Probleme empfohlene Verfahren zur Bestimmung einer zulässigen Lösung sind die Vorgehensweisen "Bester Nachfolger", "Sukzessive Einbeziehung" sowie "Savings". Sie lassen sich auf symmetrische wie asymmetrische Probleme anwenden. Die beiden erstgenannten Verfahren beschreiben wir im folgenden für den symmetrischen Fall. Auf die Wiedergabe des Savings-Algorithmus verzichten wir, weil er in Kap. 5.5.4 für Tourenplanungsprobleme (kapazitierte TSPe) ausführlich dargestellt wird.

In Kap. 3.2.1.2 bzw. 3.2.1.3 behandeln wir die Eröffnungsverfahren von Christofides (1976) bzw. Karp (1979). Das Verfahren von Christofides ist auf symmetrische Probleme anwendbar und wird häufig deshalb geschildert, weil sehr leicht eine Worst Case-Schranke für die Güte der damit erzielbaren Lösungen angegeben werden kann. Die Heuristik von Karp ist dagegen speziell für asymmetrische TSPe geeignet. Am Ende dieses Abschnitts geben wir Hinweise auf Modifikationen der zuvor behandelten und weitere Eröffnungsverfahren.

3.2.1.1 Die Verfahren "Bester Nachfolger" und "Sukzessive Einbeziehung"

Das Verfahren "*Bester* (oder *nächster*) *Nachfolger*" beginnt die Bildung einer Rundreise mit einem beliebigen Knoten $v_1 \in V$. In jeder Iteration j $(=2,...,n)$ fügt man der Rundreise stets denjenigen noch nicht in ihr befindlichen Knoten v_j hinzu, der zu Knoten v_{j-1} die geringste Entfernung besitzt. v_j wird Nachfolger von v_{j-1} in der Rundreise.

Algorithmus 3.1: Bester Nachfolger

Voraussetzung: Die Kostenmatrix $C = (c_{ij})$ eines ungerichteten, vollständigen,[11] schlichten, bewerteten Graphen $G = [V,E,c]$ mit n Knoten; ein Startknoten v_1; u.a. Speicherplatz für die Länge F der Rundreise.

---

[11] Alg. 3.1 und 3.2 lassen sich auch für Probleme mit nicht vollständigen Graphen einsetzen. Wir ersetzen dazu alle $c_{ij} = \infty$ mit $i \neq j$ durch $c_{ij} := M$ (große Zahl). Das Ergebnis ist dann nicht notwendig eine Rundreise gemäß Def. 3.1. Die erhaltene "Rundreise" kann aber dennoch als Anfangslösung für ein lokales Such- bzw. Verbesserungsverfahren dienen.

Start: $F := 0$;

Iteration j $(= 2, 3, \ldots, n)$:

Suche den (bei Gleichheit einen beliebigen) Knoten v_j mit

$$c_{v_{j-1}v_j} = \min \{c_{v_{j-1}i} \mid i \neq v_1, \ldots, v_{j-1}\};$$

bilde die Kette $[v_1, \ldots, v_{j-1}, v_j]$; setze $F := F + c_{v_{j-1}v_j}$.

Ergebnis: Der Kreis $[v_1, \ldots, v_n, v_1]$ ist eine Rundreise mit der Länge $F + c_{v_n v_1}$.

* * * * *

Das Verfahren "*Sukzessive Einbeziehung*" wurde von Karg und Thompson (1964) entwickelt. Ausgehend von einem Kurzzyklus ρ mit zwei Knoten, wird dieser sukzessive um einen weiteren Knoten ergänzt, bis eine zulässige Lösung (Rundreise) erreicht ist.

> Algorithmus 3.2: Sukzessive Einbeziehung

Voraussetzung: Die Kostenmatrix $C = (c_{ij})$ eines ungerichteten, vollständigen,[11] schlichten, bewerteten Graphen $G = [V, E, c]$ mit n Knoten; zwei Knoten v_1 und v_2 als Startknoten; u.a. Speicherplatz für die Länge F der Rundreise.

Start: Bilde den Kurzzyklus $\rho = [v_1, v_2, v_1]$; $F := c_{v_1 v_2} + c_{v_2 v_1}$.

Iteration j $(= 3, 4, \ldots, n)$:

Seien $\rho = [v_1, v_2, \ldots, v_{j-1}, v_j = v_1]$ die aktuelle geschlossene Kette und F ihre Länge.
Wähle einen Knoten $i \neq v_1, \ldots, v_{j-1}$ (vgl. Bem. 3.5) und füge ihn *bestmöglich* in ρ ein; d.h. bestimme einen Knoten v_k aus ρ so, daß

$$\Delta := c_{v_k i} + c_{i v_{k+1}} - c_{v_k v_{k+1}} = \min \{c_{v_h i} + c_{i v_{h+1}} - c_{v_h v_{h+1}} \mid h = 1, \ldots, j-1\},$$

und füge den Knoten i zwischen v_k und v_{k+1} in ρ ein. Setze $F := F + \Delta$.

Ergebnis: Der nach Abschluß von Iteration n vorliegende Kreis $\rho = [v_1, \ldots, v_n, v_{n+1} = v_1]$ ist eine Rundreise mit der Länge F.

* * * * *

Bemerkung 3.5:

Bei Alg. 3.1 verringert sich der *Freiheitsgrad* für die Auswahl des nächsten Knotens in jeder Iteration um 1. Bei Alg. 3.2 sinkt in jeder Iteration der Freiheitsgrad für die Wahl des nächsten einzufügenden Knotens um 1, während die Zahl der möglichen Einfügepositionen um 1 steigt.

Der Rechenaufwand ist bei beiden Verfahren $O(n^2)$. Für kleine und mittlere Probleme benötigt Alg. 3.2 etwa das 2.5-fache der bei Alg. 3.1 erforderlichen Rechenzeit. Alg. 3.2 liefert i.d.R. kürzere Rundreisen als Alg. 3.1; vgl. die Testergebnisse von Meißner (1979, S. 213 f.).

Bei Alg. 3.2 ist es häufig empfehlenswert, mit zwei weit voneinander entfernten Knoten v_1 und v_2 zu starten. In jeder Iteration i wählt man dann denjenigen Knoten v_i zur Einbeziehung in die Rundreise, dessen kleinste Entfernung zu einem der Knoten von ρ am größten ist. Durch diese Art der Auswahl einzubeziehender Knoten wird die wesentliche Struktur der zu entwickelnden Rundreise schon in einem sehr frühen Stadium des Verfahrens festgelegt. Die erhaltenen Lösungen sind i.a. besser als bei anderen Auswahlmöglichkeiten.

Zu möglichen Modifikationen des Verfahrens siehe Kap. 3.2.1.4.

Beispiel: Für den Graphen G in Abb. 3.7 sei eine geschlossene Kette minimaler Länge gesucht, die jeden Knoten *mindestens* einmal enthält. Wir transformieren das Problem in ein TSP (gemäß Def. 3.1), indem wir G zu $\bar{G}$ vervollständigen und in $\bar{G}$ die (bzw. eine) kürzeste Rundreise suchen. Die symmetrische Kostenmatrix C des Graphen $\bar{G}$ zeigt Tab. 3.2.

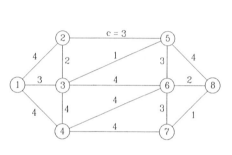

	1	2	3	4	5	6	7	8
1	∞	4	3	4	4	7	8	8
2	4	∞	2	6	3	6	8	7
3	3	2	∞	4	1	4	6	5
4	4	6	4	∞	5	4	4	5
5	4	3	1	5	∞	3	5	4
6	7	6	4	4	3	∞	3	2
7	8	8	6	4	5	3	∞	1
8	8	7	5	5	4	2	1	∞

Abb. 3.7   Tab. 3.2

Starten wir Alg. 3.1 mit Knoten $v_1 = 1$, und wählen wir unter gleichguten, besten "Nachfolgern" stets denjenigen mit der kleinsten Nummer, so liefert Alg. 3.1 die Rundreise [1,3,5,2,4,6,8,7,1] mit der Länge F = 28.

Würden wir das Verfahren dagegen so implementieren (oder den Graphen so speichern), daß unter gleichguten, besten "Nachfolgern" stets derjenige mit der größten Nummer gewählt wird, so erhielten wir die Rundreise [1,3,5,6,8,7,4,2,1] mit der Länge F = 24.

Wir wenden nun Alg. 3.2 auf das Beispiel an. Dabei wollen wir zunächst mit der Kette $\rho = [1, 5, 1]$ und F = 8 starten und der Reihe nach die Knoten 2,3,4,6,7,8 in ρ einbeziehen. Ferner setzen wir voraus, daß unter gleich guten Einfügepositionen stets die – in der geschlossenen Kette von links nach rechts fortschreitend – zuerst gefundene realisiert wird. Wir erhalten folgenden Lösungsverlauf:

Iter. 3: [1,2,5,1] mit F = 11. Da $\bar{G}$ ungerichtet ist, wäre [1,5,2,1] gleichwertig.

Iter. 4: [1,2,3,5,1] mit F = 11. [12]
Iter. 5: [1,2,3,5,4,1] mit F = 16.
Iter. 6: [1,2,3,5,6,4,1] mit F = 18.
Iter. 7: [1,2,3,5,6,7,4,1] mit F = 21.
Iter. 8: Wir erhalten die Rundreise ρ = [1,2,3,5,6,8,7,4,1] mit F = 21. Es ist die kürzeste Rundreise im Graphen $\bar{G}$.

Dasselbe Ergebnis würden wir beim Start mit der Kette ρ = [1,7,1], also mit den am weitesten voneinander entfernt liegenden Knoten, und Aufnahme der übrigen Knoten in der in Bem. 3.5 angegebenen Reihenfolge erhalten.

3.2.1.2 Ein Eröffnungsverfahren von Christofides

Das folgende Verfahren von Christofides (1976) ist ein Beispiel für eine Reihe von Heuristiken des Operations Research, für die sich eine *Worst Case-Schranke* angeben läßt. Ausgehend von einem ungerichteten, vollständigen, bewerteten Graphen G = [V,E,c], bei dem für alle paarweise verschiedenen Knoten i, j und k die Dreiecksungleichung $c_{ik} \leq c_{ij} + c_{jk}$ gilt, sind folgende Schritte auszuführen:

Schritt 1: Bestimme einen minimalen spannenden Baum T von G.

Schritt 2: Identifiziere in T die Menge $\bar{V} \subseteq V$ der Knoten mit ungeradem Grad. Bilde einen vollständigen Graphen $\bar{G} = [\bar{V}, \bar{E}, \bar{c}]$, dessen Kantenbewertungen denjenigen in G entsprechen.

Bestimme ein Minimal-Kosten-Matching E* von $\bar{G}$, und füge die Kanten aus E* zu T hinzu. (Vgl. Def. 1.20 sowie die Ausführungen in Kap. 4.3.2.)

Schritt 3: Bestimme in T einen Kreis, der jeden Knoten mindestens einmal enthält.

Das wiederholte Aufsuchen von Knoten kann durch Einführen von Direktverbindungen, die wegen der unterstellten Dreiecksungleichung die Rundreise nicht verlängern, eliminiert werden.

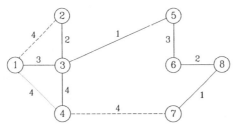

Abb. 3.8

Beispiel: Für den gegenüber Abb. 3.7 vervollständigten Graphen (Bewertungen in Tab. 3.2) erhalten wir in Schritt 1 den in Abb. 3.8 angegebenen minimalen spannenden Baum T (durch-

---

[12] [1,2,5,3,1] wäre gleichwertig; führt man das Verfahren von diesem Kreis aus fort, so erhält man die Rundreise [1,2,5,3,6,8,7,4,1] mit der Länge F = 23.

gezogene Verbindungen). Da die Knoten 1, 2, 4 und 7 ungeraden Grad besitzen, kommen durch Lösung des Matching-Problems die Kanten [1,2] und [4,7] hinzu. In Schritt 3 erhält man eine geschlossene Kette k = [1,2,3,5,6,8,7,4,3,1]. Ersetzen wir die Kette [4,3,1] durch die Direktverbindung [4,1], so ergibt sich die für das Beispiel kürzeste Rundreise ρ = [1,2, 3,5,6,8,7,4,1] mit der Länge c(ρ) = 21.

Worst Case-Analyse: Nehmen wir an, daß c(ρ^*) die Länge einer kürzesten Rundreise ρ^* eines TSPs ist, so gilt für das Verfahren von Christofides die folgende Abschätzung für den schlechtesten Fall:

a) Die Bewertung des in Schritt 1 erhaltenen minimalen spannenden Baumes ist c(T) $\leq$ c(ρ^*). Die Aussage folgt unmittelbar daraus, daß auch der Wert eines minimalen 1-Baumes eine untere Schranke für die Länge einer kürzesten Rundreise darstellt.

b) Die Summe der Bewertungen der in Schritt 2 zu T hinzugefügten Kanten ist $\leq$ c(ρ^*)/2. Im ungünstigsten Fall besitzen sämtliche Knoten von T ungeraden Grad. Gehen wir davon aus, daß die Knoten von T in der Reihenfolge miteinander verbunden werden, in der sie in ρ^* auftreten, dann bilden die 1., 3., 5. usw. Kante dieses Kreises ein Matching mit Wert c_1 und die 2., 4., 6. usw. Kante ein Matching mit Wert c_2. Besitzt ein MK-Matching den Wert c^*, so gilt $c_1 \geq c^*$, $c_2 \geq c^*$ und somit $c_1 + c_2$ = c(ρ^*) $\geq$ 2 c^*. Daraus folgt unmittelbar obige Aussage.

c) Aus a) und b) folgt, daß die Länge der mit dem Verfahren von Christofides erhältlichen Rundreise höchstens $1.5 \cdot$ c(ρ^*) beträgt; d.h. im ungünstigsten Fall ist die gefundene Rundreise um höchstens 50% länger als die kürzeste.

Bemerkung 3.6: Eine dem Christofides-Algorithmus entsprechende Vorgehensweise für asymmetrische TSPe beschreiben und analysieren Righini und Trubian (1995).

3.2.1.3 Der Patching-Algorithmus von Karp

Das Prinzip des von Karp (1979) für gerichtete Graphen entwickelten Patching-Algorithmus läßt sich wie folgt skizzieren:[13]

Ausgehend von dem gegebenen Digraphen G = (V,E,c) und dessen Kostenmatrix C = (c_{ij}) wird das durch Weglassen der Zyklusbedingungen entstehende lineare Zuordnungsproblem (LZOP) gelöst. Falls die Lösung keine Rundreise darstellt, werden die Kurzzyklen nach und nach bis zum Erreichen einer Rundreise miteinander verknüpft. Dabei ist darauf zu achten, daß der Anstieg des Zielfunktionswertes in jedem Schritt möglichst gering ist.

Wir wollen das Verknüpfen zweier Kurzzyklen ζ_1 und ζ_2 zu einem größeren Zyklus ζ näher betrachten; vgl. auch Abb. 3.9:

Sei i ein Knoten in ζ_1 und n_i sein unmittelbarer Nachfolger innerhalb von ζ_1. Sei ferner j ein Knoten in ζ_2 und v_j sein unmittelbarer Vorgänger in ζ_2. Eine mögliche Vereinigung

---

[13] Der Name ist vom Englischen "to patch" (flicken) abgeleitet.

von ζ_1 und ζ_2 bestünde dann darin, die Pfeile (i,n_i) und (v_j,j) durch die Pfeile (i,j) und (v_j,n_i) zu ersetzen. Durch diese Verknüpfung der beiden Zyklen würde sich der Zielfunktionswert erhöhen um

$$f_{ij} = c(i,j) + c(v_j,n_i) - c(i,n_i) - c(v_j,j). \tag{3.13}$$

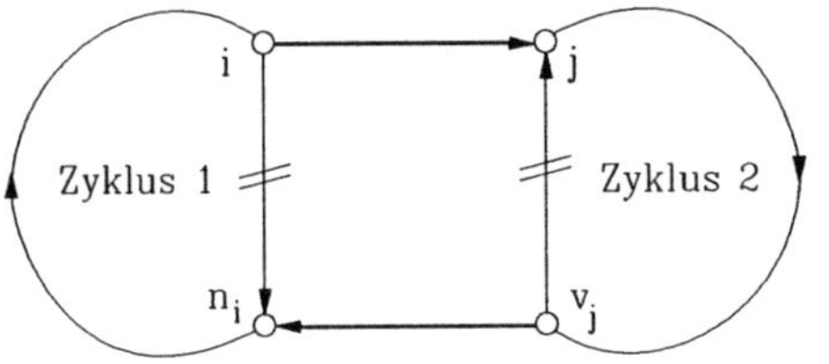

```
          i o------>o j
    ⎛        ⎞   ⎛        ⎞
   Zyklus 1          Zyklus 2
    ⎝        ⎠   ⎝        ⎠
          n_i o<-----o v_j
```

Abb. 3.9

Im Rahmen des Patching-Algorithmus verknüpft man diejenigen Knoten s und t miteinander, für die gilt:

$$f_{st} = \min \{f_{ij} \mid i \in \zeta_1 \text{ und } j \in \zeta_2\} \tag{3.14}$$

Man kann sich überlegen, daß in (3.14) zugleich alle f_{ij} mit $i \in \zeta_2$ und $j \in \zeta_1$ enthalten sind.

Der **Patching-Algorithmus** läßt sich nun vollständig wie folgt angeben:

Schritt 1: Löse das durch Weglassen der Zyklusbedingungen des TSPs entstehende LZOP. Sei **x** die erhaltene optimale Lösung mit Zielfunktionswert F(**x**).

Stellt **x** eine Rundreise dar, so wird das Verfahren beendet, ansonsten sortiert man die Kurzzyklen von **x** in einer Liste L nach monoton abnehmender Knotenzahl.

Schritt 2: Entnimm die beiden ersten Kurzzyklen ζ_1 und ζ_2 aus der Liste L. Vereinige sie gemäß (3.14) zu einem einzigen Zyklus ζ, und füge diesen am Anfang von L wieder ein. Der Zielfunktionswert der neu entstandenen Lösung **x**' ist F(**x**') = F(**x**) + f_{st}.

Enthält L nunmehr eine einzige Rundreise, so ist das Verfahren beendet, ansonsten erfolgt erneut Schritt 2.

* * * * *

Beispiel: Wir betrachten ein asymmetrisches TSP mit der in Tab. 3.3 angegebenen Kostenmatrix. Eine unmittelbar ersichtliche optimale Lösung des LZOPs ist in Abb. 3.10 dargestellt und in Tab. 3.3 durch Kästchen hervorgehoben.

Die möglichen Verknüpfungen der Kurzzyklen $\zeta_1 = (1,2,3,1)$ und $\zeta_2 = (6,8,7,6)$ erfordern die folgenden Erhöhungen f_{ij} des aktuellen Zielfunktionswertes F(**x**) = 0:

$f_{16} = 2+4-0-0 = 6$, $f_{17} = 8$, $f_{18} = 7$; $f_{26} = 12$, $f_{27} = 6$, $f_{28} = 11$; $f_{36} = 8$, $f_{37} = 9$, $f_{38} = 9$

Verknüpft man die Kurzzyklen über die Pfeile (1,6) und (7,2), so entsteht der neue Zyklus $\zeta = (1,6,8,7,2,3,1)$; der Zielfunktionswert steigt auf F(**x**') = 6.

Die Verknüpfung von ζ mit dem Kurzzyklus (4,5,4) erfolgt über die Pfeile (6,5) und (4,8) zur Rundreise $\rho = (1,6,5,4,8,7,2,3,1)$ mit der Länge $c(\rho) = 7$.

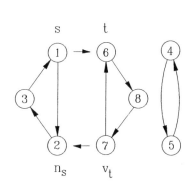

C	1	2	3	4	5	6	7	8
1	∞	[0]	2	2	4	2	3	4
2	4	∞	[0]	0	3	6	2	6
3	[0]	6	∞	1	1	5	4	5
4	2	3	5	∞	[0]	0	3	1
5	1	5	7	[0]	∞	2	2	4
6	4	3	5	3	0	∞	1	[0]
7	3	4	6	2	3	[0]	∞	0
8	5	5	4	4	2	1	[0]	∞

Abb. 3.10   Tab. 3.3

3.2.1.4 Weitere Eröffnungsverfahren

In der neueren Literatur findet man u.a. Verfeinerungen bzw. Weiterentwicklungen von Alg. 3.2. Sie betreffen v.a. die Auswahl des jeweils nächsten einzufügenden Knotens und dessen Einfügeposition; siehe z.B. Golden und Stewart (1985), Bentley (1992), Gendreau et al. (1992) sowie Reinelt (1994, Kap. 6.2).

Darüber hinaus findet man Modifikationen von Alg. 3.2 für **euklidische TSPe**, die versuchen, die zugrundeliegende Problemstruktur auszunutzen. Empfohlen wird in diesem Fall, mit einer geschlossenen Kette, die sämtliche Knoten der konvexen Hülle der Knotenmenge enthält, zu starten.[14] Die Reihenfolge der Knoten wird dabei so gewählt, daß keine Überschneidungen von Kanten vorkommen; denn in jeder optimalen Lösung muß diese Bedingung erfüllt sein. Siehe Golden und Stewart (1985), Gendreau et al. (1992) oder Reinelt (1994, S. 88). Renaud et al. (1996) starten mit einer Knotenmenge, die außer den Knoten der konvexen Hülle weitere "Randknoten" enthält.

Bei euklidischen TSPen mit großer Knotenzahl bietet sich ferner eine zweistufige Vorgehensweise an. Im Rahmen der ersten Stufe erfolgt eine Zerlegung der Knotenmenge in Teilmengen (Cluster). Aufbauend auf dieser Zerlegung wird ein TSP zur Ermittlung einer die Cluster verbindenden Rundreise r_1 gelöst. Die dabei berücksichtigte Entfernung zwischen zwei Clustern ergibt sich aus der kürzesten Entfernung zwischen zwei ihrer Knoten. Ist eine solche Verbindung Teil von r_1, so stellen die beiden inzidenten Knoten "Eintrittsknoten" ihrer Cluster dar. Im Rahmen der zweiten Stufe ist für jedes Cluster eine offene Rundreise zwischen den jeweiligen Eintrittsknoten zu ermitteln. Vgl. hierzu Reinelt (1994, Kap. 8).

---

[14] Die in Bem. 3.5 empfohlene Initialisierung von Alg. 3.2 und die bevorzugte Einbeziehung weit entfernt liegender Knoten überträgt diese Grundidee auch auf nicht-euklidische TSPe.

Weitere, hier nicht behandelte Eröffnungsverfahren finden sich u.a. in Golden und Stewart (1985), Reinelt (1994) sowie Jünger et al. (1995).

3.2.2 Lokale Suchverfahren/Verbesserungsverfahren

Lokale Such- bzw. Verbesserungsverfahren für TSPe gehen von einer zulässigen Rundreise ρ aus und versuchen, sie schrittweise zu verbessern. Dies geschieht zumeist dadurch, daß in ρ befindliche Kanten bzw. Pfeile gegen noch nicht enthaltene ausgetauscht werden. Alternativ können Knoten oder Knotengruppen aus ρ herausgelöst und an anderer Stelle wieder eingefügt werden. Im Sinne der Ausführungen von Kap. 1.3.1.2 wird durch eine derartige Transformationsvorschrift die Nachbarschaft $NB(\rho)$ definiert.

Ältere Verfahren dieses Typs sind zumeist reine Verbesserungsverfahren, auf die wir im folgenden näher eingehen. In den letzten Jahren wurden jedoch auch Ausprägungen der heuristischen Metastrategien Simulated Annealing und Tabu Search, die vorübergehend auch Verschlechterungen der Lösungen in Kauf nehmen, sowie genetische Algorithmen zur Lösung von TSPen entwickelt; siehe Kap. 3.2.2.2.

Die folgenden Beschreibungen von Verfahren (2-opt, 3-opt, Or-opt, Lin/Kernighan sowie Simulated Annealing und Tabu Search) beziehen sich primär auf symmetrische TSPe. Auf Modifikationen für asymmetrische TSPe weisen wir am Ende der jeweiligen Abschnitte hin.

3.2.2.1 Reine Verbesserungsverfahren

Wie eingangs erwähnt, besteht eine Möglichkeit der Verbesserung einer Rundreise ρ darin, Kanten auszutauschen. Verfahren dieses Typs unterscheiden sich hinsichtlich der maximalen Anzahl r an Kanten, die ausgetauscht werden, um von ρ zu einer Nachbarlösung zu gelangen. Reine Verbesserungsverfahren wiederholen den Austauschprozeß so lange, bis bei Berücksichtigung von maximal r Kanten keine weitere Verkürzung der aktuellen Rundreise ρ^* erzielt werden kann. Eine so ermittelte Rundreise ρ^* wird als r-optimale Rundreise bezeichnet. Wir definieren etwas formaler:

Definition 3.3: Ein **r-optimales Verfahren** ist ein *Vertauschungsverfahren*, bei dem in jeder Iteration versucht wird, die aktuelle Rundreise ρ durch Austausch von r Kanten gegen r "andere" Kanten (**r-Tausch**) zu verbessern. Dabei müssen die Menge der aus ρ zu entfernenden und die Menge der dafür aufzunehmenden Kanten nicht disjunkt sein; es können also auch weniger als r Kanten vertauscht werden.
Eine Rundreise ρ heißt **r-optimal**, wenn es nicht möglich ist, eine kürzere Rundreise als ρ durch einen r-Tausch zu finden.

Aufgrund der Definition gilt, daß eine r-optimale Rundreise auch k-optimal mit $k \leq r$ ist. Eine n-optimale Rundreise ist für einen Graphen mit n Knoten stets eine kürzeste Rundreise.

Ein 2-optimales Verfahren wurde von Croes (1958) beschrieben. Ein 3-optimales Verfahren stammt von Lin (1965). Während sich für r ≥ 3 beim Übergang von einem r- zu einem (r+1)-optimalen Verfahren die Güte der Lösung zumeist nur geringfügig verbessert, steigt der Rechenaufwand beim Übergang von r = 3 auf r = 4 und r = 5 jeweils etwa um den Faktor n (für r = 3 ist er mindestens $O(n^3)$; siehe unten). Aus diesem Grunde beschreiben wir im folgenden mögliche Versionen eines 2- und eines 3-optimalen Verfahrens (bezeichnet als **2-opt** bzw. **3-opt**).

Verschiedene Versionen eines r-optimalen Verfahrens unterscheiden sich v.a. darin, wann eine Vertauschung vorgenommen und mit welchen Knoten und den mit ihnen inzidenten Kanten die Suche nach weiteren Vertauschungsmöglichkeiten fortgesetzt wird. Die hier vorgestellten Versionen verfolgen eine first fit - Strategie (d.h. die *erste* gefundene Verbesserungsmöglichkeit wird realisiert). Die Suche ist als statisch zu bezeichnen, da sie stets mit den ersten Knoten in der Speicherreihenfolge der aktuellen Rundreise beginnt. Eine zumeist bessere (dynamische) Alternative besteht darin, die Suche mit Knoten fortzusetzen, für die bei der letzten Vertauschung eine neue Kante in die Rundreise aufgenommen wurde; vgl. Reinelt (1994, S. 105 ff.).

Algorithmus 3.3: Ein 2-optimales Verfahren (2-opt)

Voraussetzung: Die Kostenmatrix $C = (c_{ij})$ eines ungerichteten, vollständigen,[15] schlichten, bewerteten Graphen G mit n Knoten; eine Rundreise $[v_1,...,v_n,v_{n+1} = v_1]$. Der einfacheren Darstellung halber wird Knoten v_1 zugleich als Knoten v_{n+1} interpretiert.

Iteration:
    for i := 1 **to** n−2 **do**
    begin
        for j := i+2 **to** n **do**
        begin
            if $c_{v_i v_{i+1}} + c_{v_j v_{j+1}} > c_{v_i v_j} + c_{v_{i+1} v_{j+1}}$ **then**
            bilde die neue Rundreise $[v_1,...,v_n,v_1] := [v_1,...,v_i,v_j,v_{j-1},...,v_{i+1},v_{j+1},...,v_n,v_1]$
            und beginne erneut mit der Iteration
        end;
    end;

Ergebnis: Eine 2-optimale Rundreise.

* * * * *

Beispiele für 2-Tausche sind in Abb. 3.12 e – g dargestellt.

---

[15] Die Fußnote 11 zu den Eröffnungsverfahren gilt für Alg. 3.3 und 3.4 analog. Zur verwendeten programmiernahen Schreibweise vgl. Kap. 2.1 von Band I.

Algorithmus 3.4: Ein 3-optimales Verfahren (3-opt)

Voraussetzung: Die Kostenmatrix $C = (c_{ij})$ eines ungerichteten, vollständigen, [15] schlichten, bewerteten Graphen G mit n Knoten; eine Rundreise $[v_1,...,v_n,v_1]$.

Iteration:
for zaehler := 1 to n do
begin
  for h := 1 to n−3 do
    for j := h+1 to n−1 do
    begin $d := c_{v_n v_1} + c_{v_h v_{h+1}} + c_{v_j v_{j+1}}$; $d_1 := c_{v_h v_{j+1}} + c_{v_1 v_j}$; $d_2 := c_{v_1 v_{j+1}} + c_{v_h v_j}$;
     if $d_1 \leq d_2$ then
      begin if $d_1 + c_{v_{h+1} v_n} < d$ then
        bilde neue Rundreise $[v_1,...,v_n,v_1] := [v_1,...,v_h,v_{j+1},...,v_n,v_{h+1},...,v_j,v_1]$
        und beginne erneut mit der Iteration
      end else
      begin
        if $d_2 + c_{v_{h+1} v_n} < d$ then
        bilde neue Rundreise $[v_1,...,v_n,v_1] := [v_1,v_{j+1},...,v_n,v_{h+1},...,v_j,v_h,...,v_1]$
        und beginne erneut mit der Iteration
      end
    end;
  Rotation $[v_1,v_2,...,v_n,v_1] := [v_n,v_1,...,v_{n-1},v_n]$
end;

Ergebnis: Eine 3-optimale Rundreise.

* * * * *

Erläuterungen: Wir wollen Alg. 3.4 noch ein wenig erläutern und untersuchen, ob er alle denkbaren Austauschmöglichkeiten von drei oder zwei Kanten gegen drei oder zwei andere überprüft.

Jede Iteration beginnt mit einer Rundreise $\rho = [v_1,...,v_n,v_1]$. Solange zaehler = 1 gilt, wird überprüft, ob der Austausch der Kanten $[v_n,v_1]$, $[v_h,v_{h+1}]$, $[v_j,v_{j+1}]$ gegen die Kanten $[v_h,v_{j+1}]$, $[v_n,v_{h+1}]$, $[v_j,v_1]$ oder gegen die Kanten $[v_1,v_{j+1}]$, $[v_n,v_{h+1}]$, $[v_j,v_h]$ eine Verbesserung liefert (siehe Abb. 3.11). Dabei durchlaufen h bzw. j alle in der zweiten bzw. dritten Laufanweisung der Verfahrensbeschreibung angegebenen Werte.

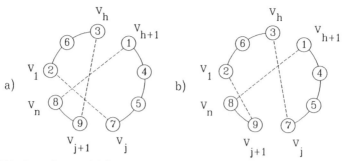

Abb. 3.11: In ρ verbleibende Kanten durchgezogen, neue Kanten gestrichelt

Liefern die Überprüfungen keine Verbesserung, so erfolgt vor der Erhöhung von zaehler auf 2 eine Rotation der Rundreise um eine Position nach rechts. In unserem Beispiel von Abb. 3.11 würde $[v_1,...,v_n,v_1] = [2,6,3,1,4,5,7,9,8,2]$ in $[v_1,...,v_n,v_1] := [8,2,6,3,1,4,5,7,9,8]$ übergehen. Die weiteren Überprüfungen von jeweils drei Kanten beinhalten die *neue* Kante $[v_n,v_1]$. Durch die drei Laufanweisungen ist somit sichergestellt, daß jede dreielementige Kantenmenge der durch das Verfahren ermittelten Rundreise ρ in die Überprüfung einbezogen wird. Jede in der aktuellen Rundreise enthaltene Kante fungiert einmal als $[v_n,v_1]$; in der 2. und 3. Schleife werden jeweils alle Paare weiterer Kanten untersucht.

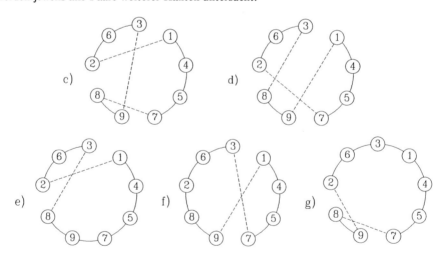

Abb. 3.12

Wir wollen nun untersuchen, ob tatsächlich *alle* Rundreisen, die statt der Kanten $[v_n,v_1]$, $[v_h,v_{h+1}]$, $[v_j,v_{j+1}]$ drei andere Kanten enthalten, mit ρ verglichen werden. Dazu setzen wir das in Abb. 3.11 begonnene Beispiel fort. Es gibt genau die sieben in Abb. 3.11 und 3.12 dargestellten Möglichkeiten, die Rundreise [2,6,3,1,4,5,7,9,8,2] durch Austausch der Kanten [8,2], [1,3] und [7,9] gegen "andere" Kanten zu verbessern.

Möglichkeit c) wird geprüft, wenn $v_n = 3$, $v_h = 7$ und $v_j = 8$ ist.

Möglichkeit d) wird geprüft, wenn $v_n = 7$, $v_h = 8$ und $v_j = 3$ ist.

In beiden Fällen wird, wie in a) und b), eine Kette zwischen den Knoten v_j und v_{j+1} eingefügt. Bei den Vertauschungsmöglichkeiten e) bis g) wird jeweils eine der zum Austausch vorgesehenen Kanten der aktuellen Rundreise ρ wieder aufgenommen. Fall e) wird überprüft, wenn $v_n = 8$, $v_h = 6$, $v_j = 3$. Fall f) wird geprüft, wenn $v_n = 3$, $v_h = 5$, $v_j = 7$. Fall g) wird geprüft, wenn $v_n = 7$, $v_h = 9$, $v_j = 8$. In allen drei Fällen kommt dabei die im Verfahren berücksichtigte zweite Vertauschungsalternative zum Zuge.

Bemerkung 3.7: 3-opt benötigt allein für die Überprüfung der 3-Optimalität der als Ergebnis gelieferten Rundreise $O(n^3)$ Rechenschritte; bei 2-opt sind es $O(n^2)$ Rechenschritte. Der insgesamt erforderliche Rechenaufwand hängt davon ab, wieviele Verbesserungen die vorgegebene Rundreise erfährt und in welchem Stadium des Überprüfungsprozesses sie jeweils gefunden werden; der durchschnittliche Rechenaufwand für 3-opt wird von Lin (1965, S. 2251) jedoch ebenfalls mit $O(n^3)$ angegeben.

Die durchschnittliche Rechenzeit läßt sich z.B. dadurch reduzieren, daß man zunächst 2-opt anwendet. Erst wenn damit keine weiteren Verbesserungen erzielbar sind, folgt 3-opt. Eine weitere Möglichkeit, die Rechenzeit zu reduzieren, besteht darin, für jeden Knoten nur eine Teilmenge von Kanten zur Vertauschung vorzusehen, die ihn mit nahegelegenen Knoten verbinden; siehe z.B. Reinelt (1994, Kap. 7.4). Pascal-Programme zu 2-opt und 3-opt findet man z.B. in Syslo et al. (1983).

Bemerkung 3.8 (*Or-opt als Spezialfall von 3-opt*): Eine Modifikation von 3-opt, die etwa dieselbe Lösungsgüte erzielt, jedoch geringeren Rechenaufwand erfordert, wurde von Or (1976) vorgeschlagen. Die deshalb als **Or-opt** bezeichnete Vorgehensweise versucht, systematisch jeweils einen Knoten oder eine Kette einer aktuellen Rundreise an einer anderen Stelle zu plazieren. Dabei werden jeweils genau 3 Kanten durch drei andere ersetzt. Abb. 3.11 b) zeigt ein Beispiel, bei dem die Kette [2,6,3] zwischen Knoten 9 und 7 plaziert wird.

Stellt Or-opt einen Spezialfall von 3-opt dar, so kann die im folgenden skizzierte Vorgehensweise von **Lin und Kernighan (1973)** als *variables r-opt-Verfahren* bezeichnet werden. Sie erfordert wesentlich höheren Rechenaufwand als 2-opt oder 3-opt, liefert aber i.d.R. nahezu optimale Lösungen; vgl. Golden und Stewart (1985, S. 219) oder Pesch (1994, S. 41 ff.).

In jeder Iteration von "**Lin/Kernighan**" wird ein r-Tausch mit variablem $r \geq 2$ durchgeführt. Der letztendlich realisierte r-Tausch entsteht durch sukzessive 1-Tausche. Der erste 1-Tausch (im Startschritt) führt zu keiner zulässigen Rundreise, sondern zu einem speziellen 1-Baum, der einen Kreis und genau eine (elementare) Kette enthält. Im 2. Schritt kann durch einen weiteren 1-Tausch wieder eine Rundreise hergestellt oder erneut zu einem 1-Baum übergegangen werden. Im ersten Fall entspricht dies der Ausführung eines (wie in 2-opt vorgenommenen) 2-Tausches. Im zweiten Fall kann durch einen dritten 1-Tausch wieder eine Rundreise hergestellt (3-Tausch von 3-opt) oder erneut zu einem 1-Baum übergegangen werden. Dieser Prozeß wird so lange durchgeführt, bis ein Abbruchkriterium erfüllt ist. Ein mögliches Kriterium besteht darin, daß in einem r-ten Schritt die mögliche Rundreise keine größere Bewertung besitzt als die übrigen erzielbaren 1-Bäume.

Für eine ausführlichere Beschreibung einer Iteration des Verfahrens verwenden wir folgende Bezeichnungen:

D_r Ersparnis des günstigsten in Schritt r entstehenden 1-Baumes gegenüber ρ
$\bar{D}_r$ Ersparnis der in Schritt r möglichen Rundreise gegenüber ρ
D^* Ersparnis der besten bis zum aktuellen Schritt möglichen Rundreise gegenüber ρ

Algorithmus 3.5: Grundversion einer Iteration von Lin/Kernighan

Voraussetzung: Eine Rundreise ρ, z.B. $\rho = [1,2,3,4,5,6,7,8,9,10,11,12,1]$ in Abb. 3.13 a.

Start (Schritt 1): Wähle eine erste zu entfernende Kante $[v_1, v_2]$, und füge die niedrigstbewertete, nicht in ρ enthaltene Kante $[v_2, v_3]$ ein. Berechne die Ersparnis $D_1 := c[v_1, v_2] - c[v_2, v_3]$ und setze $D^* := 0$.

Schritt r = 2,3,...: Wähle, ausgehend von dem zuletzt erreichten Knoten v_{2r-1}, genau diejenige in ρ mit ihm inzidente Kante $[v_{2r-1}, v_{2r}]$ zur Elimination aus, für die gilt: Durch Aufnahme von Kante $[v_{2r}, v_1]$ ließe sich wieder eine Rundreise bilden.
Wähle unter allen in der aktuellen Iteration nicht "veränderten" Kanten $[v_{2r}, j]$ diejenige mit niedrigster Bewertung zur Aufnahme in die Rundreise aus. Diese Kante sei mit $[v_{2r}, v_{2r+1}]$ bezeichnet.
Berechne $D_r := D_{r-1} + c[v_{2r-1}, v_{2r}] - c[v_{2r}, v_{2r+1}]$,
$\bar{D}_r := D_{r-1} + c[v_{2r-1}, v_{2r}] - c[v_{2r}, v_1]$ und $D^* := \max\{D^*, \bar{D}_r\}$.

Führe den nächsten Schritt aus, falls keines der folgenden **Abbruchkriterien** erfüllt ist:

a) $D_r \leq D^*$: Die Bewertung des aktuellen (keine Rundreise darstellenden) 1-Baumes ist nicht besser als diejenige der besten in der Iteration gefundenen Rundreise. Im Falle $D_r = \bar{D}_r$ kann $v_{2r+1} = v_1$ gewählt werden, der aktuelle 1-Baum ist zugleich eine Rundreise, und es gibt keinen weiteren erlaubten 1-Tausch.

b) Eine vorgegebene Schranke für die Schrittzahl r ist erreicht.

Nach Abbruch wird, falls D^* positiv ist, derjenige r-Tausch realisiert, der zur größten Ersparnis D^* führte. Im Falle $D^* = 0$ wird keine Vertauschung vorgenommen.

* * * * *

Beispiel: Wir betrachten Abb. 3.13 und gehen von der Rundreise $\rho = [1,2,3,4,5,6,7,8,9,10,11,12,1]$ aus. Durch Entfernen der Kante $[v_1, v_2]$ und Aufnahme der Kante $[v_2, v_3]$ entsteht in Schritt 1 ein 1-Baum, der keine Rundreise darstellt; Abb. 3.13 b. In Schritt 2 wird die Kante $[v_3, v_4]$ entfernt. Nähme man $[v_4, v_1]$ auf, so entstünde eine neue Rundreise; Abb.

3.13 c. Gibt es jedoch eine niedriger bewertete Kante als $[v_4, v_1]$, so entsteht erneut ein 1-Baum, der keine Rundreise ist; Abb. 3.13 d. Abb. 3.13 e und f veranschaulichen Alternativen für die möglichen Schritte 3 und 4.

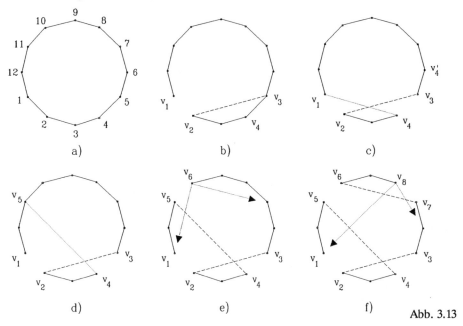

Abb. 3.13

Bemerkung 3.9 (*Weitere Hinweise zu Lin/Kernighan*):

- Mögliche Vorgehensweise für die Wahl der ersten Kante innerhalb einer Iteration:
  Betrachte die Knoten in der Reihenfolge $v_1 = 1,...,n$ und wähle unter den beiden in p mit v_1 inzidenten Kanten jeweils die höherbewertete.
  Beende das Verfahren, wenn innerhalb der letzten n Iterationen keine Verbesserung erzielt werden konnte.

- **Modifikationen:** Von dieser Grundversion abweichende Vorgehensweisen werden außer in Lin und Kernighan (1973) u.a. in Glover (1992), Mak und Morton (1993), Reinelt (1994, S. 123 ff.) sowie Glover und Pesch (1995) beschrieben. Sie sind bei der Auswahl von einzubeziehenden bzw. zu eliminierenden Kanten weniger restriktiv und berücksichtigen weitere Abbruchkriterien.
  Eine Erweiterung der Vorgehensweise von Lin/Kernighan gegenüber Alg. 3.5 besteht darin, daß im Schritt r = 2 statt der Kante $[v_3, v_4]$ die Kante $[v_3, v_4']$ entfernt wird, falls alle untersuchten Möglichkeiten, die sich aus der Elimination von $[v_3, v_4]$ ergaben, zu keiner Verbesserung führten; vgl. Abb. 3.13 c. In diesem Fall kann mit der nächsten aufzunehmenden Kante nicht unmittelbar wieder eine Rundreise erreicht werden.
  Dennoch sind weder unser Alg. 3.5 noch Lin/Kernighan in der Lage, die in Abb. 3.14 b und c dargestellten Modifikationen einer Rundreise auszuführen.

- Wie vielfach in der Literatur berichtet wird, liefern effiziente Programme zu Lin/ Kernighan bei vergleichbaren Rechenzeiten bessere Lösungen als 3-opt. Dabei ist es für das Verfahren relativ unwichtig, von welcher Startlösung (zufällig oder mit Hilfe eines Eröffnungsverfahrens erzeugt) ausgegangen wird; vgl. z.B. Reinelt (1994, S. 117 ff.).

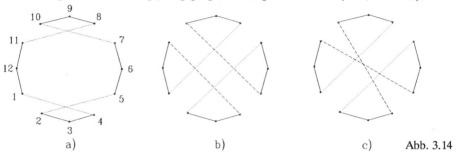

Abb. 3.14

Abschließende Bemerkung zu reinen Verbesserungsverfahren:

Weitere reine Verbesserungsverfahren findet man z.B. in Zweig (1995).

Glover (1996) zeigt, daß eine Teilmenge von 4-Tauschen effizient durch Kombination von je zwei gleichzeitig auszuführenden 2-Tauschen mit einem Rechenaufwand $O(n^2)$ ermittelt werden kann. Dabei betrachtet er nicht nur die bisher behandelten 2-Tausche, die die Rundreise unmittelbar wieder schließen, sondern auch solche, bei denen zwei Kurzzyklen entstehen. Man spricht in diesem Zusammenhang von schließenden bzw. nichtschließenden Vertauschungen. Abb. 3.14 zeigt, wie sich durch Kombination von je zwei derartigen 2-Tauschen neue Rundreisen ermitteln lassen. Die in Abb. 3.14 a dargestellte Kombinationsmöglichkeit beinhaltet zwei unabhängig voneinander ausführbare 2-Tausche. Die Kombinationen in Abb. 3.14 b und c können jedoch nur gleichzeitig ausgeführt werden. Nicht jede Kombination zweier 2-Tausche führt jedoch wieder zu einer Rundreise, und nicht jeder 4-Tausch kann durch zwei 2-Tausche ersetzt werden (Beispiel: Ersetzen der Kanten [1,2], [4,5], [7,8] und [11,12] durch [1,7], [2,5], [4,11] und [8,12]). Zur Bestimmung kostenminimaler Kombinationen von 2-Tauschen wird ein zyklenfreier gerichteter Hilfsgraph mit $O(n^2)$ Pfeilen gebildet, auf dem ein Kürzeste Wege-Problem mit Rechenaufwand $O(n^2)$ zu lösen ist.

Eine sogenannte Störungsmethode wurde von Codenotti et al. (1996) entwickelt. Immer dann, wenn mit einem reinen Verbesserungsverfahren ein lokales Optimum erreicht ist, werden die Daten des Problems stochastisch verändert (gestört, die aktuelle Lösung stellt dann für das veränderte Problem i.d.R. kein lokales Optimum mehr dar) und das Verbesserungsverfahren erneut angewendet. Rechentests der Autoren belegen, daß diese Vorgehensweise günstiger ist, als das Verbesserungsverfahren auf mehrere unabhängig voneinander generierte Startlösungen anzuwenden.

Die oben für symmetrische TSPe geschilderten Vorgehensweisen sind grundsätzlich auf **asymmetrische TSPe** übertragbar. Wie man sich aber überlegen kann, macht das Vertauschen von Pfeilen ggf. auch eine Umkehr des Richtungssinnes von Teilwegen der Rundreise erforderlich. Dies führt zu erhöhtem Aufwand bei der Ermittlung der Länge der neuen Rundreise. Gehen wir z.B. davon aus, daß in der Rundreise $\rho = (1,4,5,7,9,8,2,6,3,1)$ der Abb. 3.12f die Pfeile (3,1) und (7,9) durch die Pfeile (7,3) und (9,1) ersetzt werden sollen, so muß zusätzlich eine Umkehr des Richtungssinnes in einem der Teilwege (1,4,5,7) oder (9,8,2,6,3) erfolgen. Eine Umkehr von Teilwegen ist nicht erforderlich, wenn man wie bei Or-opt Teilwege aus der Rundreise herauslöst und mit gleichem Richtungssinn an einer anderen Stelle wieder einfügt; siehe z.B. Abb. 3.11a.

Vgl. zu Verfahren für asymmetrische Probleme auch Frieze et al. (1982) und Nurmi (1991). Eine Erweiterung von Lin/Kernighan für asymmetrische Probleme findet sich in Kanellakis und Papadimitriou (1980).

3.2.2.2 Heuristische Metastrategien

Die bislang geschilderten Vorgehensweisen sind im Sinne von Kap. 1.3.1.2 *reine Verbesserungsverfahren*. In den letzten Jahren wurden jedoch auch Ausprägungen der **heuristischen Metastrategien** Simulated Annealing und Tabu Search, die vorübergehend auch Verschlechterungen der Lösungen in Kauf nehmen, für TSPe entwickelt. Zur Definition der Nachbarschaft sowie zur Untersuchung aller Nachbarlösungen verwenden sie zumeist 2-opt, 3-opt, Or-opt oder Lin/Kernighan. Da sowohl diese Vorgehensweisen als auch das Grundprinzip der Metastrategien (in Kap. 1.3.2) bereits beschrieben wurden, verzichten wir auf ausführliche Darstellungen. Wir skizzieren lediglich wichtige Parameter der Verfahren und geben einige Literaturhinweise.

Simulated Annealing (SA):

Als Prinzip der Nachbarschaftssuche werden zumeist 2-opt, 3-opt oder Lin/Kernighan verwendet. Nachbarlösungen können rein zufällig erzeugt werden. Vorteilhafter ist es jedoch i.d.R., die ggf. vorhandene Struktur des betrachteten Problems zu berücksichtigen. So wird man z.B. bei euklidischen TSPen mit in der Ebene nahezu gleichverteilten Knoten nur Kanten mit einer maximalen Länge zum Austausch vorsehen; vgl. Rossier et al. (1986). Darüber hinaus ist es möglich, die Kanten der aktuellen Rundreise in einer systematischen Weise (z.B. nach der Dauer der Zugehörigkeit zur Lösung) zu überprüfen. Für die Güte der erzielbaren Lösungen und die erforderlichen Rechenzeiten ist die Gestaltung des Abkühlungsprozesses von großer Bedeutung.

Erste Anwendungen von SA auf TSPe stammen u.a. von Kirkpatrick et al. (1983), Golden und Skiscim (1986), Rossier et al. (1986) sowie Aarts und Korst (1989). Neuere Arbeiten sind z.B. Chardaire et al. (1995) sowie Charon und Hudry (1996). Ein SA-Verfahren unter Verwendung von 2-opt ist in Domschke und Drexl (1995, Kap. 6.6.1.3) beschrieben.

Martin und Otto (1996) verwenden in ihrem SA-Verfahren eine komplexe Nachbarschaftsdefinition. Ausgehend von einer Rundreise ρ, führen sie einen der in Abb. 3.14 b und c dargestellten speziellen 4-Tausche aus.[16] Die erhaltene Rundreise ρ' wird mittels 3-opt bzw. Lin/Kernighan verbessert, bis eine lokal optimale Rundreise ρ'' gefunden ist. ρ'' fungiert als Nachbarlösung von ρ. Anschließend wird die Differenz $\Delta = c(\rho'') - c(\rho)$ bestimmt und wie bei SA üblich (vgl. Kap 1.3.2.1) entschieden, ob ρ'' akzeptiert und neue aktuelle Rundreise ρ wird oder ob weitere durch 4-Tausche und jeweilige Nachoptimierung erzielbare Nachbarlösungen von ρ untersucht werden müssen.

Eine vereinfachte Vorgehensweise von SA ist *Threshold Accepting*, das ebenfalls mit Erfolg auf TSPe angewendet wurde; siehe Dueck (1993).

Tabu Search (TS):

Eine verbale Schilderung eines Tabu Search-Verfahrens für symmetrische TSPe findet man bei Knox (1994). Der Autor verwendet 2-opt zur Definition der Nachbarschaft, wobei er in jeder Interation seines Verfahrens den besten erlaubten (nicht tabu gesetzten) 2-Tausch bestimmt. In einer statischen Tabuliste werden jeweils die pro Iteration eliminierten Kanten tabu gesetzt; für eine Reihe von Iterationen wird ihre Wiederaufnahme in die Rundreise verboten. Die neu aufgenommenen Kanten werden dagegen nicht tabu gesetzt. Sie können somit in den nächsten Iterationen wieder eliminiert werden. Der Autor empfiehlt eine Tabulistenlänge von 3n.

Knox wendet ein lokales Aspirations-Kriterium an, um unnötigerweise verbotene Züge realisieren zu können. Für jede Kante [i,j] wird jeweils der Zielfunktionswert z_{ij} gespeichert, der vorlag, bevor die Kante zuletzt aus der Lösung entfernt wurde. Zwei in der Tabuliste befindliche Kanten [i,j] und [h,k] dürfen wieder eingefügt werden, wenn der Zielfunktionswert F der dadurch erhältlichen Lösung besser ist als beide Aspirations-Werte, d.h. $F < \min\{z_{ij}, z_{hk}\}$.

Weitere Arbeiten zur Lösung von TSPen mittels Tabu Search sind u.a. Malek et al. (1989), Glover et al. (1993), Fiechter (1994) sowie Zachariasen und Dam (1996). In diesen Arbeiten finden sich Strategien zur Diversifizierung und Intensivierung der Suche sowie Hinweise zu einer parallelen Implementierung von TS.

Mit der Anwendung **genetischer Algorithmen** zur Lösung von TSPen beschäftigen sich z.B. Kolen und Pesch (1994), Chatterjee et al. (1996) sowie Potvin (1996). Wie wir bereits in Kap. 1.3.2.3 ausgeführt haben, ist hierbei u.a. die geeignete Codierung von Lösungen von Interesse.

Schließlich sei die Anwendung des Prinzips der **Neuronalen Netze** auf TSPe erwähnt; vgl. Ritter et al. (1991, S. 111 ff.) oder Retzko und Schumann (1994).

---

[16] Wie bereits erwähnt, sind weder Lin/Kernighan noch 3-opt in der Lage, diese 4-Tausche auszuführen.

3.2.3 Testergebnisse und Computer-Codes

Heuristiken wurden von zahlreichen Autoren getestet und miteinander verglichen. Diese beziehen sich jedoch jeweils nur auf eine Auswahl eines Teiles der mittlerweile publizierten Vorgehensweisen. Im folgenden zitieren wir eine Reihe von Testergebnissen und leiten daraus einige Schlußfolgerungen ab.

Die wohl derzeit umfassendsten Testergebnisse sind in Reinelt (1994) enthalten. Der Autor vergleicht eine Vielzahl von Eröffnungsverfahren und zahlreiche Varianten (reiner) Verbesserungsverfahren (v.a. 2-opt, 3-opt und Lin/Kernighan). Ferner untersucht er die Auswirkung des gewählten Eröffnungsverfahrens auf die mit einem r-optimalen Verfahren erzielbare Lösungsgüte. Den Tests lagen Probleme aus der Bibliothek von Reinelt (1991) zugrunde. Hinsichtlich der Güte der Lösungen werden Tests von anderen Autoren (Golden und Stewart (1985, S. 219) oder Pesch (1994, S. 41 ff.)) bestätigt, wonach Varianten von Lin/Kernighan in der Regel zu den besten Lösungen führen (Abweichungen vom Optimum zwischen 0 und 2%), gefolgt von 3-opt (Abweichungen von 0 bis ca. 6%). Die Rechenzeiten für Varianten von Lin/Kernighan lagen für Probleme mit bis zu 6000 Knoten auf einer SUN SPARC Station 10/20 unter 500 sec, bei Problemen mit bis zu 3000 Knoten unter 100 sec.

Weitere Tests mit im wesentlichen denselben Eröffnungs- und Verbesserungsverfahren findet man in Nurmi (1991), Bentley (1992), Perttunen (1994) sowie Roychoudhury und Muth (1995).

Zu guten Lösungen bei vertretbaren Rechenzeiten führen darüber hinaus Ansätze von Simulated Annealing bzw. Tabu Search unter Verwendung der oben geschilderten Nachbarschaftsbeziehungen; vgl. z.B. Testergebnisse in Chardaire et al. (1995) sowie Charon und Hudry (1996) bzw. Knox (1994).

Für große euklidische TSPe wurden verschiedene speziell aufeinander abgestimmte Kombinationen von Eröffnungs- und Verbesserungsverfahren entwickelt. Zu nennen sind die Arbeiten von Golden und Stewart (1985), Gendreau et al. (1992) sowie Renaud et al. (1996). V.a. in der zuletzt genannten Arbeit findet man ausführliche Testergebnisse.

Computer-Codes sind für mehrere Eröffnungs- und (reine) Verbesserungsverfahren erhältlich bei Nurmi (1991). Pascal-Programme für unsere Algorithmen 3.1 – 3.4 sind in Syslo et al. (1983, S. 362 ff.) enthalten. Einen Fortran-Code für das Eröffnungsverfahren von Christofides enthält Lau (1986).

3.3 B&B-Verfahren für asymmetrische TSPe

In diesem Kapitel beschreiben wir zunächst – aus didaktischen Gründen – das Verfahren von Little et al. (1963). Es handelt sich um eines der ersten B&B-Verfahren des Operations Research überhaupt. In Kap. 3.3.2 folgt ein Subtour-Eliminations-Algorithmus, der eine vereinfachte Version v.a. der Verfahren von Carpaneto und Toth (1980) sowie von Balas und Christofides (1981) darstellt. In Kap. 3.3.3 geben wir einige Bounding-Regeln von Balas und Christofides an, durch die der Subtour-Eliminations-Algorithmus weiter verbessert werden kann. Eine Weiterentwicklung des von Balas und Christofides vorgeschlagenen Konzepts findet sich in Fischetti und Toth (1992).

3.3.1 Der Algorithmus von Little et al. *(Algorithmus 3.6)*

Der Algorithmus von Little et al. (1963) geht von der Formulierung (3.1) – (3.5) aus. Wir nehmen o.B.d.A. an, daß die Kostenmatrix $C = (c_{ij})$ nur *nichtnegative Elemente* enthält; siehe jedoch Bem. 3.4.

Wie in Kap. 1.2 allgemein für B&B-Verfahren ausgeführt, bezeichnen wir das zu lösende Problem als P_0. Die im Laufe des Verzweigungsprozesses entstehenden Teilprobleme nennen wir P_μ ($\mu = 1, 2, \ldots$).

In P_0 sind alle Variablen x_{ij} noch **frei**, d.h. sie dürfen in einer zulässigen Lösung des Problems die Werte 0 oder 1 annehmen. In den Teilproblemen P_μ gibt es dagegen bestimmte Variablen x_{hk}, deren Wert jeweils zu 0 oder 1 **fixiert** ist. Statt von einer freien oder einer zu 0 bzw. 1 fixierten Variablen x_{ij} sprechen wir im folgenden auch von einem noch **freien** oder einem **verbotenen** bzw. einem in jede zulässige Lösung eines betrachteten Problems P_μ **einbezogenen Pfeil** (i,j).

Wir beschreiben nun die Komponenten von Alg. 3.6 (vgl. das Flußdiagramm in Abb. 1.4).

Komponente 1 und 8 fehlen. Man startet also mit der oberen Schranke $\bar{F} = \infty$ und betrachtet jeweils nur *eine* Relaxation der Probleme P_μ ($\mu = 0, 1, \ldots$).

Komponente 6 *(Verzweigungsprozeß)*: Wird ein Problem P_μ verzweigt, so entstehen *genau zwei Teilprobleme* P_{μ_1} und P_{μ_2}. In P_{μ_1} wird eine in P_μ noch freie Variable x_{hk} zu 0 fixiert, in P_{μ_2} wird dieselbe Variable zu 1 fixiert. Das heißt also, daß in keiner zulässigen Lösung (= Rundreise) von P_{μ_1} der Pfeil (h,k) enthalten ist, während jede Rundreise von P_{μ_2} diesen Pfeil beinhaltet. Da jedes zu verzweigende Problem in genau zwei Teilprobleme zerlegt wird, ist jeder im Rahmen des Little-Algorithmus entwickelte Lösungsbaum ein Binärbaum (siehe z.B. Abb. 3.15).

Die **Fixierung der Variablen** kann prinzipiell dadurch erreicht werden, daß man bestimmte Veränderungen der Kostenmatrix vornimmt. Zur Erläuterung dessen bezeichnen wir mit $C^\mu = (c_{ij}^\mu)$ die Kostenmatrix des Problems P_μ ($\mu = 0, 1, \ldots$). Es gilt $C^0 := C$ (= Kostenmatrix des zu lösenden TSPs).

Geht ein Problem P_μ in ein Problem P_ν dadurch über, daß eine in P_μ noch freie Variable x_{hk} zu 0 fixiert wird, so erhalten wir C^ν aus C^μ dadurch, daß wir $c^\mu_{hk} = \infty$ setzen.
Geht ein Problem P_μ in ein Problem P_ν dadurch über, daß eine in P_μ noch freie Variable x_{hk} zu 1 fixiert wird, so gibt es zwei mögliche Vorgehensweisen der Überführung von C^μ in C^ν:

Möglichkeit 1: Wir setzen $c^\mu_{hj} = \infty$ für alle $j \neq k$ und $c^\mu_{ik} = \infty$ für alle $i \neq h$, c^μ_{hk} behält seinen bisherigen Wert.

Möglichkeit 2: Wir streichen aus C^μ die Zeile des Knotens h und die Spalte des Knotens k.[17]

Komponente 2 *(Relaxation P_ν' und untere Schranke $\underline{F}_\nu$):* Für jedes Problem P_ν ($\nu = 0,1,...$) betrachtet man diejenige Relaxation (das lineare Zuordnungsproblem) P_ν', die (das) durch Weglassen der Zyklusbedingungen (3.5) entsteht. Die Relaxation wird *nicht gelöst*. Man begnügt sich vielmehr damit, auch für sie nur eine untere Schranke für den Wert einer optimalen Lösung zu ermitteln. Diese Schranke dient zugleich als untere Schranke $\underline{F}_\nu$ für den Wert einer optimalen Lösung des Problems P_ν. Die untere Schranke $\underline{F}_\nu$ erhalten wir durch Ausführung der beiden Startschritte der Ungarischen Methode (vgl. Kap. 10.1.3 in Band I). Das heißt, wir subtrahieren in der Matrix C^ν von jedem Element der Zeile i ($=1,...,n$) das Zeilenminimum u_i. In der dadurch entstandenen Matrix verringern wir jedes Element der Spalte j ($=1,...,n$) um das Spaltenminimum v_j. Die dadurch entstandene Matrix nennen wir **Reduzierte Matrix** $\bar{C}^\nu$. Sie enthält in jeder Zeile und jeder Spalte mindestens eine 0. Die gesuchte untere Schranke ist:

$$\underline{F}_\nu = \sum_{i=1}^n u_i + \sum_{j=1}^n v_j$$

Komponente 3 *(Ausloten eines Problems):* Da von einer vollbesetzten Matrix C ausgegangen wird, treten nur die Fälle a und b des Auslotens auf. P_ν ist ausgelotet (Fall a), falls $\underline{F}_\nu \geq \bar{F}$. Ist $\underline{F}_\nu < \bar{F}$ und sind in P_ν bereits n–2 Variablen zu 1 fixiert, so ergibt sich eine eindeutige Rundreise ρ ohne weitere Verzweigung: Die n–2 einbezogenen Pfeile definieren einen Weg mit n–1 Knoten, in den der verbleibende Knoten zwischen End- und Anfangsknoten einzufügen ist, oder zwei Teilwege, die durch zwei Pfeile zu verbinden sind. ρ ist eine neue, aktuell beste Rundreise mit Länge $\bar{F} := \underline{F}_\nu = c(\rho)$; Fall b des Auslotens.

Komponente 4 und 5 *(Ablegen und Auswahl von Problemen):* Kann ein Problem P_ν nicht ausgelotet werden, so wird es der Kandidatenliste hinzugefügt. Als Regel zur Auswahl von Problemen aus der Liste dient beim Little-Algorithmus die Minimal-Lower-Bound-Regel. Aufgrund dieser Regel und der oben geschilderten Verzweigungsregel werden die beiden Teilprobleme P_{μ_1} und P_{μ_2} eines Problems P_μ unmittelbar aufeinanderfolgend gebildet.
Vor dem Verzweigen von P_μ wird geprüft, ob das Problem nachträglich auslotbar ist, d.h. es

---

[17] Bei Anwendung der Möglichkeit 1 würden sich zwei aufeinanderfolgende Probleme also nur in den Zielfunktionskoeffizienten, nicht aber in den Nebenbedingungen und der Anzahl der berücksichtigten Variablen unterscheiden. Bei Möglichkeit 2 ist das anders; hier werden Variablen und Nebenbedingungen eliminiert.

wird festgestellt, ob $\bar{F}$ seit dem Ablegen von P_μ in der Kandidatenliste so verringert werden konnte, daß nunmehr $\underline{F}_\mu \geq \bar{F}$ gilt. Ist dies der Fall, so kann das B&B-Verfahren trotz nichtleerer Kandidatenliste abgebrochen werden; wegen der MLB-Regel sind alle Probleme der Liste nachträglich auslotbar.

Ergänzung zu Komponente 6 *(Auswahl der zu fixierenden Variablen)*:

Im Rahmen der Verzweigung eines Problems P_μ in Teilprobleme P_{μ_1} und P_{μ_2} ist folgende Frage noch offen: Welche in P_μ noch freie Variable x_{hk} soll zur Fixierung ausgewählt werden?

Die hierbei verwendete Regel lautet verbal: Wähle x_{hk} so, daß $\underline{F}_{\mu_1}$ möglichst groß wird. Die Ermittlung von x_{hk} geschieht wie folgt: Wir gehen von der Reduzierten Matrix $\bar{C}^\mu$ und der unteren Schranke $\underline{F}_\mu$ aus. Fixieren wir x_{ij} zu 0 durch Festlegung von $c_{ij}^\mu = \bar{c}_{ij}^\mu = \infty$, so ist $\alpha_i := \min\{\bar{c}_{ip}^\mu \mid p = 1,...,n\}$ bzw. $\beta_j := \min\{\bar{c}_{pj}^\mu \mid p = 1,...,n\}$ von den Elementen der Zeile i bzw. der Spalte j abzuziehen, um erneut eine Matrix zu erhalten, die in jeder Zeile und Spalte mindestens eine 0 besitzt. Beim Übergang von P_μ zu P_{μ_1} durch Fixierung von x_{ij} zu 0 würde gelten: $\underline{F}_{\mu_1} = \underline{F}_\mu + \alpha_i + \beta_j$.

Bezeichnen wir die Größe $\delta_{ij} := \alpha_i + \beta_j$ als **Reduktionskonstante** (Down-Penalty i.S. von Bem. 2.1), so erfolgt die Auswahl der zu fixierenden Variablen x_{hk} nach folgender **Regel**:

Wähle x_{hk} mit $\delta_{hk} = \max\{\delta_{ij} \mid i, j = 1,...,n\}$.

Man überlegt sich leicht, daß man sich bei der Bestimmung der Reduktionskonstanten auf diejenigen Variablen x_{ij} beschränken kann, deren Kostenelemente in der Reduzierten Matrix $\bar{C}^\mu$ den Wert 0 besitzen; für die übrigen ist $\delta_{ij} = 0$.

Komponente 7 *(Logische Tests)*: Für jedes durch Fixierung einer Variablen x_{hk} zu 1 entstandene Problem P_{μ_2} muß sofort außer den Variablen x_{hj} und x_{ik}[18] *eine weitere Variable zu 0 fixiert* werden. Es ist diejenige noch freie Variable x_{tp}, deren zugehöriger Pfeil (t,p) zusammen mit den in P_{μ_2} einbezogenen Pfeilen einen Kurzzyklus bilden würde. p und t sind wie folgt zu bestimmen:

p ist der Anfangs- und t der Endknoten desjenigen Weges mit maximaler Pfeilzahl, der den Pfeil (h, k) enthält und dessen sämtliche Pfeile in P_{μ_2} einbezogen sind. Wir setzen $c_{tp}^{\mu_2} = \infty$.

Beispiele *(zu den logischen Tests)*:
Wird bei der Verzweigung eines Problems P_μ die Variable $x_{26} = 1$ gesetzt und sind bislang weder eine Variable x_{i2} noch eine Variable x_{6j} zu 1 fixiert, so ist $c_{62}^\mu = \infty$ zu setzen (hier ist also t = 6 und p = 2). Gilt dagegen durch die Fixierung von x_{26} nunmehr $x_{42} = x_{26} = x_{61} = 1$ und sind weder eine Variable x_{14} noch eine Variable x_{1j} zu 1 fixiert, so schließen wir durch $c_{14}^\mu = \infty$ den Kurzzyklus (4,2,6,1,4) aus (das Element c_{62}^μ wurde bereits im Rahmen der Fixierung von x_{61} zu 1 gleich ∞ gesetzt oder mit der Zeile 6 aus der Matrix gestrichen).

---

[18] Siehe die oben angegebene Möglichkeit 1 der Fixierung einer Variablen zu 1.

Mit obigen Angaben ist Alg. 3.6 vollständig beschrieben. Die Ausführungen sind jedoch durch folgende **Hinweise zur praktischen Durchführung des Verfahrens** zu ergänzen:

Bei jedem der Teilprobleme P_ν ($\nu = 1,2,...$) ist die Kenntnis der Matrix C^ν von geringem Interesse. Vielmehr interessieren die Reduzierte Matrix $\bar{C}^\nu$ und der Wert $\underline{F}_\nu$. Für ein unmittelbar aus P_μ entstandenes Problem P_ν wird daher nicht durch Modifikation von C^μ, sondern unmittelbar durch Modifikation der Reduzierten Matrix $\bar{C}^\mu$ verzweigt. Bei Fixierung einer Variablen x_{hk} zu 1 verwenden wir die Möglichkeit 2; d.h. wir streichen die Zeile h und die Spalte k aus der Matrix $\bar{C}^\mu$.

Verzweigen wir P_μ durch Fixierung von x_{hk}, so erhalten wir $\bar{C}^{\mu_1}$, $\underline{F}_{\mu_1}$, $\bar{C}^{\mu_2}$ und $\underline{F}_{\mu_2}$ wie folgt:

Bildung von P_{μ_1}: Wir setzen in $\bar{C}^\mu$ das Element $\bar{c}^\mu_{hk} = \infty$. Wir subtrahieren in der dadurch entstandenen Matrix in Zeile h das Zeilenminimum α_h und in Spalte k das Spaltenminimum β_k. Die dadurch entstandene Matrix ist $\bar{C}^{\mu_1}$, und es gilt $\underline{F}_{\mu_1} = \underline{F}_\mu + \alpha_h + \beta_k$.

Bildung von P_{μ_2}: Wir streichen aus $\bar{C}^{\mu_2} = \bar{C}^\mu$ die Zeile des Knotens h und die Spalte des Knotens k. Wir setzen für die oben näher erläuterte Variable x_{tp} die Kosten auf $\bar{c}^{\mu_2}_{tp} = \infty$.

In der dadurch entstandenen Matrix kann es mehrere Zeilen und Spalten geben, die keine 0 besitzen. Subtrahieren wir von den betreffenden Zeilen jeweils deren Minimum und anschließend von den Spalten das jeweils verbliebene Minimum, so erhalten wir die Reduzierte Matrix $\bar{C}^{\mu_2}$. Addieren wir die Werte, die wir von den Zeilen und Spalten subtrahiert haben, zu $\underline{F}_\mu$, so erhalten wir $\underline{F}_{\mu_2}$.

Beispiel: Wir lösen mit Alg. 3.6 ein asymmetrisches TSP mit folgender Kostenmatrix:

$$C = (c_{ij}) = \begin{bmatrix} \infty & 7 & 4 & 2 & 1 & 3 \\ 3 & \infty & 3 & 2 & 4 & 6 \\ 2 & 3 & \infty & 4 & 5 & 3 \\ 7 & 1 & 5 & \infty & 4 & 4 \\ 4 & 4 & 3 & 5 & \infty & 3 \\ 4 & 3 & 3 & 6 & 2 & \infty \end{bmatrix}$$

Tab. 3.4 zeigt die Zeilenminima u_i, die (verbleibenden) Spaltenminima v_j sowie die Reduzierte Matrix $\bar{C}^0$. Die untere Schranke $\underline{F}_0$ ist 11.

$\bar{C}^0$	1	2	3	4	5	6	u_i
1	∞	6	3	1	0^1	2	1
2	1	∞	1	0^2	2	4	2
3	0^2	1	∞	2	3	1	2
4	6	0^4	4	∞	3	3	1
5	1	1	0^1	2	∞	0^1	3
6	2	1	1	4	0^1	∞	2
v_j	0	0	0	0	0	0	

Tab. 3.4

$\bar{C}^2$	1	3	4	5	6
1	∞	3	0^1	0^0	2
2	0^0	0^0	∞	1	3
3	0^1	∞	1	3	1
5	1	0^0	1	∞	0^1
6	2	1	3	0^1	∞

Tab. 3.5: Pfeil (4,2) einbezogen

Die kleinen Ziffern in Tab. 3.4 geben die Reduktionskonstanten δ_{ij} an. Da die Variable x_{42} die größte Reduktionskonstante besitzt, bilden wir P_1 mit $x_{42} = 0$ und P_2 mit $x_{42} = 1$. Die untere Schranke für P_1 ist $\underline{F}_1 = \underline{F}_0 + \delta_{42} = 15$; P_1 wird in die Kandidatenliste aufgenommen. Tab. 3.5 zeigt die Reduzierte Matrix $\bar{C}^2$ für P_2 sowie die Reduktionskonstanten der Nullelemente. Da aufgrund der logischen Tests $x_{24} = 0$ gesetzt wurde, erhalten wir $\underline{F}_2 = 13$. P_2 wird in die Kandidatenliste aufgenommen und aufgrund der kleineren Schranke unmittelbar wieder zum Verzweigen ausgewählt. Es entstehen P_3 mit $x_{31} = 0$ und P_4 mit $x_{31} = 1$. Wir erhalten $\underline{F}_3 = 14$ und $\underline{F}_4 = 13$ und die Reduzierten Matrizen in Tab. 3.6 und 3.7.

$\bar{C}^3$	1	3	4	5	6
1	∞	3	0^0	0^0	2
2	0^1	0^0	∞	1	3
3	∞	∞	0^0	2	0^0
5	1	0^0	1	∞	0^0
6	2	1	3	0^1	∞

$\bar{C}^4$	3	4	5	6
1	∞	0^1	0^0	2
2	0^1	∞	1	3
5	0^0	1	∞	0^2
6	1	3	0^1	∞

Tab. 3.6: Pfeil (4,2) einbezogen   Tab. 3.7: Pfeile (4,2) und (3,1) einbezogen

Der Fortgang des Verfahrens wird aus Abb. 3.15 ersichtlich. P_6 haben wir vor P_3 (bei gleichem Wert der unteren Schranken) weiterverzweigt; siehe auch Aufg. 3.3. Die gefundene optimale Lösung ist die Rundreise $\rho = (1,4,2,5,6,3,1)$ mit der Länge $c(\rho) = 15$.

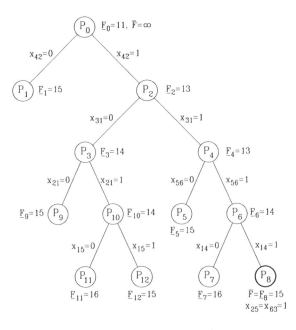

Abb. 3.15

3.3.2 Ein Subtour-Eliminations-Algorithmus *(Algorithmus 3.7)*

Zu den ersten Arbeiten zur Entwicklung von Subtour-Eliminations-Algorithmen zählt diejenige von Bellmore und Malone (1971). Aufbauend darauf sind Algorithmen entwickelt worden, die auch große TSPe mit überraschend geringem Rechenaufwand zu lösen gestatten. Zu nennen sind v.a. die Algorithmen bzw. Implementierungen von Smith et al. (1977), Carpaneto und Toth (1980), Balas und Christofides (1981) sowie Miller und Pekny (1991).

Es ist nicht sinnvoll – und aus Platzgründen auch nicht möglich – hier sämtliche Details der genannten Algorithmen zu schildern. Wir gehen vielmehr so vor, daß wir im folgenden einen Subtour-Eliminations-Algorithmus beschreiben, der einige der vor allem in den Verfahren von Carpaneto und Toth sowie von Balas und Christofides verwendeten Regeln enthält. In Kap. 3.3.3 schildern wir darüber hinaus drei der sechs Bounding-Regeln, mit deren Hilfe Balas und Christofides die durch Lösung der relaxierten Probleme P_ν' erhältlichen unteren Schranken $\underline{F}_\nu$ weiter verbessern.

Auf den Algorithmus von Smith et al. (1977) gehen wir im folgenden nicht näher ein. Er ist im Gegensatz zu den übrigen Verfahren, die zur Auswahl von Problemen aus der Kandidatenliste die MLB-Regel benutzen, ein LIFO-Algorithmus. Zur Bestimmung unterer Schranken verwenden die Autoren vorwiegend Verfahren zur Sensitivitätsanalyse für lineare Transport- und Zuordnungsprobleme.

Bei der folgenden Beschreibung von Alg. 3.7 setzen wir die Ungarische Methode (Kap. 10.1.3 in Band I) sowie die Ausführungen in Kap. 1.2 (B&B-Verfahren) und Kap. 3.3.1 als bekannt voraus. Auf diese Weise können wir uns im folgenden kurz fassen.

Zu lösen ist wie bei Alg. 3.6 ein TSP für einen gerichteten Graphen mit n Knoten und einer Kostenmatrix C = (c_{ij}) mit ausschließlich *nichtnegativen Elementen* (siehe jedoch Bem. 3.4).

Da Alg. 3.6 und 3.7 B&B-Verfahren sind, die auf derselben Relaxation basieren, verwenden wir dieselben Bezeichnungen für Probleme und Kostenmatrizen wie in Kap. 3.3.1. Beide Verfahren unterscheiden sich jedoch in zwei wesentlichen Punkten:

(1) Die Relaxationen werden bei Alg. 3.7 *vollständig* gelöst.
(2) Jedes bei Alg. 3.7 zu verzweigende Problem P_μ wird in *mindestens zwei* Teilprobleme verzweigt (bei Alg. 3.6 sind es jeweils *genau zwei* Teilprobleme).

Wir beschreiben nun die Komponenten von Alg. 3.7 (vgl. das Flußdiagramm in Abb. 1.4).

Komponente 1 und 8 fehlen. Man startet wie bei Alg. 3.6 mit der oberen Schranke $\bar{F} = \infty$ und betrachtet jeweils nur *eine* Relaxation der Probleme P_ν ($\nu = 0, 1, \ldots$).

Komponente 2 *(Relaxation P_ν' und untere Schranke $\underline{F}_\nu$)*: Für jedes Problem P_ν bildet und löst man diejenige Relaxation (das lineare Zuordnungsproblem) P_ν', die (das) durch Weglassen der Zyklusbedingungen (3.5) entsteht. Wir gehen davon aus, daß die Relaxationen mit Hilfe der Ungarischen Methode gelöst werden. Der Wert der ermittelten optimalen Lösung von P_ν' liefert die untere Schranke $\underline{F}_\nu$.

Komponente 3 *(Ausloten eines Problems)*: Da von einer vollbesetzten Matrix C ausgegangen wird, treten nur die Fälle a und b des Auslotens auf. Ein Unterschied gegenüber Alg. 3.6 ergibt sich daraus, daß die Relaxationen vollständig gelöst werden. Dadurch ist es denkbar, daß das Verfahren sogar endet, ohne daß P_0 verzweigt wurde. Dieser Fall tritt ein, wenn die für P_0' ermittelte optimale Lösung eine Rundreise ist.

Komponente 4 und 5 *(Ablegen und Auswahl von Problemen)*: Wie bei Alg. 3.6. Wir verwenden auch hier die Minimal-Lower-Bound-Regel.

Komponente 6 *(Verzweigungsprozeß)*: Ein nicht auslotbares Problem P_μ wird verzweigt. Die Verzweigung von P_μ geht von demjenigen Kurzzyklus in der ermittelten optimalen Lösung der Relaxation P_μ' aus, der unter allen Kurzzyklen dieser Lösung die wenigsten Pfeile besitzt.[19] Enthält dieser Kurzzyklus k nicht einbezogene (also freie) Pfeile, so wird P_μ in k Teilprobleme $P_{\mu_1}, \ldots, P_{\mu_k}$ zerlegt. Bezeichnen wir die k freien Pfeile des Zyklus mit $(i_1, j_1), (i_2, j_2), \ldots, (i_k, j_k)$, so wird wie folgt fixiert: Setze bei Teilproblem P_{μ_h} mit $h = 1, \ldots, k$

$$x_{i_1 j_1} = \ldots = x_{i_{h-1} j_{h-1}} = 1 \text{ und } x_{i_h j_h} = 0.$$

Das heißt, in jedem Teilproblem P_{μ_h} wird genau ein Pfeil des Kurzzyklus verboten, und $h-1$ bislang freie Pfeile werden einbezogen.

Beispiel *(zum Verzweigungsprozeß)*: Sind $(1,5), (5,3), (2,4)$ und $(4,7)$ die freien Pfeile eines Kurzzyklus $(1,5,3,2,4,7,1)$ der optimalen Lösung von P_μ', so verzweigen wir P_μ wie in Abb. 3.16 angegeben.

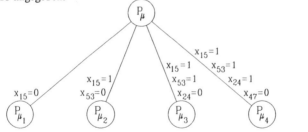

Abb. 3.16

Wie bei Alg. 3.6 können die oben geschilderten **Fixierungen** zum Zwecke der Verzweigung eines Problems P_μ **durch Veränderungen der Kostenmatrix** C^μ vorgenommen werden. Dadurch entstehen die Kostenmatrizen $C^{\mu h}$ der Teilprobleme von P_μ.

Die Fixierung einer Variablen x_{hk} zu 0 kann dadurch erfolgen, daß wir $c^\mu_{hk} = \infty$ setzen. Bei Fixierung einer Variablen x_{hk} zu 1 gibt es dieselben beiden Möglichkeiten der Veränderung von C^μ, die in Alg. 3.6 beschrieben wurden. Vorläufig (vgl. aber unten die Hinweise zur praktischen Durchführung des Verfahrens) beschränken wir uns auf die

---

[19] Carpaneto und Toth (1980, S. 737 f.) verwenden den Kurzzyklus *mit den wenigsten noch freien* Pfeilen. Balas und Christofides (1981, S. 40) erwähnen diese Alternative, verwenden sie aber nicht im Programm. Carpaneto und Toth (1980) testen außerdem zwei verschiedene Möglichkeiten der Numerierung der freien Pfeile von 1 bis k. Es erwies sich als vorteilhaft, die Pfeile jeweils so zu numerieren, daß in den Teilproblemen möglichst wenige Wege mit möglichst vielen einbezogenen Pfeilen entstehen.

Möglichkeit 1: Wir setzen $c^\mu_{hj} = \infty$ für alle $j \neq k$ und $c^\mu_{ik} = \infty$ für alle $i \neq h$, c^μ_{hk} behält seinen bisherigen Wert.

Komponente 7 *(Logische Tests)*: Ähnlich wie bei Alg. 3.6. Bei jedem Problem P_{μ_h} mit $h = 2, \ldots, k-1$ kann sofort (zusätzlich zu den Variablen x_{hj} und x_{ik}, siehe oben) mindestens eine weitere Variable zu 0 fixiert werden. Es handelt sich um diejenige(n) noch nicht zu 0 fixierte(n) Variable(n), deren Pfeil(e) zusammen mit den in P_{μ_h} einbezogenen Pfeilen einen Kurzzyklus (Kurzzyklen) bilden würde(n).

Beispiele *(für die zusätzliche Fixierung einer Variablen)*: Man betrachte Abb. 3.16 und zeichne den Zyklus $(1,5,3,2,4,7,1)$ unter Hervorhebung der bereits in P_μ einbezogenen Pfeile $(3,2)$ und $(7,1)$.

In P_{μ_1} wurde gegenüber P_μ kein zusätzlicher Pfeil einbezogen.

In P_{μ_2} kann zusätzlich $x_{57} = 0$ gesetzt werden. $x_{51} = 0$ wurde bereits bei Einbeziehung des Pfeiles $(7,1)$ festgelegt.

In P_{μ_3} kann zusätzlich $x_{27} = 0$ gesetzt werden. Weitere Pfeile, die zu Kurzzyklen führen würden, sind durch Einbeziehung von $(3,2)$, $(7,1)$ und $(1,5)$ verboten worden.

In P_{μ_4} ist x_{47} bereits zu 0 fixiert.

Werden die in P_μ freien Pfeile des zur Verzweigung herangezogenen Kurzzyklus nicht in der Reihenfolge, in der sie im Zyklus auftreten, von 1 bis k numeriert, so können in einem oder mehreren Teilproblemen von P_μ mehrere "weitere" Variablen sofort zu 0 fixiert werden. Beispiel: Man betrachte (numeriere) die nicht einbezogenen Pfeile unseres Beispiels zur Verzweigung von P_μ in der Reihenfolge $(1,5)$, $(2,4)$, $(5,3)$, $(4,7)$. Dann kann in P_{μ_3} mit der Fixierung $x_{15} = x_{24} = 1$ und $x_{53} = 0$ zusätzlich $x_{57} = x_{43} = 0$ gesetzt werden.

Mit obigen Angaben ist unser Subtour-Eliminations-Algorithmus vollständig beschrieben. Die Ausführungen können jedoch durch folgende *Hinweise zur praktischen Durchführung des Verfahrens* ergänzt werden:

1) Wie bei Alg. 3.6, so sind auch hier für die Probleme P_ν ($\nu = 1,2,\ldots$) die Matrizen C^ν von geringem Interesse. Wir können unter Umgehung dieser Matrizen wie folgt verfahren:

   Lösen wir die Relaxation P'_0 mit Hilfe der Ungarischen Methode, so erhalten wir außer einer optimalen Lösung für P'_0 und deren Wert $\underline{F}_0$ auch die **Reduzierte Matrix** $\bar{C}^0$. Die oben geschilderten Fixierungen von Kostenelementen zu ∞ bei der Verzweigung des Problems P_0 können nun unmittelbar für die Reduzierte Matrix $\bar{C}^0$ vorgenommen werden. Wenden wir auf die für ein Teilproblem P_ν ($\nu = 1,2,\ldots$) so entstandene Matrix die Ungarische Methode an, so erhalten wir eine optimale Lösung für P'_ν, die untere Schranke $\underline{F}_\nu$ sowie die Reduzierte Matrix $\bar{C}^\nu$. Diese Ergebnisse sind identisch mit denjenigen, die wir bei Anwendung der Ungarischen Methode auf die Matrix C^ν erhielten, ihre Berechnung erforderte jedoch wesentlich weniger Rechenaufwand.

2) Bei Fixierung einer Variablen x_{hk} zu 1 besteht neben der oben beschriebenen *Möglichkeit 1* auch die in Alg. 3.6 verwendete *Möglichkeit 2*:
Wir streichen aus der Reduzierten Matrix $\bar{C}^\mu$ des zu verzweigenden Problems P_μ die Zeile des Knotens h und die Spalte des Knotens k.
Die Matrix bleibt quadratisch. In einer in der Dimension auf p < n verkleinerten Reduzierten Matrix wird mit Hilfe der Ungarischen Methode nach einer optimalen Zuordnung mit p Elementen gesucht. Sie wird durch die bereits zu 1 fixierten Elemente zu einer n-elementigen Zuordnung ergänzt.

Beispiel: Wir wenden Alg. 3.7 einschließlich der zuletzt gegebenen Hinweise auf das Beispiel in Kap. 3.3.1 an. Es besitzt die Kostenmatrix in Tab. 3.8. Tab. 3.9 zeigt die Reduzierte Matrix $\bar{C}^0$ nach Lösung des linearen Zuordnungsproblems P_0'.

Die optimale Lösung von P_0' besitzt den Wert $\underline{F}_0 = 12$ und enthält die Kurzzyklen $\zeta_1 = (1,5,6,3,1)$ und $\zeta_2 = (2,4,2)$. Wir zerlegen P_0 in P_1 und P_2 (siehe den Lösungsbaum in Abb. 3.17). Die Reduzierten Matrizen $\bar{C}^1$ und $\bar{C}^2$ sowie die optimalen Lösungen der relaxierten Probleme P_1' und P_2' sind in Tab. 3.10 und Tab. 3.11 angegeben.

Wir zerlegen P_1 in die Probleme P_3 und P_4 (siehe Abb. 3.17). Die Reduzierten Matrizen $\bar{C}^3$ und $\bar{C}^4$ sowie optimale Lösungen der Probleme P_3' und P_4' zeigen Tab. 3.12 bzw. Tab. 3.13. Die für P_4' gefundene Lösung ist eine Rundreise; später erkennen wir, daß diese Rundreise $\rho = (1,4,2,5,6,3,1)$ eine *kürzeste Rundreise* mit der Länge 15 ist.

$$\begin{bmatrix} \infty & 7 & 4 & 2 & 1 & 3 \\ 3 & \infty & 3 & 2 & 4 & 6 \\ 2 & 3 & \infty & 4 & 5 & 3 \\ 7 & 1 & 5 & \infty & 4 & 4 \\ 4 & 4 & 3 & 5 & \infty & 3 \\ 4 & 3 & 3 & 6 & 2 & \infty \end{bmatrix}$$

$\bar{C}^0$	1	2	3	4	5	6	u_i
1	∞	5	2	0	[0]	1	2
2	1	∞	1	[0]	3	4	2
3	[0]	1	∞	2	4	1	2
4	6	[0]	4	∞	4	3	1
5	1	1	0	2	∞	[0]	3
6	1	0	[0]	3	0	∞	3
v_j	0	0	0	0	-1	0	

Tab. 3.8   Tab. 3.9

Verzweigen wir P_3 durch Verbot des Zyklus (1,4,2,1), so kann das Verfahren zur Lösung der linearen Zuordnungsprobleme P_5' bis P_7' stets vor Erreichen der jeweiligen optimalen Lösung abgebrochen werden, weil die aktuelle untere Schranke den Wert 15 erreicht oder überschritten hat.

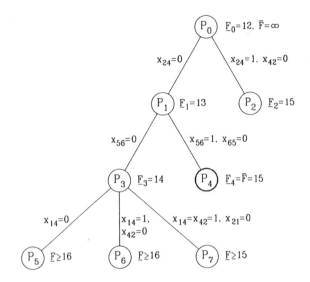

Abb. 3.17

$\bar{C}^1$	1	2	3	4	5	6	u_i
1	∞	5	2	[0]	0	1	2
2	0	∞	[0]	∞	2	3	3
3	[0]	1	∞	2	4	1	2
4	6	[0]	4	∞	4	3	1
5	1	1	0	2	∞	[0]	3
6	1	0	0	3	[0]	∞	3
v_j	0	0	0	0	-1	0	

$\bar{C}^2$	1	2	3	5	6	u_i
1	∞	5	2	[0]	1	2
3	[0]	1	∞	4	1	2
4	3	∞	1	1	[0]	4
5	1	1	[0]	∞	0	3
6	1	[0]	0	0	∞	3
v_j	0	0	0	-1	0	

Tab. 3.10: Zyklen $\zeta_1 = (1,4,2,3,1)$ und $\zeta_2 = (5,6,5)$; $\underline{F}_1 = 13$.

Tab. 3.11: Zyklen $\zeta_1 = (1,5,3,1)$ und $\zeta_2 = (2,4,6,2)$; $\underline{F}_2 = 15$.

Wir betrachten ein Beispiel für eine solche vorzeitige Beendigung der Lösung eines relaxierten Problems:

Wir wählen $P_7^!$. In $\bar{C}^3$ streichen wir die Zeilen 1 und 4 sowie die Spalten 2 und 4 und setzen $\bar{c}_{21} = \infty$. Die entstehende (4×4)-Matrix besitzt in jeder Zeile und Spalte mindestens eine 0. Sie enthält aber nur drei unabhängige Nullen.[20] Bilden wir eine Überdeckung, so erhalten wir als Minimum der nicht überdeckten Elemente die Reduktionskonstante $\eta = 1$. Damit wissen wir: $\underline{F}_7 \geq \underline{F}_3 + 1 = 15$. Da die bislang beste Rundreise ebenfalls den Wert 15 besitzt, brechen wir den Lösungsprozeß für $P_7^!$ ab.

---

[20] Vgl. Begriffe und Vorgehensweisen in Kap. 10.1 von Band I.

$\bar{C}^3$	1	2	3	4	5	6	u_i
1	∞	5	2	[0]	0	0	2
2	[0]	∞	0	∞	2	2	3
3	0	1	∞	2	4	[0]	2
4	6	[0]	4	∞	4	2	1
5	1	1	[0]	2	∞	∞	3
6	1	0	0	3	[0]	∞	3
v_j	0	0	0	0	−1	1	

$\bar{C}^4$	1	2	3	4	5	u_i
1	∞	7	4	[0]	0	2
2	0	∞	0	∞	[0]	5
3	[0]	1	∞	0	2	4
4	6	[0]	4	∞	2	3
6	1	0	[0]	1	∞	5
v_j	−2	−2	−2	0	−1	

Tab. 3.12: Zyklen $\zeta_1 = (1,4,2,1)$ und $\zeta_2 = (3,6,5,3)$; $\underline{F}_3 = 14$.

Tab. 3.13: Kürzeste Rundreise $\rho = (1,4,2,5,6,3,1)$; $\underline{F}_4 = \bar{F} = 15$

Abschließende Bemerkungen:

Ein Computer-Programm für einen Subtour-Eliminations-Algorithmus findet sich in der Monographie von Beutel (1981). Vgl. zu Implementierungsgesichtspunkten – einschließlich der folgenden Bounding-Regeln – auch Pautsch (1991).

Eine Vorgehensweise, die auf der wiederholten Anwendung von Subtour-Eliminations-Verfahren auf eine Folge eingeschränkter Probleme beruht, schlagen Miller und Pekny (1991) sowie Pekny und Miller (1992) vor. Die Autoren beginnen mit einer zulässigen Lösung des Ausgangsproblems (TSP*), die eine erste obere Schranke $\bar{F}$ liefert. Die Bewertung des längsten Pfeiles in dieser Rundreise sei λ. Anschließend definieren sie einen eingeschränkten Graphen, der nur diejenigen Pfeile enthält, deren Länge λ nicht überschreitet. Sie lösen das auf diesen Graphen beschränkte TSP' mit Hilfe eines Subtour-Eliminations-Verfahrens und erhalten ggf. eine verbesserte obere Schranke $\bar{F}$. Eine untere Schranke $\underline{F}'$ für TSP' ergibt sich durch die LZOP-Relaxation von P_0. Falls die Opportunitätskosten aller nicht berücksichtigten Pfeile nichtnegativ sind, erhält man zugleich eine untere Schranke $\underline{F}$ für TSP*. Ist darüber hinaus der niedrigste Wert dieser Opportunitätskosten größer oder gleich der Differenz $\bar{F} - \underline{F}$, so ist die erhaltene Lösung für TSP' zugleich eine optimale Lösung für TSP*. Ansonsten wird λ verdoppelt und erneut ein eingeschränktes Problem TSP' gelöst.

Die Autoren berichten von niedrigen Rechenzeiten für große TSPe. Man kann sich jedoch überlegen, daß bei ungünstiger Problemstruktur mehrere eingeschränkte Probleme TSP' zu lösen sind. Sie erwähnen selbst, daß z.B. euklidische TSPe solche ungünstigen Strukturen aufweisen können.

3.3.3 Bounding-Regeln zur Verbesserung von Subtour-Eliminations-Algorithmen

3.3.3.1 Einführung

Insbesondere bei Balas und Christofides (1981) sowie bei Carpaneto und Toth (1980) findet man einige Modifikationen und Erweiterungen des Grundkonzeptes der Subtour-Eliminations-Verfahren, die deren Effizienz steigern. Zu nennen sind vor allem *verbesserte Verzweigungsregeln* sowie sogenannte *Bounding-Regeln* zur Verbesserung der unteren Schranken $\underline{F}_\mu$ für die Längen der kürzesten Rundreisen der Probleme P_μ ($\mu = 0, 1, ...$).

Das Verfahren von Balas und Christofides enthält sechs Bounding-Regeln. Vor allem die ersten drei dieser Regeln führen zu einer wesentlichen Reduzierung der Rechenzeiten des Subtour-Eliminations-Algorithmus. Im folgenden erläutern wir diese drei Regeln, ohne sie anschließend vollständig in ein B&B-Verfahren zu integrieren und entsprechend nochmals ihre Wirkung anhand der vollständigen Lösung eines TSPs aufzuzeigen. Auf diese Integration verzichten wir aus Platzgründen und verweisen den interessierten Leser auf die angegebene Quelle. Die Bounding-Regeln aber schildern wir deshalb, weil sie ein interessantes Beispiel dafür darstellen, daß bei neueren B&B-Verfahren relativ intensiv an der Auslotung eines Problems P_μ gearbeitet wird, bevor man – gelingt das Ausloten nicht – das Problem verzweigt. Die von Balas und Christofides gewählte Vorgehensweise der sukzessiven (additiven) Verbesserung von Schranken wurde im Laufe der Zeit verfeinert. Sie wird als Konzept des *Additiven Bounding* bezeichnet; vgl. Fischetti und Toth (1989, 1992) sowie unsere Ausführungen in Kap. 1.2.2.

Die Bounding-Regeln werden angewendet, falls sich durch die Lösung der Relaxation $P_\mu{}'$ (lineares Zuordnungsproblem) ein Problem P_μ nicht ausloten läßt. In diesem Fall wird P_μ nicht – wie in Alg. 3.7 angegeben – sofort verzweigt. Vielmehr bildet man eine oder sukzessive mehrere gegenüber $P_\mu{}'$ verschärfte Relaxation(en) P_μ^s. Die Relaxationen entstehen, indem dem linearen Zuordnungsproblem $P_\mu{}'$ bestimmte Zyklusbedingungen hinzugefügt werden, die die optimale Lösung von $P_\mu{}'$ verletzt. Wir werden sehen, daß Balas und Christofides diese verschärften Relaxationen im allg. nicht vollständig lösen. Sie berechnen für jede verschärfte Relaxation P_μ^s eine untere Schranke für den Wert ihrer optimalen Lösung. Diese untere Schranke ist aber zugleich eine – gegenüber dem Wert der optimalen Lösung von $P_\mu{}'$ – verbesserte untere Schranke für die Länge der kürzesten Rundreise von P_μ. In vielen Fällen wird durch die verbesserte Schranke erreicht, daß P_μ doch noch ausgelotet werden kann.

Zur Überprüfung dessen, ob $P_\mu{}'$ durch bestimmte Zyklusbedingungen verschärft werden kann, betrachten Balas und Christofides die nach Lösung von $P_\mu{}'$ geltende Reduzierte Matrix $\bar{C}^\mu$. Sie definieren einen Nullgraphen wie folgt:

Definition 3.4: Seien $G = (V,E,c)$ der bewertete Digraph, für den das TSP gelöst werden soll, und $\bar{C}$ eine Reduzierte Matrix. Den (unbewerteten) Teilgraphen $G_0 = (V,E_0)$ mit $E_0 := \{(i,j) \mid \bar{c}_{ij} = 0\}$ nennen wir Nullgraph von G und $\bar{C}$.
Ein Nullgraph G_0 von G und $\bar{C}$ enthält also genau diejenigen Pfeile von G, die in $\bar{C}$ den Wert 0 besitzen. Um die Abhängigkeit des Graphen G_0 von G und $\bar{C}$ deutlich zu machen, schreiben wir im folgenden $G_0(G,\bar{C}) = (V,E_0)$.

Durch Bildung und Überprüfung des Nullgraphen können relativ leicht einige Schlüsse über den Wert der gegenwärtigen unteren Schranke $\underline{F}_\mu$ gezogen werden.

Satz 3.1: Seien $G_0(G,\bar{C}^\mu)$ ein Nullgraph und $\underline{F}_\mu$ die gegenwärtige untere Schranke für die Länge der kürzesten Rundreise von P_μ, dann gilt:
Enthält G_0 keine Rundreise, so ist die Länge der kürzesten Rundreise von P_μ größer als $\underline{F}_\mu$.

Die nachfolgenden Bounding-Regeln machen von Satz 3.1 Gebrauch. Regel 1 kommt zum Einsatz, wenn der Nullgraph mehr als eine starke Zusammenhangskomponente besitzt. Regel 3 wird verwendet, wenn der Nullgraph Artikulationsknoten enthält. Während diese beiden Eigenschaften, die das Vorhandensein einer Rundreise in G_0 verhindern, leicht zu beschreiben (und auch nachzuprüfen) sind, gilt dies für gewisse Struktureigenschaften von G_0, die ebenfalls eine Rundreise verhindern und bei deren Vorhandensein Regel 2 zum Zuge kommt, nicht (siehe dazu Kap. 3.3.3.3).

3.3.3.2 Bounding-Regel 1

Die Regel besagt: Besitzt nach Lösung der Relaxation $P_\mu{}'$ (lineares Zuordnungsproblem) von P_μ der anhand der aktuellen Reduzierten Matrix $\bar{C}^\mu$ gebildete Nullgraph $G_0(G,\bar{C}^\mu)$ *mehr als eine starke Zusammenhangskomponente*, so kann er keine Rundreise enthalten. Die Länge der kürzesten Rundreise von P_μ ist größer als die aktuelle Schranke $\underline{F}_\mu$. Die Relaxation $P_\mu{}'$ wird durch geeignete Zyklusbedingungen sukzessive verschärft, bis G_0 stark zusammenhängend ist.

Beispiel, anhand dessen die Art der zu berücksichtigenden Zyklusbedingungen leicht zu erkennen ist: Tab. 3.14 zeigt die Reduzierte Matrix $\bar{C}^\mu$ eines Problems P_μ, die nach dem Lösen der Relaxation $P_\mu{}'$ vorliegt. Der zugehörige Nullgraph $G_0(G,\bar{C}^\mu)$ ist in Abb. 3.18 angegeben. Der Nullgraph G_0 besteht aus den beiden starken Komponenten $Q = \{4,5,6,7,8\}$ und $V-Q = \{1,2,3\}$. G_0 enthält einen von $V-Q$ nach Q führenden Pfeil. Notwendige Bedingungen dafür, daß in G_0 eine Rundreise existiert, ist jedoch, daß G_0 auch einen von Q nach $V-Q$ führenden Pfeil besitzt. Wir erzwingen sein Vorhandensein durch Verschärfung der Relaxation $P_\mu{}'$ um eine Zyklusbedingung vom Typ (3.5-II):

$$\sum_{i \in Q} \sum_{j \in V-Q} x_{ij} \geq 1 \qquad (3.15)$$

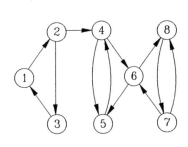

C̄	1	2	3	4	5	6	7	8
1	∞	0	2	2	4	2	3	4
2	4	∞	0	0	3	6	2	6
3	0	6	∞	1	1	5	4	5
4	2	3	5	∞	0	0	3	1
5	1	5	7	0	∞	2	2	4
6	4	3	5	3	0	∞	1	0
7	3	4	6	2	3	0	∞	0
8	5	5	4	4	2	1	0	∞

Abb. 3.18   Tab. 3.14

Wir schildern nun, wie durch Einführung *einer* Zyklusbedingung vom Typ (3.5-II) die untere Schranke $\underline{F}_\mu$ erhöht und der Nullgraph um mindestens einen Pfeil erweitert wird. Wir betrachten dazu das erweiterte *(primale)* lineare Zuordnungsproblem:

Minimiere $\text{FP1}(x) = \sum_{i=1}^{n} \sum_{j=1}^{n} c_{ij} x_{ij}$ (3.1)

unter den Nebenbedingungen

$\sum_{j=1}^{n} x_{ij} = 1$ \qquad für i = 1,...,n \qquad (3.2)

$\sum_{i=1}^{n} x_{ij} = 1$ \qquad für j = 1,..,n \qquad (3.3)

$x_{ij} \geq 0$ \qquad für alle i und j \qquad (3.4)[21]

$\sum_{i \in Q} \sum_{j \in V-Q} x_{ij} \geq 1$ \qquad für die Komponente Q \qquad (3.15)

Führen wir für (3.2) die Dualvariablen u_i, für (3.3) die Dualvariablen v_j und für die eine Bedingung (3.15) die Dualvariable w_1 ein, so lautet das zu obigem Problem *duale* Problem:

Maximiere $\text{FD1}(u,v,w_1) = \sum_{i=1}^{n} u_i + \sum_{j=1}^{n} v_j + w_1$ (3.16)

unter den Nebenbedingungen

$u_i + v_j + w_1 \leq c_{ij}$ \qquad für $i \in Q$ und $j \in V-Q$ \qquad (3.17)

$u_i + v_j \leq c_{ij}$ \qquad sonst \qquad (3.18)

$w_1 \geq 0$ \qquad (3.19)

---

[21] Beim linearen Zuordnungsproblem können die Binaritäts- durch die Nichtnegativitätsbedingungen ersetzt werden; vgl. Kap. 10.1 von Band I.

Wegen Satz 3.2 in Band I (Einschließungssatz hinsichtlich der Zielfunktionswerte zueinander dualer LP-Probleme) ist der Wert jeder zulässigen Lösung von (3.16)-(3.19) kleiner oder gleich dem optimalen Wert von (3.1)-(3.4)' und (3.15). Die folgende Überlegung für das duale Problem liefert zugleich eine verbesserte untere Schranke $\underline{F}_\mu$ für P_μ:

Bei – gegenüber der zuvor betrachteten Relaxation, die $\bar{C}^\mu$ lieferte – unveränderten u_i und v_j und unter Einhaltung aller Nebenbedingungen bestimmen wir ein größtmögliches FD1, indem wir w_1 so wählen, daß mindestens eine der Bedingungen (3.17) als Gleichung erfüllt ist. Mit $\bar{c}_{ij} := c_{ij} - u_i - v_j$ gilt also $w_1 := \min \{\bar{c}_{ij} \mid i \in Q \text{ und } j \in V-Q\}$.

Die untere Schranke wird um w_1 auf $\underline{F}_\mu := \underline{F}_\mu + w_1 = $ FD1 erhöht. Von allen Elementen $\bar{c}_{ij}$ mit $i \in Q$ und $j \in V-Q$ der aktuellen Reduzierten Matrix $\bar{C}^\mu$ subtrahieren wir w_1. Dadurch entstehen in $\bar{C}^\mu$ mindestens ein zusätzliches Nullelement und in G_0 mindestens ein zusätzlicher Pfeil.

Damit endet die Untersuchung der Relaxation (3.1)-(3.4)' und (3.15). Da die Bestimmung ihres tatsächlichen Wertes zu aufwendig wäre, begnügt man sich mit der Ermittlung der geschilderten unteren Schranke.

Beispiel (siehe Tab. 3.14 und Abb. 3.18): w_1 ist gleich dem Minimum aller Elemente $\bar{c}_{ij}$ mit $i \in \{4,5,6,7,8\}$ und $j \in \{1,2,3\}$. Wir erhalten $w_1 = \bar{c}_{51} = 1$. Die neue Reduzierte Matrix zeigt Tab. 3.15; der zugehörige Nullgraph ist in Abb. 3.19 angegeben.

Der Nullgraph ist stark zusammenhängend, jedoch enthält auch er keine Rundreise. Außerdem ist ersichtlich, daß er auch keine zulässige Lösung der verschärften Relaxation enthält.[22] Wir haben jedoch erreicht, daß die untere Schranke $\underline{F}_\mu$ um $w_1 = 1$ erhöht werden kann.

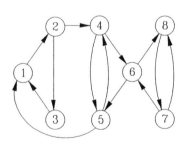

$\bar{C}$	1	2	3	4	5	6	7	8
1	∞	0	2	2	4	2	3	4
2	4	∞	0	0	3	6	2	6
3	0	6	∞	1	1	5	4	5
4	1	2	4	∞	0	0	3	1
5	0	4	6	0	∞	2	2	4
6	3	2	4	3	0	∞	1	0
7	2	3	5	2	3	0	∞	0
8	4	4	3	4	2	1	0	∞

Abb. 3.19 Tab. 3.15

Wir beschließen das Kapitel mit folgender Bemerkung: Den von den Kostenelementen $\bar{c}_{ij}$ mit $i \in Q$ und $j \in V-Q$ subtrahierten Wert w_1 können wir als eine **Prämie** interpretieren, um die

---

[22] Um die Bedingungen (3.2) und (3.3) zu erfüllen, muß $x_{12} = x_{23} = x_{31} = 1$ und damit $x_{24} = x_{51} = 0$ gelten. Somit wird weiter gegen (3.15) verstoßen.

die Kosten c_{ij} bzw. $\bar{c}_{ij}$ vermindert werden. Sie bewirkt, daß mindestens ein von Q nach V–Q führender Pfeil zu einem potentiellen Pfeil einer Rundreise avanciert. Wie die u_i und v_j trägt sie allerdings zur Erhöhung des Zielfunktionswertes bzw. der unteren Schranke von P_μ bei.

3.3.3.3 Bounding-Regel 2

Regel 2 wird nach Regel 1 angewendet. Der Graph G_0 ist also bereits stark zusammenhängend. Dies ist jedoch keine hinreichende Bedingung dafür, daß in ihm eine Rundreise existiert.

Neben dem Vorhandensein von Artikulationsknoten (sie sind Ausgangspunkt der Verschärfung der Relaxation nach Regel 3) können weitere Strukturmerkmale dazu führen, daß G_0 keine Rundreise enthält. Ein Beispiel hierfür ist der Zyklus $\zeta = (1,2,3,1)$ in Abb. 3.19. Mit den Pfeilen dieses Nullgraphen lassen sich die Nebenbedingungen (3.2) und (3.3) nur dann erfüllen, wenn die Pfeile von ζ zur Lösung gehören.

Mit Regel 2 wird versucht, solche Zyklen "aufzubrechen". Sei Q die Menge der zu einem solchen Zyklus gehörenden Knoten. Dann führen Balas und Christofides Zyklusbedingungen der Art (3.5-II)' ein:

$$\sum_{i \in Q} \sum_{j \in Q} x_{ij} \leq |Q| - 1 \qquad (3.20)$$

In unserem Beispiel ist mit $Q = \{1,2,3\}$ somit die bisherige Relaxation zu verschärfen durch die Zyklusbedingung:

$$\sum_{i \in Q} \sum_{j \in Q} x_{ij} \leq 2 \qquad (3.21)$$

Wie bei Regel 1, so wird auch hier die verschärfte Relaxation nicht vollständig gelöst. Wie wir zeigen werden, ist die dabei angewendete Vorgehensweise der Grund dafür, daß in unserem Beispiel die Berücksichtigung einer Zyklusbedingung der Art (3.5-II)' auf die Kurzzyklen (4,6,5,4) und (7,8,7) ohne Erfolg bleibt.

Der Einfachheit halber betrachten wir ein lediglich um eine Zyklusbedingung der Art (3.5-II)' verschärftes *(primales)* lineares Zuordnungsproblem:

$$\text{Minimiere } FP2(\mathbf{x}) = \sum_{i=1}^{n} \sum_{j=1}^{n} c_{ij} x_{ij} \qquad (3.1)$$

unter den Nebenbedingungen (3.2) – (3.4)' und

$$- \sum_{i \in Q} \sum_{j \in Q} x_{ij} \geq -(|Q| - 1) \qquad \text{für die Menge Q} \qquad (3.20)$$

Führen wir für (3.20) die Dualvariable w_2 ein, so lautet das *duale* Problem:

Maximiere $FD2(u,v,w_2) = \sum_{i=1}^{n} u_i + \sum_{j=1}^{n} v_j - (|Q| - 1) \cdot w_2$ \hfill (3.22)

unter den Nebenbedingungen

$$u_i + v_j - w_2 \leq c_{ij} \qquad \text{für } (i,j) \in Q \times Q \qquad (3.23)$$
$$u_i + v_j \leq c_{ij} \qquad \text{sonst} \qquad (3.24)$$
$$w_2 \geq 0 \qquad (3.25)$$

Durch Bestimmung einer zulässigen Lösung (möglichst mit maximalem Wert) erhalten wir auch hier – wie bei Regel 1 – eine untere Schranke für den optimalen Wert der Relaxation (3.1)–(3.4)' und (3.20) und damit zugleich eine weiter verbesserte untere Schranke für unser (Teil-) Problem P_μ.

Ausgehend von den zuletzt vorliegenden Werten für die Dualvariablen u_i und v_j, überlegen wir folgendes: Schreiben wir (3.23) als

$$u_i + v_j \leq c_{ij} + w_2 \qquad \text{für } (i,j) \in Q \times Q \qquad (3.23)'$$

so können wir w_2 als **Strafkosten** interpretieren, die zu den Kostenelementen c_{ij} bzw. $\bar{c}_{ij}$ mit $i \in Q$ und $j \in Q$ addiert werden. Jede Einheit von w_2 senkt FD2 um $|Q| - 1$ Einheiten. Durch die Erhöhung der Elemente $\bar{c}_{ij}$ mit $i \in Q$ und $j \in Q$ um w_2 Einheiten ergibt sich jedoch die Möglichkeit, in bestimmten Zeilen und Spalten von $\bar{C}$ die u_i- bzw. v_j-Werte zu erhöhen, weil sich in den betreffenden Zeilen und Spalten keine 0 mehr befindet (Reduktionsmöglichkeiten). Gelingt es uns, genau $|Q|$ solcher Zeilen und Spalten zu finden, deren Elemente um w_2 reduziert (d.h. deren u_i bzw. v_j um w_2 erhöht) werden können, so ergibt sich mit jeder Einheit von w_2 *netto* eine Erhöhung von FD2 um eine Einheit.

Beispiel: Wir erläutern dies anhand unseres Beispiels mit $Q = \{1,2,3\}$. Tab. 3.16 zeigt erneut die Matrix aus Tab. 3.15, ergänzt jedoch um drei "Decklinien" [23] (Zeile 3 sowie Spalten 2 und 3). Die Decklinien geben die Zeilen bzw. Spalten an, in denen nach Erhöhung der Werte $\bar{c}_{ij}$ mit $i \in Q$ und $j \in Q$ um w_2 Einheiten eine Reduktion der Kostenelemente der Zeilen bzw. Spalten (bzw. eine Erhöhung der u_i bzw. v_j) erfolgen kann. Zugleich wird ersichtlich, welchen Wert w_2 annehmen kann, ohne daß die Nebenbedingungen des dualen Problems (3.22)–(3.25) verletzt werden. Es gilt:

w_2 ist gleich dem Minimum der $\bar{c}_{ij}$ aller überdeckten Elemente mit $(i,j) \notin Q \times Q$ und aller doppelt überdeckten Elemente mit $(i,j) \in Q \times Q$.

Die vor Ausführung der Regel 2 vorliegende Reduzierte Matrix $\bar{C} = (\bar{c}_{ij})$ wird durch Strafkosten und Zeilen- bzw. Spaltenreduktionen wie folgt abgeändert:

$$\bar{\bar{c}}_{ij} = \begin{cases} \bar{c}_{ij} + w_2 & \text{für alle nicht überdeckten } (i,j) \in Q \times Q \\ \bar{c}_{ij} - w_2 & \text{für alle überd. } (i,j) \notin Q \times Q \text{ und alle doppelt überd. } (i,j) \in Q \times Q \end{cases}$$

---

[23] Vgl. die Ausführungen zur Ungarischen Methode in Kap. 10.1.3 von Band I.

	1	2	3	4	5	6	7	8
1	∞	0	2	2	4	2	3	4
2	4	∞	0	0	3	6	2	6
3	0	6	∞	1	1	5	4	5
4	1	2	4	∞	0	0	3	1
5	0	4	6	0	∞	2	2	4
6	3	2	4	3	0	∞	1	0
7	2	3	5	2	3	0	∞	0
8	4	4	3	4	2	1	0	∞

Aus Tab. 3.16 ergibt sich $w_2 = 1$.

Tab. 3.16

Alle übrigen Elemente bleiben unverändert. Die abgeänderte Matrix aus Tab. 3.16 zeigt Tab. 3.17. In Abb. 3.20 ist der zugehörige Nullgraph angegeben.

Ausgehend von Tab. 3.17 bleibt zu prüfen, ob w_2 durch Auswahl dreier anderer Decklinien weiter gesteigert werden kann. Dies ist nicht der Fall.

Die Überprüfung führt uns zu den Voraussetzungen, unter denen die Regel 2 erfolgreich angewendet werden kann. Seien ζ der "aufzubrechende" Zyklus und Q die Menge der in ihm befindlichen Knoten; dann gilt:

1) Das Matrixelement $\bar{c}_{ij} = 0$ jedes Pfeiles $(i,j) \in \zeta$ muß genau einmal überdeckt sein.
2) Jedes Matrixelement $\bar{c}_{ij} = 0$ mit $(i,j) \in Q \times Q$ darf maximal einmal überdeckt sein.
3) Die Überdeckung darf kein Element $\bar{c}_{ij} = 0$ mit $(i,j) \notin Q \times Q$ enthalten.

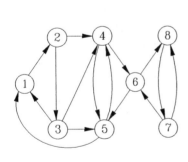

	1	2	3	4	5	6	7	8
1	∞	0	2	2	4	2	3	4
2	5	∞	0	0	3	6	2	6
3	0	5	∞	0	0	4	3	4
4	1	1	3	∞	0	0	3	1
5	0	3	5	0	∞	2	2	4
6	3	1	3	3	0	∞	1	0
7	2	2	4	2	3	0	∞	0
8	4	3	2	4	2	1	0	∞

Abb. 3.20   Tab. 3.17 [24]

Wird gegen diese Bedingungen verstoßen, so erhält man $w_2 = 0$ und damit keine Verbesserung der bisherigen unteren Schranke $\underline{F}_\mu$ des Problems P_μ.

---

[24] Die abgegrenzten Bereiche der Matrix beziehen sich auf Ausführungen zu Regel 3.

Betrachten wir nochmals die Zyklen (4,6,5,4) und (7,8,7) im Nullgraphen der Abb. 3.19 sowie Tab. 3.15, so erkennen wir, daß – ausgehend von diesen Zyklen – Regel 2 nicht zum Erfolg führt, weil die genannten drei Bedingungen für die Lage der Decklinien nicht erfüllt werden können.

Der Nullgraph in Abb. 3.20 besitzt keine Rundreise. Ausgehend von der Komponente $Q = \{1,2,3,4,5,6\}$ mit dem Kurzzyklus $\{1,2,3,4,6,5,1\}$, ist aber auch in diesem Fall die Regel 2 nicht erfolgreich, weil die drei Bedingungen für die Lage der Decklinien nicht erfüllt werden können.

3.3.3.4 Bounding-Regel 3

Regel 3 wird nach Regel 2 angewendet. Der Nullgraph G_0 wird nach **Artikulationsknoten**[25] untersucht. Durch Berücksichtigung geeigneter Zyklusbedingungen werden $\bar{C}^\mu$ modifiziert und der Nullgraph so erweitert, daß die Artikulationsknoten ihre Artikulationseigenschaft verlieren. Die zuletzt vorliegende untere Schranke $\underline{F}_\mu$ ($=$ FD2) wird dabei weiter erhöht.

Beispiel: Der Nullgraph in Abb. 3.20 besitzt den Artikulationsknoten 6. Eine notwendige und hinreichende Bedingung dafür, daß Knoten 6 seine Artikulationseigenschaft verliert, ist die Einführung mindestens eines Pfeiles zwischen der Knotenmenge $Q_1 = \{1,2,3,4,5\}$ und der Knotenmenge $Q_2 = \{7,8\}$. Wir erzwingen einen solchen Pfeil durch Berücksichtigung der Zyklusbedingung (abgeschwächte Bedingung vom Typ (3.5-II)):

$$\sum_{i \in Q_1} \sum_{j \in Q_2} x_{ij} + \sum_{i \in Q_2} \sum_{j \in Q_1} x_{ij} \geq 1 \qquad (3.26)$$

Die so erweiterte Relaxation wird wiederum nicht vollständig gelöst. Wir schildern, wie eine solche Bedingung zur Erhöhung der unteren Schranke $\underline{F}_\mu$ beiträgt.

Der Einfachheit halber betrachten wir – analog zu Kap. 3.3.3.3 – ein um eine Bedingung der Art (3.26) verschärftes lineares Zuordnungsproblem. Führen wir für Bedingung (3.26) die Dualvariable w_3 ein, so lautet das zu (3.1) – (3.4)' und (3.26) duale Problem:

$$\text{Maximiere } FD3(u,v,w_3) = \sum_{i=1}^{n} u_i + \sum_{j=1}^{n} v_j + w_3 \qquad (3.27)$$

unter den Nebenbedingungen

$$u_i + v_j + w_3 \leq c_{ij} \qquad \text{für } (i,j) \in (Q_1 \times Q_2) \cup (Q_2 \times Q_1) \qquad (3.28)$$

$$u_i + v_j \leq c_{ij} \qquad \text{sonst} \qquad (3.29)$$

$$w_3 \geq 0 \qquad (3.30)$$

w_3 läßt sich, vergleichen wir dieses Problem mit (3.16) – (3.19), ebenso ermitteln wie w_1 für Regel 1. Die Größe w_3 kann als **Prämie** interpretiert werden, um die jedes Kostenelement c_{ij} bzw. $\bar{c}_{ij}$ mit $(i,j) \in (Q_1 \times Q_2) \cup (Q_2 \times Q_1)$ vermindert wird.

---

[25] Ein Knoten i heißt *Artikulationsknoten*, wenn der durch Entfernung von i aus einem zusammenhängenden Graphen entstehende Untergraph aus mindestens zwei Zusammenhangskomponenten besteht.

In unserem Beispiel (Tab. 3.17) liefert das Minimum der abgegrenzten Kostenelemente das maximale w_3. Die untere Schranke $\underline{F}_\mu$ wächst damit um $w_3 = 1$ auf FD3. Die korrigierte Matrix $\bar{C}^\mu$ zeigt Tab. 3.18; der zugehörige Nullgraph ist in Abb. 3.21 dargestellt. Der Graph enthält die hervorgehobene Rundreise $\rho = (1,2,3,4,8,7,6,5,1)$.
Für ein TSP mit einer wie in Tab. 3.14 gegebenen Kostenmatrix C wäre ρ eine kürzeste Rundreise mit $c(\rho) = w_1 + w_2 + w_3 = 3$.

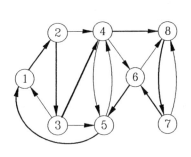

	1	2	3	4	5	6	7	8
1	∞	0	2	2	4	2	2	3
2	5	∞	0	0	3	6	1	5
3	0	5	∞	0	0	4	2	3
4	1	1	3	∞	0	0	2	0
5	0	3	5	0	∞	2	1	3
6	3	1	3	3	0	∞	1	0
7	1	1	3	1	2	0	∞	0
8	3	2	1	3	1	1	0	∞

Abb. 3.21   Tab. 3.18

3.3.3.5 Abschließende Bemerkungen

Kann im Verlauf der Anwendung der drei Bounding-Regeln das betrachtete Problem P_μ nicht schon deshalb ausgelotet werden, weil die untere Schranke $\underline{F}_\mu$ die aktuelle obere Schranke $\bar{F}$ erreicht oder überschreitet, so sollte geprüft werden, ob der zum Schluß vorliegende Nullgraph eine Rundreise enthält. Diese Überprüfung stellt ein Problem dar, das im ungünstigsten Fall ebenso schwierig zu lösen ist wie das TSP selbst. Bei den in der Praxis vorliegenden Fällen, bei denen der Nullgraph in der Regel relativ wenige Pfeile besitzt, dürfte der Aufwand jedoch erheblich geringer sein, so daß sich die Überprüfung auszahlt. Balas und Christofides (1981, S. 31 f.) verwenden hierfür ein spezielles Verfahren der impliziten Enumeration (ein spezielles LIFO-B&B-Verfahren). Das Verfahren wird spätestens bei Erreichen einer vorgegebenen Zeitschranke abgebrochen. Auf die Darstellung eines solchen Verfahrens verzichten wir. Erwähnt sei jedoch noch folgendes:

Enthält ein Nullgraph $G_0(G, \bar{C}^\mu)$ nach Anwendung der Bounding-Regeln eine Rundreise ρ, so ist deren Länge stets größer oder gleich der berechneten unteren Schranke $\underline{F}_\mu$. Die Rundreise ρ ist somit nicht notwendig die kürzeste Rundreise, die für P_μ existiert. Wir wollen diese Tatsache anhand eines Beispiels erläutern:
Man betrachte die Reduzierte Matrix $\bar{C}^0$ in Tab. 3.19 und den zugehörigen Nullgraphen in Abb. 3.22. Beide seien durch Lösung eines linearen Zuordnungsproblems entstanden. Es seien (der Einfachheit halber) alle u_i und v_j gleich 0. Damit ist auch die untere Schranke $\underline{F}_0 = 0$.

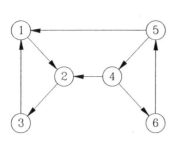

	1	2	3	4	5	6
1	∞	0	9	2	9	9
2	9	∞	0	9	9	9
3	0	9	∞	9	9	2
4	1	0	9	∞	9	0
5	0	9	9	0	∞	9
6	9	9	9	9	0	∞

Abb. 3.22   Tab. 3.19

Wenden wir Bounding-Regel 1 an, so erhalten wir $\underline{F}_0 = 2$ und den Nullgraphen in Abb. 3.23. Er enthält die Rundreise $\rho = (1,4,2,3,6,5,1)$ mit der Länge 4. Die kürzeste Rundreise des Problems aber ist $\rho^* = (1,2,3,6,5,4,1)$ mit der Länge 3.

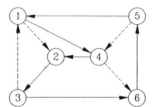

Abb. 3.23

Der Grund für die Differenz zwischen $\underline{F}_0$ und $c(\rho)$ ist, daß ρ mehr als einen der durch Regel 1 gewonnenen Pfeile des Nullgraphen enthält. Die Erhöhung von $\underline{F}_0$ durch Regel 1 beinhaltet aber nur einmal die Länge dieser Pfeile.

Die Bounding-Regeln 4–6 von Balas und Christofides, auf die wir nicht eingehen, dienen der Verminderung der Differenzen zwischen ermittelten unteren Schranken und den Längen der gefundenen Rundreisen.

3.4 B&B-Verfahren für symmetrische TSPe

Wie in Kap. 3.1.3 angedeutet, wurden große symmetrische TSPe erfolgreich mit Hilfe von **Schnittebenen**- oder **Branch-and-Cut-Verfahren** gelöst. Die Verfahren basieren auf der Formulierung (3.9)–(3.12) des TSPs; vgl. Kap. 3.1.2.2. Durch Weglassen der Zyklusbedingungen (3.11) erhält man ein 2-Matching-Problem als mögliche Relaxation des TSPs. Das weitere Grundprinzip der Verfahren läßt sich wie folgt beschreiben:

1. Betrachte die LP-Relaxation des 2-Matching-Problems.
2. Löse das vorliegende lineare Optimierungsproblem mit kontinuierlichen Variablen (z.B. mit dem Simplex-Algorithmus).
   Ist die Lösung ganzzahlig, und sind zugleich die Zyklusbedingungen erfüllt, so ist das Problem gelöst; ansonsten gehe nach Schritt 3.

3. Erweitere das vorliegende Problem um zusätzliche Nebenbedingungen (Schnittebenen), die versuchen, die Ganzzahligkeit sowie das Einhalten der Zyklusbedingungen in Schritt 2 zu gewährleisten; gehe erneut nach Schritt 2.

Wie im Rahmen der mathematischen Formulierung des TSPs in Kap. 3.1.2 diskutiert, wächst allein die Anzahl der Zyklusbedingungen exponentiell mit der Knotenanzahl n. Darüber hinaus bleibt die Schwierigkeit sicherzustellen, daß die Lösung der (um Nebenbedingungen erweiterten) LP-Relaxation ganzzahlig ist. In der Literatur wurde daher eine Reihe unterschiedlicher Nebenbedingungstypen definiert, die den Lösungsraum der jeweils betrachteten Relaxation so beschneiden, daß möglichst viele, für das TSP nicht zulässige Lösungen ausgeschlossen werden. Um den Lösungsaufwand zu begrenzen, wird man dabei jeweils nur solche Bedingungen hinzufügen, gegen die durch eine aktuelle Lösung verstoßen wird.

Die skizzierte Vorgehensweise stellt ein reines *Schnittebenenverfahren* dar. Sie ist jedoch in dieser reinen Form häufig nicht durchführbar, weil man nicht alle erforderlichen Nebenbedingungstypen kennt und nicht alle verletzten Bedingungen feststellen kann. Das Verfahren kann dann jedoch fortgesetzt werden, indem man das betrachtete Problem wie bei B&B-Verfahren verzweigt und die Schnittbildung für die entstehenden Teilprobleme fortsetzt. Eine derartige Vorgehensweise wird in der Literatur als *Branch-and-Cut-Verfahren* bezeichnet.

Wir verzichten auf eine detaillierte Darstellung von Schnittebenen- bzw. Branch-and-Cut-Verfahren, da hierfür nähere Kenntnisse aus dem Gebiet der Polyedertheorie erforderlich sind. Mittels einer knappen, dem geplanten Umfang des Buches angepaßten Einführung können diese Kenntnisse nicht vermittelt werden. Wir verweisen daher auf eine Auswahl einschlägiger Arbeiten: Grötschel (1977), Miliotis (1978), Grötschel und Padberg (1979), Fleischmann (1988), Grötschel und Holland (1991), Padberg und Rinaldi (1991), Queyranne und Wang (1993), Jünger et al. (1994, 1995).

Ebenfalls gute Fortschritte in dem Bemühen, große symmetrische Probleme zu lösen, konnten mit Hilfe der **1-Baum-Verfahren** gemacht werden. Dabei handelt es sich um *B&B-Verfahren*, bei denen untere Schranken für die optimalen Zielfunktionswerte durch Lösung einer Lagrange-Relaxation gewonnen werden; bei gegebenen Lagrange-Multiplikatoren ist jeweils ein minimaler 1-Baum zu bestimmen.

Die Entwicklung von 1-Baum-Verfahren begann mit den Arbeiten von Held und Karp (1970, 1971). Auf den Ergebnissen dieser Autoren aufbauend, entwickelten Helbig Hansen und Krarup (1974), Smith und Thompson (1977) sowie Volgenant und Jonker (1982, 1983) leistungsfähigere Algorithmen. Ferner wurden seitdem verbesserte Möglichkeiten zur Schrankenberechnung entwickelt; vgl. Leclerc und Rendl (1989) sowie Cowling und Maffioli (1995).

Ziel des vorliegenden Kapitels ist es, eine vereinfachte Version des 1-Baum-Verfahrens von Smith und Thompson (1977) zur Lösung von symmetrischen TSPen zu beschreiben (in den Bem. 3.14 und 3.16 geben wir Hinweise auf Weiterentwicklungen). Dieses B&B-Verfahren hat mit den anderen oben genannten 1-Baum-Verfahren u.a. folgendes gemeinsam:

Zur Bestimmung einer guten (d.h. möglichst großen) unteren Schranke $\underline{F}_\mu$ für den Zielfunktionswert der optimalen Lösung des Problems P_μ wird für alle $\mu = 0, 1, \ldots$ eine sogenannte *Ascent-Methode* (Anstiegs-Methode) verwendet, die zur Lösung der betrachteten Lagrange-Relaxation von P_μ dient. Dabei werden wiederholt, mit jeweils veränderten Lagrange-Multiplikatoren, *1-Baum-Probleme* auf einem Graphen G gebildet und gelöst. Der Graph G entsteht aus dem dem TSP zugrundeliegenden Graphen [V,E,c] durch Modifikation seiner Kantenbewertungen c.

Da die Beschreibung von Lagrange-Relaxationen und Ascent-Methoden größeren Raum erfordert, behandeln wir sie gesondert in den Kapitel 3.4.1 bis 3.4.3. In 3.4.4 folgt eine knappe Darstellung unserer vereinfachten Version des Verfahrens von Smith und Thompson, bei der wir dann die Ausführungen der vorhergehenden Kapitel als bekannt voraussetzen können.

3.4.1 Das 1-Baum-Problem als Relaxation des TSPs

In Kap. 1.1 haben wir die Begriffe *1-Baum*, *minimaler 1-Baum* und *1-Baum-Problem* definiert. Unter Einbeziehung unserer Ausführungen über die Bestimmung minimaler spannender Bäume von Graphen in Kap. 4 von Band I wollen wir nun zunächst ein Verfahren zur Bestimmung eines minimalen 1-Baumes angeben:

Bemerkung 3.10 (Lösungsverfahren für das 1-Baum-Problem):

Zur Bestimmung eines minimalen 1-Baumes T eines Graphen G = [V,E,c] mit dem ausgezeichneten Knoten i_0 eignet sich die folgende Vorgehensweise:

Schritt 1: Bestimme einen minimalen spannenden Baum T' des Untergraphen
$G' = [V - \{i_0\}, E', c|_{E'}]$ von G. [26] [27]

Schritt 2: Erweitere T' zum gesuchten 1-Baum T durch Hinzufügen von Knoten i_0 sowie der beiden niedrigstbewerteten Kanten, mit denen i_0 in G inzident ist.

Bemerkung 3.11: Ein 1-Baum besitzt genau dann die uns geläufigen Eigenschaften eines Baumes, wenn wir aus ihm eine Kante des in ihm enthaltenen Kreises streichen. Der Knoten i_0 besitzt in dem (mit ihm bestimmten) 1-Baum den Grad 2, für andere Knoten muß dies nicht gelten.

In Abhängigkeit von i_0 können sich sehr unterschiedliche (minimale) 1-Bäume und dementsprechend unterschiedlich günstige untere Schranken ergeben.

---

[26] D.h. G' entsteht aus G durch Streichen des Knotens i_0 und der mit ihm inzidenten Kanten.

[27] Eine Kurzfassung des Algorithmus von Kruskal (vgl. Alg. 4.1 in Band I) zur Bestimmung eines minimalen spannenden Baumes T = $[V, E', c|_{E'}]$ eines Graphen G = [V,E,c] lautet:
Sortiere die m Kanten k_i von G so, daß $c(k_1) \leq c(k_2) \leq \ldots \leq c(k_m)$ gilt. Starte mit E' = ϕ. Überprüfe die Kanten in der Reihenfolge der Sortierung und füge sie zu E' hinzu, falls dadurch im aktuellen Baum T kein Kreis entsteht.

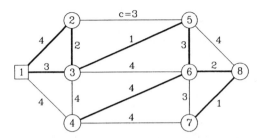

Abb. 3.24

Betrachten wir den Graphen in Abb. 3.24 und wählen wir $i_0 = 1$, so hat ein minimaler 1-Baum (in der Abb. stark hervorgehoben) den Wert 20. Dies gilt auch für $i_0 = 3, 4, 5$ oder 6. Wählen wir dagegen $i_0 = 2, 7$ oder 8, so liefern uns die minimalen 1-Bäume mit dem Wert 19 eine schlechtere untere Schranke für die Länge der kürzesten Rundreise. Der **größte** erhaltene Wert, also 20, könnte als untere Schranke für den B&B-Prozeß verwendet werden.

Im folgenden gehen wir stets von $i_0 = 1$ aus.

Wir wollen das 1-Baum-Problem für einen vollständigen, bewerteten, ungerichteten Graphen G = [V,E,c] mit n Knoten mathematisch formulieren. Dazu führen wir für jede Kante von G genau eine Binärvariable x_{ij} mit i < j ein. Das Problem lautet:

Minimiere $F1B(x) = \sum_{i=1}^{n-1} \sum_{j=i+1}^{n} c_{ij} x_{ij}$ (3.31)

unter den Nebenbedingungen

$$\left. \begin{array}{l} \sum_{j=2}^{n} x_{1j} = 2 \\[4pt] \sum_{h=1}^{i-1} x_{hi} + \sum_{j=i+1}^{n} x_{ij} \geq 1 \qquad \text{für } i = 2,\ldots,n \\[4pt] \sum_{i=1}^{n-1} \sum_{j=i+1}^{n} x_{ij} = n \end{array} \right\}$$ (3.32)

$$\sum_{\substack{i \in Q, j \in V-Q \\ i < j}} x_{ij} + \sum_{\substack{i \in V-Q, j \in Q \\ i < j}} x_{ij} \geq 2 \quad \text{für alle } Q \subset V \text{ mit } 2 \leq |Q| \leq \lfloor \tfrac{n}{2} \rfloor$$ (3.33)

$x_{ij} \in \{0,1\}$ \qquad für $i,j = 1,\ldots,n; i < j$ (3.34)

Das 1-Baum-Problem unterscheidet sich von unserer Formulierung (3.9)–(3.12) für das symmetrische TSP in Kap. 3.1.2 lediglich durch eine Abschwächung der Nebenbedingungen (3.10) zu (3.32). Das 1-Baum-Problem ist somit eine Relaxation des symmetrischen TSPs. Für die optimalen Werte der Zielfunktion (3.31) und (3.9) gilt daher:

Min $F1B(x) \leq$ Min $F(x)$.

Dieses aus dem Vergleich beider Problemformulierungen hergeleitete Ergebnis kann man sich auch wie folgt überlegen: Jede Rundreise eines Graphen G ist zugleich ein 1-Baum von G.

Die Menge der 1-Bäume von G ist eine echte Obermenge der Menge seiner Rundreisen. Somit ist der Wert des minimalen 1-Baumes stets kleiner oder gleich der Länge einer kürzesten Rundreise.

Abschließend formulieren wir den folgenden Satz, der im Rahmen des Verfahrens von Smith und Thompson (1977) von Bedeutung ist.

Satz 3.2: Seien T_1 ein minimaler 1-Baum eines bewerteten, ungerichteten Graphen G = [V,E,c] und [i,j] eine Kante von T_1. Verbieten wir die Kante [i,j], indem wir ihre Bewertung ∞ setzen, so erhalten wir – falls der dadurch entstandene Graph G' überhaupt einen 1-Baum mit endlichem Wert besitzt – einen minimalen 1-Baum T_2 von G' durch Aufnahme von genau einer anderen Kante [h,k] ∉ T_1, so daß gilt:

$$T_2 = T_1 \cup \{[h,k]\} - \{[i,j]\}.$$

Falls [i,j] zum einzigen Kreis von T_1 gehörte, ist [h,k] die niedrigstbewertete Kante, die diesen wieder schließt; ansonsten ist [h,k] die niedrigstbewertete Kante, die den Zusammenhang des Teilgraphen wieder herstellt.

3.4.2 Lagrange-Relaxationen für TSPe

Zum Zwecke des Auslotens eines Problems P_μ ($\mu = 0,1,...$) wird im Rahmen von 1-Baum-Verfahren i.d.R. nicht nur ein einziger 1-Baum ermittelt. Vielmehr wiederholt sich die 1-Baum-Bestimmung unter Umständen sehr oft, und zwar im Rahmen der Lösung einer Lagrange-Relaxation.

Zur Formulierung einer Lagrange-Relaxation des symmetrischen TSPs gehen wir von der Formulierung (3.6) – (3.8) des TSPs:

$$\text{Minimiere } F(\mathbf{x}) = \sum_{i=1}^{n-1} \sum_{j=i+1}^{n} c_{ij} x_{ij} \qquad (3.35) = (3.6)$$

unter den Nebenbedingungen

$$\sum_{h=1}^{i-1} x_{hi} + \sum_{j=i+1}^{n} x_{ij} = 2 \qquad \text{für i = 1,...,n} \qquad (3.36) = (3.7)$$

$$\mathbf{x} \text{ repräsentiert einen 1-Baum} \qquad (3.37) = (3.8)$$

Eine Lagrange-Relaxation von (3.35) – (3.37) erhalten wir auf folgende Weise: Wir eliminieren die Nebenbedingungen (3.36) und addieren in der Zielfunktion für jede dieser Bedingungen den Ausdruck $u_i \cdot \left[\sum_{h=1}^{i-1} x_{hi} + \sum_{j=i+1}^{n} x_{ij} - 2\right]$.

Die u_i dienen als **Lagrange-Multiplikatoren**. Wir bezeichnen sie auch als **Knotengewichte** und den Vektor $\mathbf{u} = (u_1,...,u_n)$ als Knotengewichtsvektor. u_i *gewichtet die Abweichung des Grades g_i des Knotens i vom (für Rundreisen erforderlichen) Wert 2*.

Für vorgegebene Knotengewichte lautet somit die *Lagrange-Relaxation*:

Minimiere $FL(x) = \sum_{i=1}^{n-1} \sum_{j=i+1}^{n} c_{ij} x_{ij} + \sum_{i=1}^{n} u_i \cdot \left[\sum_{h=1}^{i-1} x_{hi} + \sum_{j=i+1}^{n} x_{ij} - 2 \right]$ (3.38)

unter der Nebenbedingung

x repräsentiert einen 1-Baum (3.39)

Das Problem ist deshalb Relaxation des symmetrischen TSPs, weil die Menge seiner zulässigen Lösungen wie im Problem (3.31) - (3.34) des vorigen Kapitels genau aus der Menge aller 1-Bäume von G besteht, und diese Menge beinhaltet sämtliche Rundreisen. Es bleibt lediglich die Frage, ob Min FL(x) stets kleiner oder gleich der Länge einer kürzesten Rundreise von G ist, so daß Min FL(x) als untere Schranke dieser Länge dienen kann. Da für jede Rundreise der zweite Summand von (3.38) den Wert 0 besitzt und der erste Summand mit F(x) aus (3.35) identisch ist, ist die Länge der kürzesten Rundreise von G eine obere Schranke von Min FL(x). Folglich gilt stets:

Min FL(x) $\leq$ Min F(x)

Bei vorgegebenem Vektor u läßt sich (3.38) - (3.39) als 1-Baum-Problem darstellen und lösen. Wir erkennen dies, indem wir die Zielfunktion (3.38) umformen zu:

Minimiere $FL(x) = \sum_{i=1}^{n-1} \sum_{j=i+1}^{n} (c_{ij} + u_i + u_j) x_{ij} - 2 \sum_{i=1}^{n} u_i$ (3.38)'

Das 1-Baum-Problem ist zu lösen für den Graphen G mit den modifizierten Kantenbewertungen $c'_{ij} := c_{ij} + u_i + u_j$.

Ziehen wir vom Wert des minimalen 1-Baumes zweimal die Summe der u_i ab, so erhalten wir Min FL(x). Ist u = 0, so liegt die im vorigen Kapitel behandelte 1-Baum-Relaxation mit $c'_{ij} = c_{ij}$ für alle i und j vor.

Zur Bedeutung der Lagrange-Relaxation bleibt folgendes zu bemerken:

Bemerkung 3.12: Beim Übergang von einem Knotengewichtsvektor u zu einem Vektor u' bleibt, falls der 1-Baum x eine *Rundreise* ist, der Wert FL(x) stets unverändert. Dies gilt jedoch für einen 1-Baum x̄, der keine Rundreise darstellt, in der Regel nicht. Das TSP ist gelöst, falls es gelingt, einen Vektor u so zu finden, daß der minimale 1-Baum eine Rundreise darstellt.

Beispiele: Bevor wir uns im nächsten Kapitel mit der Bestimmung "günstiger" Knotengewichte beschäftigen, wollen wir anhand zweier Beispiele die Auswirkungen unterschiedlicher Vektoren u betrachten: Wir gehen vom Graphen der Abb. 3.24 aus. Mit den Knotengewichten u = (0, -1, 0.5, -1, 1, 0, -1, -1) besitzt er die in Abb. 3.25 angegebenen Kantenbewertungen c'_{ij}. Der minimale 1-Baum dieses Graphen ist stark hervorgehoben. Er besitzt den Wert $FL(x) = 15.5 - 2 \sum_i u_i = 15.5 + 5 = 20.5$.[28]

---

[28] Würden wir nicht an unserer Numerierung festhalten, so könnten wir jedoch – z.B. von Knoten 8 als ausgezeichnetem Knoten ausgehend – als minimalen 1-Baum auch die kürzeste Rundreise [8,7,4,1,2,3,5,6,8] mit Länge 21 finden.

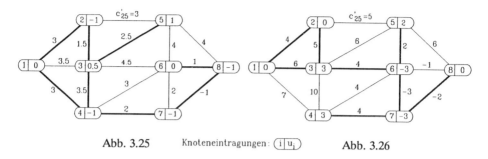

Abb. 3.25   Knoteneintragungen: $(i \mid u_i)$ Abb. 3.26

Bei ungünstiger Wahl von **u** kann die anhand des Graphen ohne Knotengewichte erhaltene Schranke (in unserem Beispiel FL(x) = 20) jedoch auch unterschritten werden. Mit **u** = (0, 0, 3, 3, 2, -3, -3, 0) beispielsweise besitzt der Graph aus Abb. 3.24 die in Abb. 3.26 angegebenen Kantenbewertungen c'_{ij}. Ein ebenfalls in Abb. 3.26 eingezeichneter minimaler 1-Baum liefert die untere Schranke FL(x) = 20 - 2 $\sum_i u_i$ = 16.

3.4.3 Ascent-Methoden zur Maximierung unterer Schranken

Von mehreren Autoren[29] wurden sogenannte **Ascent-** (Anstiegs- oder **Subgradienten-**) **Methoden** entwickelt. Sie dienen der Bestimmung von Knotengewichtsvektoren **u**, die – im Rahmen der Lagrange-Relaxation (3.38) – (3.39) verwendet – möglichst gute (d.h. große) untere Schranken für die Länge der kürzesten Rundreise liefern.

Das durch die Ascent-Methoden zu lösende Problem, einen Lagrange-Vektor **u*** zu finden, für den die Lagrange-Relaxation einen größtmöglichen Zielfunktionswert annimmt, bezeichnet man in der Literatur als **Lagrange-Problem**. Für das hier betrachtete TSP lautet es:

$$\text{Maximiere } \Phi(u) = -2 \sum_{i=1}^{n} u_i + \text{Min} \left\{ \sum_{i=1}^{n-1} \sum_{j=i+1}^{n} (c_{ij} + u_i + u_j) x_{ij} \right\} \quad (3.40)$$

unter der Nebenbedingung

     x repräsentiert einen 1-Baum   (3.41)

Aufgrund der Ausführungen im vorigen Kapitel – insbes. Bem. 3.12 – wissen wir, daß das Maximum von $\Phi(u)$ höchstens gleich der Länge der kürzesten Rundreise sein kann, d.h. es gilt

     Max $\Phi(u) \leq$ Min F(x) .

Anders ausgedrückt: Max $\Phi(u)$ stellt die größte untere Schranke für die Länge der kürzesten Rundreise dar, die mit Hilfe der Lagrange-Relaxation erhältlich ist.

Leider gibt es Probleme, für die Max $\Phi(u)$ < Min F(x) ist.[30] Außerdem ist Φ keine lineare, sondern eine stückweise lineare, konkave Funktion von **u**, so daß Max $\Phi(u)$ schwer zu

---

[29] Vgl. z.B. Held und Karp (1970, 1971), Helbig Hansen und Krarup (1974), Held et al. (1974), Smith und Thompson (1977) sowie Volgenant und Jonker (1982).

[30] Vgl. z.B. Held und Karp (1970, S. 1140 f.).

bestimmen ist. Die im folgenden beschriebene Methode kann daher – für sich genommen – TSPe in der Regel nicht vollständig lösen. Sie dient aber zumindest im Rahmen von B&B-Verfahren zur Berechnung guter unterer Schranken $\underline{F}_\mu$ für (Teil-) Probleme P_μ.

Ascent-Methoden sind Iterationsverfahren zur (heuristischen) Lösung nichtlinearer Optimierungsprobleme, die nicht nur im Rahmen der Lösung von TSPen Bedeutung erlangt haben. Wir verzichten auf eine allgemein gehaltene Darstellung von Ascent-Methoden und verweisen diesbezüglich auf die Literatur zur ganzzahligen bzw. nichtlinearen Optimierung.[31] Wir beschränken uns auf die Darstellung einer Ascent-Methode für unser spezielles Problem (3.40) – (3.41).

Ausgehend von einem Knotenvariablenvektor u^0 (z.B. $u^0 = 0$), werden im Laufe des Verfahrens neue Vektoren $u^1, u^2, \ldots$ ermittelt. Zur Beschreibung der Transformationsgleichung für die Überführung von u^j nach u^{j+1} verwenden wir folgende Bezeichnungen:

$T(u^j)$ minimaler 1-Baum, den wir durch Lösung der Lagrange-Relaxation (3.38) – (3.39) bei Vorgabe von u^j erhalten

$g(T)$ Vektor der Knotengrade $g_1, \ldots, g_n$ des 1-Baumes T; für die i-te Komponente ($i = 1, \ldots, n$) des Vektors schreiben wir $g_i(T)$

$g(T) - 2$ Vektor, der in jeder Komponente um 2 verminderten Knotengrade

δ_j ein Skalar, der nach den unten angegebenen Regeln gewählt bzw. berechnet wird

Die Transformationsgleichung zur Berechnung von u^{j+1} lautet:

$$u^{j+1} := u^j + \delta_j (g(T(u^j)) - 2) \qquad \text{für } j = 0, 1, 2, \ldots \qquad (3.42)$$

Den Wert δ_j bezeichnet man als *Schrittweite*. Aus (3.42) wird ersichtlich, daß der Lagrange-Multiplikator u_i eines Knotens i für jede Einheit der Abweichung vom gewünschten Grad $g_i = 2$ um δ_j verändert wird. Das Konvergenzverhalten von $\Phi(u)$ gegen das Maximum Φ^* hängt wesentlich von der Wahl der δ_j ab. Eine Arbeit von Poljak zitierend, geben Held et al. (1974, S. 67) an, daß $\Phi(u)$ gegen Φ^* konvergiert, wenn lediglich die folgenden Voraussetzungen erfüllt sind: $\lim\limits_{j\to\infty} \delta_j \to 0$ und $\sum\limits_{j=0}^{\infty} \delta_j = \infty$

Die für unser Lagrange-Problem (3.40) – (3.41) im Rahmen der Lösung des TSPs existierenden Ascent-Methoden wählen (bzw. berechnen) δ_j zumeist wie folgt (siehe jedoch Bem. 3.14):

$$\delta_j = \gamma \cdot (\bar{F} - \Phi(u^j)) / \sum_{i=1}^{n} (g_i(T(u^j)) - 2)^2 \qquad (3.43)$$

Dabei ist $\bar{F}$ die Länge der bisher kürzesten Rundreise des betrachteten Problems.[32] γ ist eine Konstante mit $0 \leq \gamma \leq 2$. Held et al. (1974, S. 68) empfehlen, mit $\gamma = 2$ zu beginnen und den Wert über 2n Iterationen unverändert zu lassen. Danach sollten sukzessive γ und die Zahl der

---

[31] Siehe etwa die Ausführungen über Subgradienten-Verfahren in Parker und Rardin (1988, S. 216 ff.).

[32] Eine erste obere Schranke wird bei den hier behandelten B&B-Verfahren durch Einsatz eines heuristischen Verfahrens gewonnen (siehe Kap. 3.2).

Iterationen, für die γ unverändert bleibt, halbiert werden. Mit der geschilderten Berechnung der δ_j wird zwar gegen die Forderung $\Sigma_j \delta_j = \infty$ verstoßen, die praktischen (auch eigenen Rechen-) Erfahrungen zeigen jedoch, daß $\Phi(\mathbf{u})$ in der Regel dennoch gegen Φ^* konvergiert.[33]

Wir beschreiben nun die Ascent-Methode von Smith und Thompson (1977, S. 481 ff.). Ihr Ablauf kann durch vorzugebende Parameter (γ, Toleranzen α, β, τ sowie Iterationszahlen it und itmin)[34] noch in vielen Details beeinflußt werden. Durch die Verwendung von Wertzuweisungen können wir auf den Iterationsindex j (z.B. für $\mathbf{u}^j$ und δ_j) verzichten.

Algorithmus 3.8: Ascent-Methode von Smith und Thompson

Voraussetzung: Ein zusammenhängender, bewerteter, ungerichteter Graph G = [V,E,c] mit n Knoten; obere Schranke $\bar{F}$ für die Länge einer kürzesten Rundreise von G; Knotengewichtsvektor $\mathbf{u}$ mit vorgegebenen Anfangswerten, z.B. $\mathbf{u} = \mathbf{0}$; Vektor $\mathbf{u}^*$ für die Knotengewichte, der zum aktuellen minimalen 1-Baum T^* mit maximalem Wert $\Phi(\mathbf{u}^*)$ führte; untere Schranke $\underline{F} = \Phi(\mathbf{u}^*)$; vorgegebene Werte für die Parameter γ, α, β, τ, it und itmin.

Start: Iterationszähler j := 0;

Iteration:

j := j + 1;

berechne den minimalen 1-Baum $T(\mathbf{u})$ sowie den Wert $\Phi(\mathbf{u})$, der sich durch T ergibt;

falls $\Phi(\mathbf{u}) > \underline{F}$, so setze $\mathbf{u}^* := \mathbf{u}$, $T^*(\mathbf{u}) := T(\mathbf{u})$ und $\underline{F} := \Phi(\mathbf{u})$;

bilde $\delta := \gamma \cdot (\bar{F} - \Phi(\mathbf{u})) / \sum_{i=1}^{n} (g_i(T(\mathbf{u})) - 2)^2$ und berechne einen neuen Vektor $\mathbf{u}$

mit den Komponenten $u_i := u_i + \delta \cdot (g_i(T) - 2)$ für i = 2,...,n;[35]

falls j = it, setze $\gamma := \gamma/2$, it := $\max\{it/2, itmin\}$ und j := 0;
gehe zur nächsten Iteration.

Abbruch der Ascent-Methode: Das Verfahren bricht ab, sobald einer der folgenden Fälle eintritt:

1) $T(\mathbf{u}^*)$ ist eine Rundreise.
2) Es ist $\delta < \alpha$[36] oder $\bar{F} - \underline{F} \leq \tau$.
3) it = itmin, und innerhalb von 4×itmin Iterationen erfolgte keine Erhöhung von $\underline{F}$ um mindestens β.

---

[33] Es sei noch darauf hingewiesen, daß $\Phi(\mathbf{u}^0), \Phi(\mathbf{u}^1), \ldots$ keine monoton wachsende Folge zu sein braucht. Wird δ_j zu groß gewählt, so kann auch $\Phi(\mathbf{u}^{j+1}) < \Phi(\mathbf{u}^j)$ werden. Diesem Umstand wird in Alg. 3.8 durch Abspeicherung von T^* und $\underline{F}$ Rechnung getragen.

[34] itmin ist die minimale Zahl an Iterationen, die mit unverändertem γ ausgeführt wird.

[35] Da der Grad des Knotens 1 stets 2 ist, bleibt u_1 jeweils unverändert.

[36] Wegen $\gamma \to 0$ unterschreitet δ nach endlich vielen Schritten ein positives α.

Ergebnis: Eine kürzeste Rundreise von G (Fall 1) oder eine untere Schranke für eine kürzeste Rundreise.

* * * * *

Smith und Thompson empfehlen folgende Parameterwerte:

$\gamma = 2$; $\alpha = 0.01$; $\beta = 0.1$; itmin = $\lfloor \frac{n}{8} \rfloor$

$$\tau = \begin{cases} 0.999 & \text{bei ganzzahligen Kantenbewertungen} \\ 0 & \text{sonst} \end{cases}$$

$$\text{it} = \begin{cases} n & \text{falls das Ausgangsproblem } P_0 \text{ betrachtet wird} \\ \text{itmin} & \text{sonst} \end{cases}$$

Bemerkung 3.13: Im Laufe von Alg. 3.8 bleibt die Summe der u_i unverändert. Begründung: Jeder 1-Baum besitzt genau n Kanten. Somit ist

$$\sum_{i=1}^{n} \delta \cdot (g_i(T)-2) = \delta \left[\sum_{i=1}^{n} g_i(T) - 2n \right] = \delta(2n - 2n) = 0.$$

Beispiel: Wenden wir Alg. 3.8 auf den Graphen in Abb. 3.24 an, und starten wir mit dem Nullvektor $\mathbf{u} = \mathbf{0}$, $\gamma = 2$, it = 8 und der Rundreise [1,3,2,5,6,8,7,4,1], die uns die obere Schranke $\bar{F} = 22$ liefert, so ist folgender Verfahrensverlauf möglich:[37]

Iteration 1: Ein minimaler 1-Baum T(**u**) ist in Abb. 3.24 stark hervorgehoben, sein Wert ist 20; wir berechnen $\delta = 1$ und $\mathbf{u} = (0, 0, 1, -1, 0, 1, -1, 0)$.

Iteration 2: Einer der minimalen 1-Bäume ist in Abb. 3.27 stark hervorgehoben. Es handelt sich um die kürzeste Rundreise [1,2,3,5,6,8,7,4,1] des Graphen mit der Länge 21.

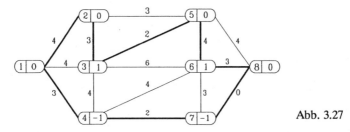

Abb. 3.27

Bemerkung 3.14 *(Modifikationen von Volgenant und Jonker (1982)):*

Die Wahl von δ_j gemäß (3.43) führt u.U. dazu, daß von Iteration zu Iteration die Knotengrade zwischen 1 und > 2 oszillieren. Volgenant und Jonker (1982) verwenden daher statt (3.42) folgende Transformationsgleichung, bei der nicht nur die aktuelle, sondern auch die Knotengradabweichung der vorhergehenden Iteration berücksichtigt wird:

---

[37] Bei dem von uns gewählten Beispiel ist die Zahl der benötigten Iterationen wesentlich davon abhängig, welcher der minimalen 1-Bäume ausgewählt (bzw. vom Rechner zuerst gefunden) wird.

$$u^{j+1} := u^j + 0.6\,\epsilon_j(g(T(u^j))-2) + 0.4\,\epsilon_j(g(T(u^{j-1}))-2) \qquad \text{für } j = 1,2,\ldots \qquad (3.42)'$$

Die Parameterwahl für ϵ_j erfolgt so, daß im Laufe der Iterationen die Veränderungen der u_i geringer werden.

3.4.4 Ein B&B-Verfahren *(Algorithmus 3.9)*

Zu lösen sei ein **symmetrisches TSP** für einen bewerteten, schlichten, zusammenhängenden, ungerichteten Graphen $G = [V, E, c]$ mit n Knoten. Die Knoten seien von 1 bis n numeriert. Vollständigkeit von G setzen wir nicht voraus. G kann außerdem so beschaffen sein, daß er keine Rundreise besitzt (das Verfahren endet dann mit $\bar F = \infty$). Wir fordern jedoch, daß der Grad jedes Knotens von G größer oder gleich 2 ist.

Eine mögliche mathematische Formulierung des symmetrischen TSPs (für einen vollständigen Graphen) ist (3.9) – (3.12). Wenn wir im folgenden von Variablen x_{ij} sprechen, gehen wir wie in Kap. 3.1.2.2 davon aus, daß die mathematische Formulierung des TSPs für *jede Kante* [i,j] von G genau *eine Variable* x_{ij} vorsieht.

Der folgende Algorithmus ist ein B&B-Verfahren mit der LIFO-Regel zur Auswahl von Problemen aus der Kandidatenliste. Wie in Kap. 1.2 allgemein für B&B-Verfahren angegeben, bezeichnen wir das zu lösende TSP als P_0; die im Laufe des Verzweigungsprozesses entstehenden Teilprobleme von P_0 nennen wir $P_1, P_2, \ldots$.

In P_0 sind alle Variablen x_{ij} noch **frei**, d.h. sie dürfen in einer zulässigen Lösung des Problems die Werte 0 oder 1 annehmen. In $P_1, P_2, \ldots$ gibt es dagegen bestimmte Variablen x_{hk}, deren Wert jeweils zu 0 oder 1 **fixiert** ist. Statt von einer zu 0 bzw. 1 fixierten Variablen x_{ij} sprechen wir im folgenden häufig von einer noch **freien** oder einer **fixierten** (d.h. einer **verbotenen** oder einer **einbezogenen**) Kante [i,j].

Wir behandeln nun die Komponenten von Alg. 3.9 (vgl. das Flußdiagramm in Abb. 1.4).

Komponente 1: Durch Einsatz eines heuristischen Verfahrens oder einer Kombination aus heuristischen Verfahren (siehe Kap. 3.2) wird eine Rundreise für das zu lösende TSP ermittelt. Ihre Länge liefert eine erste obere Schranke $\bar F$ für die Länge der (einer) kürzesten Rundreise.

Wird durch das (die) heuristische(n) Verfahren keine Rundreise gefunden – bei unvollständigen Graphen G ist das möglich –, so kann z.B. mit

$\bar F := n \times$ (Länge der längsten Kante von G)   gestartet werden.

Komponente 2 und 8 *(Relaxationen, Ermittlung unterer Schranken)*: Zur Ermittlung unterer Schranken $\underline F_\nu$ für die Probleme P_ν ($\nu = 0, 1, \ldots$) wird Alg. 3.8 (Ascent-Methode) verwendet.

Komponente 3 *(Ausloten eines Problems)*: Aufgrund unserer Annahmen über den gegebenen Graphen G sowie aufgrund der Verzweigungsregel treten nur die Fälle a und b des Auslotens auf. Fall a tritt ein, sobald bei Durchführung der Ascent-Methode für ein Problem P_ν eine untere Schranke $\underline{F}_\nu \geq \bar{F}$ ermittelt wird; die Ascent-Methode kann dann sofort (also vor Erreichen eines ihrer Abbruchkriterien) beendet werden.

Komponente 4 und 5 *(Ablegen und Auswahl von Problemen)*: Ein trotz vollständiger Durchführung der Ascent-Methode nicht auslotbares Problem wird der Kandidatenliste hinzugefügt. Wie bereits erwähnt, erfolgt die Auswahl von Problemen aus der Kandidatenliste nach der LIFO-Regel. Vor dem (weiteren) Verzweigen eines Teilproblems P_μ wird geprüft, ob es nachträglich auslotbar ist, d.h. es wird festgestellt, ob $\bar{F}$ seit dem Ablegen von P_μ in der Kandidatenliste so verringert werden konnte, daß nunmehr $\underline{F}_\mu \geq \bar{F}$ gilt.

Komponente 6 *(Verzweigungsprozeß; siehe auch Bem. 3.15)*: Ein nicht auslotbares Problem P_μ wird verzweigt. Betrachte hierzu denjenigen 1-Baum $T(u^*)$, der für P_μ im Rahmen der Ascent-Methode die maximale untere Schranke $\underline{F}_\mu$ geliefert hat. Suche einen beliebigen Knoten t, der in T den Grad $g_t \geq 3$ besitzt. Ermittle diejenigen zwei Kanten [h,t] und [k,t] des Baumes T, die unter allen *mit t inzidenten und noch freien* Kanten [i,t] von T die höchsten Bewertungen $c'_{it} := c_{it} + u^*_i + u^*_t$ besitzen. Es gelte $c'_{ht} \geq c'_{kt}$. Durch Fixierung dieser beiden Kanten wird P_μ wie folgt in zwei oder drei Teilprobleme P_{μ_1}, P_{μ_2} und evtl. P_{μ_3} zerlegt.

P_{μ_1}: Fixiere x_{ht} zu 0; d.h. verbiete die Kante [h,t].

P_{μ_2}: Fixiere x_{ht} zu 1 und x_{kt} zu 0; d.h. [h,t] wird einbezogen und [k,t] verboten.

Sind damit in P_{μ_2} insgesamt zwei mit t inzidente Kanten einbezogen,[38] so verbiete alle übrigen mit t inzidenten Kanten. In diesem Fall wird P_μ nur in P_{μ_1} und P_{μ_2} verzweigt; ansonsten ist in P_{μ_2} unter allen mit Knoten t inzidenten Kanten lediglich [h,t] einbezogen, und es wird ein weiteres Problem P_{μ_3} gebildet.

P_{μ_3}: Fixiere x_{ht} und x_{kt} zu 1; d.h. beziehe [h,t] und [k,t] ein. Alle übrigen mit t inzidenten Kanten werden verboten.

Verbotene Kanten [j,t] erhalten die Kostenbewertung $c_{jt} = c'_{jt} := \infty$. Einbezogene Kanten werden bei jeder 1-Baum-Bestimmung als erste in den zu bestimmenden Teilgraphen aufgenommen.

Komponente 7 *(Logische Tests)*: Für viele der nach obigen Verzweigungsregeln gebildeten Teilprobleme P_ν ($\nu = 1, 2, ...$) lassen sich zusätzlich ein oder mehrere bisher noch freie Kanten fixieren (verbieten oder einbeziehen). Dies gilt v.a. dann, wenn der dem TSP zugrundeliegende Graph planar ist; wenn also jeder Knoten mit wenigen anderen Knoten inzident ist (vgl. das nachfolgende Beispiel mit dem Graphen in Abb. 3.28).

Eine Kante [i,j] kann *verboten* werden, wenn eine der folgenden Bedingungen erfüllt ist:

---

[38] Eine zweite, mit t inzidente Kante kann bereits bei der Bildung eines Problems, das sich im Lösungsbaum in dem von der Wurzel zum aktuellen Teilproblem führenden Weg befindet, einbezogen worden sein.

- Die Knoten i und j sind *Endknoten* einer aus mindestens 2 und höchstens n−2, ausschließlich *einbezogenen* Kanten bestehenden Kette f. Die Kante [i,j] würde zusammen mit f einen "Kurzzyklus" bilden.
- Der Knoten i und (oder) der Knoten j sind (ist) bereits mit zwei einbezogenen Kanten inzident.

Eine Kante [i,j] kann unter der folgenden Bedingung *einbezogen* werden: Knoten i und (oder) Knoten j sind (ist) außer mit [i,j] nur mit einer weiteren, nicht verbotenen Kante inzident. Vor allem anhand von Teilproblem P_5 unseres unten betrachteten TSPs wird ersichtlich, daß obige Überlegungen zu einer Kette von Fixierungen führen können.

Bemerkung 3.15: Alg. 3.9 ist eine vereinfachte Version des Verfahrens von Smith und Thompson (1977). Neben weiteren Verzweigungsalternativen sehen die Autoren auch logische Tests vor, die das Bilden einzelner Teilprobleme überflüssig machen und zu Rechenzeitersparnissen führen können.

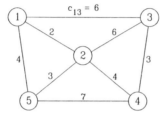

Abb. 3.28

Beispiel: Wir wollen nun mit Hilfe von Alg. 3.9 die kürzeste Rundreise für den Graphen G in Abb. 3.28 bestimmen. Damit wir dabei nicht hauptsächlich die Anwendung der Ascent-Methode wiederholen, [39] sollen für die Ermittlung einer unteren Schranke $\underline{F}_\nu$ für jedes der zu betrachtenden Probleme P_ν *maximal zwei Iterationen der Ascent-Methode* ausgeführt werden (d.h. es sollen für jedes P_ν maximal zwei minimale 1-Bäume mit Knoten $i_0 = 1$ als ausgezeichnetem Knoten berechnet werden). Wir vereinbaren ferner: Bei Start der Ascent-Methode seien jeweils alle $u_i = 0$. Wir wählen $\gamma = 1$. Das heuristische Verfahren in Komponente 1 liefere die Rundreise $\rho = [1,2,3,4,5,1]$. Ihre Länge ergibt die aktuelle obere Schranke $\bar{F} = 22$.

Problem P_0: Der minimale 1-Baum von G liefert $\Phi = 16$, $\delta = 6/2 = 3$ und den neuen Vektor $\mathbf{u} = (0,3,-3,0,0)$. Der minimale 1-Baum $T(\mathbf{u})$ besitzt den Wert $\Phi(\mathbf{u}) = 19$ und enthält die Kanten [1,3], [2,3], [4,3], [1,5], [2,5]. Es ist $\underline{F}_0 = 19$. P_0 ist nicht auslotbar. P_0 wird verzweigt, primär durch Fixierung der Kanten [h,t] = [2,3] und [k,t] = [1,3] mit $c'_{23} = 6$ und $c'_{13} = 3$; vgl. Abb. 3.29.

Problem P_1: Es entsteht aus P_0 durch *Verbot* von Kante [2,3]. Dadurch sind [1,3] und [3,4] in jeder Rundreise von P_1 enthalten; also werden diese Kanten zusätzlich einbezogen. Mit $\mathbf{u} = \mathbf{0}$ erhalten wir einen minimalen 1-Baum mit $\Phi(\mathbf{u}) = 18$, $\delta = 2$ und den neuen Vektor

---

[39] Wendet man die Ascent-Methode, wie in Alg. 3.8 beschrieben, an, so wird im Laufe der 12. Iteration die kürzeste Rundreise gefunden.

$u = (0, 2, 0, 0, -2)$. Mit diesem Vektor u erhalten wir in der zweiten Iteration den minimalen 1-Baum, der aus den noch freien Kanten [1,5], [2,5], [4,5] und den einbezogenen Kanten [1,3] und [3,4] besteht. Es ist $\Phi(u) = 19$. Das Problem ist nicht auslotbar. Es wird verzweigt, primär durch Fixierung der Kanten $[h,t] = [4,5]$ und $[k,t] = [2,5]$ mit $c'_{45} = 5$ und $c'_{25} = 3$.

Problem P_2: Es entsteht aus P_1 durch *Verbot* von Kante [4,5]. Daraus aber folgt notwendig die Einbeziehung der Kanten [1,5], [2,5] und [2,4] und daraus das Verbot der Kante [1,2]. Die Fixierungen liefern die Rundreise $\rho = [1,3,4,2,5,1]$ und die neue obere Schranke $\bar{F} = 20$ (Fall b des Auslotens).

Problem P_3: Es entsteht aus P_1 durch *Einbeziehen* von [4,5] und *Verbot* von [2,5]. Dadurch zusätzlich: [2,4] verbieten, [1,5] einbeziehen, [1,2] verbieten. Im minimalen 1-Baum ist eine verbotene Kante (mit Kosten ∞) enthalten. Dadurch gilt $\underline{F}_3 = \infty$, und P_3 ist ausgelotet.

Problem P_4: Es entsteht aus P_1 durch *Einbeziehung* von [4,5] und [2,5] und *Verbot* von [1,5]. Zusätzlich wird [2,4] verboten und [1,2] einbezogen. Das ergibt die Rundreise $\rho = [1,3,4,5,2,1]$ mit $c(\rho) = 21 > \bar{F}$.

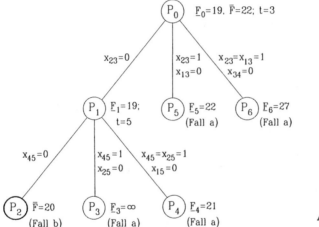

Abb. 3.29

Problem P_5: Es entsteht aus P_0 durch *Einbeziehung* von [2,3] und *Verbot* von [1,3]. Zusätzlich: [3,4] einbeziehen, [2,4] verbieten, [4,5] einbeziehen, [2,5] verbieten, [1,2] und [1,5] einbeziehen. Es ergibt sich die Rundreise $\rho = [1,2,3,4,5,1]$ mit $c(\rho) = 22 > \bar{F}$.

Problem P_6: Es entsteht aus P_0 durch *Einbeziehung* von [2,3] und [1,3] sowie *Verbot* von [3,4]. Zusätzlich: [1,2] verbieten, [1,5] einbeziehen, [2,5] verbieten, [4,5] und [2,4] einbeziehen. Das ergibt die Rundreise $\rho = [1,3,2,4,5,1]$ mit $c(\rho) = 27 > \bar{F}$.

Die für P_2 erhaltene Rundreise ist die gesuchte kürzeste Rundreise im betrachteten Graphen.

Bemerkung 3.16 *(Weiterentwicklungen des Verfahrens von Smith und Thompson)*:
Neben der Verbesserung der Ascent-Methode (siehe Bem. 3.14) haben Volgenant und Jonker (1982, 1983) u.a. auch Modifikationen beim Verzweigungsprozeß vorgenommen.
Volgenant und Jonker (1990) beschreiben ein iteratives Verfahren, bei dem sukzessive eingeschränkte TSPe gelöst werden; vgl. auch die am Ende von Kap. 3.3.2 skizzierte Vorgehensweise von Miller und Pekny (1991). Die Einschränkung erfolgt hier durch Vorgabe einer fiktiven oberen Schranke F' für die Länge der kürzesten Rundreise, die zwischen einer unteren Schranke $\underline{F}$ und einer tatsächlichen oberen Schranke $\overline{F}$ liegt. Läßt sich für ein solches Problem eine Lösung finden, so wird $\overline{F}$ entsprechend verbessert; ansonsten wird $\underline{F}$ auf den Wert von F' erhöht. Dieses Vorgehen wird wiederholt, bis $\underline{F} = \overline{F}$ gilt. Vgl. die Vorgehensweise der Intervallhalbierung bei Bottleneck-TPPen in Kap. 2.3.3.
Leclerc und Rendl (1989) bestimmen statt minimaler 1-Bäume sogenannte "constrained 1-trees" und bekommen dadurch schärfere untere Schranken, mit deren Hilfe die Größe des Lösungsbaums weiter reduziert werden kann. Carpaneto et al. (1989) wenden das Konzept des Additiven Bounding auf symmetrische TSPe an. Vgl. zu weiteren Möglichkeiten der Schrankenberechnung *(Matroid-Schranken)* ferner Cowling und Maffioli (1995).

3.5 Verallgemeinerungen von TSPen

Im folgenden behandeln wir etwas ausführlicher M-TSPe und danach stichwortartig einige weitere Verallgemeinerungen des TSPs. Kapazitierte TSPe (knotenorientierte Tourenplanungsprobleme) betrachten wir in Kap. 5.

3.5.1 M-Traveling Salesmen-Probleme

Ein M-TSP *der Praxis* könnte wie folgt lauten: n Kunden eines Unternehmens sollen durch M Vertreter besucht werden. Welche Reiserouten sind zu wählen, damit jeder Kunde von genau einem Vertreter besucht wird, jeder Vertreter dabei zum Einsatz kommt und die Gesamtlänge aller Reiserouten minimal ist?

Wir beschäftigen uns im folgenden mit einigen Ansätzen zur Lösung derartiger Probleme. Da die Problemformulierungen und Lösungsverfahren für M-TSPe sich nur geringfügig von denjenigen für TSPe unterscheiden, können wir uns kurz fassen.

Das M-TSP, **formuliert für Digraphen**,[40] lautet: Gegeben sei ein bewerteter Digraph G = (V,E,c) mit den Knoten $0, 1, ..., n$. Gesucht ist eine Menge ZY von M Zyklen, für die gilt:

1) Jeder Zyklus enthält den Knoten 0 *(Depotknoten)* und mindestens einen weiteren Knoten.
2) Jeder Knoten $j = 1,...,n$ ist in *genau* einem der M Zyklen enthalten.
3) Es gibt keine andere Menge ZY' von M Zyklen mit den Eigenschaften 1) und 2), deren Gesamtlänge kürzer ist als diejenige der Zyklen aus ZY.

---
[40] Anhand von Digraphen lassen sich *symmetrische* wie *asymmetrische* Probleme definieren. Auch die Formulierung des Problems für schlichte Graphen stellt keine Beschränkung dar.

Zur Lösung eines M-TSPs lassen sich die in Kap. 3.2 – 3.4 geschilderten Verfahren unmittelbar (oder auch leicht modifiziert) einsetzen, wenn wir den Digraphen G wie folgt zu einem **Digraphen G' = (V', E', c') erweitern:**

Wir führen M Depotknoten ein und bezeichnen sie mit $01, 02, \ldots, 0M$. Jeder dieser Knoten wird mit denselben Knoten aus $\{1, \ldots, n\}$ verbunden, mit denen der Depotknoten 0 in G verbunden ist. Die Bewertungen der zusätzlichen Pfeile sind dieselben wie in G. Die Depotknoten besitzen untereinander keine unmittelbare Verbindung.

Beispiel für die geschilderte Vorgehensweise der Erweiterung eines Graphen: Gegeben sei der in Abb. 3.30 voll ausgezeichnete Digraph G mit dem Depotknoten 01. Zu lösen sei ein 2-TSP. Durch Einführung des zusätzlichen Depotknotens 02 und der gestrichelten Pfeile erhalten wir den erweiterten Graphen G'.

Tab. 3.20 zeigt die Kostenmatrix C(G'). Sie weist, wie dies für aufgrund obiger Vorschriften erweiterte Graphen allgemein gilt, für alle Depotknoten identische Zeilen und identische Spalten auf.

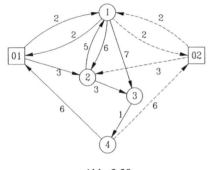

	01	02	1	2	3	4
01	∞	∞	2	3	∞	∞
02	∞	∞	2	3	∞	∞
1	2	2	∞	6	7	∞
2	∞	∞	5	∞	3	∞
3	∞	∞	∞	∞	∞	1
4	6	6	∞	∞	∞	∞

Abb. 3.30   Tab. 3.20

Durch Betrachtung des obigen Beispiels werden folgende Tatbestände ersichtlich:

1) Bestimmt man mit Hilfe eines der Verfahren in Kap. 3.2 – 3.4 eine optimale oder suboptimale Rundreise für einen erweiterten Graphen G', so läßt sich daraus unmittelbar eine optimale oder suboptimale Lösung des M-TSPs in G herleiten.
   In dem erweiterten Graphen G' von Abb. 3.30 bestehen nur die beiden gleichwertigen Rundreisen $\rho_1 = (01, 1, 02, 2, 3, 4, 01)$ und $\rho_2 = (01, 2, 3, 4, 02, 1, 01)$. Beide liefern dieselbe (und damit einzige) Lösung $(0, 1, 0)$ und $(0, 2, 3, 4, 0)$ des 2-TSPs für den Graphen G.

2) Die Verfahren aus Kap. 3.2 – 3.4 müssen zur Anwendung auf einen wie oben erweiterten Graphen G' insofern geringfügig modifiziert werden, als in G' auch jede Lösung zulässig ist, die aus Kurzzyklen besteht, sofern diese jeweils mindestens einen der Depotknoten enthalten.
   In unserem Beispiel wären also auch die Lösungen L_1 mit $\zeta_1 = (01, 1, 01)$ und $\zeta_2 = (02, 2, 3, 4, 02)$ sowie L_2 mit $\zeta_1 = (02, 1, 02)$ und $\zeta_2 = (01, 2, 3, 4, 01)$ auf G' zulässig.

Svestka und Huckfeldt (1973) haben zahlreiche M-TSPe in gerichteten Graphen, transformiert in (gewöhnliche) TSPe, mit Hilfe eines Subtour-Eliminations-Verfahrens exakt gelöst. Nach ihren Erfahrungen erfordert die Lösung eines M-TSPs (mit $M > 1$) für einen Graphen G in der Regel weniger Rechenaufwand als die Lösung eines TSPs (mit $M = 1$) für denselben Graphen. Diese Erfahrungen werden durch die theoretischen Überlegungen von Orloff (1974) über die Anzahl unzulässiger Kurzzyklen in dem einem M-TSP zugrundeliegenden Graphen untermauert. Vgl. zu weiteren Transformationsmöglichkeiten u.a. Jonker und Volgenant (1988) sowie GuoXing (1995).

Neben der Transformation von M-TSPen in 1-TSPe und deren Lösung mit den dafür vorhandenen Verfahren wurden Verfahren entwickelt, die das **M-TSPe unmittelbar lösen.** Exakte Verfahren stammen u.a. von Laporte und Nobert (1980), Gavish und Srikanth (1986) sowie Husban (1989). Ong und Moore (1985) beschäftigen sich mit Heuristiken zur Lösung von M-TSPen und deren Worst Case-Verhalten.

Kehren wir nochmals zu M-TSPen der Praxis zurück. Hier kann es durchaus sinnvoll – weil kürzer – sein, daß ein Kundenort (von ein oder mehreren Reisenden) insgesamt mehr als einmal aufgesucht bzw. durchfahren wird. Zu entsprechenden Lösungen gelangt man – analog zum TSP – wie folgt: Für das M-TSP wird ein *vollständiger* Graph G = (V,E,c) formuliert. Er enthält für das Depot und für jeden Kunden (bzw. jeden Kundenort) jeweils einen Knoten. Jede Pfeilbewertung c_{ij} entspricht der *kürzesten Entfernung* von i nach j im ursprünglichen Verkehrsnetz. Das M-TSP wird – wie oben beschrieben – in ein TSP transformiert und gelöst. Aus der optimalen Lösung und den bekannten kürzesten Wegen von jedem Knoten i zu jedem anderen Knoten j lassen sich die gesuchten Fahrtrouten im Verkehrsnetz entwickeln.

Bemerkung 3.17 (*Modifikationen des M-TSPs*): Eine *Verallgemeinerung* des geschilderten M-TSPs besteht darin, daß für die Kundenbesuche mindestens h und höchstens M Vertreter eingesetzt werden sollen. Die Lösung des Problems ist durch die folgende Modifikation der oben beschriebenen Vorgehensweise möglich:
Zwischen h Depotknoten existieren keine Verbindungen. Zwischen diesen h und den übrigen $M - h$ Depotknoten werden Pfeile (bzw. Kanten) mit der Bewertung 0 eingeführt. Ebenso erhalten die $M - h$ Depotknoten untereinander Verbindungen mit Bewertung 0.
Im Falle h = 1 werden mindestens 1 und höchstens M Vertreter eingesetzt.
Darüber hinaus ist es z.B. leicht möglich, für den Einsatz jedes Vertreters zusätzlich zu den entfernungsbedingten Reisekosten Fixkosten zu berücksichtigen; vgl. Reinelt (1994, S. 33 ff.).

3.5.2 Weitere Verallgemeinerungen von TSPen

Prize Collecting TSP, Orienteering-Problem, Maximum Benefit TSP, Traveling Purchaser-Problem:

Es handelt sich um zueinander sehr ähnliche verallgemeinerte TSPe in gerichteten oder ungerichteten Graphen. Ausgehend von einem und endend im selben Knoten ist es freigestellt, welche anderen Knoten besucht werden. Der Besuch eines Knotens i bringt einen Bonus (Ertrag, Preis, im sportlichen Bereich eine Punktgutschrift). Andererseits verursacht die Benutzung einer Verbindung (i,j) Kosten (Zeit, oder sie besitzt eine vorgegebene Länge) c_{ij}.

In der Literatur werden unterschiedliche Zielsetzungen behandelt und dementsprechend die Probleme verschieden bezeichnet:

Fischetti und Toth (1988) suchen einen geschlossenen Weg minimaler Länge, wobei die durch den Besuch von Knoten eingesammelten Preise eine vorgegebene Schranke mindestens erreichen müssen. Sie nennen dies das *Prize Collecting Problem*.

Golden et al. (1987) sowie Chao et al. (1996) gehen davon aus, daß die Summe der eingesammelten Preise bei vorgegebener maximaler Weglänge zu maximieren ist; sie nennen es in Anlehnung an den Orientierungslauf *Orienteering Problem*.

Malandraki und Daskin (1993) verfolgen die Zielsetzung, die Differenz aus Erträgen und Kosten zu maximieren und nennen es *Maximum Benefit Problem*.

Beim *Traveling Purchaser-Problem* geht man in Abwandlung zu den oben geschilderten Problemen davon aus, daß in den einzelnen Knoten (Orten) bestimmte Güter zu unterschiedlichen Preisen (Kosten) erhältlich sind. Gesucht ist ein geschlossener Weg so, daß eine vorgegebene Menge von Gütern eingekauft werden kann und die Summe aus Fahrtkosten und Kosten für den Erwerb der Güter minimiert wird. Siehe z.B. Voß (1996).

In den angegebenen Literaturstellen sind zumeist auch Verfahren für die jeweiligen Probleme beschrieben.

Zeitabhängiges TSP *(Time-dependent TSP)*:

Es ist eine Verallgemeinerung des TSPs, bei dem die Kosten jeder Verbindung von der Position innerhalb der Rundreise abhängen. Anwendungsmöglichkeiten bestehen z.B. im Bereich der Maschinenbelegungsplanung. In Gouveia und Voß (1995) findet man verschiedene Möglichkeiten für die mathematische Formulierung des Problems. Heuristische Lösungsverfahren werden in Vander Wiel und Sahinidis (1995) - u.a. eine Verallgemeinerung von Lin/Kernighan - sowie in Malandraki und Dial (1996) veröffentlicht.

TSP mit Abholung und Auslieferung von Gütern *(TSP with pickup and delivery)*:

Während einer Rundreise sind an bestimmten Orten Güter (oder Personen) abzuholen und zum Depot zu bringen. Auf derselben Rundreise sind Güter (oder Personen) vom Depot zu bestimmten Orten zu bringen. Ein typisches Beispiel ist der gleichzeitige Transport von Getränken und Leergut. Dabei sind i.d.R. Kapazitätsrestriktionen zu berücksichtigen, und es ergibt sich ein Tourenplanungsproblem; siehe Kap. 5.5.8.

Zwei neuere Arbeiten, in denen Heuristiken beschrieben werden, sind z.B. Anily und Mosheiov (1994) sowie Mosheiov (1994).

TSP mit einer Rundreise durch p Punkte aus p Teilmengen der Knotenmenge:

Die Knotenmenge des gegebenen Graphen ist in p Teilmengen (Cluster) unterteilt. Gesucht ist eine kürzeste Rundreise, die aus jeder Teilmenge mindestens einen Knoten enthält. Noon und Bean (1991) beschreiben Anwendungsbeispiele, ein B&B-Verfahren zur Lösung des Problems und geben eine Reihe weiterer Literaturhinweise.

Clustered TSP:

Wie bei dem Problem zuvor ist die Knotenmenge des Graphen in p Cluster unterteilt. Gesucht ist eine kürzeste Rundreise durch sämtliche Knoten des Graphen, wobei die Knoten eines Clusters unmittelbar aufeinanderfolgend zu besuchen sind. Ein derartiges Problem entsteht z.B. im Fertigungsbereich, wenn n Fertigungsschritte mit p verschiedenen Werkzeugen auszuführen sind, der Werkzeugwechsel aber besonders zeitaufwendig und reihenfolgeabhängig ist; siehe etwa Jongens und Volgenant (1985). Potvin und Guertin (1996) beschreiben einen genetischen Algorithmus zur Lösung des Problems und geben weitere Literaturhinweise.

Stochastisches TSP *(Probabilistic TSP)*:

Es ist eine Variante des "klassischen" TSPs, bei der für jeden Knoten (Kunden) i eine Wahrscheinlichkeit p_i vorgegeben ist, mit der er zu besuchen ist. Dies bedeutet, daß in einer Probleminstanz (Planung für einen bestimmten Tag) nur eine Teilmenge der Knotenmenge besucht werden muß. Gesucht wird eine a priori-Rundreise, die alle Knoten des Graphen enthält und deren erwartete (durchschnittliche) Länge minimal ist. Ausgehend von dieser Rundreise werden Rundreisen für einzelne Probleminstanzen bestimmt, indem man Knoten, die in der betreffenden Instanz nicht zu besuchen sind, aus der a priori-Rundreise streicht.

Als Anwendungsbeispiel kann man sich eine Instandhaltungsabteilung vorstellen, bei der Reklamationen mit bestimmten Wahrscheinlichkeiten eingehen. Die täglichen Servicenachfragen werden bis zu einer bestimmten Uhrzeit entgegengenommen. Anschließend werden die Kunden in jener Reihenfolge bedient, in der sie in der a priori-Rundreise enthalten sind.

Heuristische Lösungsverfahren sowie grundlegende Eigenschaften des Problems werden von Bertsimas und Howell (1993) präsentiert; Laporte et al. (1994) lösen Probleme mittlerer Größe ($n \leq 50$) mit Hilfe eines Branch-and-Cut-Verfahrens exakt.

Stochastisches TSP und Standortplanung *(Traveling Salesman Location Problem)*:

Traveling Salesman Location Probleme beruhen auf denselben Grundannahmen wie stochastische TSPe. Zusätzlich zu einer a priori-Rundreise ist der Standort für ein Depot zu bestimmen, von dem aus die Kunden zu bedienen sind. Beide Probleme sind (möglichst simultan) so zu lösen, daß der Erwartungswert der Summe der standortabhängigen (Transport-) Kosten minimiert wird.

Eine Variante dieses Problems entsteht, wenn nicht von einer a priori - Rundreise ausgegangen wird, sondern die Tourenplanung täglich neu erfolgen soll. In diesem Fall ist es im Rahmen der mittel- bis langfristigen Standortplanung bereits erforderlich, mögliche Nachfragekonstellationen und zugehörige Rundreisen zu antizipieren.

Vgl. zu diesen Problemstellungen z.B. Laporte (1988), Berman und Simchi-Levi (1989) oder Berman et al. (1995) sowie die dort angegebene Literatur.

TSP mit Zeitfenstern *(TSP with time windows)*:

Einige Autoren beschäftigen sich mit TSPen, bei denen die Belieferung nur innerhalb kundenspezifischer Zeitfenster erfolgen kann; vgl. z.B. Savelsbergh (1985/6) oder Solomon und Desrosiers (1988). Bereits sehr viel intensiver wurde das allgemeine Tourenplanungsproblem (das kapazitierte TSP) mit Zeitfenstern untersucht; vgl. dazu unsere Ausführungen in Kap. 5.5.7.

3.6 Literatur zu Kapitel 3

Kap. 3.1 (Grundlagen; Monographien und Übersichtsartikel zum TSP):

Balas und Christofides (1981);
Domschke et al. (1993);
Grötschel (1977);
Held und Karp (1970);
Jünger et al. (1995);
Laporte (1992);
Little et al. (1963);
Müller-Merbach (1970);
Padberg und Sung (1991);
Reinelt (1994).

Bland und Shallcross (1989);
Finke et al. (1984);
Grötschel und Holland (1991);
Ihringer (1994);
Langevin et al. (1990);
Lawler et al. (1985);
Miller und Pekny (1989);
Padberg und Rinaldi (1991);
Ratliff und Rosenthal (1983);

Kap. 3.2 (Heuristische Verfahren):

Aarts und Korst (1989);
Chardaire et al. (1995);
Chatterjee et al. (1996);
Codenotti et al. (1996);
Domschke und Drexl (1995);
Fiechter (1994);
Gendreau et al. (1992);
Glover und Pesch (1995);
Golden und Skiscim (1986);
Kanellakis und Papadimitrou (1980);
Karp (1979);
Knox (1994);
Lau (1986);
Lin und Kernighan (1973);
Malek et al. (1989);
Meißner (1979);
Nurmi (1991);
Perttunen (1994);
Potvin (1996);
Renaud et al. (1996);
Righini und Trubian (1995);
Rossier et al. (1986);
Syslo et al. (1983);
Zweig (1995).

Bentley (1992);
Charon und Hudry (1996);
Christofides (1976);
Croes (1958);
Dueck (1993);
Frieze et al. (1982);
Glover (1992), (1996);
Glover et al. (1993);
Golden und Stewart (1985);
Karg und Thompson (1964);
Kirkpatrick et al. (1983);
Kolen und Pesch (1994);
Lin (1965);
Mak und Morton (1993);
Martin und Otto (1996);
Müller-Merbach (1970);
Or (1976);
Pesch (1994);
Reinelt (1991), (1994);
Retzko und Schumann (1994);
Ritter et al. (1991);
Roychoudhury und Muth (1995);
Zachariasen und Dam (1996);

Kap. 3.3 (Exakte Verfahren für asymmetrische TSPe):

Balas und Christofides (1981);
Beutel (1981);
Fischetti und Toth (1989), (1992);
Little et al. (1963);
Pautsch (1991);
Smith et al. (1977).

Bellmore und Malone (1971);
Carpaneto und Toth (1980);
Karp (1979);
Miller und Pekny (1989), (1991);
Pekny und Miller (1992);

Kap. 3.4 (Exakte Verfahren für symmetrische TSPe):

Carpaneto et al. (1989);
Fleischmann (1988);
Grötschel und Holland (1991);
Helbig Hansen und Krarup (1974);
Held et al. (1974);
Leclerc und Rendl (1989);
Miliotis (1978);
Parker und Rardin (1988);
Smith und Thompson (1977);

Cowling und Maffioli (1995);
Grötschel (1977);
Grötschel und Padberg (1979);
Held und Karp (1970), (1971);
Jünger et al. (1994), (1995);
Liesegang (1974);
Padberg und Rinaldi (1991);
Queyranne und Wang (1993);
Volgenant und Jonker (1982), (1983), (1990).

Kap. 3.5 (Verallgemeinerungen von TSPen): Auf eine Auflistung wird verzichtet, weil das Kapitel sehr unterschiedliche Problemstellungen enthält.

Aarts, E.H.L. und J.H.M. Korst (1989): Boltzmann machines for travelling salesman problems. European J. of OR **39**, S. 79-95.

Anily, S. und G. Mosheiov (1994): The traveling salesman problem with delivery and backhauls. OR Letters **16**, S. 11-18.

Balas, E. und N. Christofides (1981): A restricted Lagrangean approach to the traveling salesman problem. Math. Programming **21**, S. 19-46.

Bellmore, M. und J.C. Malone (1971): Pathology of travelling salesman subtour-elimination algorithms. Oprns. Res. **19**, S. 278-307.

Bentley, J.L. (1992): Fast algorithms for geometric traveling salesman problems. ORSA J. on Computing **4**, S. 387-411.

Berman, O.; P. Jaillet und D. Simchi-Levi (1995): Location-routing problems with uncertainty. In: Z. Drezner (Hrsg.) (1995): Facility location: A survey of applications and methods. Springer, New York u.a., S. 427-452.

Berman, O. und D. Simchi-Levi (1989): The traveling salesman location problem on stochastic networks. Transportation Science **23**, S. 54-57.

Bertsimas, D. und L.H. Howell (1993): Further results on the probabilistic traveling salesman problem. European J. of OR **65**, S. 68-95.

Beutel, P. (1981): Das asymmetrische Traveling Salesman Problem. Hain, Meisenheim/Glan.

Bland, R.G. und D.F. Shallcross (1989): Large traveling salesman problems arising from experiments in X-ray crystallography: A preliminary report on computation. OR Letters **8**, S. 125-128.

Carpaneto, G.; M. Fischetti und P. Toth (1989): New lower bounds for the symmetric travelling salesman problem. Math. Programming **45**, S. 233-254.

Carpaneto, G. und P. Toth (1980): Some new branching and bounding criteria for the asymmetric travelling salesman problem. Management Science **26**, S. 736-743.

Chao, I.-M.; B.L. Golden und E.A. Wasil (1996): A fast and effective heuristic for the orienteering problem. European J. of OR **88**, S. 475-489.

Chardaire, P.; J.L. Lutton und A. Sutter (1995): Thermostatistical persistency: A powerful improving concept for simulated annealing algorithms. European J. of OR **86**, S. 565-579.

Charon, I. und O. Hudry (1996): Mixing different components of metaheuristics. In: Osman und Kelly (1996), S. 589-603.

Chatterjee, S.; C. Carrera und L.A. Lynch (1996): Genetic algorithms and traveling salesman problems. European J. of OR **93**, S. 490-510.

Christofides, N. (1976): Worst-case analysis of a new heuristic for the travelling salesman problem. Man. Sci. Res. Report No. 388, Carnegie-Mellon University.

Codenotti, B.; G. Manzini, L. Margara und G. Resta (1996): Perturbation: An efficient technique for the solution of very large instances of the Euclidean TSP. INFORMS J. on Computing **8**, S. 125-133.

Cowling, P. und F. Maffioli (1995): A bound for the symmetric travelling salesman problem through matroid formulation. European J. of OR **83**, S. 301-309.

Croes, G.A. (1958): A method for solving traveling salesman problems. Oprns. Res. **6**, S. 791-812.

Domschke, W. (1995): Logistik: Transport. 4. Aufl., Oldenbourg, München-Wien (zit. als Band I).

Domschke, W. und A. Drexl (1995): Einführung in Operations Research. 3. Aufl., Springer, Berlin u.a.

Domschke, W. und A. Drexl (1996): Logistik: Standorte. 4. Aufl., Oldenbourg, München-Wien (zit. als Band III).

Domschke, W.; A. Scholl und S. Voß (1993): Produktionsplanung - Ablauforganisatorische Aspekte. Springer, Berlin u.a.

Dueck, G. (1993): New optimization heuristics. The great deluge algorithm and the record-to-record travel. J. of Computational Physics **104**, S. 86-92.

Fiechter, C.-N. (1994): A parallel tabu search algorithm for large traveling salesman problems. Discr. Appl. Math. **51**, S. 243-267.

Finke, G.; A. Claus und E. Gunn (1984): A two-commodity network flow approach to the traveling salesman problem. Congressus Numerantium **41**, S. 167-178.

Fischetti, M. und P. Toth (1988): An additive approach for the optimal solution of the prize-collecting travelling salesman problem. In: B. Golden und A. Assad (Hrsg.): Vehicle routing: Methods and studies. North Holland, Amsterdam u.a., S. 319-343.

Fischetti, M. und P. Toth (1989): An additive bounding procedure for combinatorial optimization problems. Oprns. Res. **37**, S. 319-328.

Fischetti, M. und P. Toth (1992): An additive bounding procedure for the asymmetric travelling salesman problem. Math. Programming **53**, S. 173-197.

Fleischmann, B. (1983): Distance conserving reductions for nonoriented networks. OR Spektrum **4**, S. 195-205.

Fleischmann, B. (1988): A new class of cutting planes for the symmetric travelling salesman problem. Math. Programming **40**, S. 225-246.

Frieze, A.M.; G. Galbiati und F. Maffioli (1982): On the worst-case performance of some algorithms for the asymmetric traveling salesman problem. Networks **12**, S. 23-39.

Gavish, B. und K. Srikanth (1986): An optimal solution method for large-scale multiple traveling salesmen problems. Oprns. Res. **34**, S. 698-717.

Gendreau, M.; A. Hertz und G. Laporte (1992): New insertion and postoptimization procedures for the traveling salesman problem. Oprns. Res. **40**, S. 1086-1094.

Glover, F. (1992): New ejection chain and alternating path methods for traveling salesman problems. In: O. Balci, R. Sharda und S.A. Zenios (Hrsg.): Computer Science and Operations Research. Pergamon Press, Oxford u.a., S. 491-509.

Glover, F. (1996): Finding a best traveling salesman 4-opt move in the same time as a best 2-opt move. J. of Heuristics **2**, S. 169-179.

Glover, F. und E. Pesch (1995): TSP ejection chains. Erscheint in Discr. Appl. Math.

Glover, F.; E. Taillard und D. de Werra (1993): A user's guide to tabu search. Annals of OR **41**, S. 3-28.

Golden, B.L.; L. Levy und R. Vohra (1987): The orienteering problem. Nav. Res. Logist. **34**, S. 307-318.

Golden, B.L. und C. Skiscim (1986): Using simulated annealing to solve routing and location problems. Nav. Res. Logist. Quart. **33**, S. 261-279.

Golden, B.L. und W.R. Stewart (1985): Empirical analysis of heuristics. In: Lawler et al. (1985), S. 207-249.

Gouveia, L. und S. Voß (1995): A classification of formulations for the (time-dependent) traveling salesman problem. European J. of OR **83**, S. 69-82.

Grötschel, M. (1977): Polyedrische Charakterisierungen kombinatorischer Optimierungsprobleme. Hain, Meisenheim/Glan.

Grötschel, M. und O. Holland (1991): Solution of large-scale symmetric travelling salesman problems. Math. Programming **51**, S. 141-202.

Grötschel, M. und M.W. Padberg (1979): On the symmetric travelling salesman problem, Teil I und II. Math. Programming **16**, S. 265-302.

Guo Xing, Y. (1995): Transformation of multidepot multisalesmen problem to the standard travelling salesman problem. European J. of OR **81**, S. 557-560.

Helbig Hansen, K. und J. Krarup (1974): Improvements of the Held-Karp algorithm for the symmetric travelling salesman problem. Math. Programming **7**, S. 87-96.

Held, M. und R.M. Karp (1970): The travelling salesman problem and minimum spanning trees. Oprns. Res. **18**, S. 1138-1162.

Held, M. und R.M. Karp (1971): The travelling salesman problem and minimum spanning trees, Part II. Math. Programming **1**, S. 6-25.

Held, M.; P. Wolfe und H.P. Crowder (1974): Validation of subgradient optimization. Math. Programming **6**, S. 62-88.

Husban, A. (1989): An exact solution method for the MTSP. J. of the Opl. Res. Society **40**, S. 461-469.

Ihringer, T. (1994): Diskrete Mathematik. Teubner, Stuttgart.

Jongens, K. und T. Volgenant (1985): The symmetric clustered traveling salesman problem. European J. of OR **19**, S. 68-75.

Jonker, R. und T. Volgenant (1988): An improved transformation of the symmetric multiple traveling salesman problem. Oprns. Res. **36**, S. 163-167.

Jünger, M.; G. Reinelt und G. Rinaldi (1995): The traveling salesman problem. In: M.O. Ball et al. (Hrsg.): Network Models. Handbooks in Operations Research and Management Science, Vol. 7, Elsevier, Amsterdam u.a., S. 225-330.

Jünger, M.; S. Thienel und G. Reinelt (1994): Provably good solutions for the traveling salesman problem. Zeitschrift für OR **40**, S. 183-217.

Kanellakis, P.-C. und C.H. Papadimitriou (1980): Local search for the asymmetric traveling salesman problem. Oprns. Res. **28**, S. 1086-1099.

Karg, R.K. und G.L. Thompson (1964): A heuristic approach to solving traveling salesman problems. Management Science **10**, S. 225-248.

Karp, R.M. (1979): A patching algorithm for the nonsymmetric traveling-salesman problem. SIAM J. on Computing **8**, S. 561-573.

Kirkpatrick, S.; C.D. Gelatt und M.P. Vecchi (1983): Optimization by simulated annealing. Science **220**, S. 671-680.

Knox, J. (1994): Tabu search performance on the symmetric traveling salesman problem. Comput. & Oprns. Res. **21**, S. 867-876.

Kolen, A. und E. Pesch (1994): Genetic local search in combinatorial optimization. Discr. Appl. Math. **48**, S. 273-284.

Langevin, A.; F. Soumis und J. Desrosiers (1990): Classification of travelling salesman problem formulations. OR Letters **9**, S. 127-132.

Laporte, G. (1988): Location-routing. In: B. Golden und A. Assad (Hrsg.) (1988): Vehicle routing: Methods and studies. North Holland, Amsterdam u.a., S. 163-197.

Laporte, G. (1992): The traveling salesman problem: An overview of exact and approximate algorithms. European J. of OR **59**, S. 231-247.

Laporte, G.; F.V. Louveaux und H. Mercure (1994): A priori optimization of the probabilistic traveling salesman problem. Oprns. Res. **42**, S. 543-549.

Laporte, G. und Y. Nobert (1980): A cutting planes algorithm for the M-salesman problem. J. of the Opl. Res. Society **31**, S. 1017-1023.

Lau, H.T. (1986): Combinatorial heuristic algorithms with FORTRAN. Springer, Berlin u.a.

Lawler, E.L.; J.K. Lenstra, A.H.G. Rinnooy Kan und D.B. Shmoys (Hrsg.) (1985): The traveling salesman problem - a guided tour of combinatorial optimization. Wiley, Chichester u.a.

Leclerc, M. und F. Rendl (1989): Constrained spanning trees and the traveling salesman problem. European J. of OR **39**, S. 96-102.

Liesegang, G. (1974): Möglichkeiten zur wirkungsvollen Gestaltung von Branch-and-Bound-Verfahren, dargestellt an ausgewählten Problemen der Reihenfolgeplanung. Dissertation, Köln.

Lin, S. (1965): Computer solution of the traveling salesman problem. Bell Syst. Techn. J. **44**, S. 2245-2269.

Lin, S. und B.W. Kernighan (1973): An effective heuristic algorithm for the traveling-salesman problem. Oprns. Res. **21**, S. 498-516.

Little, J.D.C.; K.G. Murty, D.W. Sweeney und C. Karel (1963): An algorithm for the traveling salesman problem. Oprns. Res. **11**, S. 972-989.

Mak, K.-T. und A.J. Morton (1993): A modified Lin-Kernighan traveling-salesman heuristic. OR Letters **13**, S. 127-132.

Malandraki, C. und M.S. Daskin (1993): The maximum benefit Chinese postman problem and the maximum benefit traveling salesman problem. European J. of OR **65**, S. 218-234.

Malandraki, C. und R.B. Dial (1996): A restricted dynamic programming heuristic algorithm for the time dependent traveling salesman problem. European J. of OR **90**, S. 45-55.

Malek, M.; M. Guruswamy, M. Pandya und H. Owens (1989): Serial and parallel simulated annealing and tabu search algorithms for the traveling salesman problem. Annals of OR **21**, S. 59-84.

Martin, O.C. und S.W. Otto (1996): Combining simulated annealing with local search heuristics. Annals of OR **63**, S. 57-75.

Meißner, J.-D. (1979): Bausteine zur Heuristischen Programmierung. Verlag Florentz, München.

Miliotis, P. (1978): Using cutting planes to solve the symmetric travelling salesman problem. Math. Programming **15**, S. 177-188.

Miller, D.L. und J.F. Pekny (1989): Results from a parallel branch and bound algorithm for the asymmetric traveling salesman problem. OR Letters **8**, S. 129-135.

Miller, D.L. und J.F. Pekny (1991): Exact solution for large asymmetric traveling salesman problems. Science **251**, S. 754-761.

Mosheiov, G. (1994): The travelling salesman problem with pick-up and delivery. European J. of OR **79**, S. 299-310.

Müller-Merbach, H. (1970): Optimale Reihenfolgen. Springer, Berlin u.a.

Neumann, K. und M. Morlock (1993): Operations Research. Hanser, München-Wien.

Noon, C.E. und J.C. Bean (1991): A Lagrangian based approach for the asymmetric generalized traveling salesman problem. Oprns. Res. **39**, S. 623-632.

Nurmi, K. (1991): Travelling salesman problem tools for microcomputers. Comput. & Oprns. Res. **18**, S. 741-749.

Ong, H.L. und J.B. Moore (1985): Worst-case analysis of some heuristics for the m-salesmen problem. Material Flow 2, S. 203-209.

Or, I. (1976): Traveling salesman-type combinatorial problems and their relation to the logistics of regional blood banking. Doctoral thesis, Northwestern University, Evanston.

Orloff, C.S. (1974): Routing a fleet of m vehicles to/from a central facility. Networks 4, S. 147-162.

Osman, I.H. und J.P. Kelly (1996): Meta-heuristics: Theory & applications. Kluwer, Boston u.a.

Padberg, M. und G. Rinaldi (1991): A branch-and-cut algorithm for resolution of large-scale symmetric traveling salesman problems. SIAM Review 33, S. 60-100.

Padberg, M. und G. Sung (1991): An analytical comparison of different formulations for the travelling salesman problem. Math. Programming 52, S. 315-357.

Parker, R.G. und R.L. Rardin (1988): Discrete optimization. Academic Press, Boston u.a.

Pautsch, J. (1991): Subtour-Eliminations-Verfahren zur Lösung asymmetrischer Routing-Probleme. Vandenhoeck & Ruprecht, Göttingen.

Pekny, J.F. und D.L. Miller (1992): A parallel branch and bound algorithm for solving large asymmetric traveling salesman problems. Math. Programming 55, S. 17-33.

Perttunen, J. (1994): On the significance of the initial solution in travelling salesman heuristics. J. of the Opl. Res. Society 45, S. 1131-1140.

Pesch, E. (1994): Learning in automated manufacturing - A local search approach. Physica, Heidelberg.

Potvin, J.-Y. (1996): Genetic algorithms for the traveling salesman problem. Annals of OR 63, S. 339-370.

Potvin, J.-Y. und F. Guertin (1996): The clustered traveling salesman problem: A genetic approach. In: Osman und Kelly (1996), S. 619-631.

Queyranne, M. und Y. Wang (1993): Hamiltonian path and symmetric travelling salesman polytopes. Math. Programming 58, S. 89-110.

Ratliff, H.D und A.S. Rosenthal (1983): Order-picking in a rectangular warehouse: A solvable case of the traveling salesman problem. Oprns. Res. 31, S. 507-521.

Reinelt, F. (1991): TSPLIB - a traveling salesman problem library. ORSA J. on Computing 3, S. 376-384.

Reinelt, F. (1994): The traveling salesman - Computational solutions for TSP applications. Springer, Berlin u.a.

Renaud, J.; F.F. Boctor und G. Laporte (1996): A fast composite heuristic for the symmetric traveling salesman problem. INFORMS J. on Computing 8, S. 134-143.

Retzko, R. und M. Schumann (1994): Einsatzmöglichkeiten von Künstlichen Neuronalen Netzen für Rundreiseprobleme im Vergleich mit alternativen Verfahren. Arbeitspapier Nr. 9 der Abteilung Wirtschaftsinformatik II der Universität Göttingen.

Righini, G. und M. Trubian (1995): A worst-case analysis of two approximate algorithms for the asymmetric travelling salesman problem. European J. of OR 81, S. 553-556.

Ritter, H.; T. Martinetz und K. Schulten (1991): Neuronale Netze. Addison-Wesley, Bonn u.a.

Rossier, Y.; M. Troyon und T.M. Liebling (1986): Probabilistic exchange algorithms and Euclidean traveling salesman problems. OR Spektrum 8, S. 151-164.

Roychoudhury, B. und J.F. Muth (1995): The solution of travelling salesman problems based on industrial data. J. of the Opl. Res. Society 46, S. 347-353.

Savelsbergh, M.W.P. (1985/6): Local search in routing problems with time windows. Annals of OR 4, S. 285-305.

Smith, T.H.C.; V. Srinivasan und G.L. Thompson (1977): Computational performance of three subtour elimination algorithms for solving asymmetric traveling salesman problems. Annals of Discr. Math. 1, S. 495-506.

Smith, T.H.C. und G.L. Thompson (1977): A LIFO implicit enumeration search algorithm for the symmetric traveling salesman problem using Held and Karps's 1-tree relaxation. Annals of Discr. Math. 1, S. 479-493.

Solomon, M.M. und J. Desrosiers (1988): Time window constrained routing and scheduling problems. Transportation Science **22**, S. 1-13.

Svestka, J.A. und V.E. Huckfeldt (1973): Computational experience with an M-salesman traveling-salesman algorithm. Management Science **19**, S. 790-799.

Syslo, M.M.; N. Deo und J.S. Kowalik (1983): Discrete optimization algorithms with Pascal programs. Prentice-Hall, Englewood Cliffs.

Vander Wiel, R.J. und N.V. Sahinidis (1995): Heuristic bounds and test problem generation for the time-dependent traveling salesman problem. Transportation Science **29**, S. 167-183.

Volgenant, T. und R. Jonker (1982): A branch and bound algorithm for the symmetric traveling salesman problem based on the 1-tree relaxation. European J. of OR **9**, S. 83-89.

Volgenant, T. und R. Jonker (1983): The symmetric traveling salesman problem and edge exchanges in minimal 1-trees. European J. of OR **12**, S. 394-403.

Volgenant, T. und R. Jonker (1990): Fictitious upper bounds in an algorithm for the symmetric traveling salesman problem. Comput. & Oprns. Res. **17**, S. 113-117.

Voß, S. (1996): Dynamic tabu search strategies for the traveling purchaser problem. Annals of OR **63**, S. 253-275.

Zachariasen, M. und M. Dam (1996): Tabu search on the geometric traveling salesman problem. In: Osman und Kelly (1996), S. 571-587.

Zweig, G. (1995): An effective tour construction and improvement procedure for the traveling salesman problem. Oprns. Res. **43**, S. 1049-1057.

3.7 Aufgaben zu Kapitel 3

Aufgabe 3.1: Zu lösen ist ein Problem der Fahrzeugeinsatzplanung. Abb. 3.31 zeigt die Anfangsorte A_i und Endorte E_i dreier Transportaufträge. Die Aufträge sollen von einem Fahrzeug, das im Depot steht, ausgeführt werden. Für jeden Auftrag ist jeweils mehr als die Hälfte der Fahrzeugkapazität erforderlich, so daß nicht gleichzeitig die Ladung zweier Aufträge befördert werden kann. Nach Beendigung aller Aufträge soll das Fahrzeug zum Depot zurückkehren. Ziel der Fahrzeugeinsatzplanung ist es, die Gesamtlänge der Leerfahrten zu minimieren. In Abb. 3.31 sind die Längen der möglichen Leerfahrtstrecken angegeben. Formulieren und lösen Sie das Problem als TSP.

Aufgabe 3.2: Lösen Sie das zu Beginn von Kap. 3.1 geschilderte Auslieferungsproblem (siehe Abb. 3.1) unter der Annahme, daß sich die vier Einzelhandelsgeschäfte *genau in der Mitte* der Verbindungen [1,4] (Geschäft A), [2,3] (Geschäft B), [4,9] (Geschäft C) bzw. (6,9) (Geschäft D) befinden. Das Lager L befinde sich weiter in Knoten 5.

Aufgabe 3.3: Ermitteln Sie für das in Kap. 3.3.1 gelöste TSP eine zweite kürzeste Rundreise. Führen Sie zu diesem Zweck den Little-Algorithmus (Alg. 3.6) bei Teilproblem P_{12} des Lösungsbaumes in Abb. 3.15 fort.

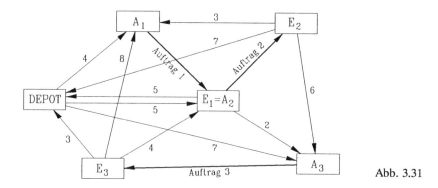

Abb. 3.31

Aufgabe 3.4: Formulieren Sie das asymmetrische TSP als quadratisches Zuordnungsproblem.

Aufgabe 3.5: Auf einer Metallplatte sollen 7 Löcher gebohrt werden. Projizieren wir auf die Platte ein Koordinatensystem, so sind die Löcher 1,2,...,7 an den Stellen (2,0), (0,4), (3,4), (6,9), (10,7), (8,4) und (11,4) anzubringen. Der Bohrer befinde sich in der Ausgangsstellung (6,0).

a) In welcher Reihenfolge sind die Löcher unter Minimierung der zurückzulegenden Entfernung zu bohren, falls sich der Bohrer nur parallel zu den Koordinatenachsen (rechtwinklige Entfernungsmessung) bewegen kann und er am letzten Bohrloch stehenbleiben soll? Man bezeichne die Ausgangsstellung als Knoten 8 und löse das Problem mit Hilfe von Alg. 3.2 (Sukzessive Einbeziehung). Starten Sie mit der Kette [8,1,8] bzw. der unvollständigen offenen Rundreise [8,1]; beziehen Sie die übrigen Knoten in der Reihenfolge 2,3,...,7 bestmöglich in die Rundreise ein; die Länge der letzten Verbindung [i,8] geht jeweils nicht in die Berechnung des Zielfunktionswertes ein.

b) Das unter a) geschilderte Problem werde nun durch die Annahme modifiziert, daß der Bohrer in die Ausgangsstellung zurückkehren muß.

  b1) Ermitteln Sie mit Hilfe des 1-Baum-Verfahrens in Bem. 3.10 (Kap. 3.4.1) eine untere Schranke $\underline{F}$ für die Länge der kürzesten "Rundreise" des Bohrers. Wählen Sie dabei Bohrloch 1 als "ausgezeichneten" Knoten i_0.

  b2) Bestimmen Sie mit Hilfe des Algorithmus von Christofides in Kap. 3.2.1.2 eine zulässige Lösung des Problems.

Aufgabe 3.6: Betrachten Sie das Beispiel für ein 2-TSP in Abb. 3.30. Wie ist der Graph G' (und damit die Matrix in Tab. 3.20) zu verändern und welche Lösungen erhält man, wenn gilt:

a) Es können, aber es müssen nicht beide Handlungsreisende eingesetzt werden.

b) Wie unter a), außerdem verursache der Einsatz jedes Reisenden 3 GE an Fixkosten.

Kapitel 4: Briefträgerprobleme

4.1 Einführung

Ein **Briefträgerproblem** (oder **Chinese Postman-Problem**) kann wie folgt skizziert werden: Ein Briefträger hat die Häuser eines Stadtteils mit Post zu beliefern. Dabei muß er, um die Post zu verteilen, jede Straße einmal oder (bei breiten Straßen) zweimal durchlaufen. Darüber hinaus ist es aber unter Umständen erforderlich, Straßen erneut – ohne gleichzeitiges Verteilen von Post – zu begehen, um andere Gebiete des Stadtteils zu erreichen. Der Briefträger interessiert sich für einen geschlossenen Weg minimaler Länge (minimaler Kosten oder minimaler Zeitdauer), der jede zu bedienende Straße oder Straßenseite mindestens einmal enthält.

Bezeichnen wir die Teilwege, die der Briefträger ohne gleichzeitiges Verteilen von Post zurücklegt, als **unproduktive Strecken**, so läßt sich das Problem auch wie folgt formulieren: Der Briefträger interessiert sich für einen geschlossenen, jede zu bedienende Straße (oder Straßenseite) enthaltenden Weg, in dem die Länge der (die Kosten, die Zeit für die) unproduktiven Strecken so gering wie möglich ist.

Dasselbe Optimierungsproblem tritt z.B. im Zusammenhang mit dem Ablesen von Strom- und Wasserzählern in Haushalten auf. Von besonderer ökonomischer Bedeutung ist aber das im Rahmen der Durchführung der *Müllabfuhr* oder der *Straßenreinigung* auftretende – ganz analoge – Problem. Auch hier gilt es, die Müllentsorgung oder Straßenreinigung eines Stadtteils durch ein Fahrzeug[1] unter Minimierung der Länge der unproduktiven Strecken durchzuführen.

Zur Lösung von Briefträgerproblemen kann man sich exakter oder heuristischer, vorwiegend graphentheoretischer Verfahren bedienen. Für die Lösung eines solchen Problems ist es zunächst erforderlich, das vorhandene Straßennetz als einen gerichteten, einen ungerichteten oder einen gemischten (siehe Def. 4.1) Graphen G darzustellen. Dabei werden *einmal* zu durchfahrende Einbahnstraßen durch *einen Pfeil* repräsentiert. Eine *einmal* in beliebiger Richtung zu durchfahrende Straße wird durch *eine Kante* abgebildet; ist die Straße *zweimal* in beliebiger Richtung zu durchfahren, so nimmt man *zwei Kanten* in G auf (usw.).

Danach läßt sich das "Briefträgerproblem" als rein graphentheoretisches Problem der Bestimmung eines kürzesten, geschlossenen Weges (bzw. einer kürzesten, geschlossenen Kette) von G lösen. In gerichteten (ungerichteten) Graphen muß der gesuchte Weg (die gesuchte Kette) jeden Pfeil (jede Kante) mindestens einmal enthalten. In gemischten Graphen müssen jeder Pfeil und jede Kante mindestens einmal in der gesuchten Kette auftreten.

---

[1] Häufig ist das hier geschilderte Problem Teil eines allgemeineren Tourenplanungsproblems; siehe dazu Kap. 5.

Wegen der sehr unterschiedlichen Lösungswege ist es erforderlich, die Menge aller Briefträgerprobleme zu unterteilen in Probleme in *gerichteten, ungerichteten* bzw. *gemischten* Graphen. Dabei sind – wie unten erläutert wird – die beiden erstgenannten Probleme relativ leicht (mit polynomialem Aufwand) zu lösende Spezialfälle des $\mathcal{NP}$-schweren (vgl. Papadimitriou (1976)) Briefträgerproblems in gemischten Graphen.

Möglichen Verfahren zur Lösung der verschiedenen *Briefträgerprobleme* widmen wir uns in den Kapiteln 4.2 bis 4.4. Im Anschluß daran beschäftigen wir uns in Kap. 4.5 kurz mit den folgenden Verallgemeinerungen des Briefträgerproblems: Das **Rural Postman-Problem** ist ein Briefträgerproblem, bei dem nur gewisse Pfeile bzw. Kanten des betrachteten Graphen zu bedienen sind. Beim **Windy Postman-Problem** kann eine Kante grundsätzlich in jeder der beiden Richtungen, aber mit unterschiedlichen Kosten oder unterschiedlichem Zeitaufwand benutzt werden. Das **General Routing-Problem** ist eine Kombination aus Traveling Salesman- und Rural Postman-Problem.

Einen ausführlichen Überblick über verschiedene Briefträgerprobleme und Lösungsmöglichkeiten geben Assad und Golden (1995); vgl. ferner Eiselt et al. (1995).

Wir beenden die Einführung mit Hinweisen auf zwei historisch bedeutsame Schriften:

Den auch in der deutschsprachigen Literatur häufig gebrauchten Namen *Chinese Postman-Problem* erhielt das Briefträgerproblem zu Ehren des Chinesen M. Guan (oder M.-K. Kwan), von dem die erste Arbeit zu diesem Problem stammt; siehe Guan (1962).

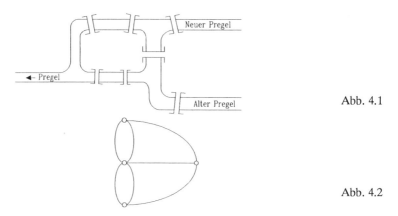

Abb. 4.1

Abb. 4.2

Wichtige Voraussetzungen zur Lösung von Briefträgerproblemen schuf bereits Euler (1736). Er formulierte und bewies, ausgehend vom Königsberger Brückenproblem, die in Kap. 4.2 für ungerichtete Graphen angegebenen Sätze. Das **Königsberger Brückenproblem** lautet wie folgt:

Gibt es einen geschlossenen (bzw. einen offenen) Weg, der jede der sieben Königsberger Brücken über den Pregel (siehe Abb. 4.1) *genau einmal* enthält? Wäre dies der Fall, so müßte der Graph G in Abb. 4.2 eine geschlossene (bzw. eine offene) Kette besitzen, die jede Kante genau einmal enthält.

Am Ende von Kap. 4.2 sind wir in der Lage, die aufgeworfenen Fragen zu beantworten.

4.2 Definitionen und Vorüberlegungen zu Lösungsverfahren

Wir definieren zunächst einen gemischten Graphen.

Definition 4.1: Einen Graphen G, der neben einer *Knotenmenge* V sowohl eine Menge E von *Kanten* als auch eine Menge P von *Pfeilen* besitzt, nennen wir einen **gemischten Graphen**. Wir schreiben: G = < V,E,P >.
Besitzt G eine *Kosten-* oder *Längenbewertung* $c: E \cup P \to \mathbb{R}$, so schreiben wir G = < V,E,P,c >. [2]

Im Gegensatz zu den bislang in diesem Buch behandelten Problemen ist es erforderlich, ein Straßennetz mit Einbahnstraßen und in beiden Richtungen zu befahrenden Straßen tatsächlich als gemischten Graphen G darzustellen. Ersetzt man jede Kante von G durch zwei Pfeile und löst man ein Briefträgerproblem für den so entstehenden, gerichteten Graphen, so ergibt sich in der Regel eine schlechtere Lösung als diejenige, die (selbst mit heuristischen Verfahren) für den gemischten Graphen G erhältlich ist.

Bemerkung 4.1: Die Begriffe *offene* und *geschlossene Kette*, *Länge einer Kette* und *kürzeste Kette* (vgl. Kap. 1.1) können unmittelbar auf gemischte Graphen übertragen werden. Auch die Eigenschaft des (einfachen) *Zusammenhangs* (Def. 1.9) ist unmittelbar auf gemischte Graphen übertragbar.

Bezüglich des Grades eines Knotens i in gemischten Graphen wollen wir zwischen dem **Kantengrad** g_i, dem **positiven Grad** g_i^+ und dem **negativen Grad** g_i^- (siehe Def. 1.3) unterscheiden. Mit $\gamma_i := g_i + g_i^+ + g_i^-$ bezeichnen wir den **Gesamtgrad** eines Knotens i.

Bemerkung 4.2: Ein ungerichteter Graph ist ein spezieller gemischter Graph mit $P = \phi$. Ein gerichteter Graph ist ein spezieller gemischter Graph mit $E = \phi$. Entsprechend sind Briefträgerprobleme in ungerichteten bzw. in gerichteten Graphen Spezialfälle von Briefträgerproblemen in gemischten Graphen.

Aus den genannten Gründen könnten wir uns im folgenden auf die Betrachtung von gemischten Graphen beschränken. Der behandelte Stoff wird jedoch verständlicher, wenn wir gelegentlich auch auf Situationen in den Spezialfällen verweisen (siehe die folgenden Definitionen) oder sogar mit der Behandlung der Spezialfälle beginnen (siehe die Verfahrensbeschreibungen).

Definiton 4.2: Sei G = < V,E,P,c > ein gemischter Graph. Eine geschlossene Kette $\eta = [i_0, i_1, ..., i_t = i_0]$[3] heißt **Briefträgertour** von G, wenn η jede Kante und jeden Pfeil von G *mindestens einmal* enthält und wenn dabei für jeden Pfeil p gilt: $p = (i_{h-1}, i_h)$.

---

[2] Bei der Behandlung von Problemen in *gerichteten* Graphen verwenden wir zur Bezeichnung von Pfeilmengen (in Übereinstimmung mit der bisherigen Vorgehensweise) dennoch E.

[3] Vgl. die Schreibweise für Ketten und Wege in Kap. 1.1. Die Elemente $i_0,...,i_t$ sind die in der Kette in dieser Reihenfolge auftretenden *Knoten*. Mit dieser Schreibweise sind parallele Kanten bzw. Pfeile, die in den Graphen in Kap. 4 häufiger auftreten, nicht unterscheidbar. Dieser Nachteil wird bei weitem kompensiert durch den Vorteil, daß auf Kanten- bzw. Pfeilnummern verzichtet werden kann.

Bemerkung 4.3: Die Def. 4.2 beinhaltet: Ist der betrachtete Graph G gerichtet, so muß η ein *Weg* (gemäß Def. 1.6) sein, der jeden *Pfeil mindestens einmal* enthält.

Definition 4.3: Seien G ein Graph mit der Kosten- (oder Längen-) Bewertung c und η eine Briefträgertour von G. Wir nennen η **kürzeste Briefträgertour** von G, wenn es keine andere Briefträgertour von G gibt, deren Summe der Pfeil- und Kantenbewertungen geringer ist als diejenige von η.

Definition 4.4: Eine Briefträgertour η eines Graphen G, die jeden Pfeil und jede Kante von G *genau einmal* enthält, bezeichnet man als **Euler-Tour**. Ein Graph G, der eine Euler-Tour besitzt, heißt **Euler-Graph**.

Beispiele: Der bewertete, gemischte Graph in Abb. 4.3 besitzt keine Euler-Tour. Seine kürzeste Briefträgertour ist $\eta = [1,2,5,4,3,4,3,1]$ mit der Länge $c(\eta) = 18$; der Pfeil (4,3) wird zweimal durchfahren.

Der gemischte Graph in Abb. 4.4 enthält die Euler-Tour $\eta = [1,2,5,4,3,4,1]$. Die Kette $[1,4,3,4,5,2,1]$ ist keine Briefträgertour und damit auch keine Euler-Tour; denn die Pfeile (2,5) und (5,4) müßten entgegen ihrem Richtungssinn durchlaufen werden.

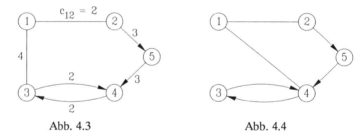

Abb. 4.3　　　　　　　　Abb. 4.4

Die oben definierten Begriffe haben im Rahmen der Lösung eines Briefträgerproblems folgende Bedeutung:

Gesucht ist die (bzw. eine) kürzeste Briefträgertour des betrachteten bewerteten Graphen G.

Besitzt G eine Euler-Tour,[4] so ist mit der Ermittlung einer solchen Tour das Problem gelöst. In diesem Fall ist es nicht erforderlich, unproduktive Strecken in Kauf zu nehmen. Verfahren zur Bestimmung einer Euler-Tour in einem Euler-Graphen schildern wir in Kap. 4.4.

Besitzt G keine Euler-Tour, so erweitert man ihn durch Verdoppelung, Verdreifachung usw. von Kanten und/oder Pfeilen zu einem Euler-Graphen G_e. Eine Euler-Tour in G_e entspricht dann einer Briefträgertour in G; die zu G hinzugefügten Kanten bzw. Pfeile stellen unproduktive Strecken in der Euler-Tour dar.

Von besonderem Interesse sind *kostenminimale* Erweiterungen von G.

---

[4] Zum Nachweis dessen, daß G eine Euler-Tour besitzt, siehe die Sätze 4.3 und 4.4.

Definition 4.5: Sei G ein Graph, der keine Euler-Tour besitzt. Wir sprechen von einer **kostenminimalen Erweiterung** von G zu einem Euler-Graphen G_e genau dann, wenn solche Kanten und/oder Pfeile von G vervielfacht werden, daß jede Euler-Tour von G_e einer kürzesten Briefträgertour in G entspricht.

Kostenminimale Erweiterungen von Graphen behandeln wir ausführlich in Kap. 4.3.

Wir beschließen dieses Kapitel mit einigen Existenzsätzen für Briefträgertouren bzw. Euler-Touren in Graphen.

Satz 4.1: Ein gemischter Graph G = <V,E,P> (ohne isolierte Knoten) besitzt eine Briefträgertour genau dann, wenn gilt:

Ersetzt man jede Kante [i,j] von G durch die beiden Pfeile (i,j) und (j,i), so ist der dadurch entstehende, gerichtete Graph stark zusammenhängend.

Bemerkung 4.4: Aus Satz 4.1 folgt, daß ein ungerichteter (bzw. gerichteter) Graph ohne isolierte Knoten genau dann eine Briefträgertour besitzt, wenn er zusammenhängend (bzw. stark zusammenhängend) ist.

Satz 4.2: Ein gemischter Graph G = <V,E,P> enthält eine Euler-Tour genau dann, wenn er folgende Eigenschaften besitzt:

a) G ist zusammenhängend.

b) Der Gesamtgrad γ_i jedes Knotens i ist gerade (vgl. Bem. 4.1).

c) Für jede Teilmenge Q der Knotenmenge V und ihr Komplement $\bar{Q} := V - Q$ gilt:
Die Anzahl der zwischen Q und $\bar{Q}$ verlaufenden Kanten ist größer oder gleich dem Betrag der Differenz aus der Anzahl der von Q nach $\bar{Q}$ führenden Pfeile und der Anzahl der von $\bar{Q}$ nach Q führenden Pfeile.

Zur Verdeutlichung des Satzes 4.2 wollen wir ihn für ungerichtete bzw. für gerichtete Graphen spezialisieren.

Satz 4.3: Ein zusammenhängender, *ungerichteter* Graph G enthält eine Euler-Tour genau dann, wenn jeder Knoten von G geraden Grad besitzt.
Ein zusammenhängender, *gerichteter* Graph G enthält eine Euler-Tour genau dann, wenn für jeden Knoten i positiver und negativer Grad übereinstimmen (also $g_i^+ = g_i^-$ gilt). [5]

Die Aussagen von Satz 4.3 lassen sich leicht beweisen (siehe etwa Hässig (1979, S. 149 ff.)). Die *Notwendigkeit* der Forderungen a) bis c) in Satz 4.2 für die Existenz einer Euler-Tour ist offensichtlich. Daß die Forderungen auch *hinreichend* sind, beweisen Ford und Fulkerson (1974, S. 60 f.) durch die Beschreibung eines Verfahrens zur Bestimmung einer Euler-Tour in einem gemischten Graphen (siehe Bem. 4.9 in Kap. 4.4 sowie Aufgabe 4.3).

---

[5] Man überlegt sich leicht: Jeder zusammenhängende, gerichtete Graph G, der die geforderte Gradeigenschaft besitzt, erfüllt zugleich die in Bem. 4.4 geforderte Eigenschaft des *starken* Zusammenhangs.

Zum Abschluß dieses Kapitels kommen wir auf das Königsberger Brückenproblem zurück. Aufgrund von Satz 4.3 besitzt der Graph in Abb. 4.2 keine Euler-Tour. Daß er auch keine **Euler-Kette** (d.h. keine offene Kette, die jede Kante genau einmal enthält) besitzt, ergibt sich aus dem folgenden

Satz 4.4: Ein zusammenhängender, ungerichteter Graph G enthält eine Euler-Kette genau dann, wenn gilt: Genau zwei Knoten von G besitzen einen ungeraden, alle übrigen einen geraden Grad.

4.3 Erweiterung eines Graphen zu einem Euler-Graphen

Wir beginnen unsere Ausführungen mit dem am leichtesten zu beschreibenden Problem, der *kostenminimalen Erweiterung* eines *gerichteten* Graphen zu einem Euler-Graphen. Wie dieses, so ist auch das in Kap. 4.3.2 behandelte Problem der *kostenminimalen Erweiterung* eines *ungerichteten* Graphen zu einem Euler-Graphen ein mit polynomialem Aufwand lösbares Problem. Für das *NP*-schwere Problem der kostenminimalen Erweiterung eines *gemischten* Graphen zu einem Euler-Graphen schildern wir in Kap. 4.3.3 heuristische Vorgehensweisen.

4.3.1 Kostenminimale Erweiterung eines gerichteten Graphen

Eine kostenminimale Erweiterung eines gerichteten Graphen zu einem Euler-Graphen kann v.a. durch Lösen eines klassischen Transportproblems (vgl. Beltrami und Bodin (1974)) oder durch Lösen eines unkapazitierten Umladeproblems (vgl. Edmonds und Johnson (1973)) erfolgen. Im folgenden betrachten wir beide Möglichkeiten.

Gegeben sei ein stark zusammenhängender, gerichteter Graph G = (V,E,c), der keinen Zyklus negativer Länge[6] und keine Euler-Tour enthält. Wir wollen ihn *kostenminimal* zu einem Euler-Graphen G_e erweitern.

Beispiel: Wir verdeutlichen das zu lösende Problem anhand des Graphen G in Abb. 4.5. In den Knoten 3 und 4 enden mehr Pfeile als in ihnen beginnen. Für die Knoten 2, 5 und 6 gilt das Gegenteil. Die Knoten des Graphen G besitzen folgende *Differenzen* δ_i aus negativem und positivem Grad:

$$\delta_i = g_i^- - g_i^+ = \begin{cases} 2 & \text{für } i = 3,4 \\ 0 & \text{für } i = 1 \\ -1 & \text{für } i = 5,6 \\ -2 & \text{für } i = 2 \end{cases}$$

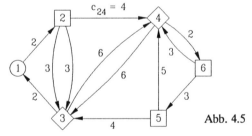

Abb. 4.5

---
[6] Ist diese Voraussetzung nicht erfüllt, so besitzt der Graph keine **kürzeste** Briefträgertour.

Das heißt z.B., daß in einer Briefträgertour im Knoten 3 genau $\delta_3 = 2$ *unproduktive Wege*[7] beginnen müssen. Sie bestehen jeweils aus einem oder mehreren Pfeilen und enden in einem (oder in zwei verschiedenen) Knoten j mit $\delta_j < 0$.
Seien Knoten i der Anfangs- und Knoten j der Endknoten eines unproduktiven Weges, der zu einer *kürzesten* Briefträgertour von G gehört. Dann gilt offensichtlich: Der unproduktive Weg $\bar{w} = (i,...,j)$ ist ein *kürzester* Weg von i nach j in G.

Damit läßt sich das Problem der kostenminimalen Erweiterung des Graphen G zu einem Euler-Graphen G_e wie folgt lösen:

Schritt 1: Wir formulieren und lösen ein **klassisches Transportproblem** (s. Kap. 6 in Band I):

Der dem Transportproblem zugrundegelegte Graph $\tilde{G} = (\tilde{V}, \tilde{E}, \tilde{c})$ enthält alle Knoten i von G mit $\delta_i > 0$ als *Angebotsknoten* mit der *Angebotsmenge* δ_i. Er enthält ferner alle Knoten j von G mit $\delta_j < 0$ als *Nachfrageknoten* mit der *Nachfragemenge* $-\delta_j$. Zwischen jedem Angebotsknoten i und jedem Nachfrageknoten j besitzt $\tilde{G}$ einen Pfeil (i,j) mit der Bewertung $\tilde{c}_{ij}$. Diese Bewertung ist gleich der Länge eines kürzesten Weges von i nach j in G. Daß die Summe aller Angebotsmengen gleich der Summe aller Nachfragemengen ist, beweist man sehr leicht durch vollständige Induktion über die Anzahl der Pfeile von G.

Schritt 2: Die (ganzzahlige) Lösung des klassischen Transportproblems besagt:

Besitzt die Variable x_{ij} den Wert h, so sind dem Graphen G für jeden der im kürzesten Weg von i nach j befindlichen Pfeile genau h weitere gleiche Pfeile mit gleichen Bewertungen hinzuzufügen. Diese Erweiterung erfolgt für *alle* positiven x_{ij}.
Der Wert F(x) der optimalen Lösung des Transportproblems ist gleich der Gesamtlänge der in einer kürzesten Briefträgertour von G in Kauf zu nehmenden unproduktiven Wege.

Beispiel: Wir wenden die Vorgehensweise auf den Graphen G in Abb. 4.5 an und bilden den Graphen $\tilde{G}$ in Abb. 4.6.

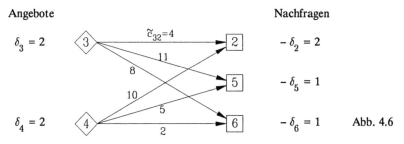

Abb. 4.6

Die optimale Lösung des Transportproblems ist $x_{32} = 2$, $x_{45} = x_{46} = 1$ und $x_{ij} = 0$ sonst. Dem Graphen G sind somit einmal der Pfeil (6,5) und zweimal die Pfeile (3,1), (1,2) und (4,6) hinzuzufügen. Die Gesamtlänge der unproduktiven Wege ist F(x) = 15.

---

[7] Statt des Begriffes unproduktive *Strecke* können wir hier den Begriff unproduktiver *Weg* verwenden, wobei Weg gemäß Def. 1.6 zu verstehen ist.

Die bislang beschriebene Vorgehensweise zur kostenminimalen Erweiterung eines gerichteten Graphen haben wir deshalb der nachfolgenden vorgezogen, weil uns die dabei angestellten Überlegungen im nächsten Kapitel nützen werden. Wie man sich nach obigen Ausführungen aber leicht überlegt, läßt sich das Problem der kostenminimalen Erweiterung eines gerichteten Graphen G = (V,E,c) auch als **unkapazitiertes Umladeproblem** (vgl. Kap. 7 in Band I) unmittelbar anhand von G lösen. Alle Knoten i ∈ V mit $\delta_i > 0$ sind Angebotsknoten, alle i ∈ V mit $\delta_i < 0$ sind Nachfrageknoten, alle übrigen Knoten dienen als reine Umladeknoten. Erhöht sich durch Erweiterung von G der positive Grad eines Umladeknotens um k, so muß auch sein negativer Grad um k steigen (und umgekehrt).

Da auch hier Gesamtangebot = Gesamtnachfrage ist, haben wir folgendes Problem zu lösen:

Minimiere $F(\mathbf{x}) = \sum_{(i,j) \in E} c_{ij} x_{ij}$ \hfill (4.1)

unter den Nebenbedingungen

$-\sum_{h \in \mathcal{V}(i)} x_{hi} + \sum_{j \in \mathcal{N}(i)} x_{ij} = g_i^- - g_i^+$ \hfill für alle i ∈ V \hfill (4.2)

$x_{ij} \geq 0$ \hfill für alle (i,j) ∈ E \hfill (4.3)

Besitzt die Variable x_{ij} in der optimalen Lösung des Umladeproblems den (stets ganzzahligen) Wert h, so ist der Graph G um h Pfeile (i,j) zu erweitern. Der optimale Zielfunktionswert dieser Lösung entspricht der Gesamtlänge der unproduktiven Wege einer kürzesten Briefträgertour von G.

Bemerkung 4.5: Die oben geschilderten Vorgehensweisen erfordern maximalen Rechenaufwand $O(m \cdot n^2)$ bzw. $O(n^3)$, wobei m die Anzahl der Pfeile und n die Anzahl der Knoten ist. Lin und Zhao (1988) schildern ein Verfahren, das für spezielle Probleminstanzen zu geringerem Rechenaufwand führt.

4.3.2 Kostenminimale Erweiterung eines ungerichteten Graphen

4.3.2.1 Lösungsansatz

Gegeben sei ein zusammenhängender, nichtnegativ bewerteter,[8] ungerichteter Graph G = [V,E,c], der keine Euler-Tour enthält. Wir wollen ihn *kostenminimal* zu einem Euler-Graphen G_e erweitern. Folgende Sätze und Überlegungen führen zur Lösung des Problems:

Satz 4.5: Die Anzahl der Knoten, die in einem ungerichteten Graphen ungeraden Grad besitzen, ist gerade.

Der Satz ist mittels vollständiger Induktion über die Anzahl m der Kanten von G leicht zu beweisen.

---

[8] Jede negativ bewertete Kante von G würde bewirken, daß der Graph keine kürzeste Briefträgertour besitzt.

Analog zur kostenminimalen Erweiterung eines gerichteten Graphen G erfolgt hier die Erweiterung durch Hinzufügen von *unproduktiven Ketten*. Dabei ist jeder Knoten mit ungeradem Grad Endknoten von *genau einer* dieser Ketten.

Seien die Knoten i und j Endknoten einer unproduktiven Kette f, die zu einer *kürzesten* Briefträgertour gehört. Dann gilt offensichtlich: Die Kette f ist *kürzeste* Kette zwischen i und j.

Im Unterschied zum Fall der kostenminimalen Erweiterung eines gerichteten Graphen gilt hier der

Satz 4.6: Für jeden ungerichteten Graphen G = [V,E,c] gibt es eine kostenminimale Erweiterung zu einem Euler-Graphen derart, daß keine zwei der zu G hinzuzufügenden Ketten eine gemeinsame Kante besitzen, keine Kante also mehr als verdoppelt werden muß.

Der *Beweis* des Satzes ist einfach: Besitzen die *kürzesten* Ketten [i,...,q,t,...,j] und [h,...,q,t,...,k] beide die Kante [q,t], so muß c_{qt} = 0 sein. Ersetzen wir bei Erweiterung von G die genannten Ketten nämlich durch die Ketten [i,...,q,...,h] und [j,...,t,...,k], die die Kante [q,t] nicht benutzen, so erhalten wir ebenfalls eine kostenminimale Erweiterung.

Das Problem der kostenminimalen Erweiterung eines ungerichteten Graphen kann nun prinzipiell ähnlich gelöst werden wie das der Erweiterung eines gerichteten Graphen. Auch hier sind zwei alternative Vorgehensweisen möglich:

1) Man bildet einen Hilfsgraphen $\tilde{G}$ (siehe unten) und löst für diesen (statt eines klassischen Transportproblems bei gerichteten Graphen) ein **Minimal-Kosten-Matching-Problem** (abgekürzt: MK-Matching-Problem) oder – diesem äquivalent – ein symmetrisches Zuordnungsproblem.
2) Man ermittelt unmittelbar anhand von G kürzeste unproduktive Ketten durch Lösung eines *verallgemeinerten MK-Matching-Problems*.

Edmonds und Johnson (1973) beschreiben den zweiten Weg. Wir wollen jedoch im folgenden die erste der genannten Vorgehensweisen etwas näher betrachten. Sie umfaßt zwei Schritte:

Schritt 1: Ausgehend vom gegebenen Graphen G = [V,E,c], bilden wir einen vollständigen, bewerteten, ungerichteten Graphen $\tilde{G} = [\tilde{V}, \tilde{E}, \tilde{c}]$. Er enthält genau die Knoten von G, die in G *ungeraden* Grad besitzen. Die Bewertung $\tilde{c}_{ij}$ der Kante [i,j] $\in \tilde{E}$ ist gleich der Länge der kürzesten Kette zwischen Knoten i und Knoten j in G.

Gesucht ist nun eine Teilmenge E* der Kantenmenge $\tilde{E}$ von $\tilde{G}$ so, daß gilt:

a) Jeder Knoten aus $\tilde{V}$ ist mit genau einer Kante aus E* inzident.
b) Es gibt keine Teilmenge von $\tilde{E}$, die die Bedingung a) erfüllt und eine niedrigere Summe der Kantenbewertungen als E* besitzt.

E* nennt man **kostenminimales Matching** (bzw. "kostenminimale symmetrische Zuordnung") von $\tilde{G}$; die Summe der Kantenbewertungen ist der Wert des Matchings.

Schritt 2: Gehört eine Kante [i,j] zu E*, so ist im ursprünglichen Graphen G jede zur kürzesten Kette von i nach j gehörende Kante zu verdoppeln.

Ein Beispiel zur beschriebenen Vorgehensweise befindet sich am Ende des folgenden Kapitels.

4.3.2.2 Zur Lösung von MK-Matching-Problemen

Im folgenden skizzieren wir einen Algorithmus zur Lösung des MK-Matching-Problems, der im wesentlichen auf Ideen von Edmonds (1965) zur Lösung von Maximal-Matching-Problemen für unbewertete Graphen beruht. Abschließend formulieren wir ein MK-Matching-Problem als symmetrisches Zuordnungsproblem.

Vereinbarung: Der Einfachheit halber bezeichnen wir den vollständigen, bewerteten, ungerichteten Graphen, für den das MK-Matching-Problem zu lösen ist, anstatt der aufwendigeren Schreibweise $\tilde{G} = [\tilde{V}, \tilde{E}, \tilde{c}]$ mit $G = [V, E, c]$; seine Knotenmenge sei $V = \{1, 2, ..., n\}$ mit geradem n. Mit E* bezeichnen wir das (bzw. ein) kostenminimale(s) Matching von G. Es umfaßt n/2 Kanten von G.

Die folgenden mathematischen Formulierungen des MK-Matching-Problems sollen uns in die Lage versetzen, die Grundidee des Verfahrens von Edmonds zu vermitteln.

Definieren wir, ausgehend von einem Graphen $G = [V, E, c]$ laut obiger Vereinbarung, für jedes Knotenpaar $i, j \in V$ mit $i < j$ eine Variable x_{ij}, so läßt sich das MK-Matching-Problem wie folgt formulieren:

$$\text{Minimiere } F(x) = \sum_{i=1}^{n-1} \sum_{j=i+1}^{n} c_{ij} x_{ij} \qquad (4.4)$$

unter den Nebenbedingungen

$$\sum_{h=1}^{i-1} x_{hi} + \sum_{j=i+1}^{n} x_{ij} = 1 \qquad \text{für } i = 1, ..., n \qquad (4.5)$$

$$x_{ij} \in \{0, 1\} \qquad \text{für } i = 1, ..., n-1 \text{ und } j = i+1, ..., n \qquad (4.6)$$

Zwischen einer optimalen Lösung von (4.4) – (4.6) und dem zugehörigen kostenminimalen Matching E* von G besteht folgender Zusammenhang:

Es ist $x_{ij} = \begin{cases} 1 & \text{falls Kante } [i,j] \in E^* \\ 0 & \text{sonst} \end{cases}$

Eine alternative Formulierung des MK-Matching-Problems, von der der Edmonds-Algorithmus ausgeht, besteht aus der Zielsetzung (4.4), den Nebenbedingungen (4.5), aus je einer Bedingung

$$\sum_{i,j \in V_r, i<j} x_{ij} \leq q_r \qquad \text{für jede Menge } V_r \subset V \text{ mit } ungeradem \; |V_r| = 2q_r + 1 \qquad (4.7)$$

sowie den Nichtnegativitätsbedingungen

$$x_{ij} \geq 0 \qquad \text{für } i = 1, ..., n-1 \text{ und } j = i+1, ..., n \qquad (4.8)$$

Bei der zweiten Formulierung werden also die Binärbedingungen (4.6) durch die Bedingungen (4.7) und (4.8) ersetzt. (4.7) fordert, daß innerhalb einer Teilmenge V_r der Knotenmenge bei $|V_r| = 3, 5, 7, \ldots$ höchstens $q_r = 1, 2, 3, \ldots$ Paare von Knoten durch je eine Kante aus E^* verbunden sind.

Zum vollständigen Beweis der Behauptung, daß der Simplex-Algorithmus, angewendet auf Problem (4.4), (4.5), (4.7), (4.8), stets binäre Basislösungen liefert, verweisen wir auf Christofides (1975, S. 359 ff.) und Lawler (1976, S. 242 ff.). Wir beschränken uns im wesentlichen auf den Beweis der folgenden Aussage:

Ersetzt man in (4.4) – (4.6) die Binärbedingungen lediglich durch die Nichtnegativitätsbedingungen (4.8), so erhält man mit dem Simplex-Algorithmus für das dadurch entstehende Problem nicht in jedem Fall eine binäre optimale Basislösung.

Der Beweis der Aussage wird erbracht, indem wir das Problem (4.4), (4.5), (4.8) für den (der Einfachheit halber unvollständigen) Graphen in Abb. 4.7 mit Hilfe des Simplex-Algorithmus lösen. Die optimale Basislösung mit $x_{12} = x_{14} = x_{24} = 0.5$ und $x_{35} = x_{36} = x_{56} = 0.5$ erfüllt die Bedingungen (4.5), nicht aber die Binärbedingungen (4.6). Der Graph in Abb. 4.8 kann dagegen nicht zur Bestätigung der obigen Aussage herangezogen werden; denn hierfür lassen sich auch bei Problemen (4.4), (4.5), (4.8) nur Basislösungen mit binären Variablenwerten finden.

Zur Begründung für die unterschiedlichen Ergebnisse bei den beiden Beispielen beschränken wir uns auf folgende Hinweise:

Eine *ungerade Anzahl von Variablen*, deren zugehörige Kanten im betrachteten Graphen G einen *elementaren Kreis* bilden, kann sich *gleichzeitig in der Basis* einer zulässigen Basislösung von (4.4), (4.5), (4.8) befinden. Ist dies der Fall, so besitzen diese Variablen den Wert 0.5. Eine gerade Anzahl von Variablen mit den genannten Eigenschaften kann sich dagegen nicht gleichzeitig in der Basis befinden. Die Spaltenvektoren dieser Variablen in der durch die Bedingungen (4.5) gebildeten Koeffizientenmatrix sind voneinander linear abhängig.

Die Bedingungen (4.7) verhindern (wie man sich anhand des Graphen in Abb. 4.7 überzeugen kann) Basislösungen mit Basisvariablen, deren zugehörige Kanten im gegebenen Graphen einen elementaren Kreis mit einer ungeraden Anzahl von Kanten (bzw. Knoten) bilden.

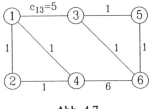
Abb. 4.7

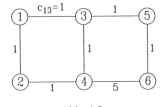
Abb. 4.8

Wir bilden nun das zu (4.4), (4.5), (4.7), (4.8) duale LP-Problem. Dazu bezeichnen wir die Dualvariablen *(Knotenvariablen)* zu (4.5) mit u_i und die Dualvariablen zu (4.7) mit π_r. Das duale Problem lautet:

$$\text{Maximiere } F(\mathbf{u},\pi) = \sum_{i=1}^{n} u_i - \sum_{V_r \subset V} q_r \pi_r \tag{4.9}$$

unter den Nebenbedingungen

$$u_i + u_j - \sum_{r \text{ mit } i,j \in V_r} \pi_r \leq c_{ij} \quad \text{für } i=1,\ldots,n-1 \text{ und } j=i+1,\ldots,n \tag{4.10}$$

$$\pi_r \geq 0 \quad \text{für alle } r \tag{4.11}$$

Ausgehend von den obigen, zueinander dualen Problemen, kann das MK-Matching-Problem mit Hilfe eines primal-dualen Verfahrens gelöst werden. Den Aussagen des Satzes vom komplementären Schlupf[9] entnehmen wir, daß zwei Lösungen $\mathbf{x}$ bzw. $\{\mathbf{u},\pi\}$ der obigen Probleme genau dann optimal sind, wenn gilt:

(1) $\mathbf{x}$ und $\{\mathbf{u},\pi\}$ sind zulässige Lösungen

(2) $x_{ij} > 0 \implies u_i + u_j - \sum_{r \text{ mit } i,j \in V_r} \pi_r = c_{ij}$

(3) $\pi_r > 0 \implies \sum_{i,j \in V_r, i<j} x_{ij} = q_r$

Der Edmonds-Algorithmus beginnt mit $\pi_r = 0$ für alle r. Die Knotenvariablen u_i werden so gewählt, daß möglichst viele der Bedingungen (4.10) erfüllt sind. Die den als Gleichung erfüllten Bedingungen (4.10) entsprechenden Variablen x_{ij} sind potentielle Basisvariablen des primalen Problems. Findet man eine Teilmenge dieser Variablen so, daß damit die Bedingungen (4.5) erfüllt werden können, so ist das MK-Matching-Problem gelöst. Falls dies nicht gelingt, werden die Werte einiger Dualvariablen u_i und π_r geändert. Danach beginnt erneut die Suche nach einem *maximalen* (im vorliegenden Fall perfekten[10]) *Matching*[11] unter allen x_{ij} bzw. Kanten $[i,j]$, deren zugehörige Bedingung (4.10) als Gleichung erfüllt ist.

Auf eine umfassendere Darstellung des Verfahrens soll verzichtet werden, da sie sehr viel Platz erfordern würde. Zudem findet man v.a. bei Christofides (1975, S. 339 ff.), Lawler (1976, S. 217 ff.) und Derigs (1988, Part V) gute Beschreibungen von Algorithmen für Matching-Probleme. Informationen über effiziente Implementierungen geben z.B. Heck (1976) und Lawler (1976, S. 247 ff.). Die von Lawler ausführlich beschriebene Implementierung des Maximal-Kosten-Matching-Algorithmus liefert einen Code mit der Zeitkomplexität $O(n^4)$. Der Autor schildert außerdem Verbesserungsmöglichkeiten, die die Komplexität auf $O(n^3)$ senken.

---

[9] Vgl. die prinzipielle Vorgehensweise primal-dualer Verfahren sowie den Satz vom komplementären Schlupf in Kap. 3.3 von Band I; vgl. auch Domschke und Drexl (1995, Kap. 2 u. 4).

[10] Ein maximales Matching eines Graphen $G = [V,E]$ ist eine größtmögliche Teilmenge $\tilde{E}$ von E mit der Eigenschaft, daß jeder Knoten von G mit höchstens einer Kante aus $\tilde{E}$ inzident ist. Ein perfektes Matching eines Graphen $G = [V,E]$ ist eine Teilmenge $\tilde{E}$ von E mit der Eigenschaft, daß jeder Knoten von G mit genau einer Kante aus $\tilde{E}$ inzident ist (ein perfektes Matching erfüllt also (4.5)).

[11] Man betrachte auch die Vorgehensweise der Ungarischen Methode, bei der – ausgehend von allen potentiellen Basisvariablen – im primalen Problem Maximalflußprobleme zu lösen sind (Kap. 10.1, Band I).

Pütz (1979) entwickelte einen effizienten Code für das vollständige Verfahren von Edmonds und Johnson (1973) zur Lösung von Briefträgerproblemen in ungerichteten Graphen, der ebenfalls die Zeitkomplexität $O(n^4)$ aufweist. Der Speicherplatzbedarf wird mit $O(4m + 12n)$ angegeben. Der Code ist in Burkard und Derigs (1980, S. 72 ff.) beschrieben und abgedruckt.

Das im Zusammenhang mit der kostenminimalen Erweiterung eines ungerichteten Graphen zu einem Euler-Graphen zu lösende MK-Matching-Problem kann auch als **symmetrisches Zuordnungsproblem** formuliert und gelöst werden.

Wir gehen wieder von einem vollständigen Graphen $G = [V, E, c]$ gemäß obiger Vereinbarung aus. Wir benutzen Variablen x_{ij} und x_{ji} für alle $i, j \in V$. Wir definieren $c_{ii} := \infty$ für alle $i \in V$. Damit lautet das Problem:

$$\text{Minimiere } F(x) = \sum_{i=1}^{n} \sum_{j=1}^{n} 0.5\, c_{ij}\, x_{ij} \qquad (4.12)$$

unter den Nebenbedingungen

$$\sum_{j=1}^{n} x_{ij} = 1 \qquad \text{für } i = 1,\ldots,n \qquad (4.13)$$

$$\sum_{i=1}^{n} x_{ij} = 1 \qquad \text{für } j = 1,\ldots,n \qquad (4.14)$$

$$x_{ij} \in \{0,1\} \qquad (4.15)$$

$$x_{ij} = x_{ji} \qquad \text{für } i,j = 1,\ldots,n \qquad (4.16)$$

Die Bedingung (4.16) ist eine Symmetriebedingung. Löst man statt (4.12) – (4.16) das *lineare Zuordnungsproblem* (4.12) – (4.15) und erfüllt die erhaltene optimale Lösung zugleich die Symmetriebedingung, so ist die Lösung auch optimal für das symmetrische Zuordnungsproblem. Leider wird diese Bedingung in der Regel nicht automatisch erfüllt. Ein B&B-Verfahren zur Lösung des symmetrischen Problems findet man z.B. bei Müller-Merbach (1970, S. 150 ff.).

Wir betrachten im folgenden ein Beispiel, bei dem die kostenminimale Erweiterung eines Graphen durch Bestimmung kürzester Entfernungen und durch *Lösung eines linearen Zuordnungsproblems* erreicht wird. Danach zeigen wir durch Modifikation des Beispiels, daß mit der Lösung eines linearen Zuordnungsproblems nicht notwendig zugleich alle Symmetriebedingungen (4.16) eines symmetrischen Zuordnungsproblems erfüllt sind.

Beispiel 1: Für den Graphen in Abb. 4.9 sei die (oder eine) kürzeste Briefträgertour gesucht. Die Knoten 1 bis 6 besitzen ungeraden Grad. Der Graph $\tilde{G} = [\tilde{V}, \tilde{E}, \tilde{c}]$ besitzt somit die Knotenmenge $\tilde{V} = \{1,\ldots,6\}$. Definieren wir $\tilde{c}_{ii} := \infty$ für alle $i \in \tilde{V}$, so besitzt die Matrix $0.5 \cdot \tilde{C}$ die in Tab. 4.1 angegebenen Werte. Sie entsprechen der Hälfte der Längen der kürzesten Wege im Graphen von Abb. 4.9.

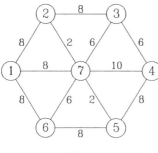

Abb. 4.9

Knoten	1	2	3	4	5	6
1	∞	4	7	9	5	4
2	4	∞	4	6	2	4
3	7	4	∞	3	4	6
4	9	6	3	∞	4	8
5	5	2	4	4	∞	4
6	4	4	6	8	4	∞

Tab. 4.1

Bei Anwendung der Ungarischen Methode zur Lösung des linearen Zuordnungsproblems (4.12) - (4.15) erhalten wir schon im Startschritt durch Reduzierung der Zeilen die in Tab. 4.2 angegebene Matrix. Die optimale Lösung des linearen *und des symmetrischen* Zuordnungsproblems ist $x_{16} = x_{61} = x_{25} = x_{52} = x_{34} = x_{43} = 1$ und $x_{ij} = 0$ sonst mit dem Zielfunktionswert F(**x**) = 18. Damit ergibt sich die Länge der kürzesten Briefträgertour im Graphen der Abb. 4.9 aus der Summe seiner Kantenbewertungen plus 18; sie ist 98. Den kostenminimal erweiterten Graphen aus Abb. 4.9 zeigt – ohne Kantenbewertungen – die Abb. 4.10.

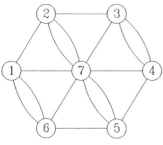

Abb. 4.10

	1	2	3	4	5	6
1	∞	0	3	5	1	[0]
2	2	∞	2	4	[0]	2
3	4	1	∞	[0]	1	3
4	6	3	[0]	∞	1	5
5	3	[0]	2	2	∞	2
6	[0]	0	2	4	0	∞

Tab. 4.2

Beispiel 2: Geben wir dem Graphen in Abb. 4.9 andere Kantenbewertungen (s. Abb. 4.11), so erhalten wir für das zu lösende symmetrische Zuordnungsproblem die Matrix in Tab. 4.3.

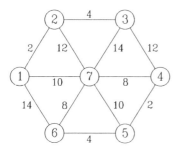

Abb. 4.11

	1	2	3	4	5	6
1	∞	1	3	9	9	7
2	1	∞	2	8	9	8
3	3	2	∞	6	7	9
4	9	8	6	∞	1	3
5	9	9	7	1	∞	2
6	7	8	9	3	2	∞

Tab. 4.3

Wenden wir hierauf die Ungarische Methode an, so erhalten wir keine optimale Lösung, die symmetrisch ist. Eine optimale (aber nicht symmetrische) Lösung ist z.B. $x_{12} = x_{23} = x_{31} = x_{45} = x_{56} = x_{64} = 1$ und $x_{ij} = 0$ sonst. Damit haben wir gezeigt, daß das symmetrische Zuordnungsproblem in der Regel nicht durch einmaliges Lösen des einfacheren linearen Zuordnungsproblems zu bewältigen ist.

4.3.3 Suboptimale Erweiterung eines gemischten Graphen

Hinsichtlich der Bestimmung *kürzester* Briefträgertouren in zusammenhängenden, *gemischten* Graphen G mit $E \neq \phi$ und $P \neq \phi$ sind drei Problemklassen zu unterscheiden (vgl. Minieka (1978, S. 249 ff.)):

Klasse I: Probleme in Graphen, deren sämtliche Knoten i geraden Gesamtgrad γ_i und die Eigenschaft $g_i^+ = g_i^-$ besitzen.

Klasse II: Probleme in Graphen, deren sämtliche Knoten i geraden Gesamtgrad γ_i besitzen; für mindestens einen Knoten i gilt jedoch $g_i^+ \neq g_i^-$.

Klasse III: Alle übrigen Probleme.

Probleme der *Klasse I* sind leicht zu lösen. Die Graphen sind Euler-Graphen.[12] Zur Bestimmung einer Euler-Tour in einem gemischten Euler-Graphen eignet sich Alg. 4.1 mit der in Bem. 4.9 (beides in Kap. 4) geschilderten Erweiterung.

Probleme der *Klasse II* lassen sich mit Hilfe von Teil II des in diesem Kapitel für Probleme der Klasse III beschriebenen heuristischen Verfahrens *kostenminimal* zu einem Euler-Graphen erweitern, also (ergänzt durch Alg. 4.1) exakt lösen (siehe auch Bem. 4.6).

Lösungsmöglichkeiten für Probleme der Klasse III:

Kappauf und Koehler (1979, S. 92) sowie Ralphs (1993) haben das hier vorliegende Problem der kostenminimalen Erweiterung eines gemischten Graphen zu einem Euler-Graphen als Problem der ganzzahligen linearen Optimierung formuliert, so daß es mit dafür bekannten (Standard-) Verfahren (siehe etwa Domschke und Drexl (1995, Kap. 6)) gelöst werden kann. Ferner wurde von Christofides et al. (1984) ein spezielles B&B-Verfahren entwickelt. Mit beiden Vorgehensweisen lassen sich jedoch nur relativ kleine Probleme exakt lösen.

Von Edmonds und Johnson (1973), Frederickson (1979), Brucker (1981) sowie Pearn und Liu (1995) wurden zwei verschiedene Heuristiken, genannt Mixed 1 und Mixed 2, entwickelt bzw. weiterentwickelt und modifiziert. Beide Verfahren bestehen aus zwei Prozeduren, die wie folgt bezeichnet und charakterisiert werden können:

---

[12] Man überlegt sich leicht, daß die für Klasse I formulierten Forderungen restriktiver sind als diejenigen in Satz 4.2. Die Forderungen für Klasse I sind hinreichend aber nicht notwendig dafür, daß der Graph ein Euler-Graph ist.

Proz GerGrad erweitert einen gegebenen Graphen so, daß danach sämtliche Knoten i geraden Gesamtgrad γ_i besitzen.

Proz Ein = Aus erweitert einen gegebenen Graphen so, daß danach für sämtliche Knoten i die Beziehung $g_i^+ = g_i^-$ gilt.

In **Mixed 1** wird zunächst *Proz GerGrad* und danach *Proz Ein = Aus* ausgeführt. In **Mixed 2** sorgt zunächst *Proz Ein = Aus* für einen Graphen G' mit $g_i^+ = g_i^-$ für alle Knoten i, danach wird *Proz GerGrad* auf den noch nicht gerichteten Teilgraphen von G' angewendet.

Im folgenden beschreiben wir **Mixed 1** ausführlicher. Ausgehend von einem bewerteten, gemischten Graphen G = <V,E,P,c>, für den eine kürzeste Briefträgertour existiert,[13] besteht das Verfahren aus folgenden Teilen:

Teil I (*Proz GerGrad*): Erweiterung von G zu einem Graphen G_1, dessen sämtliche Knoten geraden Gesamtgrad besitzen.

Teil II (*Proz Ein = Aus*): Umwandlung der Kanten von G_1 in Pfeile und Erweiterung des Graphen zu einem gerichteten Euler-Graphen G_e.

Zu Teil I (*Erzeugung eines geraden Gesamtgrades für alle Knoten*):

Es wird ein MK-Matching-Problem für einen vollständigen, ungerichteten, bewerteten Graphen $\tilde{G} = [\tilde{V}, \tilde{E}, \tilde{c}]$ ermittelt (vgl. Kap. 4.3.2). $\tilde{V}$ enthält genau diejenigen Knoten von G, die in G ungeraden Gesamtgrad besitzen. Die Bewertung $\tilde{c}_{ij}$ der zu $\tilde{E}$ gehörenden Kante [i,j] ist gleich der *Länge der kürzesten Kette* zwischen Knoten i und Knoten j in G.[14] Gehört eine Kante [h,k] zum ermittelten kostenminimalen Matching von $\tilde{G}$, so verdoppeln wir in G jede Kante und jeden Pfeil, der sich in der zuvor gefundenen kürzesten Kette zwischen Knoten h und Knoten k befindet.

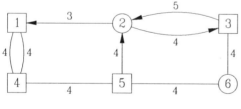
Abb. 4.12

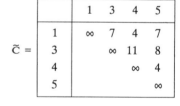
Tab. 4.4

Beispiel zu Teil I: Gegeben sei der Graph in Abb. 4.12. Wir bilden den Graphen $\tilde{G}$ mit der Knotenmenge $\tilde{V} = \{1,3,4,5\}$ und der symmetrischen "Kostenmatrix" $\tilde{C}$ in Tab. 4.4.

---

[13] Die Existenz einer Briefträgertour ist gemäß Satz 4.1 leicht zu überprüfen. Damit es darüber hinaus in G auch eine kürzeste Briefträgertour gibt, darf der Graph weder negativ bewertete Kanten noch Kreise negativer Länge besitzen, durch deren wiederholte Einbeziehung die Länge der Briefträgertour beliebig gesenkt werden kann.

[14] Wegen Bem. 4.1 und Def. 1.4 enthält eine Kette auch *Pfeile ohne Beachtung ihres Richtungssinnes*. In Abb. 4.12 ist [1,2,3] eine Kette.

Die Kanten [1,3] und [4,5] bilden das kostenminimale Matching von $\tilde{G}$. Die zur Kante [1,3] im Graphen G gehörende kürzeste Kette besteht aus den Pfeilen (2,1) und (2,3). Der erweiterte Graph G_1 ist in Abb. 4.13 dargestellt.
Gilt nach Abschluß von Teil I für alle Knoten i von G_1 die Beziehung $g_i^+ = g_i^-$, so wurde eine *kostenminimale* Erweiterung von G zu einem Euler-Graphen gefunden; ansonsten folgt Teil II des Verfahrens.

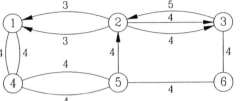

Abb. 4.13

Zu Teil II (*Erzeugung eines gerichteten Euler-Graphen G_e*):
Wir gehen aus von dem in Teil I erhaltenen Graphen $G_1 = <V, E_1, P_1, c>$. Ziel von Teil II ist es, für jeden Knoten i die Eigenschaft $g_i^+ = g_i^-$ unter Beibehaltung der Eigenschaft "γ_i gerade" herbeizuführen.

Wir wandeln zunächst G_1 in einen gerichteten Graphen $G_2 = (V, E_2, P_2 = P_1, c)$ um, indem wir jeder Kante von G_1 unter Beibehaltung ihrer Bewertung einen *beliebigen Richtungssinn* zuweisen. Aus einer Kante [i,j] wird also ein Pfeil (i,j) oder ein Pfeil (j,i).
Die durch Umwandlung von Kanten erhaltene *Pfeilmenge* bezeichnen wir als E_2. Die Menge der zu den Pfeilen aus E_2 entgegengesetzt gerichteten Pfeile bezeichnen wir als $\bar{E}_2$.

Beispiel: Entwickeln wir aus der Kantenmenge des Graphen in Abb. 4.13 die Pfeilmenge E_2 = {(1,4), (1,4), (4,5), (4,5), (5,6), (3,6)} (siehe Abb. 4.14), so ist $\bar{E}_2$ = {(4,1), (4,1), (5,4), (5,4), (6,5), (6,3)}.

Nun formulieren und lösen wir ein *kapazitiertes Umladeproblem*. Aufgrund der (von uns ermittelten) optimalen Lösung des Umladeproblems strukturieren wir den gerichteten Graphen G_2 zu einem gerichteten Euler-Graphen um. Die Lösung des Umladeproblems beantwortet uns folgende Fragen:

1) Welche Pfeile aus P_2 sind wie oft zu vervielfachen?
2) Welche Pfeile aus E_2 sollen mit dem zunächst willkürlich gegebenen Richtungssinn im Graphen verbleiben, und welche Pfeile aus E_2 sind durch den jeweils entgegengesetzt gerichteten Pfeil (aus $\bar{E}_2$) zu ersetzen?
3) Welche der aus E_2 bzw. aus $\bar{E}_2$ im Graphen enthaltenen Pfeile sind zudem wie oft zu vervielfachen?

Dem Umladeproblem wird ein gerichteter Graph $\hat{G} = (V, \hat{P}, \hat{c}, \kappa)$ mit der Kosten- (oder Längen-) Bewertung $\hat{c}: \hat{P} \to \mathbb{R}$ und der Kapazitätsbewertung $\kappa: \hat{P} \to \{2, \infty\}$ zugrundegelegt. Seine Knotenmenge ist gleich derjenigen von G_2. Seine Pfeilmenge ist $\hat{P} = P_2 \cup \bar{E}_2 \cup EZ$.

Für ihre drei Teilmengen gilt:

Die Bewertungen der Pfeile von P_2 ($= P_1$) sind $\hat{c}_{ij} = c_{ij}$ (wie in G_2) und $\kappa_{ij} = \infty$.
Die Bewertungen der Pfeile von $\bar{E}_2$ sind $\hat{c}_{ij} = 0$ und $\kappa_{ij} = 2$.
EZ enthält für jeden Pfeil (i,j) aus E_2 einen Pfeil (i,j) mit $\hat{c}_{ij} = c_{ij}$ (wie in G_2) und $\kappa_{ij} = \infty$ sowie einen Pfeil (j,i) mit $\hat{c}_{ji} = c_{ij}$ (wie (i,j) in G_2) und $\kappa_{ji} = \infty$.

in G_1	in G_2	in $\hat{G}$
Kante [i,j]	z.B. Pfeil (i,j) aus E_2	aus $\bar{E}_2$: Pfeil (j,i) mit $\hat{c}_{ji} = 0$ und $\kappa_{ji} = 2$
		aus EZ: Pfeil (j,i) mit $\hat{c}_{ji} = c_{ij}$ und $\kappa_{ji} = \infty$
		aus EZ: Pfeil (i,j) mit $\hat{c}_{ij} = c_{ij}$ und $\kappa_{ij} = \infty$

Tab. 4.5

Für jede Kante [i,j] von G_1 enthält $\hat{G}$ also *drei* Pfeile (siehe Tab. 4.5), zwei parallele und einen dazu entgegengesetzten Pfeil. Der Pfeil aus $\bar{E}_2$ dient der Entscheidung, ob der der Kante in G_2 gegebene Richtungssinn beizubehalten oder zu ändern ist. Mit Hilfe der beiden übrigen Pfeile werden Aussagen über die Vervielfachung der Kante (mit *einem* bestimmten Richtungssinn) gewonnen.

Die Angebots- bzw. Nachfragemenge des Knotens i ∈ V ergibt sich aus positivem und negativem Grad von i in G_2 zu $\delta_i := g_i^- - g_i^+$. Knoten i ist *Angebotsknoten*, falls $\delta_i > 0$, *Nachfrageknoten*, falls $\delta_i < 0$; ansonsten ist i ein reiner Umladeknoten.

Im folgenden soll das zu lösende Umladeproblem mathematisch formuliert werden. Mit $\hat{c}_p$ bzw. κ_p bezeichnen wir die Kosten- bzw. die Kapazitätsbewertung des Pfeiles p ∈ $\hat{P}$. Verwenden wir für den Pfeil p ∈ $\hat{P}$ die Variable x_p, so lautet das Umladeproblem: [15]

$$\text{Minimiere } F(x) = \sum_{p \in \hat{P}} \hat{c}_p x_p \qquad (4.17)$$

unter den Nebenbedingungen

$$- \sum_{p=(j,i) \in \hat{P}} x_p + \sum_{p=(i,j) \in \hat{P}} x_p = \delta_i \qquad \text{für alle } i \in V \qquad (4.18)\,[16]$$

$$0 \leq x_p \leq \kappa_p \qquad \text{für alle } p \in \hat{P} \qquad (4.19)$$

Wir lösen das Umladeproblem mit einem der in Band I angegebenen Verfahren und verwenden die erhaltene optimale, ganzzahlige Lösung, um G_2 wie folgt zu einem gerichteten Euler-Graphen $G_e = (V, E_e, c)$ zu transformieren:

---

[15] Mehrfach in $\hat{P}$ enthaltene, zueinander parallele Pfeile werden voneinander unterschieden; es ist jeweils eine Variable x_p einzuführen.

[16] Die erste Summation erfolgt über alle Pfeile mit i als Endknoten, die zweite über alle Pfeile mit i als Anfangsknoten.

Die Knotenmenge V ist gleich derjenigen von G, G_1 und G_2.

Die *Pfeilmenge* E_e umfaßt folgende Pfeile:

I) $x_p + 1$ Pfeile p = (i,j) für jeden Pfeil (i,j) $\in P_2$;
II) einen Pfeil (j,i), falls p = (i,j) aus $\bar{E}_2$ und $x_p = 0$;
III) einen Pfeil (i,j), falls p = (i,j) aus $\bar{E}_2$ und $x_p = 2$;[17]
IV) x_p Pfeile p = (i,j) für jeden Pfeil (i,j) $\in$ EZ.

Die Bewertungen c_{ij} der Pfeile von E_e werden von den Pfeilen aus P_2 und EZ sowie – für aus E_2 hervorgegangene Pfeile – von den ursprünglichen Kantenbewertungen aus E_1 übernommen.

Wir erläutern den Teil II nochmals durch **Fortsetzung unseres obigen Beispiels:**

Ordnen wir den Kanten des gemischten Graphen G_1 = $< V, E_1, P_1, c >$ in Abb. 4.13 einen Richtungssinn zu, der von Knoten i nach Knoten j mit i < j zeigt, so erhalten wir den in Abb. 4.14 dargestellten, gerichteten Graphen $G_2 = (V, E_2, P_2, c)$.

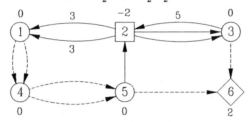

Abb. 4.14: Pfeile ohne Wertangabe besitzen die Bewertung 4; die Pfeile aus E_2 sind gestrichelt; die Knotenbewertungen entsprechen den Graddifferenzen δ_i

Den dem kapazitierten Umladeproblem zugrundeliegenden Graphen $\hat{G}$ zeigt Abb. 4.15. Die Darstellung deckt gewisse Verbesserungsmöglichkeiten in diesem Abschnitt des Verfahrens auf (siehe Aufgabe 4.2).

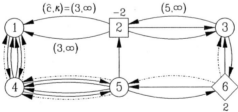

Abb. 4.15: Strichpunktierte Pfeile ohne Wertangabe besitzen die Bewertungen $(\hat{c}, \kappa)$ = $(0,2)$; die übrigen Pfeile ohne Wertangabe sind mit $(4, \infty)$ bewertet.

---

[17] Im Fall II wird der einer Kante [i,j] in G_2 zunächst willkürlich gegebene Richtungssinn beibehalten, im Fall III wird er geändert.

Die optimale Lösung des Umladeproblems besteht aus einem Fluß (vgl. Kap. 9 in Band I) der Stärke 2 über den Pfeil (6,5) mit $\hat{c}_{65} = 0$ und über den Pfeil (5,2). Alle übrigen Variablen sind 0. Aufgrund dieser optimalen Lösung erhalten wir den in Abb. 4.16 dargestellten Euler-Graphen G_e.

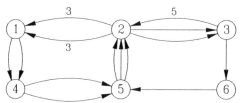

Abb. 4.16: Pfeile ohne Wertangabe besitzen die Bewertung 4.

Wir beschließen das Kapitel mit einigen Bemerkungen zu obigem Verfahren.

Bemerkung 4.6: Das Verfahren liefert eine **kostenminimale Erweiterung**, falls nach Teil I für alle Knoten i die Beziehung $g_i^+ = g_i^-$ gilt oder falls alle Knoten des gegebenen Graphen G von vornherein geraden Gesamtgrad besitzen. Ansonsten erhält man in der Regel keine kostenminimale Erweiterung.

Mit Hilfe des Verfahrens haben wir auch für unser Beispiel keine kostenminimale Erweiterung erhalten. Die einzige *kostenminimale* Erweiterung des Graphen G (Abb. 4.12) zu einem Euler-Graphen ist in Abb. 4.17 dargestellt. Der durch das Verfahren ermittelte Euler-Graph besitzt die Gesamtbewertung 55, für den kostenminimalen Euler-Graphen ist sie 48.

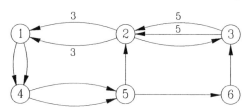

Abb. 4.17: Pfeile ohne Wertangabe besitzen die Bewertung 4.

Bemerkung 4.7: Für die Güte von Lösungen des geschilderten Verfahrens läßt sich eine Worst Case-Schranke angeben. Die Länge $c(\eta)$ der mit Mixed 1 erhältlichen Briefträgertour η ist höchstens doppelt so lang wie die Länge $c(\eta^*)$ der kürzesten Briefträgertour η^* von G. Wendet man sowohl Mixed 1 als auch Mixed 2 an, und wählt man die bessere der erhaltenen Erweiterungen, so verringert sich die maximale Abweichung $c(\eta)/c(\eta^*)$ auf 5/3. Siehe zu beiden Angaben Frederickson (1979, S. 543) und Brucker (1981). Zu Modifikationen der Verfahren und Rechentests vgl. Pearn und Liu (1995).

Der Rechenaufwand für das obige Verfahren wird größenordnungsmäßig durch den für die Lösung des Umladeproblems erforderlichen Aufwand bestimmt.

4.4 Ermittlung einer Euler-Tour in einem Euler-Graphen

Für einen gerichteten wie für einen ungerichteten Euler-Graphen läßt sich sehr leicht eine Euler-Tour ermitteln. Wir beschreiben eine mögliche Vorgehensweise für ungerichtete Graphen. Bei Anwendung auf gerichtete Graphen sind statt *Ketten* bzw. *Kreisen* stets *Wege* bzw. *Zyklen* zu suchen (vgl. das nachfolgende Beispiel).

Algorithmus 4.1: Euler-Tour für einen ungerichteten Euler-Graphen [18]

Voraussetzung: Gegeben seien ein ungerichteter Euler-Graph G = [V,E] und ein Startknoten i_0.

Start: Suche, von Knoten i_0 ausgehend, eine beliebige geschlossene Kette
$f = [i_0,...,i_{t-1},i_t = i_0]$. [19]

Iteration:
Suche einen zu f gehörenden Knoten i_k, der mit Kanten inzident ist, die noch nicht zu f gehören.
Suche einen beliebigen Kreis $f' = [i_k = j_0, j_1,...,j_p = i_k]$, der ausschließlich solche Kanten enthält, die noch nicht zu f gehören.
Erweitere f durch Einbeziehung von f' zu $f = [i_0,...,i_k,j_1,...,j_{p-1},i_k,i_{k+1},...,i_t = i_0]$, und beginne erneut mit der Iteration.

Abbruch und Ergebnis: Es wird kein weiterer Knoten i_k mit obigen Eigenschaften mehr gefunden; alle Kanten von G gehören zu f. Die geschlossene Kette ist eine Euler-Tour von G.

* * * * *

Beispiel: Wenden wir die Vorgehensweise auf den **gerichteten** Graphen in Abb. 4.17 an, so ist folgender Ablauf möglich:

Start: Weg w = (1,4,5,2,1);

Iter. 1: Von Knoten 1 aus erhalten wir w' = (1,4,5,6,3,2,1) und damit w = (1,4,5,6,3,2, 1,4,5,2,1).

Iter. 2: Mit w' = (3,2,3) ergibt sich die Euler-Tour η = (1,4,5,6,3,2,3,2,1,4,5,2,1); siehe Abb. 4.18.

Bemerkung 4.8: Alg. 4.1 liefert für praktische Zwecke u.U. ungünstige Euler-Touren. Bei Straßenkehrmaschinen z.B. treten bei Abbiegevorgängen oder beim Übergang (Umrüsten) von einer produktiven Strecke (Kehren) auf eine unproduktive Strecke und umgekehrt Zeitverzögerungen ein, die bei den einzelnen Pfeil- und Kantenbewertungen nicht berücksichtigt werden.

---

[18] Auf die Erörterung von Implementierungsmöglichkeiten verzichten wir. Detailliertere Angaben findet man bei Edmonds und Johnson (1973, S. 109 ff.).

[19] Zur Schreibweise siehe Fußnote 3 von Kap. 4.

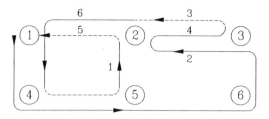

Abb. 4.18: Die gestrichelten Abschnitte der Euler-Tour sind unproduktive Strecken; die Zahlen an einigen Pfeilen sind Numerierungen für Bem. 4.8.

Schon bei der Bestimmung einer Euler-Tour lassen sich unnötige, zeitverzögernde Vorgänge vermeiden; vgl. dazu Bodin und Kursh (1979, S. 190 ff.). Man kann sie aber – wie wir anhand der Euler-Tour in Abb. 4.18 zeigen – auch nachträglich ausmerzen: Für die einzelnen Vorgänge (z.B. Linksabbiegen mit Umrüsten bei Aufeinanderfolge der Pfeile 1 und 5, d.h. Übergang von einer produktiven zu einer unproduktiven Strecke; Umkehren ohne Umrüsten (Pfeile 2 und 4)) seien die in Tab. 4.6 angegebenen Zeitverzögerungen in Kauf zu nehmen.

Vorgang	Abbiegen	Umrüsten	Verzögerung in ZE
I	nein	nein	0
II	nein	ja	1
III	rechts	nein	2
IV	rechts	ja	3
V	links	nein	4
VI	links	ja	5
VII	Umkehren	nein	6
VIII	Umkehren	ja	7

Tab. 4.6

Wir wollen für jeden Knoten die Summe der in ihm auftretenden Zeitverzögerungen minimieren. Dies läßt sich für Knoten mit wenigen Pfeilen "per Hand" erledigen; für die übrigen Knoten formulieren und lösen wir zu diesem Zweck ein *lineares Zuordnungsproblem*. Für Knoten 2 in Abb. 4.18 bedeutet dies: Wir suchen eine kosten- bzw. zeitminimale Zuordnung, die für jeden der in Knoten 2 einmündenden Pfeile 1, 2 bzw. 3 angibt, welcher der von Knoten 2 ausgehenden Pfeile 4, 5 bzw. 6 ihm in der Euler-Tour unmittelbar folgen soll. Die Formulierung dieses Zuordnungsproblems und dessen Lösung überlassen wir dem Leser (siehe Aufgabe 4.4). Für die übrigen Knoten läßt sich die Euler-Tour nicht verbessern.

Bemerkung 4.9: Nach unseren Ausführungen in Kap. 4.3.3 ist es leicht, auch eine Vorgehensweise zur Bestimmung einer Euler-Tour in einem *gemischten* Euler-Graphen G zu schildern: Gilt für alle Knoten i die Beziehung $g_i^+ = g_i^-$, so braucht man bei Alg. 4.1 lediglich darauf zu achten, daß die Startkette f und alle danach einbezogenen Ketten f' jeweils nur aus Kanten oder nur aus Pfeilen bestehen. Gilt die obige Beziehung nicht, so wird jeder Kante des Graphen zunächst eine beliebige und nach Lösung eines Umladeproblems (ähnlich wie in Teil II des vorigen Kapitels) eine endgültige Richtung zugewiesen (siehe Aufgabe 4.3).

4.5 Weitere Briefträgerprobleme

Im folgenden skizzieren wir eine Reihe möglicher Verallgemeinerungen der bislang behandelten Briefträgerprobleme. Kapazitierte Briefträgerprobleme betrachten wir in Kap. 5.6.

Rural Postman-Probleme (RPPe) unterscheiden sich von CPPen dadurch, daß nur eine Teilmenge R der Kanten/Pfeile des betrachteten Graphen bedient werden muß. Derartige Probleme entstehen z.B. bei der Postzustellung oder der Müllentsorgung in ländlichen Gebieten.

Es ist eine kürzeste Kette (ein kürzester Weg) zu finden, die (der) jede zu bedienende Kante (jeden zu bedienenden Pfeil) mindestens einmal enthält. Die übrigen Kanten/Pfeile können als unproduktive Verbindungen in der zu ermittelnden Briefträgertour auftreten.

Wir betrachten ein auf einem *ungerichteten* Graphen $G = [V, E, c]$ definiertes RPP. Mit $GR = [VR, R, c_{|R}]$ bezeichnen wir den Teilgraphen von G, der durch die Menge R der zu bedienenden Kanten induziert ist. Ist GR ein Euler-Graph, so kann mit Alg. 4.1 eine Euler-Tour, die zugleich eine Briefträgertour ohne unproduktive Verbindungen darstellt, gefunden werden. Ist GR kein Euler-Graph, aber zusammenhängend, so kann mit der in Kap. 4.3.2 beschriebenen Vorgehensweise eine kostenminimale Erweiterung von GR zu einem Euler-Graphen vorgenommen werden. Als unproduktive Verbindungen kommen dabei alle Kanten aus E in Betracht. Ist GR jedoch nicht zusammenhängend, so handelt es sich bei RPP um ein $\mathcal{NP}$-schweres Optimierungsproblem.

Exakte Verfahren stammen von Christofides et al. (1986) sowie Corberan und Sanchis (1994); Heuristiken werden u.a. in Liebling (1970, S. 38ff.), Orloff (1974, S. 48 ff.), Ball und Magazine (1988), Assad und Golden (1995, Kap. 3) sowie Pearn und Wu (1995) beschrieben.

Im folgenden skizzieren wir beispielhaft die Heuristik **Balance & Connect** von Ball und Magazine (1988). Sie besteht aus zwei Schritten.

Balance-Schritt: Löse ein MK-Matching-Problem auf einem vollständigen Hilfsgraphen, der alle Knoten aus VR mit ungeradem Grad enthält; seine Kanten [i, j] erhalten als Bewertung die kürzeste Entfernung zwischen i und j in G. Erweitere GR um die durch das optimale Matching repräsentierten (unproduktiven) Ketten in G zu einem Graphen GR1, dessen sämtliche Knoten nunmehr geraden Grad besitzen.

Connect-Schritt: Bilde einen vollständigen Hilfsgraphen, der für jede Zusammenhangskomponente von GR1 genau einen Knoten enthält; seine Kanten [h, k] erhalten als Bewertung die kürzeste Entfernung zwischen je einem Knoten aus Komponente h und k. Bestimme einen minimalen spannenden Baum des Hilfsgraphen. Erweitere GR1 *zweifach* um diejenigen (unproduktiven) Ketten in G, die den im spannenden Baum enthaltenen Kanten entsprechen.

* * * * *

Bemerkung 4.10: Besitzt jeder Knoten von GR geraden Grad, so entfällt der Balance-Schritt. Ist GR1 zusammenhängend, so entfällt der Connect-Schritt; in diesem Fall hat man eine kostenminimale (d.h. optimale) Erweiterung von GR zu einem Euler-Graphen gefunden.
In gerichteten Graphen ist im Balance-Schritt ein Minimalkostenflußproblem zu lösen und im Connect-Schritt ein minimaler spannender Wurzelbaum zu bestimmen.

Die beiden Schritte können auch in umgekehrter Reihenfolge ausgeführt werden (Connect & Balance); vgl. Assad und Golden (1995, S. 395 ff.) zur Ausgestaltung des Connect-Schrittes.

$\mathcal{M}$-**Briefträgerprobleme:** Hierbei sind die zu durchlaufenden Pfeile oder Kanten auf genau $\mathcal{M}$ Briefträger aufzuteilen. Vgl. hierzu z.B. Pearn (1994).

Das **Windy Postman-Problem** ist ein Problem in ungerichteten Graphen. Jede Kante kann in der einen oder der anderen Richtung durchschritten werden, wobei jedoch unterschiedlich hohe Kosten (Gegen- oder Rückenwind) entstehen. Das Problem ist $\mathcal{NP}$-schwer, jedoch gibt es mit polynomialem Aufwand lösbare Sonderfälle. Eine der ersten Arbeiten hierzu stammt von Guan (1984). Sehr ausführlich wird das Problem in der Dissertation von Win (1987) behandelt. Die Arbeit enthält heuristische und exakte Verfahren, zu letzteren zählen u.a. Schnittebenenverfahren. Vgl. ferner Win (1989) sowie Pearn und Li (1994).

Kombinierte Traveling Salesman- und Briefträgerprobleme bezeichnet man als **General Routing-Probleme**. Dabei sollen kürzeste Rundreisen gesucht werden, die bestimmte Knoten und/oder Punkte auf Kanten bzw. Pfeilen sowie bestimmte Pfeile und/oder Kanten eines (ungerichteten, gerichteten oder gemischten) Graphen mindestens einmal enthalten. Mit diesen Problemen haben sich vor allem Orloff (1974, 1976), Lenstra und Rinnooy Kan (1976) sowie Pandit und Muralidharan (1995) beschäftigt.

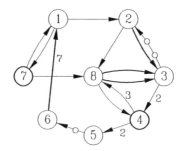

Abb. 4.19: Pfeile ohne Wertangabe besitzen die Bewertung 4.

Wir wollen ein General Routing-Problem anhand eines Beispiels für einen gerichteten Graphen veranschaulichen und daran Möglichkeiten zu dessen Lösung erläutern:

Gegeben sei der Graph in Abb. 4.19. Gesucht werde ein geschlossener Weg minimaler Länge, der sämtliche stark hervorgehobenen Pfeile, die Knoten 4 und 7 sowie die Punkte (Kundenniederlassungen) auf den Pfeilen[20] (3,2) und (5,6) mindestens einmal enthält.

Zur Lösung des Problems eignet sich folgende Vorgehensweise:

Wir erweitern den durch die genannten Pfeile, Knoten und Punkte auf Pfeilen definierten, nicht zusammenhängenden Graphen G^r *kostenminimal* zu einem Graphen G^r_e, der die in Satz 4.3 für gerichtete Graphen geforderten Knotengradbedingungen ($g^+_i = g^-_i$ für alle i) erfüllt, der aber u.U. noch nicht zusammenhängend ist. Ist G^r_e zusammenhängend, so wurde ein Euler-Graph gefunden; ansonsten muß im Rahmen eines B&B-Verfahrens, das wie ein Subtour-Eliminations-Verfahren (vgl. Kap. 3.3.2) angelegt sein kann, ein kostenminimal erweiterter, zusammenhängender Graph G^r_e gesucht werden.

Für unser einfaches Beispiel finden wir wie folgt einen kostenminimal erweiterten, zusammenhängenden Graphen:

(1) Sollen ein oder mehrere Punkte eines Pfeiles in einem geschlossenen Weg enthalten sein, so muß der gesamte Pfeil dem Weg angehören.
(2) Zur Bestimmung *unproduktiver Wege* bilden und lösen wir nach Einbeziehung der Pfeile gemäß (1) ein klassisches Transportproblem (vgl. auch Kap. 4.3.1). Es enthält den Knoten 1 mit der Angebotsmenge 1 (ein unproduktiver Weg) und den Knoten 3 mit der Angebotsmenge 2 (zwei unproduktive Wege). Die Knoten 5 (eine ME) und 8 (zwei ME) sind Nachfrageknoten. Die Knoten 4 und 7 treten einmal als Angebots- und einmal als Nachfrageknoten auf (jeweils 1 ME). Die Transportkostenmatrix für dieses Problem ist in Tab. 4.7 angegeben. In der Matrix sind diejenigen Kostenkoeffizienten unterstrichen, deren zugehörige Variable in *einer* der optimalen Lösungen des Problems den Wert 1 besitzen. Abb. 4.20 zeigt den durch die kostenminimale Erweiterung erhaltenen Euler-Graphen.

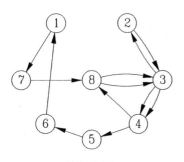

	4'	5	7'	8	Angebot
1	10	12	<u>4</u>	8	1
3	<u>2</u>	4	19	<u>5</u>	2
4	∞	<u>2</u>	17	3	1
7	8	10	∞	<u>4</u>	1
Nachfrage	1	1	1	2	

Abb. 4.20   Tab. 4.7

---

[20] Wir nehmen den bei gerichteten Graphen trivialen Zusatz, bestimmte Punkte auf Pfeilen in die Tour einzubeziehen, nur auf, um auf dieses im ungerichteten Fall schwieriger zu lösende Problem hinzuweisen.

Eine weitere Verallgemeinerung des Briefträgerproblems stellt das **Maximum Benefit - Briefträgerproblem** dar (vgl. auch das Maximum Benefit TSP in Kap. 3.5.2). Der Besuch jeder Kante verursacht einerseits Kosten, bringt andererseits aber einen Ertrag. Gesucht ist ein gewinnmaximaler geschlossener Weg (eine gewinnmaximale geschlossene Kette). Vgl. zu Lösungsmöglichkeiten für diese Probleme Malandraki und Daskin (1993).

Dror et al. (1987) formulieren und lösen ein Briefträgerproblem (in gerichteten oder ungerichteten) Graphen, bei dem für einige Pfeile bzw. Kanten **zusätzliche Reihenfolgebeziehungen** zu berücksichtigen sind.

4.6 Literatur zu Kapitel 4

Briefträgerprobleme in gerichteten oder in ungerichteten Graphen:

Assad und Golden (1995);
Bodin und Kursh (1979);
Christofides (1975);
Edmonds (1965);
Eiselt et al. (1995);
Guan (1962);
Heck (1976);
Lin und Zhao (1988);
Müller-Merbach (1970);

Beltrami und Bodin (1974);
Burkard und Derigs (1980);
Derigs (1988);
Edmonds und Johnson (1973);
Euler (1736);
Hässig (1979);
Lawler (1976);
Minieka (1978);
Pütz (1979).

Briefträgerprobleme in gemischten Graphen:

Brucker (1981);
Edmonds und Johnson (1973);
Frederickson (1979);
Kappauf und Koehler (1979);
Neumann (1987);
Pearn und Liu (1995);

Christofides et al. (1984);
Ford und Fulkerson (1974);
Jeworrek und Schulz (1987);
Minieka (1978), (1979);
Papadimitriou (1976);
Ralphs (1993).

Weitere Briefträgerprobleme:

Ball und Magazine (1988);
Coberan und Sanchis (1994);
Guan (1984);
Liebling (1970);
Orloff (1974), (1976);
Pearn (1994);
Pearn und Wu (1995);

Christofides et al. (1986);
Dror et al. (1987);
Lenstra und Rinnooy Kan (1976);
Malandraki und Daskin (1993);
Pandit und Muralidharan (1995);
Pearn und Li (1994);
Win (1987), (1989).

Assad, A.A. und B.L. Golden (1995): Arc routing methods and applications. In: M.O. Ball, T.L. Magnanti, C.L. Monma und G.L. Nemhauser (Hrsg.): Network Routing. Handbooks in Operations Research and Management Science, Vol. 8, Elsevier, Amsterdam u.a., S. 375-483.

Ball, M.O. und M.J. Magazine (1988): Sequencing of insertions in printed circuit board assembly. Oprns. Res. **36**, S. 192-201.

Beltrami, E.J. und L.D. Bodin (1974): Networks and vehicle routing for municipal waste collection. Networks **4**, S. 65-94.

Bodin, L.D. und S.J. Kursh (1979): A detailed description of a computer system for the routing and scheduling of street sweepers. Comput. & Oprns. Res. **6**, S. 181-198.

Brucker, P. (1981): The Chinese postman problem for mixed graphs. In: H. Noltemeier (Hrsg.): Graphtheoretic concepts in computer science. Springer, Berlin u.a., S. 354-366.

Burkard, R.E. und U. Derigs (1980): Assignment and matching problems: Solution methods with FORTRAN-Programs. Springer, Berlin u.a.

Christofides, N. (1975): Graph theory: An algorithmic approach. Academic Press, New York u.a.

Christofides, N.; E. Benavent, V. Campos, A. Corberan und E. Mota (1984): An optimal method for the mixed postman problem. In: P. Thoft-Christensen (Hrsg.): System modelling and optimization. Lecture Notes in Control and Information Sciences, Vol. 59, Springer, Berlin u.a., S. 641-649.

Christofides, N.; V. Campos, A. Corberan und E. Mota (1986): An algorithm for the rural postman problem. Math. Programming Study 26, S. 155-166.

Coberan, A. und J.M. Sanchis (1994): A polyhedral approach to the rural postman problem. European J. of OR 79, S. 95-114.

Derigs, U. (1988): Programming in networks and graphs - On the combinatorial background and near-equivalence of network flow and matching algorithms. Springer, Berlin u.a.

Domschke, W. (1995): Logistik: Transport. 4. Aufl., Oldenbourg, München-Wien (zit. als Band I).

Domschke, W. und A. Drexl (1995): Einführung in Operations Research. 3. Aufl., Springer, Berlin u.a.

Dror, M.; H. Stern und P. Trudeau (1987): Postman tour on a graph with precedence relation on arcs. Networks 17, S. 283-294.

Edmonds, J. (1965): Maximum matching and a polyhedron with 0,1-vertices. J. Res. Natl. Bureau Standards 69 B, S. 125-130 (u.a. zit. nach Lawler (1976)).

Edmonds, J. und E.L. Johnson (1973): Matching, Euler tours and the Chinese postman. Math. Programming 5, S. 88-124.

Eiselt, H.A.; M. Gendreau und G. Laporte (1995): Arc routing problems, Part I: The Chinese postman problem. Oprns. Res. 43, S. 231-242.

Euler, L. (1736): Solutio problematis ad geometriam situs pertinentis. Commentarii Academiae Petropolitanae 8, S. 128-140 (zit. nach König (1936)).

Ford, L.R. und D.R. Fulkerson (1974): Flows in networks. 6. Aufl., Princeton University Press, Princeton.

Frederickson, G.N. (1979): Approximation algorithms for some postman problems. Journal of the ACM 26, S. 358-554.

Guan, M. (oder Kwan, M.-K.) (1962): Graphic programming using odd or even points. Chinese Mathematics 1, S. 273-277.

Guan, M. (1984): On the windy postman problem. Discr. Appl. Math. 9, S. 41-46.

Hässig, K. (1979): Graphentheoretische Methoden des Operations Research. Teubner, Stuttgart.

Heck, J. (1976): Ein Algorithmus zur Lösung des Chinese Postman Problems. In: H. Noltemeier (Hrsg.): Graphen, Algorithmen, Datenstrukturen. Hanser, München-Wien, S. 183-216.

Jeworrek, T. und G. Schulz (1987): Zur Lösung des Briefträgerproblems auf gemischten Graphen. Wiss. Z. Techn. Universität Magdeburg 31, S. 58-62.

Kappauf, C.H. und G.J. Koehler (1979): The mixed postman problem. Discr. Appl. Math. 1, S. 89-103.

König, D. (1936): Theorie der endlichen und unendlichen Graphen. Akademische Verlagsgesellschaft, Leipzig. Neudruck bei Chelsea, New York 1950.

Korach, E. und M. Penn (1992): Tight integral duality gap in the Chinese postman problem. Math. Programming 55, S. 183-191.

Lawler, E.L. (1976): Combinatorial optimization: Networks and matroids. Holt, Rinehart und Winston, New York u.a.

Lenstra, J.K. und A.H.G. Rinnooy Kan (1976): On general routing problems. Networks 6, S. 273-280.

Levy, L. und L. Bodin (1989): The arc oriented location routing problem. Canadian J. of OR and Information Processing 27, S. 74 - 94.

Liebling, T.M. (1970): Graphentheorie in Planungs- und Tourenproblemen am Beispiel des städtischen Straßendienstes. Springer, Berlin u.a.

Lin, Y. und Y. Zhao (1988): A new algorithm for the directed Chinese postman problem. Comput. & Oprns. Res. 15, S. 577 - 584.

Malandraki, C. und M.S. Daskin (1993): The maximum benefit Chinese postman problem and the maximum benefit traveling salesman problem. European J. of OR 65, S. 218 - 234.

Minieka, E. (1978): Optimization algorithms for networks and graphs. Dekker, New York - Basel.

Minieka, E. (1979): The Chinese postman problem for mixed networks. Management Science 25, S. 643 - 648.

Müller-Merbach, H. (1970): Optimale Reihenfolgen. Springer, Berlin u.a.

Neumann, K. (1987): Das Briefträgerproblem in gemischten Graphen. In: M. Beckmann, K.-W. Gaede und K. Ritter (Hrsg.): Beiträge zur Angewandten Mathematik und Statistik. Hanser, München - Wien, S. 195 - 218.

Orloff, C.S. (1974): A fundamental problem in vehicle routing. Networks 4, S. 35 - 64.

Orloff, C.S. (1976): On general routing problems: Comments. Networks 6, S. 281 - 284.

Pandit, R. und B. Muralidharan (1995): A capacitated general routing problem on mixed networks. Comput. & Oprns. Res. 22, S. 465 - 478.

Papadimitriou, C.H. (1976): On the complexity of edge traversing. Journal of the ACM 23, S. 544 - 554.

Pearn, W.L. (1994): Solvable cases of the k-person Chinese postman problem. OR Letters 16, S. 241 - 244.

Pearn, W.L.; A. Assad und B.L. Golden (1987): Transforming arc routing into node routing problems. Comput. & Oprns. Res. 14, S. 285 - 288.

Pearn, W.L. und M.L. Li (1994): Algorithms for the windy postman problem. Comput. & Oprns. Res. 21, S. 641 - 651.

Pearn, W.L. und C.M. Liu (1995): Algorithms for the Chinese postman problem on mixed networks. Comput. & Oprns. Res. 22, S. 479 - 489.

Pearn, W.L. und T.C. Wu (1995): Algorithms for the rural postman problem. Comput. & Oprns. Res. 22, S. 819 - 828.

Pütz, W. (1979): Numerische Untersuchungen zum Chinesischen Postbotenproblem. Diplomarbeit am Mathematischen Institut der Universität Köln 1979.

Ralphs, T.K. (1993): On the mixed Chinese postman problem. OR Letters 14, S. 123 - 127.

Saruwatari, Y. und T. Matsui (1993): A note on k-best solutions to the Chinese postman problem. SIAM J. Optimization 3, S. 726 - 733.

Win, Z. (1987): Contributions to routing problems. Dissertation, Augsburg.

Win, Z. (1989): On the windy postman problem on eulerian graphs. Math. Programming 44, S. 97 - 112.

4.7 Aufgaben zu Kapitel 4

Aufgabe 4.1: Man betrachte den Graphen in Abb. 4.21. Jeder Pfeil des Graphen repräsentiere eine Straße(nseite), die durch die Müllabfuhr entsorgt werden soll. Die erste Bewertung jedes Pfeiles gibt die für die Entsorgung erforderliche Zeit an, während die zweite Bewertung die Durchfahrzeit ohne Entsorgung betrifft.

Durch Einführung welcher zusätzlichen Pfeile ist der Graph kostenminimal zu einem Euler-Graphen zu erweitern? Wie hoch ist die unproduktive Gesamtfahrzeit?

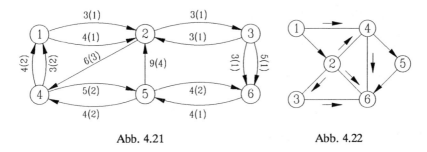

Abb. 4.21   Abb. 4.22

Aufgabe 4.2: Geben Sie beim Übergang vom gemischten Graphen G_1 in Abb. 4.13 zum gerichteten Graphen G_2 jeder Kante den Richtungssinn, der vom Knoten mit der größeren zu dem mit der kleineren Nummer zeigt.

a) Ermitteln Sie die Knotengraddifferenzen $\delta_i = g_i^- - g_i^+$.
b) Ermitteln Sie den dem kapazitierten Umladeproblem zugrundeliegenden Graphen. Berücksichtigen Sie dabei die Möglichkeit, Pfeile einzusparen!

Aufgabe 4.3: Den Kanten des *gemischten Euler-Graphen* in Abb. 4.22 habe man einen vorläufigen Richtungssinn gegeben, wie er in der Abbildung durch kleine Pfeile angedeutet ist.

a) Ermitteln Sie den Graphen, der einem kapazitierten Umladeproblem zugrundezulegen ist, aus dessen optimaler Lösung die Pfeilrichtungen endgültig festgelegt werden können.
b) Bestimmen Sie auf diese Weise einen möglichen gerichteten Euler-Graphen.

Aufgabe 4.4: Formulieren und lösen Sie das in Bem. 4.8 angedeutete lineare Zuordnungsproblem für Knoten 2. Welche Pfeile sollten in der Euler-Tour demnach den Pfeilen 1,2 bzw. 3 unmittelbar folgen? Welche Zielfunktionswerte besitzen die optimale Lösung und die in Abb. 4.18 angegebene Lösung für das Zuordnungsproblem?

Aufgabe 4.5: Zu dem in Kap. 4.5 formulierten klassischen Transportproblem (Kostenmatrix in Tab. 4.7) gibt es eine zweite optimale Lösung. Unterscheidet sich der durch diese Lösung erhältliche, erweiterte Graph vom Euler-Graphen in Abb. 4.20?

Kapitel 5: Tourenplanung

5.1 Grundlagen

In diesem Abschnitt führen wir in das Gebiet der Tourenplanung ein und definieren einige Begriffe. Um aus der Vielzahl der in der Literatur betrachteten Modelle einzelne kürzer und prägnanter bezeichnen (benennen) zu können, nehmen wir in Kap. 5.1.2 eine Klassifikation von Problemen der Tourenplanung vor. In Kap. 5.1.3 betrachten wir unter Verwendung des Klassifikationsschemas einige Standardprobleme.

5.1.1 Einführung und Definitionen

Das Gebiet der Tourenplanung hat in den letzten 10 bis 20 Jahren eine stürmische Entwicklung erlebt. Mehr und mehr fanden und finden Methoden des Operations Research Anwendung bei der Lösung praktischer Probleme. Immer mehr Softwarepakete wurden entwickelt.

Leider gibt es in der Praxis kein einheitliches Problem, sondern von Branche zu Branche und Fall zu Fall können sich die zu lösenden Probleme hinsichtlich zahlreicher Kriterien (Nebenbedingungen, Zielsetzungen) unterscheiden – und entsprechend unterschiedlich sind die jeweils zu empfehlenden Lösungsverfahren.

Wir wollen drei Beispiele für Probleme der Tourenplanung (wir sprechen im folgenden kürzer von **Tourenproblemen**) betrachten:

Beispiel 1: Ein Möbelhaus möchte mit seinem Fuhrpark an einem bestimmten Tag Kunden mit Möbeln beliefern. Welche Fahrzeuge sind wie oft einzusetzen und welche Kunden sollen jeweils auf einer Fahrt, beginnend und endend beim Lager, beliefert werden, so daß die insgesamt zurückgelegte Strecke minimiert wird?

Beispiel 2: Eine Straßenmeisterei hat an einem Wintertag dafür zu sorgen, daß die in ihrem Zuständigkeitsbereich befindlichen Straßen von Schnee geräumt werden. Wie sollen die verfügbaren Fahrzeuge eingesetzt werden und welche Straßen soll jedes einzelne Fahrzeug räumen, so daß die insgesamt zurückgelegte Entfernung minimal ist und zumindest sämtliche Hauptstraßen innerhalb einer vorgegebenen Frist geräumt sind?

Beispiel 3: Eine Spedition möchte an einem bestimmten Tag für Kunden Stückguttransporte ausführen. Für jeden Auftrag sind der Abhol- und Anlieferungsort sowie die zu transportierende Menge bekannt. Welche Fahrzeuge sind einzusetzen und welche Aufträge sind von ein- und demselben Fahrzeug zu erledigen, so daß die Auslieferung gesamtkostenminimal erfolgen kann und die den Auftraggebern zugesicherten Abhol- und Auslieferungszeiträume eingehalten werden?

Bei Beispiel 1 handelt es sich um ein Problem, bei dem die Kunden als Knoten eines gegebenen Graphen interpretiert werden können. Jeder Kunde ist (genau) einmal zu besuchen. Da bei dem Problem v.a. die Ladekapazität (Gewicht, Volumen) der Fahrzeuge eine Rolle spielt, liegt ein *verallgemeinertes* Traveling Salesman-Problem vor. Man nennt derartige Probleme auch **knotenorientierte Tourenprobleme**.

Bei Beispiel 2 handelt es sich um ein Problem, bei dem die "Kunden" als Kanten eines gegebenen Graphen interpretiert werden können. Jeder Kunde ist (mindestens) einmal zu besuchen. Da eine Zeitbeschränkung für die zu bildenden Touren vorgegeben ist, liegt ein *verallgemeinertes* Briefträgerproblem vor. Man nennt derartige Probleme auch (pfeil- oder) **kantenorientierte Tourenprobleme**.

Beispiel 3 verkörpert ein **knotenorientiertes Tourenproblem mit Zeitfenstern** (Zeitrestriktionen).

Um Probleme und Modelle der Tourenplanung leichter beschreiben zu können, wurden – ähnlich wie auf dem Gebiet der Maschinenbelegungsplanung[1] – Klassifikationsschemata entwickelt. In Kap. 5.1.2 geben wir ein solches Schema etwas vereinfacht wieder. In Kap. 5.1.3 beschreiben wir einige Standardprobleme der Tourenplanung.

Zuvor definieren wir jedoch einige Begriffe, die wir im gesamten Kap. 5 einheitlich benutzen.

Voraussetzung: Wir gehen davon aus, daß das jeweilige Tourenproblem auf einem (ungerichteten, gerichteten oder gemischten) bewerteten **Graphen** G mit der Knotenmenge V = $\{0,1,...,n\}$ und der Kanten- oder Pfeilmenge E gegeben ist.[2]

Der Graph besitzt *Kanten- oder Pfeilbewertungen* c_{ij}. Dabei handelt es sich jeweils um die Länge (Fahrzeit, Kosten) der durch die Kante [i,j] bzw. den Pfeil (i,j) repräsentierten Strecke. Die Bewertungen lassen sich gemäß Def. 3.2 für das TSP in einer Kostenmatrix $C = (c_{ij})$ zusammenfassen. Bei kantenorientierten Problemen kommt evtl. ein Bedarf q_{ij} hinzu, z.B. der Bedarf an Streugut, der zum Streuen eines Straßenabschnittes [i,j] bzw. (i,j) erforderlich ist. Ferner besitzt der Graph *Knotenbewertungen*. Dies können Bedarfe b_i (für die Belieferung, Entsorgung usw.) der den Knoten zugeordneten Kunden i oder auch Servicezeiten sz_i für diese Kunden sein.

Definition 5.1: Den Ort, an dem Auslieferungs-, Sammel-, Ver- oder Entsorgungsfahrten beginnen und enden, bezeichnen wir als **Depot** und repräsentieren ihn durch den Knoten 0. Es gilt $b_0 = 0$.

Beispiele für Depots sind Auslieferungslager, Sammellager und Fahrzeugdepots.

---

[1] Vgl. Domschke et al. (1993, S. 253 ff.).

[2] Bei einigen Modellen hat man nur Koordinaten für Depot(s) und Kunden sowie ein Maß für die Entfernungsmessung gegeben. Aufgrund dieser Vorgaben läßt sich dann aber ein zugehöriger vollständiger Graph angeben.

Bemerkung 5.1: Wenn wir bei einem Problem von einem Eindepotproblem sprechen, so impliziert Def. 5.1, daß alle Fahrten am Standort des "Lagers" beginnen und enden.

Definition 5.2: Eine **Tour** beschreiben (definieren) wir durch die Angabe der Menge aller Kunden, Kanten bzw. Pfeile, die auf ein und derselben, in einem Depot beginnenden und in einem Depot endenden Fahrt "bedient" werden. Die Reihenfolge, in der die Kunden einer Tour zu bedienen sind, bezeichnen wir als **Route**.

Definition 5.3: Eine zulässige Lösung eines Tourenproblems bezeichnen wir als **Tourenplan**. Ein Tourenplan ist somit eine Menge von Touren und zugehörigen Routen, die alle Bedingungen des betrachteten Problems erfüllen.

Bemerkung 5.2: Def. 5.2 läßt erkennen, daß in einem Tourenproblem ein Zuordnungs- oder Clusterproblem und ein Reihenfolgeproblem miteinander verknüpft sind. Das Zuordnungsproblem betrifft die Tourbildung (Welche Kunden sind miteinander auf einer Tour zu bedienen?). Das Reihenfolgeproblem besteht darin, für die Touren jeweils ein TSP oder ein CPP zu lösen. Bei der mathematischen Formulierung in Kap. 5.2.2 und beim Überblick über heuristische Lösungsverfahren in Kap. 5.5.1 wird die Verknüpfung obiger Probleme ebenfalls deutlich.

Bemerkung 5.3 *(Schreibweise für Touren, Routen und Tourenpläne)*:

Bei knotenorientierten Problemen drücken wir gemäß Def. 5.2 durch die Schreibweise $TU_1 = \{i_1, i_2, i_3, i_4\}$ aus, daß durch Tour 1 genau die Kunden i_1 bis i_4 zu beliefern sind. Die dabei zu fahrende Route beschreiben wir bei (Eindepot-) Problemen auf ungerichteten Graphen durch einen elementaren Kreis, etwa $\rho = [0, i_4, i_1, i_3, i_2, 0]$. Er drückt aus, daß die Kunden in der Reihenfolge i_4, i_1, i_3, i_2 oder umgekehrt zu bedienen sind. Bei Problemen auf gerichteten Graphen wird die jeweilige Route durch einen Zyklus, etwa $\zeta = (0, i_4, i_1, i_3, i_2, 0)$, beschrieben.

Bei kantenorientierten Problemen läßt sich z.B. durch $TU_1 = \{e_1, e_2, e_3\}$ ausdrücken, daß die angegebenen Straßen(-abschnitte) e_i durch Tour 1 zu bedienen sind. Interpretiert man die Straßen als Kanten eines Graphen, z.B. $e_1 = [i_1, i_2]$, $e_2 = [i_3, i_4]$ und $e_3 = [i_5, i_6]$, so kann TU_1 auch durch $TU_1 = \{[i_1, i_2], [i_3, i_4], [i_5, i_6]\}$ angegeben werden. Eine Route für TU_1 muß im Depot beginnen und enden und die Straßen e_1, e_2 und e_3 enthalten (vgl. hierzu Aufgabe 5.1).

Einen Tourenplan TP beschreiben wir durch Angabe der Menge der zugehörigen Touren, z.B. $TP = \{TU_1, TU_2\}$.

Beispiele: Wir betrachten den bewerteten, ungerichteten Graphen G = [V,E,c] in Abb. 5.1.

a) Der Graph liege einem knotenorientierten Problem mit den Kunden 1 bis 7 zugrunde. Ein Tourenplan könnte TP = {{1,2,6,7},{3,4,5}} sein. Die kürzesten Routen der beiden Touren sind die Kreise [0,2,1,7,6,0] und [0,3,4,5,0].

b) Der Graph liege einem kantenorientierten Problem zugrunde. Ein möglicher Tourenplan TP könnte aus den beiden Touren TU_1 = {[0,1], [0,2],[0,3],[0,4],[1,2],[2,3],[3,4]} und TU_2 = {[0,5], [0,6],[0,7],[4,5],[5,6],[6,7],[7,1]} bestehen.

Die kürzeste Route für TU_1 ist [0,1,2,0,3,2,3,4,0]. Sie enthält eine *unproduktive* Fahrt über die Kante [2,3]. Die kürzeste Route für TU_2 ist [0,5,4,5,6,0,7,6,7,1,0] mit unproduktiven Fahrten über die Kanten [453], [6,7] und [0,1].

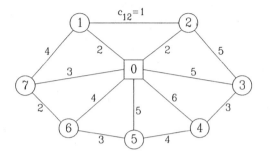

Abb. 5.1

5.1.2 Klassifikation

Die Vielzahl der Probleme/Modelle zur Tourenplanung läßt sich im Hinblick auf vier Hauptcharakteristiken unterscheiden: Depot- und Kundencharakteristik, Fahrzeugcharakteristik, Problem- oder Zusatzcharakteristik sowie vorgegebene Zielsetzungen. Jede dieser Charakteristiken besitzt eine Menge von Attributen mit verschiedenen Ausprägungen. Ein Problem/Modell läßt sich damit durch Angabe der Attributausprägungen aller Charakteristiken beschreiben. Dazu bedient man sich einer Kurzschreibweise mit Hilfe eines 4-Tupels $[\alpha \mid \beta \mid \gamma \mid \delta]$; vgl. auch Desrochers et al. (1990). Es gilt folgende Entsprechung:

- α Depot- und Kundencharakteristik β Fahrzeugcharakteristik
- γ Problem- oder Zusatzcharakteristik δ Zielsetzungen

In den folgenden Abschnitten erläutern wir wichtige Attribute dieser 4-Tupel. Dabei stehen α, β und γ jeweils für einen Vektor möglicher Einträge. Das Symbol o tritt jeweils an die Stelle der am häufigsten auftretenden Ausprägung. Bei der Charakterisierung eines Problems durch das 4-Tupel wird auf den Eintrag o stets verzichtet; vgl. die Beispiele in Kap. 5.1.3.

Weitere Charakterisierungen findet der Leser u.a. bei Desrochers et al. (1990) oder Dethloff (1994). Übersichten zu Tourenproblemen finden sich z.B. in Bodin et al. (1983), Golden und Assad (1988), Laporte (1992), Desrosiers et al. (1995) sowie Fisher (1995).

5.1.2.1 Depot- und Kundencharakteristik

Die hier behandelten Attribute dieser Charakteristik, die wir mit α_1 bis α_7 bezeichnen, haben folgende Bedeutung:

$\alpha_1 \in \{1,p\}$ gibt Auskunft über die Anzahl der vorhandenen Depots (1 oder p).

$\alpha_2 \in \{o,\text{edge,mixed,task}\}$ informiert über den Typ (die Art) des Bedarfes mit folgenden Bedeutungen:

○	Der Bedarf entsteht in Knoten des Graphen (*knotenorientiertes Problem*).
edge	Der Bedarf entsteht auf den Pfeilen oder Kanten des Graphen (*kantenorientiertes Problem*).
mixed	Der Bedarf entsteht auf Knoten oder Pfeilen (bzw. Kanten) des Graphen.
task	Die innerhalb einer Route zu befördernden Güter sind an einem bestimmten Ort aufzunehmen und an einem anderen Ort auszuliefern.

$\alpha_3 \in \{\circ,\text{split}\}$ gibt Auskunft darüber, ob Teillieferungen möglich sind oder nicht:

○	Der Bedarf jedes Kunden ist durch eine einzige Bedienung zu befriedigen.
split	Teillieferungen (durch mehr als eine Tour bzw. Route) sind erlaubt.

$\alpha_4 \in \{\circ,\text{p/d}\}$ spezifiziert die Art der Bedienung:

○	Kunden sind entweder zu beliefern, oder von Kunden sind Güter abzuholen.
p/d	keine reine Belieferung und/oder Abholung (*pickup and delivery*)

$\alpha_5 \in \{\circ,\text{fs},\text{tw},\text{stw},\text{mtw}\}$ informiert über mögliche zeitliche Beschränkungen für die Bedienung der Kunden:

○	keine zeitlichen Beschränkungen
fs	Der Bedienungszeitpunkt ist fest vorgegeben (*fixed schedule*).
tw	Ein Zeitfenster (*time window*) pro Kunde ist vorgegeben, innerhalb dessen die Bedienung zu erfolgen hat.
stw	Es ist ein Zeitfenster vorgegeben, dessen Verletzung möglich ist, aber zu Strafkosten führt (*soft time window*).
mtw	Mehrere Zeitfenster sind vorgegeben, wobei innerhalb eines dieser Zeiträume die Bedienung zu erfolgen hat.

$\alpha_6 \in \{\circ,\text{prec}\}$ informiert über mögliche Reihenfolgebeziehungen, die zwischen den zu bedienenden Kunden einzuhalten sind:

○	keine Reihenfolgebeziehungen
prec	Reihenfolgebeziehungen sind vorgegeben.

$\alpha_7 \in \{\circ,\text{R},\text{sel},\text{clus}\}$ informiert bei knotenorientierten Problemen darüber, ob jeder Kunde bedient werden muß oder ob Auswahlmöglichkeiten bestehen:

○	Jeder Kunde muß bedient werden.
R	Es ist nur eine Teilmenge der Kunden (Knoten) zu bedienen.
sel	Unter sämtlichen Kunden kann eine Auswahl getroffen werden; d.h. es können Kunden abgelehnt oder ihre Bedienung kann in spätere Perioden verschoben werden.
clus	Es sind i.d.R. räumlich zusammenhängende Teilmengen von Kunden (Cluster) gegeben; in jedem Cluster ist genau ein Kunde zu bedienen.

$\alpha_7^! \in \{o, R\}$ informiert bei kantenorientierten Problemen darüber, ob jede Kante und/oder jeder Pfeil zu bedienen ist oder nur eine Teilmenge davon:

o Sämtliche Kanten oder Pfeile des Graphen sind zu bedienen.
R Eine Teilmenge R der Kanten- und/oder Pfeilmenge ist zu bedienen.

Bemerkung 5.4: Liegen keinerlei Zeitrestriktionen (Attribut α_5) vor, so bezeichnet man das entstehende Tourenproblem in der englischsprachigen Literatur als **Vehicle Routing-Problem**, bei Vorhandensein fester Zeitvorgaben spricht man von einem (reinen) **Scheduling-Problem**. Bei den Vorgaben tw, stw und mtw wird das betrachtete Problem häufig als **Vehicle Routing and Scheduling-Problem** bezeichnet.

Bei α_7 = clus kann sich eine Kombination aus einem Touren- und einem Standortproblem (*Location Routing-Problem*) ergeben. Es ist z.B. über Standorte für Wertstoffsammelbehälter in Wohngebieten (Cluster) zu entscheiden. Gleichzeitig sind möglichst günstige Entsorgungs- bzw. Sammelrouten festzulegen. Vgl. hierzu Kap. 5.5.8.

Bemerkung 5.5 (*Weitere Depot- und Kundencharakteristiken*): Zeitfenster können in einer Richtung offen sein. In diesem Fall sind frühest- oder spätestmögliche Bedienungszeitpunkte gegeben. Neben den Vorgaben für mögliche Bedienungsintervalle sind oft auch Bedienungsdauern zu berücksichtigen.

Ein weiteres Unterscheidungsmerkmal ist das Vorhandensein *deterministischen* oder *stochastischen Bedarfs*. Da wir stets von deterministischen (d.h. zum Planungszeitpunkt bekannten) Bedarfen ausgehen, verzichten wir bei der Klassifikation auf dieses Merkmal.

5.1.2.2 Fahrzeugcharakteristik

Die Attribute dieser Charakteristik, die wir mit β_1 bis β_5 bezeichnen, haben folgende Bedeutung:

$\beta_1 \in \{o, \mathcal{M}\}$ gibt Auskunft über die Anzahl der verfügbaren Fahrzeuge:

o Es sind beliebig viele Fahrzeuge verfügbar (eine im Modell denkbare Annahme) bzw. die Fahrzeugzahl ist in gewissen Grenzen variabel.
$\mathcal{M}$ Eine vorgegebene Anzahl $\mathcal{M}$ an Fahrzeugen steht zur Verfügung.

$\beta_2 \in \{o, \text{cap}, \text{cap}_i\}$ informiert über Kapazitätsbeschränkungen bei Fahrzeugen:

o keine Kapazitätsbeschränkungen
cap Fahrzeuge mit identischen Kapazitäten
cap_i Fahrzeuge mit unterschiedlichen Kapazitäten

$\beta_3 \in \{o, \text{tw}, \text{tw}_i\}$ informiert über Zeitbeschränkungen für die Fahrzeuge:

o keine Zeitbeschränkungen
tw identische Zeitfenster für die Fahrzeuge (z.B. Lenkzeitintervalle)
tw_i unterschiedliche Zeitfenster für die Fahrzeuge

$\beta_4 \in \{\circ, \text{dur}, \text{dur}_i\}$ macht Angaben über Beschränkungen hinsichtlich der maximalen Dauer einer Tour oder Route:

- $\circ$ keine Zeitbeschränkungen
- dur   identische Zeitbeschränkungen für die Fahrzeuge
- dur_i verschiedene Zeitbeschränkungen für die Fahrzeuge

$\beta_5 \in \{\circ, \text{R/F}\}$ informiert über die Anzahl der Touren/Routen, die pro Fahrzeug im Planungszeitraum eingeplant werden können:

- $\circ$ höchstens 1 Route pro Fahrzeug
- R/F   mehr als eine Route pro Fahrzeug erlaubt

5.1.2.3 Problem- oder Zusatzcharakteristik

Die Attribute dieser Charakteristik, die wir mit γ_1 bis γ_3 bezeichnen, geben Hinweise auf den zugrundeliegenden Graphen, die Bedienungsstrategien und Beschränkungen hinsichtlich der Zuordnung von Fahrzeugen zu Depots bzw. Kunden.

$\gamma_1 \in \{\circ, \text{dir}, \text{mix}\}$ informiert über die Art des Graphen:

- $\circ$ ungerichteter Graph
- dir   gerichteter Graph
- mix   gemischter Graph

$\gamma_2 \in \{\circ, \text{K/F}\}$ gibt Auskunft darüber, ob Restriktionen hinsichtlich der Bedienbarkeit der Kunden durch die verfügbaren Fahrzeuge (Eignung der Fahrzeuge zur Bedienung der einzelnen Kunden) bestehen:

- $\circ$ keine Restriktionen
- K/F   Nicht jeder Kunde kann durch jedes der verfügbaren Fahrzeuge bedient werden.

$\gamma_3 \in \{\circ, \text{period}\}$ legt fest, ob der zu erstellende Plan ein- oder mehrperiodig ist:

- $\circ$ Es ist ein Plan für eine Periode zu erstellen; jeder Kunde ist dabei einmal zu bedienen.
- period   Es ist ein Plan für T Perioden (häufig für T = 5 Tage, d.h. eine Arbeitswoche) zu erstellen; dabei kann es sein, daß die Kunden unterschiedlich oft zu beliefern sind.

5.1.2.4 Zielsetzungen

Die wichtigsten Zielsetzungen sind:

- L   Minimiere die Summe F_1 der zurückzulegenden Entfernungen
- FZ   Minimiere die Summe F_2 der Fahrzeiten
- μ Minimiere die Anzahl F_3 der benötigten Fahrzeuge bzw. Touren
- FK   Minimiere die Summe der Fahrtkosten

Die Fahrtkosten hängen dabei von den vorher genannten Größen ab und lassen sich i.a. als gewichtete Summe FK = $\lambda_1 F_1 + \lambda_2 F_2 + \lambda_3 F_3$ darstellen. Dabei bezeichnet λ_1 einen Kostensatz pro zurückgelegtem km; bei mehreren Fahrzeugtypen sind unterschiedliche Kostensätze zu berücksichtigen. In λ_2 gehen v.a. zeitabhängige Löhne, in λ_3 fixe Löhne und Fahrzeugkosten ein.

Bei Problemen mit Zeitfenstern sind in F_2 *Wartezeiten* enthalten, die entstehen, wenn ein Fahrzeug beim Kunden vor Beginn des Zeitfensters eintrifft.

5.1.3 Standardprobleme der Tourenplanung

Einige Problemtypen der Tourenplanung (*Standardprobleme spezieller Art*) haben wir bereits in Kap. 3 und 4 behandelt. Anhand der obigen Klassifikation erhält man folgende Schreibweisen:

[1|1| |L] bzw. [1|1|dir|L] für ein **Traveling Salesman-Problem** in ungerichteten bzw. gerichteten Graphen

[1,edge|1| |L], [1,edge|1|dir|L] bzw. [1,edge|1|mix|L] für ein **Briefträgerproblem** in ungerichteten, gerichteten bzw. gemischten Graphen

Alle nicht angegebenen α_i, β_i und γ_i besitzen die Spezifikation o. Als bei beiden Problemen explizit nicht vorgegebenes Depot kann jeder beliebige Knoten dienen.

Im Mittelpunkt der Betrachtungen von Kap. 5 stehen die folgenden Standardprobleme (i.e.S.) der Tourenplanung, bei denen wir auf die Angabe von γ_1 verzichten:

Standardproblem 1: [1|M,cap| |L], in der Literatur bezeichnet als **Capacitated Vehicle Routing-Problem**, abgekürzt **CVRP**. Es geht von folgenden Annahmen aus:[3]

Von einem Depot (Knoten 0) aus ist jeder von n Kunden innerhalb einer Periode (z.B. einem Arbeitstag) genau einmal zu beliefern. Der Bedarf b_i der Kunden i (=1,...,n) kann nicht gesplittet werden (keine Teillieferungen oder -entsorgungen); daher muß $b_i \leq$ cap für alle i gelten.

Zur Bedienung der Kunden sind M gleichartige Fahrzeuge einzusetzen; sie sind am Depot stationiert. Für die Fahrzeuge (und das sie bedienende Personal) gilt ferner die *Kapazitätsrestriktion*:

- Jedes Fahrzeug kann maximal cap ME laden.

Es wird die Zielsetzung L verfolgt; d.h. die Touren (bzw. Routen) sind so zu planen, daß bei vollständiger Bedienung der Kunden die insgesamt zurückzulegende Entfernung minimal ist.

Beim CVRP lassen sich auch die Zielsetzungen FZ oder FK einbeziehen.

---

[3] Die ersten derartigen Modellbeschreibungen stammen von Dantzig und Ramser (1959) sowie Balinski und Quandt (1964).

Eine Variante des Problems entsteht, wenn die Anzahl M der Fahrzeuge in gewissen Grenzen variabel ist: [1 | cap | |L]
Um die zur Belieferung aller Kunden erforderliche Gesamtladekapazität zur Verfügung zu stellen, benötigt man mindestens $\lceil \sum_{i \in V} b_i / cap \rceil$ Fahrzeuge. Eine Höchstzahl an Fahrzeugen kann z.B. aufgrund des vorhandenen Fuhrparks gegeben sein. Eine mögliche Zielsetzung ist hier auch die Minimierung der Anzahl M der erforderlichen Fahrzeuge; die übrigen Ziele können ggf. nachgeordnet betrachtet werden.

CVRPe entstehen bei Paketdiensten, bei der Auslieferung von Möbeln, beim Einsammeln von Milch beim Erzeuger, wenn die Fahrzeugkapazität der Engpaßfaktor ist.

Standardproblem 2: [1 | M,cap,dur | |L]; es unterscheidet sich vom Standardproblem 1 durch die zusätzliche *Zeitrestriktion*:
- Die für eine Route erforderliche Fahrzeit darf T Zeiteinheiten (ZE) nicht überschreiten. Der Einfachheit halber nehmen wir gelegentlich an, daß die Fahrzeit proportional zur zurückgelegten Entfernung ist.

Eine Variante des Problems entsteht wiederum, wenn die Anzahl M der Fahrzeuge in gewissen Grenzen variabel ist: [1 | cap,dur | |L].
Ein Spezialfall des Problems ist [1 | M,dur | |L]. Er entsteht z.B. bei der Belieferung von Apotheken, wo nur die zeitliche Länge der Touren wichtig ist.
Bezüglich der Zielsetzungen gelten die Aussagen zum CVRP.

Standardproblem 3: [1,tw | M,cap,dur | |L], bezeichnet als **VRP mit Time Windows**, abgekürzt **VRPTW**.

Zusätzlich zu den bei Problem 2 genannten Restriktionen ist für die Belieferung jedes Kunden j ein Zeitfenster tw_j zu berücksichtigen. Allgemeinere Zeitfensterbeschränkungen wie stw und mtw sind auch möglich.
Zeitfensterrestriktionen treten bei zahlreichen Tourenproblemen auf. Sie ergeben sich z.B. aus Öffnungs- oder Leerungszeiten (Geldtransporte, Leeren von Postkästen). Beispiele für Probleme mit nahezu identischen Zeitfenstern für alle Kunden entstehen bei der Auslieferung von Tageszeitungen oder Backwaren. Bei vereinbarten Lieferterminen, von denen nur geringfügig abgewichen werden darf, können im Planungszeitraum beliebig verteilte Zeitfenster auftreten.
Bei Problemen mit Zeitfenstern ist es i.d.R. sinnvoller, die Zielsetzung FK zu betrachten, um sowohl die Streckenlänge als auch die Fahrzeiten inklusive der durch die Zeitfenster entstehenden Wartezeiten zu kontrollieren.

Standardproblem 4: [1,edge | cap | |L], bezeichnet als kapazitiertes Chinese Postman-Problem, abgekürzt **CCPP**:

Von einem Depot (Knoten 0) aus sind alle m Kanten des Graphen mindestens einmal (z.B. zur Entleerung von Mülltonnen oder zum Streuen von Straßen im Winter) zu durchfahren.

Jede Kante ist durch eine der Touren vollständig zu bedienen (kein Splitting).
Für die Planung steht eine variable Anzahl gleichartiger Fahrzeuge zur Verfügung; sie sind am Depot stationiert. Jedes Fahrzeug kann maximal cap ME laden.
Es wird die Zielsetzung L verfolgt; d.h. die Touren (bzw. Routen) sind so zu planen, daß unter Einhaltung der Nebenbedingungen die insgesamt zurückzulegende Entfernung minimal ist.

Bzgl. zusätzlicher Restriktionen und veränderter Zielsetzungen lassen sich zum knotenorientierten Fall analoge Probleme definieren.

Standardproblem 5: [1,edge | cap,R | | L |], bezeichnet als kapazitiertes kantenorientiertes VRP (*Capacitated Arc Routing Problem*, abgekürzt **CARP**).

Es unterscheidet sich von Standardproblem 4 durch die Annahme, daß nur ein Teil der Kanten oder Pfeile zu durchfahren ist. Es handelt sich um ein kapazitiertes Rural Postman-Problem; vgl. Kap. 4.5.

5.2 Mathematische Formulierungen für knotenorientierte Probleme

Im folgenden geben wir verschiedene mathematische Formulierungen für knotenorientierte VRPe an, auf denen exakte, aber auch heuristische Verfahren basieren. Vgl. zu den Ausführungen u.a. Laporte und Nobert (1987), Laporte (1992), Desrosiers et al. (1995) und Fisher (1995).

5.2.1 Formulierungen für asymmetrische Probleme

Im folgenden betrachten wir eine auf dem linearen sowie eine auf dem verallgemeinerten (linearen) Zuordnungsproblem aufbauende Formulierung.

5.2.1.1 Lineares Zuordnungsproblem mit zusätzlichen Restriktionen

Die folgende Formulierung für das CVRP [1 | cap | dir | L] bzw. [1 | $\mathcal{M}$,cap | dir | L] entspricht einem linearen Zuordnungsproblem mit zusätzlichen Restriktionen. Sie ist eine Verallgemeinerung der Formulierung (3.1) – (3.5) für das TSP.
Beim TSP schließen die Zyklusbedingungen jeden Kurzzyklus aus, der weniger als |V| Knoten enthält. Beim CVRP sind hingegen alle Kurzzyklen auszuschließen, die das Depot 0 nicht enthalten, sowie diejenigen Kurzzyklen mit dem Depot, bei denen die Kapazität cap der Fahrzeuge überschritten würde.

Wir verwenden Binärvariablen x_{ij} (i, j = 0,...,n) mit folgender Bedeutung:

$$x_{ij} = \begin{cases} 1 & \text{falls Knoten j unmittelbar nach Knoten i besucht wird} \\ 0 & \text{sonst} \end{cases}$$

Zur Formulierung der Kapazitätsrestriktionen überlegt man sich, daß für die Belieferung jeder Teilmenge $Q \subseteq V-\{0\}$ von Kunden eine Mindestanzahl $r(Q)$ von Touren (Fahrzeugen) erforderlich ist: $r(Q) = \left\lceil \sum_{i \in Q} b_i / cap \right\rceil$ [4]

Damit erhalten wir die folgende mathematische Formulierung:

$$\text{Minimiere } F(x) = \sum_{i=0}^{n} \sum_{j=0}^{n} c_{ij} x_{ij} \quad (5.1)$$

unter den Nebenbedingungen

$$\sum_{j=0}^{n} x_{ij} = 1 \quad \text{für } i = 1,...,n \quad (5.2)$$

$$\sum_{i=0}^{n} x_{ij} = 1 \quad \text{für } j = 1,...,n \quad (5.3)$$

$$\sum_{i \in Q} \sum_{j \in Q} x_{ij} \leq |Q| - r(Q) \quad \text{für alle Teilmengen } Q \subseteq V-\{0\} \text{ mit } |Q| \geq 2 \quad (5.4)$$

$$x_{ij} \in \{0,1\} \quad \text{für } i,j = 0,...,n \quad (5.5)$$

Die Nebenbedingungen (5.2) bzw. (5.3) stellen sicher, daß jeder Knoten genau einmal verlassen bzw. erreicht wird. Die Bedingungen (5.4) gewährleisten, daß die Fahrzeugkapazität nicht überschritten wird und daß keine Kurzzyklen ohne das Depot entstehen. Für $r(Q) = 1$ entsprechen sie im wesentlichen den Zyklusbedingungen (3.5-II)' für das TSP. Eine minimale Anzahl M_{min} und eine maximale Anzahl M_{max} verfügbarer Fahrzeuge ließe sich durch folgende Bedingung einbeziehen:

$$M_{min} \leq \sum_{j=1}^{n} x_{0j} \leq M_{max}$$

Dabei gilt stets $M_{min} \geq \left\lceil \sum_i b_i / cap \right\rceil$. Bei fest vorgegebenem M ist $\sum_j x_{0j} = M$ zu fordern.

Verfahren, die auf dieser Art der Modellformulierung basieren, stammen u.a. von Laporte et al. (1986, 1992).

Wir wollen nun die Modellformulierung für das CVRP auf das VRPTW [1,tw | M,cap,dur | dir | L] erweitern. Wir benötigen folgende zusätzlichen Parameter:

fz_{ij} Fahrzeit von Knoten i nach Knoten j
sz_j Service- oder Bedienungszeit (-dauer) des Kunden j; es gilt $sz_0 = 0$
tf_j, ts_j früheste bzw. späteste Ankunftszeit beim Kunden j

---

[4] Diese untere Schranke läßt sich i.d.R. noch verschärfen. Man erreicht dies z.B. durch Betrachtung eines Bin-Packing-Problems (BPP), bei dem n Gegenstände mit Gewichten b_i (i=1,...,n) in eine minimale Anzahl von Behältern mit vorgegebener Kapazität cap zu packen sind. Jede untere Schranke für die optimale Behälteranzahl eines dem zu betrachtenden CVRP entsprechenden BPPs ist zugleich ein möglicher Wert für $r(Q)$. Zahlreiche Möglichkeiten zur Berechnung unterer Schranken für das BPP finden sich in Scholl et al. (1996); vgl. ferner Martello und Toth (1990, Kap. 8).

Verwenden wir ferner Variablen t_j für die Anfangszeit der Bedienung von Kunde j ($= 1,...,n$) mit dem Beginnzeitpunkt $t_0 = 0$ für jede Tour, so ist (5.1)–(5.5) um die folgenden Nebenbedingungen zu ergänzen:

$$tf_j \leq t_j \leq ts_j \qquad \text{für } j = 1,...,n \qquad (5.6)$$

$$t_j \geq t_i + sz_i + fz_{ij} - (1 - x_{ij})M \qquad \text{für } i = 0,...,n \text{ und } j = 1,...,n \qquad (5.7)$$

$$t_j + sz_j + fz_{j0} - (1 - x_{j0})M \leq dur \qquad \text{für } j = 1,...,n \qquad (5.8)$$

(5.6) garantiert die Einhaltung der (harten) Zeitfensterrestriktionen. (5.7) sind weitere Zeitrestriktionen, die sich aus den Routen ergeben. Die Ankunftszeit bei Kunde j ergibt sich durch $t_i + sz_i + fz_{ij}$, falls Kunde i unmittelbar vor j bedient wird. Ansonsten ergibt sich mit hinreichend großem M eine redundante Bedingung. (5.8) garantiert, daß die maximale Tourdauer dur eingehalten wird.

5.2.1.2 Verallgemeinertes Zuordnungsproblem mit zusätzlichen Restriktionen

Die folgende Formulierung berücksichtigt, daß beim CVRP [1 | ⱡ, cap | dir | L] ein verallgemeinertes (lineares) Zuordnungsproblem (GAP, siehe Kap. 2.4) und ⱡ TSPe miteinander verknüpft sind. Eine Lösung des GAP bestimmt die Zuordnung von Kunden zu Touren; die TSPe liefern die jeweils kürzesten Routen.

Wir verwenden Binärvariablen y_{jk} ($j = 0,...,n$; $k = 1,...,ⱡ$) und x_{ijk} ($i, j = 0,...,n$ und $k = 1,...,ⱡ$) mit $y_{0k} = 1$ für alle k und ansonsten folgender Bedeutung:

$$y_{jk} = \begin{cases} 1 & \text{falls Kunde j von Fahrzeug k bedient wird} \\ 0 & \text{sonst} \end{cases}$$

$$x_{ijk} = \begin{cases} 1 & \text{falls Fahrzeug k direkt von Knoten i nach Knoten j fährt} \\ 0 & \text{sonst} \end{cases}$$

Damit läßt sich das CVRP wie folgt formulieren:

$$\text{Minimiere } F(\mathbf{x},\mathbf{y}) = \sum_{i=0}^{n} \sum_{j=0}^{n} c_{ij} \sum_{k=1}^{ⱡ} x_{ijk} \qquad (5.9)$$

unter den Nebenbedingungen

$$\left. \begin{array}{ll} \sum_{j=1}^{n} b_j y_{jk} \leq cap & \text{für } k = 1,...,ⱡ \\ \sum_{k=1}^{ⱡ} y_{jk} = 1 & \text{für } j = 1,...,n \\ y_{jk} \in \{0,1\} & \text{für } j = 1,...,n \text{ und } k = 1,...,ⱡ \end{array} \right\} \qquad (5.10)$$

$$\left.\begin{array}{ll}\sum_{i=0}^{n} x_{ijk} = y_{jk} & \text{für } j = 0,\ldots,n \\[2mm] \sum_{j=0}^{n} x_{ijk} = y_{ik} & \text{für } i = 0,\ldots,n \\[2mm] \sum_{i \in Q} \sum_{j \in Q} x_{ijk} \leq |Q|-1 & \text{alle } Q \subseteq V-\{0\} \text{ mit } 2 \leq |Q| \leq n-1 \\[2mm] x_{ijk} \in \{0,1\} & \text{für } i,j = 0,\ldots,n \\[2mm] y_{0k} = 1 & \end{array}\right\} \text{für } k = 1,\ldots,\mathcal{M} \quad (5.11)$$

(5.10) entspricht dem Nebenbedingungssystem eines GAP (genauer eines Single Source-TPPs). Die Kunden lassen sich als Nachfrager und die Fahrzeuge als Anbieter mit jeweils gleichem Angebot cap interpretieren. Dementsprechend werden die Kunden unter Beachtung der Fahrzeugkapazitäten auf $\mathcal{M}$ Touren verteilt.

Bei gegebenen y_{jk} enthält (5.11) die Nebenbedingungssysteme von $\mathcal{M}$ TSPen, die lediglich das Depot als gemeinsamen Knoten besitzen. Die TSPe haben die Aufgabe, für jede der $\mathcal{M}$ Touren eine Route festzulegen. Die Zielfunktion (5.9) gewährleistet, daß die Gesamtlänge aller Routen minimal wird.

Die Formulierung (5.9)–(5.11) impliziert eine mögliche heuristische Vorgehensweise zur Lösung des CVRPs. Zunächst schätzt man Zuordnungskosten d_{jk} für die Bedienung von Kunde j durch Tour k und löst das entsprechende GAP. Für die entstehenden Touren ist jeweils exakt oder heuristisch ein TSP zu lösen. Auf dieser Formulierung basierende Heuristiken skizzieren wir in Kap. 5.5.3.

5.2.2 Eine Formulierung für symmetrische Probleme

Die folgende Formulierung für das CVRP [1|$\mathcal{M}$,cap||L] ist eine Verallgemeinerung der Formulierung (3.6)–(3.8) für das symmetrische TSP in Kap. 3.1.2.2. Während beim TSP das 1-Baum-Problem eine mögliche Relaxation darstellt, kann man beim CVRP durch Bestimmung minimaler $\mathcal{M}$-Bäume untere Schranken für Zielfunktionswerte gewinnen.

Definition 5.4: Ein $\mathcal{M}$-**Baum** ist ein zusammenhängender, ungerichteter Graph mit der Knotenmenge V = \{0,\ldots,n\} und n + $\mathcal{M}$ Kanten. Der Grad von Knoten 0 ist $g_0 = 2\mathcal{M}$. Die Summe der Kantenbewertungen bezeichnen wir als *Wert* des $\mathcal{M}$-Baumes.[5]

---

[5] In der Informatikliteratur spricht man von einem 2-Baum bzw. 3-Baum usw., wenn es sich um einen Baum handelt, bei dem jeder Knoten maximal 2, 3,... Söhne besitzt.
Die von uns betrachteten $\mathcal{M}$-Bäume sind im Sinne von Def. 1.11 keine Bäume, sie besitzen vielmehr über die Baumstruktur hinaus $\mathcal{M}$ zusätzliche Kanten; die Bezeichnung $\mathcal{M}$-Baum (oder k-Baum) hat sich jedoch eingebürgert. Statt der häufiger verwendeten Anzahl k zusätzlicher Kanten verwenden wir das Symbol $\mathcal{M}$, weil wir k stets als Laufindex verwenden.

Definition 5.5: Sei G ein zusammenhängender, bewerteter, ungerichteter Graph mit der Knotenmenge V = {0,...,n} und T ein Teilgraph von G, der einen μ-Baum darstellt. T heißt **minimaler μ-Baum** von G, wenn es keinen anderen Teilgraphen von G mit μ-Baum-Eigenschaft und geringerem Wert gibt. Die Bestimmung eines minimalen μ-Baumes nennen wir **μ-Baum-Problem.**

Beispiel: Abb. 5.2 a zeigt einen Graphen mit n = 7 und stark hervorgehoben einen minimalen μ-Baum mit μ = 1 und Wert 16. Zur Bestimmung minimaler μ-Bäume siehe Kap. 5.3.2.1. In Abb. 5.2 b ist ein minimaler 1-Baum im Sinne von Def. 1.18 mit Wert 19 angegeben. Während in letzterem der ausgezeichnete Knoten (Depot 0) stets zum einzigen Kreis des Graphen gehört, muß dies beim μ-Baum mit μ = 1 nicht gelten. Mithin ist das TSP durch die 1-Baum-Relaxation weniger stark relaxiert als durch eine entsprechende μ-Baum-Relaxation.

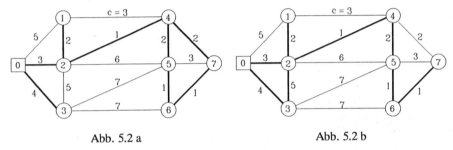

Abb. 5.2 a   Abb. 5.2 b

Das CVRP läßt sich als μ-Baum-Problem mit den folgenden zusätzlichen Restriktionen interpretieren:

1) Der Grad jedes Knotens i = 1,...,n ist g_i = 2.
2) Für jede Tour bzw. Route darf die Kapazität cap nicht überschritten werden.

Wir verwenden Binärvariablen x_{ij} (i, j = 0,...,n mit i < j) mit folgender Bedeutung:

$$x_{ij} = \begin{cases} 1 & \text{falls Knoten j unmittelbar nach Knoten i besucht wird oder umgekehrt} \\ 0 & \text{sonst} \end{cases}$$

Bezeichnen wir die Anzahl an Mindesttouren wieder mit r(Q), so erhalten wir folgende Formulierung:

$$\text{Minimiere } F(x) = \sum_{i=0}^{n-1} \sum_{j=i+1}^{n} c_{ij} x_{ij} \tag{5.12}$$

unter den Nebenbedingungen

$\quad$ x repräsentiert einen μ-Baum $\hfill$ (5.13)

$$\sum_{h=0}^{i-1} x_{hi} + \sum_{j=i+1}^{n} x_{ij} = 2 \quad \text{für } i = 1,...,n \tag{5.14}$$

$$\sum_{\substack{i \in Q \\ i < j}} \sum_{j \in V-Q} x_{ij} + \sum_{\substack{i \in V-Q \\ i < j}} \sum_{j \in Q} x_{ij} \geq 2r(Q) \quad \text{für alle } Q \subseteq V-\{0\} \text{ und } |Q| \geq 2 \tag{5.15}$$

Bemerkung 5.6: Diese Formulierung schließt *Pendelrouten* [0,i,0], die nur einen Kunden i beliefern, aus. Dies ist für praktische Problemstellungen häufig keine Einschränkung, v.a. wenn die verfügbaren Fahrzeugkapazitäten knapp sind. Eine hinreichende Bedingung dafür, daß keine Pendelrouten auftreten können, ist:

$$\sum_{i \neq j} b_i > (M - 1)\,cap \qquad \text{für alle } j = 1,\ldots,n$$

Durch logische Überlegungen lassen sich die Bedingungen (5.15) verschärfen; siehe Fußnote 4 sowie Fisher (1994b). Statt (5.15) lassen sich auch zu (5.4) äquivalente Bedingungen für den symmetrischen Fall angeben.

Ein von Fisher (1994b) veröffentlichtes Verfahren, das auf dieser Art der Modellformulierung basiert, beschreiben wir in Kap. 5.3.2.

5.3 Exakte Verfahren für knotenorientierte Probleme

Im folgenden beschäftigen wir uns zunächst mit exakten Verfahren für VRPe in gerichteten, danach mit entsprechenden Verfahren in ungerichteten Graphen.

5.3.1 Exakte Verfahren für asymmetrische Probleme

Wir beschreiben die Grundzüge eines B&B-Verfahrens von Fischetti et al. (1994) für das asymmetrische CVRP [1 | M,cap | dir | L].[6] Es beinhaltet eine Reihe interessanter Möglichkeiten zur Berechnung unterer Schranken sowie Dominanzregeln. Die Verzweigungsstrategie ist analog zu derjenigen der Subtour-Eliminations-Verfahren für TSPe; siehe Kap. 3.3.2. Wir gehen davon aus, daß dem CVRP ein vollständiger, gerichteter, bewerteter Digraph G = (V,E,c) mit Knotenmenge V = {0,...,n} zugrunde liegt.

5.3.1.1 Berechnung unterer Schranken

Zur Berechnung von unteren Schranken für CVRPe wenden Fischetti et al. (1994) das in Kap. 1.2.2 skizzierte *Additive Bounding* an, bei dem verschiedene Relaxationsmöglichkeiten für CVRPe einbezogen werden:

Relaxation als lineares Zuordnungsproblem

Durch Weglassen der Bedingungen (5.4) geht die Formulierung (5.1)-(5.5) des asymmetrischen CVRP in ein klassisches Transportproblem (TPP) über, bei dem die Knoten sowohl als Anbieter als auch als Nachfrager fungieren. Indem für das Depot $M-1$ zusätzliche, identische Knoten (j = n+1,...,n+M-1) eingeführt werden, erhält man ein äquivalentes lineares Zuordnungsproblem (LZOP); vgl. die entsprechende Relaxation beim TSP in Kap. 3.3.2. Alle

---

[6] Zu exakten Verfahren für asymmetrische Probleme siehe ferner Laporte et al. (1992).

Depotknoten weisen identische Entfernungen zu den Kundenknoten j = 1,...,n auf; zwischen den Depotknoten werden Pfeile mit hinreichend großer Bewertung (∞) eingeführt. Durch Lösen des TPPs oder LZOPs erhält man eine untere Schranke für das CVRP; aus dem Optimaltableau ergibt sich außerdem eine Matrix $\bar{C} = (\bar{c}_{ij})$ reduzierter Kosten (Opportunitätskosten).

Relaxation mit unzulässigen Pfeilmengen

Definition 5.6: Eine Pfeilmenge $E' \subset E$ ist *unzulässig*, wenn es keine zulässige Lösung des CVRP gibt, in der alle Pfeile aus E' sind. Für jede unzulässige Menge E' muß in einer zulässigen Lösung folgende Bedingung gelten:

$$\sum_{(i,j) \in E'} x_{ij} \leq |E'| - 1$$

Betrachten wir eine beliebige unzulässige Menge E', so kann man das CVRP in $q = |E'|$ (nicht notwendigerweise disjunkte) Teilprobleme zerlegen. In jedem dieser Teilprobleme P_μ ($\mu = 1,...,q$) wird einer der Pfeile $(h,l) \in E'$ verboten, d.h. $x_{hl} = 0$ gesetzt. Für jedes P_μ ergibt sich durch die LZOP-Relaxation mit $c_{hl} = \infty$ eine untere Schranke $\underline{F}^\mu$ und reduzierte Kosten $\bar{c}^\mu$. Das Minimum der so erzielten Schranken ist eine untere Schranke $\underline{F}$ für das CVRP, die mindestens so gut wie die der LZOP-Relaxation für das Originalproblem ist:

$$\underline{F} = \min\{\underline{F}^\mu \mid \mu = 1,...,q\}$$

Reduzierte Kosten $\bar{c}_{ij}$, wie sie bei der additiven Schrankenberechnung benötigt werden, lassen sich wie folgt ermitteln:

$$\bar{c}_{ij} = \min\{\bar{c}^\mu_{ij} \mid \mu = 1,...,q\} \quad \text{für alle i und j}$$

Die verwendeten Werte $\bar{c}^\mu_{ij}$ lassen sich im Falle $\lambda_\mu := \underline{F}/\underline{F}^\mu < 1$ zu $\lambda_\mu \bar{c}^\mu_{ij} + (1 - \lambda_\mu) c_{ij}$ verschärfen, ohne daß die Bedingung (1.8) für die Ausführung des Additiven Bounding verletzt wird:

$$\underline{F} + (\lambda_\mu \bar{c}^\mu + (1 - \lambda_\mu)c)x = \lambda_\mu \underline{F}^\mu + \lambda_\mu \bar{c}^\mu x + (1 - \lambda_\mu)cx = \lambda_\mu(\underline{F}^\mu + \bar{c}^\mu x) + (1 - \lambda_\mu)cx$$
$$\leq \lambda_\mu cx + (1 - \lambda_\mu)cx = cx$$

Fischetti et al. (1994) beschreiben mehrere Regeln, nach denen die zu untersuchenden unzulässigen Mengen ausgewählt werden können. Dabei wird jeweils eine solche Menge E' betrachtet, die einen Zyklus oder einen Weg in der optimalen Lösung der LZOP-Relaxation repräsentiert:

- Wähle E' so, daß sie einen Kurzzyklus repräsentiert, der das Depot nicht enthält.

- Wähle E' so, daß der Gesamtbedarf der besuchten Kunden die Fahrzeugkapazität cap übersteigt.

- Wähle E' so, daß der Gesamtbedarf der nicht besuchten Kunden die Kapazität von $M-1$ Fahrzeugen übersteigt. Demnach kann E' keine vollständige Tour darstellen.

Wir skizzieren eine Vorgehensweise zur **additiven Berechnung** einer unteren Schranke mit Hilfe der angegebenen Relaxationsmöglichkeiten auf Basis des LZOP:

Start: Ermittle die optimale Lösung $\mathbf{x}^*$ der LZOP-Relaxation des Originalproblems. Es ergeben sich eine untere Schranke $\underline{F}$ und die reduzierte Kostenmatrix $\bar{C}$.

Iteration: Wähle aus $\mathbf{x}^*$ eine unzulässige Menge E' nach obigen Regeln aus und löse die LZOP-Relaxationen der entstehenden Teilprobleme mit der aktuellen Kostenmatrix $\bar{C}$. Ist der Wert der sich ergebenden Schranke gleich 0, so beende das Verfahren; ansonsten erhöhe $\underline{F}$ um diesen Wert und aktualisiere die reduzierten Kosten wie oben beschrieben. Verwende als neues $\mathbf{x}^*$ die Lösung desjenigen (eines) Teilproblems mit der kleinsten Schranke. Wiederhole die Iteration.

* * * * *

Relaxation als Minimalkosten-Flußproblem

Wir gehen von einer (beliebigen) Zerlegung der Knotenmenge V in disjunkte Teilmengen V_0, $V_1, \ldots, V_q$ aus. O.B.d.A. sei der Depotknoten 0 in der Menge V_0 enthalten. Zusätzlich betrachten wir eine Zerlegung der Pfeilmenge E in E_1 und E_2:

$$E_1 := \bigcup_{h=0}^{q} \{(i,j) \in E \mid i,j \in V_h\} \quad \text{und} \quad E_2 := E - E_1$$

Die Teilmenge E_1 enthält sämtliche Pfeile, die Knoten innerhalb derselben Knotenmenge V_h verbinden, während E_2 alle Pfeile umfaßt, die Knoten von zwei verschiedenen Knotenmengen betreffen. Mit Hilfe von E_1 und E_2 läßt sich das Ausgangsproblem in zwei Subprobleme mit jeweils eingeschränkter Pfeilmenge zerlegen. Unter der Annahme, daß man für jedes Subproblem eine untere Schranke für den Zielfunktionsbeitrag der in E_1 bzw. E_2 enthaltenen Pfeile einer optimalen CVRP-Lösung bestimmen kann, ergibt sich eine untere Schranke für das CVRP aus der Summe dieser Schranken. Reduzierte Kosten für die Pfeile ergeben sich aus dem jeweiligen Subproblem.

Um eine solche untere Schranke $\underline{F}_2$ für das durch E_2 induzierte Subproblem zu ermitteln, betrachten wir folgende Relaxation von CVRP, aus der ein Minimalkostenflußproblem zur Bestimmung der unteren Schranke abgeleitet werden kann:

$$\text{Minimiere } F(\mathbf{x}) = \sum_{(i,j) \in E_2} c_{ij} x_{ij} \tag{5.16}$$

unter den Nebenbedingungen

$$\sum_{j \in V:(i,j) \in E_2} x_{ij} \leq \begin{cases} 1 & \text{für } i = 1, \ldots, n \\ \mathcal{M} & \text{für } i = 0 \end{cases} \tag{5.17}$$

$$\sum_{i \in V:(i,j) \in E_2} x_{ij} \leq \begin{cases} 1 & \text{für } j = 1, \ldots, n \\ \mathcal{M} & \text{für } j = 0 \end{cases} \tag{5.18}$$

$$\sum_{i \in V_0} \sum_{j \in V_0} x_{ij} \leq |V_0| + \mathcal{M} - 1 - r(V - V_0) \quad \text{für } h = 0 \tag{5.19}$$

$$\sum_{i \in V_h} \sum_{j \in V_h} x_{ij} \leq |V_h| - r(V_h) \qquad \text{für } h = 1,\ldots,q \qquad (5.20)$$

$$\sum_{(i,j) \in E} x_{ij} = n + \mathcal{M} \qquad (5.21)$$

$$x_{ij} \in \{0,1\} \qquad \text{für } i,j = 0,\ldots,n \qquad (5.22)$$

Die Relaxation gegenüber CVRP besteht darin, daß nicht jeder Knoten über einen der betrachteten Pfeile aus E_2 erreicht werden muß (vgl. die $\leq$-Bedingungen (5.17) und (5.18)) und daß man statt aller Bedingungen (5.4) nur (5.19) bzw. (5.20) für die vorgegebenen Mengen $V_0,\ldots,V_q$ betrachtet. In (5.19) wird ausgedrückt, daß in einer optimalen Lösung jeder Knoten in V_0 – mit Ausnahme des Depots – maximal einen und das Depot maximal $\mathcal{M}$ Nachfolger innerhalb von V_0 aufweisen darf, jedoch aufgrund der Kapazitätsbeschränkung mindestens $r(V-V_0)$ Pfeile zu Knoten außerhalb von V_0 enthalten sein müssen. Für die anderen Knotenmengen V_h gelten die ursprünglichen Bedingungen vom Typ (5.4). Die Bedingungen (5.21) drücken aus, daß eine zulässige Lösung des CVRP $n+\mathcal{M}$ Pfeile enthält.

Diese Formulierung läßt sich in ein Flußproblem überführen, bei dem ein kostenminimaler Fluß der Stärke $n+\mathcal{M}$ zu bestimmen ist. Ein Beispiel für den einer Zerlegung $V_0 = \{0,1,6\}$, $V_1 = \{2,3\}$, $V_2 = \{4,5\}$ und $V_3 = \{7,8\}$ zugrundeliegenden Graphen zeigt Abb. 5.3. Die Knoten s und t sind Quelle und Senke des Graphen, die Knoten a_h und b_h repräsentieren die Abflüsse aus V_h bzw. Zuflüsse zu V_h. Die Knoten i+ und i– repräsentieren die ursprünglichen Knoten i des Graphen. Die Pfeile besitzen Kapazitätsbewertungen und Kostenbewertungen. Es lassen sich vier Pfeilarten im Hilfsgraphen unterscheiden:

- Für jeden Pfeil $(i,j) \in E_2$ wird ein Pfeil (i+, j–) mit Kapazität 1 und Kosten c_{ij} eingeführt.

- Für jeden Knoten $i \in V_h$ werden Pfeile $(a_h, i+)$ und $(i-, b_h)$ mit Kapazität 1 (für $i \geq 1$) bzw. $\mathcal{M}$ (für $i = 0$) und Kosten 0 benötigt.

- Für die Knotenmenge V_0 wird ein Pfeil (a_0, b_0) mit Kapazität $|V_0| + \mathcal{M} - 1 - r(V-V_0)$ und Kosten 0 eingeführt (siehe (5.19)). Für die anderen Knotenmengen V_h ($h \geq 1$) sind Pfeile (a_h, b_h) mit Kapazität $|V_h| - r(V_h)$ und Kosten 0 erforderlich (siehe (5.20)).

- Für jede Knotenmenge V_h werden Pfeile (s, a_h) und (b_h, t) mit Kosten 0 und Kapazität $|V_0| + \mathcal{M} - 1$ für $h = 0$ bzw. $|V_h|$ für $h \geq 1$ benötigt.

Ein Fluß der Stärke 1 über einen Pfeil (i+, j–) bedeutet, daß in einer Lösung von (5.16) – (5.22) ein Knoten i mit einem Knoten j aus einer anderen Knotenmenge verbunden ist, also ein Pfeil aus E_2 benötigt wird. Ein Fluß der Stärke f_h über einen Pfeil (a_h, b_h) bedeutet, daß f_h Pfeile (i,j) mit $i,j \in V_h$ verwendet werden; dementsprechend werden Flüsse innerhalb von E_1 aggregiert betrachtet.

Durch Lösen des Minimalkostenflußproblems mit einem geeigneten Algorithmus (siehe Bd. I, Kap. 9.2, oder Ahuja et al. (1993, Kap. 9)) erhält man für eine beliebige Zerlegung der Knotenmenge in Teilmengen $V_0,\ldots,V_q$ eine untere Schranke für das CVRP und zugehörige reduzierte Kosten $\bar{c}_{ij}$ für $(i,j) \in E_2$.

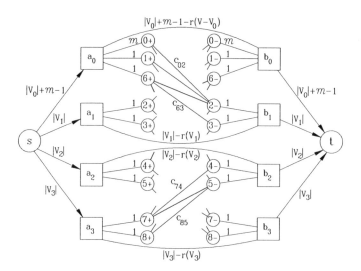

Abb. 5.3

Im folgenden skizzieren wir eine Vorgehensweise zur **additiven Berechnung** einer unteren Schranke, bei der verschiedene Zerlegungen der Knotenmenge V betrachtet werden. Dabei wird auf die Berechnung einer unteren Schranke für das durch E_1 induzierte Subproblem verzichtet, so daß für $(i,j) \in E_1$ die Beziehung $\bar{c}_{ij} = c_{ij}$ gilt:

Start: Setze $q := n$; $V_h := \{h\}$ für $h = 0,...,n$; $\bar{c}_{ij} := c_{ij}$ für $i,j = 0,...,n$; $\underline{F} := 0$.

Iteration ($\mu = 1, 2,...$):

Löse das Flußproblem für die aktuelle Zerlegung mit der Kostenmatrix $\bar{C}$; es ergeben sich die untere Schranke $\underline{F}_2$, reduzierte Kosten $\bar{c}'_{ij}$ und Variablenwerte x_{ij} für $(i,j) \in E_2$ mit $x_{ij} := 0$ für $(i,j) \in E_1$.
Setze $\underline{F} := \underline{F} + \underline{F}_2$ und $\bar{c}_{ij} := \bar{c}'_{ij}$ für $(i,j) \in E_2$.
Ermittle eine Knotenmenge $V^* = V_{h_1} \cup V_{h_2} \cup ... \cup V_{h_r}$, für die x die zugehörige Bedingung (5.4) nicht erfüllt. Dabei wird die Menge V^* so gewählt, daß ihre Kardinalität möglichst klein ist und möglichst nicht das Depot enthält. Es verbleiben $q := q - r + 1$ Knotenmengen, die von 0 bis q neu durchnumeriert werden.
Wiederhole die Iteration so lange, bis $q = 1$ gilt oder keine unzulässige Menge V^* mehr gefunden wird.

* * * * *

Beispiel: Für den Graphen in Abb. 5.4 a sei ein CVRP mit $M = 2$, cap = 6 sowie $b_j = 1$ für $j = 1,...,8$ zu lösen. Der Graph wird durch Ergänzen von Bewertungen ∞ für nicht existente Pfeile vervollständigt. Zur additiven Bestimmung einer unteren Schranke nach obiger Vorgehensweise erhalten wir:

Iter. 1: Bei der Zerlegung $V_0 := \{0\}, ..., V_n := \{n\}$ vereinfacht sich das Flußproblem zu einem LZOP. Die optimale Lösung bei gegebenen Kosten $\bar{c}_{ij} = c_{ij}$ ist: $x_{01} = x_{10} = 1$, $x_{06} = x_{60} = 1$, $x_{23} = x_{32} = 1$, $x_{45} = x_{54} = 1$, $x_{78} = x_{87} = 1$ und $x_{ij} = 0$ sonst; $\underline{F} = \underline{F}_2 = 25$. Abb. 5.4 b zeigt diese Lösung (hervorgehoben) sowie die sich ergebenden Opportunitätskosten $\bar{c}_{ij} := \bar{c}'_{ij}$ für die Pfeile des (ursprünglichen) Graphen. Wir fassen die Mengen V_7 und V_8 zur neuen Menge $V_7 := \{7, 8\}$ zusammen.

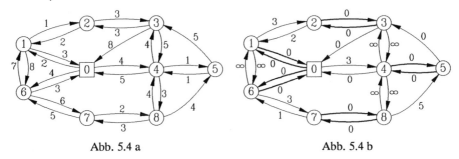

Abb. 5.4 a   Abb. 5.4 b

Iter. 2: Das zu lösende Flußproblem mit den in Abb. 5.4 b angegebenen Kostenbewertungen $\bar{c}_{ij}$ besitzt folgende Lösung bezüglich E_2: $x_{01} = x_{10} = 1$; $x_{23} = x_{32} = 1$; $x_{06} = x_{67} = x_{85} = x_{54} = x_{40} = 1$ mit $\underline{F}_2 = 8$ und geänderten Opportunitätskosten $\bar{c}_{67} = \bar{c}_{58} = 0$ und $\bar{c}_{45} = \infty$. Man beachte, daß $E_1 = \{(7,8),(8,7)\}$. Es ergibt sich die verbesserte untere Schranke $\underline{F} = 25 + 8 = 33$. Wir fassen die Knoten 2 und 3 zusammen. Es gilt nunmehr $q = 6$.

Iter. 3: Das Flußproblem mit aktuellen Kostenbewertungen $\bar{c}_{ij}$ besitzt folgende Lösung bezüglich E_2: $x_{01} = x_{12} = x_{30} = 1$; $x_{06} = x_{67} = x_{85} = x_{54} = x_{40} = 1$ mit $\underline{F}_2 = 3$. Es ergibt sich die verbesserte untere Schranke $\underline{F} = 33 + 3 = 36$. Es läßt sich keine unzulässige Menge mehr bestimmen, und das Verfahren endet.

Ergänzt man die Lösung von Iter. 3 um Pfeile $(2,3)$ und $(7,8)$ aus E_1, so erhält man eine optimale CVRP-Lösung mit $F^* = 36$ bezüglich der Originalkosten c_{ij}.

5.3.1.2 Verzweigung und Dominanzregeln

Es wird eine LIFO-Strategie eingesetzt. Als Verzweigungsregel verwenden Fischetti et al. (1994) eine Modifikation derjenigen der Subtour-Eliminations-Verfahren für TSPe; siehe Kap. 3.3.2. Bezeichnen $E1_\mu$ und $E0_\mu$ die Menge der in einem Teilproblem P_μ einbezogenen bzw. verbotenen Pfeile, so wird der Graph zum Zwecke der Schrankenberechnung wie folgt modifiziert:

$c_{ij} := \infty$ für alle $(i, j) \in E0_\mu$
$c_{hj} := \infty$ für $h > 0$, falls $(0, j) \in E1_\mu$
$c_{jh} := \infty$ für $h > 0$, falls $(j, 0) \in E1_\mu$
$c_{ih} := \infty$ für $h \neq j$ und $c_{hj} := \infty$ für $h \neq i$, falls $(i, j) \in E1_\mu$

Alternativ lassen sich beim Einbeziehen von Pfeilen die adjazenten Knoten verschmelzen bzw. zugehörige Zeilen und Spalten aus der Kostenmatrix streichen (vgl. die analoge Vorgehensweise beim TSP in Kap. 3.3.1).

Auf den so modifizierten Graphen bzw. die damit definierte Probleminstanz werden zunächst einige einfache *Reduktions-* und *Dominanzregeln* angewendet:

- Verbiete Pfeil (i,j), falls $b_i + b_j >$ cap gilt.

- Kann festgestellt werden, daß für die eingeschränkte Instanz M Fahrzeuge mit Kapazität cap durch die Verschmelzung von Knoten nicht (mehr) ausreichend sind, so wird P_μ ausgelotet. Dies läßt sich ggf. durch exaktes Lösen eines Bin-Packing-Problems nachweisen, falls die Restinstanz hinreichend klein ist (für Lösungsverfahren siehe z.B. Martello und Toth (1990) oder Scholl et al. (1996)).

- Betrachte einen (beliebigen) in $E1_\mu$ enthaltenen Weg $w = (i_1, i_2, ..., i_v)$. Findet sich ein kürzerer Weg von i_1 nach i_v, der dieselben Zwischenknoten $i_2, ..., i_{v-1}$ in einer anderen Reihenfolge besucht, so kann P_μ ausgelotet werden. Zur Überprüfung dieser Dominanzregel kann z.B. ein 3-optimales Austauschverfahren angewendet werden (siehe Kap. 3.2.2).

Falls P_μ nicht durch Dominanzregeln eliminiert werden konnte, werden die in Kap. 5.3.1.1 beschriebenen additiven Vorgehensweisen zur Berechnung einer unteren Schranke $\underline{F}_\mu$ auf die P_μ repräsentierende eingeschränkte Instanz angewendet.

Dazu wird die Lösung x^* der LZOP-Relaxation verwendet. Ist diese (oder eine andere im Verlauf der additiven Vorgehensweise bestimmte) zulässig, so kann P_μ ausgelotet und x^* als bislang beste zulässige Lösung für das CVRP mit oberer Schranke $\bar{F} := \underline{F}_\mu$ gespeichert werden. Falls ansonsten die übliche Auslotregel nicht anwendbar ist, muß P_μ verzweigt werden. Dazu wird innerhalb von x^* ein Weg $w = (i_1, i_2, ..., i_v)$ ausgewählt, der entweder eine unzulässige Menge repräsentiert oder ein das Depot enthaltender Zyklus (Route) ist. P_μ wird in v Teilprobleme $P_{\mu_1}, ..., P_{\mu_v}$ verzweigt mit:

$$E1_{\mu_j} := E1_\mu \cup \{(i_1, i_2), (i_2, i_3), ..., (i_{j-1}, i_j)\} \quad \text{und} \quad E0_{\mu_j} := E0_\mu \cup \{(i_j, i_{j+1})\}$$

Falls w eine Route ist, wird zusätzlich ein Teilproblem $P_{\mu_{v+1}}$ gebildet, bei dem sämtliche Pfeile von w einbezogen sind.

Falls sich ein Knoten nicht ausloten läßt, schlagen Fischetti et al. (1994) die zusätzliche Anwendung von Heuristiken vor. Dazu eignet sich besonders die Heuristik von Vigo (1996), die von einer unzulässigen LZOP-Lösung ausgeht und eine zulässige CVRP-Lösung mit minimaler Erhöhung von $\bar{c}x$ anstrebt.

5.3.2 Exakte Verfahren für symmetrische Probleme

Wir beschreiben die Grundzüge eines B&B-Verfahrens von Fisher (1994b) für das symmetrische CVRP [1 | M,cap | | L].[7] Es basiert auf der Formulierung (5.12) – (5.15). Die beiden wesentlichen Komponenten des Verfahrens sind die Bildung und Lösung von Relaxationen und die Art des Verzweigens des Lösungsbaumes, die wir in getrennten Abschnitten behandeln.

5.3.2.1 Relaxation des Problems und Lösungsmöglichkeiten

Die folgende Vorgehensweise zur Berechnung unterer Schranken für CVRP ist eine Verallgemeinerung der in Kap. 3.4 beschriebenen Vorgehensweise für das symmetrische TSP. Entsprechend wird eine Lagrange-Relaxation von (5.12) – (5.15) gewählt, welche die Bedingungen (5.14) und (5.15) relaxiert. Bei gegebenen Lagrange-Multiplikatoren u_i für (5.14) und v_Q für (5.15) ist somit das folgende M-Baum-Problem zu lösen:

$$\text{Minimiere } FL_{u,v}(x) = \sum_{i=0}^{n-1} \sum_{j=i+1}^{n} c'_{ij} x_{ij} - 2 \sum_{i=1}^{n} u_i + 2 \sum_{Q \subseteq V - \{0\}} r(Q) v_Q \qquad (5.23)$$

unter der Nebenbedingung: x repräsentiert einen M-Baum (5.24)

Dabei gilt $c'_{0j} := c_{0j}$ sowie $c'_{ij} := c_{ij} + u_i + u_j - \sum_{\substack{Q \text{ mit} \\ i \in Q, j \notin Q \text{ od.} \\ i \notin Q, j \in Q}} v_Q$ für $i=1,...,n-1$ und $j=i+1,...,n$.

Zur Bestimmung einer möglichst guten unteren Schranke ist das folgende **Lagrange-Problem** zu lösen:

$$\left.\begin{array}{l}\text{Maximiere } \Phi(u,v) = \text{Min } \{ FL_{u,v}(x) \mid x \text{ repräsentiert einen } M\text{-Baum}\} \\[6pt] \text{unter den Nebenbedingungen } u \in \mathbb{R}^n \text{ und } v \geq 0 \end{array}\right\} \qquad (5.25)$$

Das Lagrange-Problem läßt sich mit Hilfe eines herkömmlichen Subgradienten-Verfahrens heuristisch lösen. Dazu ist in jeder Iteration ein minimaler M-Baum mit den jeweils aktuellen Kantenbewertungen c'_{ij} zu bestimmen. Im folgenden skizzieren wir zunächst eine Vorgehensweise zur Bestimmung minimaler M-Bäume und gehen danach auf Besonderheiten bei der Anwendung des Subgradienten-Verfahrens ein.

Zur Lösung des M-Baum-Problems:

Wir skizzieren ein polynomiales Verfahren. Ausgehend von einem ungerichteten bewerteten Graphen $G = [V,E,c]$ mit der Knotenmenge $V = \{0,...,n\}$, umfaßt es folgende drei Schritte:

Schritt 1: Bestimme einen minimalen spannenden Baum T_1 von G.

---

[7] Zu exakten Verfahren für symmetrische Probleme siehe ferner Christofides et al. (1981), Laporte et al. (1985) sowie Achuthan et al. (1996).

Schritt 2: Erweitere T_1 um die M niedrigstbewerteten zusätzlichen Kanten zum Teilgraphen T_2 von G.

Schritt 3: Erfüllt T_2 alle Eigenschaften eines M-Baumes, so handelt es sich um einen minimalen M-Baum. Ansonsten wird (nur) gegen die Bedingung $g_0 = 2M$ verstoßen. In $|g_0 - 2M|$ Iterationen gelangt man dann zum gesuchten minimalen M-Baum:

Fall a ($g_0 > 2M$): In jeder Iteration wird eine mit dem Depot 0 inzidente Kante e_1 gegen eine bislang nicht in T_2 enthaltene und nicht mit dem Depot inzidente Kante e_2 ausgetauscht. Zu wählen ist dasjenige Kantenpaar $\{e_1, e_2\}$, für das die Kostendifferenz $\Delta = c(e_2) - c(e_1)$ am kleinsten ist. Falls durch Entfernen von e_1 der Zusammenhang von T_2 verloren geht, kann e_2 nur unter denjenigen Kanten gewählt werden, die den Zusammenhang wieder herstellen.

Fall b ($g_0 < 2M$): In jeder Iteration wird eine nicht mit dem Depot 0 inzidente Kante e_1 gegen eine bislang nicht in T_2 enthaltene, mit dem Depot inzidente Kante e_2 ausgetauscht. Zu wählen ist dasjenige Kantenpaar $\{e_1, e_2\}$, für das die Kostendifferenz $\Delta = c(e_2) - c(e_1)$ am kleinsten ist. Dabei darf e_1 nur unter denjenigen Kanten gewählt werden, bei deren Entfernung der Zusammenhang von T_2 erhalten bleibt.

Zum Beweis für die Korrektheit dieser Vorgehensweise und Hinweisen zur effizienten Implementierung siehe Fisher (1994a).

Beispiel: Wir betrachten den Graphen G in Abb. 5.5a und bestimmen einen minimalen 2-Baum. Zum Abschluß von Schritt 2 des Verfahrens ist T_2 der stark hervorgehobene Teilgraph von G mit dem Knotengrad $g_0 = 6 > 4$. Es gilt Fall a, und es sind zwei Iterationen auszuführen.

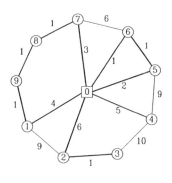
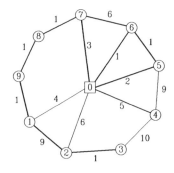

Abb. 5.5a   Abb. 5.5b

Für die erste Iteration sind zu jeder bisher mit dem Depot inzidenten Kante e_1 die jeweils günstigste Kante e_2 sowie die Kostendifferenz Δ angegeben:

Iteration 1							Iteration 2				
e_1	[0,1]	[0,2]	[0,4]	[0,5]	[0,6]	[0,7]	e_1	[0,2]	[0,4]	[0,5]	[0,6]	[0,7]
e_2	[6,7]	[1,2]	[4,5]	[6,7]	[6,7]	[6,7]	e_2	[1,2]	[4,5]	[4,5]	[1,2]	[1,2]
Δ	2	3	4	4	5	3	Δ	3	4	7	8	6

Also wird $e_1 = [0,1]$ gegen $e_2 = [6,7]$ ausgetauscht. Der Wert des 2-Baumes erhöht sich von 26 auf 28. In der zweiten Iteration wird $e_1 = [0,2]$ gegen $e_2 = [1,2]$ ausgetauscht, und es ergibt sich der minimale 2-Baum mit Wert 31, der in Abb. 5.5b hervorgehoben ist.

Zur Lösung des Lagrange-Problems:

Das Lagrange-Problem (5.25) läßt sich mit einem Subgradientenverfahren, wie wir es in Kap. 3.4.3 für das TSP beschreiben, heuristisch lösen; siehe auch Fisher (1985). Zu Beginn werden die Lagrange-Multiplikatoren $u = 0$ und $v = 0$ gewählt und das entstehende M-Baum-Problem gelöst. Vor jeder weiteren Iteration des Subgradientenverfahrens werden die Multiplikatoren bei Verletzung der jeweils zugehörigen Nebenbedingung modifiziert. Bezüglich der u_i ist die Überprüfung einfach, und die Korrektur kann ebenso wie beim TSP vorgenommen werden: Ist $g_i = 1$, so wird u_i um eine festzulegende "Schrittweite" δ_i verringert; im Falle $g_i > 2$ wird u_i um $(g_i - 2) \cdot \delta_i$ erhöht.

Schwieriger und für Probleme praxisrelevanter Größenordnungen unmöglich ist die vollständige Überprüfung aller $O(2^n)$ Bedingungen vom Typ (5.15). Daher schlägt Fisher vor, in jeder Iteration nur eine begrenzte Anzahl (mehrere hundert) dieser Restriktionen einzubeziehen. Die heuristische Auswahl kann z.B. wie folgt vorgenommen werden: Ausgehend von einer zulässigen Lösung des CVRP, wird in jeder Tour ($k = 1,...,M$) der am weitesten vom Depot entfernte Knoten s_k betrachtet. Mengen Q_k werden aus s_k und ihm nahegelegenen Knoten gebildet. Daher bezeichnet man die Knoten s_k auch als "Saatknoten". Nur für die so gebildeten Mengen Q_k wird die zugehörige Bedingung vom Typ (5.15) überprüft. Ist sie verletzt, so wird das zugehörige v_{Q_k} um eine Schrittweite δ_{Q_k} - gewichtet mit dem Schlupf (Grad der Verletzung) der Nebenbedingung - erhöht. Während des Verfahrens werden zusätzliche Bedingungen, die im jeweils aktuellen M-Baum verletzt sind, ergänzt und solche, die in den letzten Iterationen stets erfüllt waren, gelöscht.

Wie zu erwarten, hängt die Güte der erzielbaren Schranken und die (bei vorgegebenen Abbruchkriterien) benötigte Rechenzeit wesentlich von der Problemstruktur ab. Gute Werte lassen sich vor allem dann erzielen, wenn Kundengruppen (Cluster) existieren, die räumlich nahe beieinander und von anderen Gruppen relativ weit entfernt sind. Bei räumlicher Gleichverteilung der Kunden ist die Berechnung häufig aufwendig und liefert schlechte Schranken.

5.3.2.2 Verzweigungsmöglichkeiten

Es gibt zwei naheliegende Möglichkeiten, ein Teilproblem P_μ zu verzweigen:

- *Kantenverzweigung:* Es wird eine bislang freie (d.h. weder verbotene, noch in den Tourenplan einbezogene) Kante ausgewählt und zur Zerlegung von P_μ in genau zwei

Teilprobleme verwendet. Im einen Teilproblem wird die Kante einbezogen, im anderen verboten.

- *Routenverzweigung:* Es wird eine Teilroute durch Anhängen jeweils eines freien (d.h. keiner Route zugeordneten) Kunden aus einer Menge V_μ nahegelegener Kunden (am Beginn oder Ende) ergänzt. Zusätzlich entsteht ein Teilproblem dadurch, daß sämtliche Kunden aus V_μ für diese Position in der Route verboten werden. Sobald kein freier Kunde mehr hinzugefügt werden kann, beginnt die Bildung einer neuen Route. Ein Problem P_μ kann damit in wesentlich mehr als zwei Teilprobleme zerlegt werden.

Fisher (1994b) schlägt vor, beide Vorgehensweisen miteinander zu verknüpfen. So kann man eine durch Kantenverzweigung entstandene Teilroute durch Routenverzweigung ergänzen. Bei beiden Verzweigungsarten besteht jedoch das Problem, daß sie nur geringe Einschränkungen des Lösungsbereichs von P_μ bewirken, so daß sich eine andere Art der Verzweigung anbietet:

- *Cluster-Verzweigung:* In jedem Problem P_μ wird eine Teilmenge (Cluster) Q von zueinander nahegelegenen Kunden bestimmt. Für die in Q enthaltenen Kunden ist es wahrscheinlich, daß sie in einer oder mehreren Touren gemeinsam beliefert werden. Daher wird zur Bildung eines ersten Teilproblems folgende zusätzliche Bedingung eingeführt, die garantiert, daß die Mindestanzahl r(Q) an Touren für das Kundencluster ausreicht:

$$\sum_{\substack{i \in Q \\ i < j}} \sum_{j \in V-Q} x_{ij} + \sum_{i \in V-Q} \sum_{\substack{j \in Q \\ i < j}} x_{ij} = 2\,r(Q)$$

Im zweiten Teilproblem sind mindestens r(Q)+1 Touren notwendig, und es wird eine entsprechende $\geq$-Nebenbedingung mit rechter Seite $2\,r(Q)+2$ eingefügt. Diese Bedingung ist vom Typ (5.15) und kann leicht bei der Berechnung unterer Schranken einbezogen werden.

Im ersten Teilproblem lassen sich *Dominanzregeln* zur weiteren Einschränkung des Lösungsraumes bzw. zur Verschärfung unterer Schranken anwenden:

- Falls für einen freien Kunden $j \in V-Q$ die Ungleichung $b_j + \sum_{i \in Q} b_i > r(Q) \cdot cap$ gilt, können alle Kanten [i,j] mit $i \in Q$ verboten werden.

- Gibt es eine weitere Kundenmenge Q_1, deren gemeinsame Belieferung durch genau ein Fahrzeug bereits durch eine Verzweigung festgelegt wurde, und reicht die Restkapazität der r(Q) Touren nicht zur vollständigen Belieferung aller Kunden in Q_1 aus, so können alle Kanten [i,j] mit $i \in Q$ und $j \in Q_1$ verboten werden.

Weitere einfache Dominanzregeln beschreibt Fisher (1994 b).

In jedem Knoten des B&B-Baumes wird mit der in Kap. 5.3.2.1 beschriebenen Vorgehensweise eine untere Schranke bestimmt. In jeder Iteration des Subgradientenverfahrens werden verschiedene Heuristiken angewendet, die aus dem jeweils vorliegenden minimalen $\mathcal{M}$-Baum eine zulässige Lösung für CVRP generieren. Eine solche zulässige Lösung kann ggf. eine verbesserte obere Schranke liefern und/oder zur Auswahl des bei der Verzweigung zu wählenden Clusters Q dienen. Dabei kann man Q etwa als Menge von Kunden wählen, die in einer Route direkt aufeinanderfolgend bedient werden und nahe beieinander liegen.

5.4 VRPe als Set-Covering- oder Set-Partitioning-Probleme

Wie viele andere kombinatorische Optimierungsprobleme lassen sich auch VRPe als Set-Covering- oder Set-Partitioning-Probleme formulieren und lösen. Der erste Hinweis darauf stammt von Balinski und Quandt (1964). Wir beschreiben zunächst die grundsätzliche Vorgehensweise und erläutern danach das Konzept der Spaltengenerierung. In Kap. 5.4.3 folgen einige abschließende Bemerkungen zur Anwendung des Konzepts auf spezielle VRPe.

5.4.1 Prinzipielle Vorgehensweise

Ein VRP (mit Zielsetzung L) kann bei Verwendung eines *Set-Covering-Ansatzes* grundsätzlich in zwei Schritten gelöst werden:

Schritt 1: Bestimme die Menge MT aller *zulässigen* Touren [8] und jeweils eine kürzeste Route. Die Länge einer kürzesten Route für Tour t sei l_t.

Schritt 2: Bestimme unter allen Touren von MT eine Teilmenge (einen Tourenplan) TP minimaler Gesamtlänge so, daß jeder Kunde in mindestens einer Tour von TP enthalten ist.

Wir definieren eine *Tourenmatrix* $A = (a_{it})$ mit der Dimension $n \times |MT|$, die für jeden Kunden i eine Zeile und für jede zulässige Tour $t \in MT$ eine Spalte enthält:

$$a_{it} = \begin{cases} 1 & \text{falls Kunde i in Tour t enthalten ist} \\ 0 & \text{sonst} \end{cases}$$

Verwenden wir die Binärvariablen mit der Bedeutung

$$x_t = \begin{cases} 1 & \text{falls Tour t zum gewählten Tourenplan gehört} \\ 0 & \text{sonst,} \end{cases}$$

so ist, falls die Fahrzeuganzahl des VRPs beliebig wählbar ist, in Schritt 2 das folgende **Set-Covering-Problem (SCP)** zu lösen:

$$\text{Minimiere } F(x) = \sum_{t \in MT} l_t x_t \qquad (5.26)$$

unter den Nebenbedingungen

$$\sum_{t \in MT} a_{it} x_t \geq 1 \qquad \text{für alle Kunden } i = 1,...,n \qquad (5.27)$$

$$x_t \in \{0,1\} \qquad \text{für alle Touren } t \in MT \qquad (5.28)$$

---

[8] Eine Tour heißt zulässig, wenn es für sie eine Route gibt, die alle Nebenbedingungen (Kapazitäts- oder Zeitfensterrestriktionen) erfüllt.

Der *Set-Partitioning-Ansatz* unterscheidet sich vom Set-Covering-Ansatz lediglich dadurch, daß in dem zu bestimmenden Tourenplan TP jeder Kunde in *genau* einer Tour vorkommen muß. Anstatt der Nebenbedingung (5.27) besitzt das **Set-Partitioning-Problem (SPP)** die Nebenbedingung:

$$\sum_{t \in MT} a_{it} x_t = 1 \qquad \text{für alle Kunden } i = 1,\ldots,n \qquad (5.27)'$$

Falls bei einem VRP eine beschränkte Anzahl M von Fahrzeugen vorgegeben ist, sind das SCP wie das SPP um die Bedingung $\sum_t x_t = M$ zu erweitern.

Bei fast allen VRPen ist es schwierig, sämtliche zulässigen Touren und deren kürzeste Routen zu ermitteln. Darüber hinaus sind die sich daraus ergebenden SCPe bzw. SPPe ebenfalls NP-schwere Optimierungsprobleme. Statt der oben skizzierten, zweistufigen Vorgehensweise ist es i.d.R. günstiger, wie folgt zu verfahren:

1. Löse die LP-Relaxation des SCP (bezeichnet mit SCP') mit Hilfe des *Simplex-Algorithmus* und unter Verwendung der Technik der *Spaltengenerierung* (siehe Kap. 5.4.2). Dabei startet man mit einer Auswahl von p zulässigen Touren, so daß jeder Kunde in mindestens einer Tour enthalten ist (z.B. mit Pendeltouren bzw. -routen [0,i,0] für alle Kunden i) und ermittelt eine optimale Lösung für dieses eingeschränkte LP-Problem. In jeder (weiteren) Iteration wird eine zusätzliche Tour t (Spalte des SCP') so erzeugt, daß die zugehörige Variable x_t negative Opportunitätskosten aufweist. Dazu ist ein unten näher erläutertes Subproblem zu lösen. Das Verfahren endet mit einer optimalen Lösung für SCP' und damit einer unteren Schranke $\underline{F}$ für SCP, sobald keine solche Tour mehr gefunden werden kann.

2. Ist die für SCP' erhaltene Lösung ganzzahlig, d.h. alle x_t besitzen nur Werte 0 oder 1, so ist diese Lösung auch optimal für SCP und damit auch für VRP. Andernfalls bestimme heuristisch eine zulässige Lösung und damit eine obere Schranke $\overline{F}$ für SCP. Eine einfache Möglichkeit besteht darin, sämtliche nichtganzzahligen x_t auf 1 aufzurunden und anschließend diejenigen Touren zu entfernen, deren sämtliche Kunden auch in anderen Touren bedient werden.

3. Generiere alle bislang nicht ermittelten zulässigen Touren, deren Opportunitätskosten kleiner als $\overline{F} - \underline{F}$ sind, da nur diese zu einer Lösung mit $F < \overline{F}$ beitragen können. Eliminiere sämtliche in Schritt 1 ermittelten Touren, deren Opportunitätskosten $\overline{F} - \underline{F}$ nicht unterschreiten.

4. Löse ein auf die verbleibenden Touren (Spalten) beschränktes SCP; siehe z.B. die Verfahren von Harche und Thompson (1994) oder Balas und Carrera (1996). Die gefundene optimale Lösung ist zugleich optimal für das ursprünglich zu lösende VRP.
   Häufig ist auch das beschränkte SCP zu groß, um es mit vertretbarem Aufwand exakt zu lösen. Eine Alternative besteht dann darin, aus der Menge der bekannten Touren heuristisch eine gute Lösung zu ermitteln.

5.4.2 Die Technik der Spaltengenerierung

Wir schildern die oben erwähnte Spaltengenerierung beispielhaft anhand des ungerichteten Graphen in Abb. 5.6, für den der Einfachheit halber ein unkapazitiertes VRP [1| | |L] mit beliebiger Anzahl an Fahrzeugen gelöst werden soll.

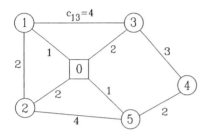

i \ t	1	2	3
1	1		
2		1	
3	1		1
4			1
5		1	1
l_t	7	7	8

Abb. 5.6   Tab. 5.1

Bekannt seien drei Touren und deren (kürzeste) Routen, nämlich [0,1,3,0] mit der Länge $l_1 = 7$, [0,2,5,0] mit $l_2 = 7$ und [0,3,4,5,0] mit $l_3 = 8$. Formuliert man damit ein SCP, so besitzt es die in Tab. 5.1 enthaltene Tourenmatrix $A = (a_{it})$.

Masterproblem: Man löst (mit dem dualen, gefolgt vom primalen Simplex-Algorithmus) anhand der vorliegenden Daten (A und I) die LP-Relaxation SCP' eines SCPs.

	x_1	x_2	x_3	y_1	y_2	y_3	y_4	y_5	b_i	
y_1	-1			1					-1	
y_2		-1			1				-1	
y_3	-1		-1			1			-1	
y_4			-1				1		-1	
y_5		-1	-1					1	-1	
F	7	7	8							Tab. 5.2a
x_1	1			-1					1	
x_2		1			-1				1	
y_3				-1		1	-1		1	
x_3			1				-1		1	
y_5					-1		-1	1	1	
F	$v_1=0$ $v_2=0$ $v_3=0$			$u_1=7$	$u_2=7$	$u_3=0$	$u_4=8$	$u_5=0$	-22	Tab. 5.2b

In unserem Beispiel liegt zu Beginn das in Tab. 5.2a angegebene Simplex-Tableau vor. y_i ist die Schlupfvariable in der i-ten Nebenbedingung (5.27) des SCP. Die Koeffizientenmatrix unter den Schlupfvariablen ist eine Einheitsmatrix S. Das Optimaltableau ist in Tab. 5.2b wiedergegeben.

Die Opportunitätskosten unter den Strukturvariablen x_t des Problems entsprechen den optimalen Werten der Schlupfvariablen v_t des zur betrachteten Relaxation dualen Problems, dessen Nebenbedingungssystem in (5.30) – (5.31) enthalten ist. Analog geben die Opportunitätskosten unter den Schlupfvariablen y_i die optimalen Werte der Strukturvariablen u_i des dualen Problems wieder. Bezeichnen wir ferner die Koeffizienten im Optimaltableau unter den x_t mit a'_{it} und unter den y_j mit s'_{ij}, so gelten folgende Aussagen: [9]

- Die Koeffizienten s'_{ij} der Schlupfvariablen sind durch Lineartransformationen aus der Einheitsmatrix S entstanden. Daher gibt s'_{ij} das Vielfache der ursprünglichen Zeile j an, das zur Berechnung der aktuellen Zeile i zur ursprünglichen Zeile i hinzuaddiert wurde.

- u_i ist das Vielfache der ursprünglichen Zeile i, das zur Berechnung der aktuellen Zielfunktionszeile zur ursprünglichen Zielfunktionszeile hinzuaddiert wurde. Wenn $(l^T, 0^T, 0)$ die ursprüngliche, (v^T, u^T, F') die aktuelle Zielfunktionszeile und $(-a_i, s_i, -b_i)$ die ursprüngliche Zeile i bezeichnen, dann gilt:

$$(v^T, u^T, F') = (l^T, 0^T, 0) + \sum_{i=1}^{n} u_i \cdot (-a_i, s_i, -b_i)$$

- In jedem Stadium des Simplex-Algorithmus gilt daher für die Opportunitätskosten einer zulässigen Tour t die Beziehung:

$$v_t = l_t - \sum_{i=1}^{n} u_i \cdot a_{it} \qquad (5.29)$$

Interpretiert man u_i als Knotenvariable (oder -bewertung) des Kunden i, so bedeutet dies, daß die Länge jeder Route durch die Summe der Knotenbewertungen der durch sie besuchten Kunden reduziert wird. Im Optimum des primalen Masterproblems müssen die Nebenbedingungen des dazu dualen Problems erfüllt sein:

$$v_t = l_t - \sum_{i=1}^{n} u_i \cdot a_{it} \geq 0 \qquad \text{für } t = 1,...,|MT| \quad \text{sowie} \qquad (5.30)$$

$$u_i \geq 0 \qquad \text{für } i = 1,...,n \qquad (5.31)$$

Diese Überlegungen führen uns unmittelbar zur folgenden Aussage:

Hat man zunächst die LP-Relaxation eines SCP mit einer beschränkten Anzahl p von Touren gelöst, so lassen sich die Opportunitätskosten jeder weiteren, bislang nicht berücksichtigten zulässigen Tour anhand von Beziehung (5.29) leicht ermitteln. Interessant ist natürlich zunächst die Tour/Route mit den niedrigsten Opportunitätskosten. Um eine solche Tour/Route zu bestimmen, ist ein Subproblem zu lösen.

Subproblem: Bei dem von uns betrachteten VRP [1| | |L] besteht das Subproblem darin, einen das Depot enthaltenden elementaren Kreis zu finden, für den die Summe der Kanten-

---

[9] Vgl. entsprechende Aussagen für ein Maximierungsproblem in Domschke et al. (1997, S. 42 ff.).

bewertungen abzüglich der Summe der Knotenbewertungen ($\Sigma_{ij} c_{ij} - \Sigma_i u_i$) minimal ist. Es entspricht einem Maximum Benefit TSP; vgl. Kap. 3.5.2.

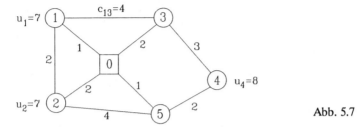

Abb. 5.7

Aus Abb. 5.7 wird für unser Beispiel ersichtlich, daß die Pendelrouten [0,1,0] bzw. [0,2,0] die Bewertungen (Opportunitätskosten) −5 bzw. −3 besitzen. Die gesuchte Tour/Route ist jedoch [0,1,2,0] mit Opportunitätskosten −9. Fügen wir dem Simplex-Tableau eine entsprechende Spalte hinzu, und führen wir die Optimierung fort, so erhalten wir die für SCP', SCP und VRP optimale Lösung mit den Routen [0,1,2,0] sowie [0,3,4,5,0] und der Gesamtlänge 13.

5.4.3 Abschließende Bemerkungen zu Set-Covering und Set-Partitioning

Auch die im Rahmen der Spaltengenerierung zu lösenden Subprobleme sind zumeist noch $\mathcal{NP}$-schwere Optimierungsprobleme. Beispiele:

CVRP [1 | cap | | L]   zu lösen sind Kürzeste Wege-Probleme mit Kapazitätsrestriktionen

VRPTW [1,tw | cap,dur | | L]   zu lösen sind Kürzeste Wege-Probleme mit Zeitfenstern und Kapazitätsrestriktionen

Es ist daher häufig erforderlich, sich hier und damit bei der Lösung des gesamten VRPs mit suboptimalen Lösungen zu begnügen.

Publikationen, denen weitere Informationen zur Lösung von VRPen mittels Set-Covering oder Set-Partitioning entnommen werden können, sind z.B. Agarwal et al. (1989), ferner Desrosiers et al. (1984), Desrochers et al. (1988, 1992) sowie Dell et al. (1996), die sich mit VRPTW beschäftigen, und Ribeiro und Soumis (1994), die Mehrdepotprobleme behandeln. Bramel und Simchi-Levi (1994) betrachten die Effektivität von Set-Covering-Formulierungen für VRPTW.

Ganz analog zu den oben für knotenorientierte VRPe geschilderten Ansätzen lassen sich auch kantenorientierte Probleme mit diesen Vorgehensweisen formulieren und lösen.

Für die Anwendbarkeit von Set-Covering oder Set-Partitioning zur Lösung von VRPen gilt grundsätzlich: Je restriktiver das Nebenbedingungssystem eines VRPs ist (v.a. je enger die zu berücksichtigenden Zeitfenster sind), desto geringer ist die Anzahl zulässiger Touren und desto erfolgversprechender erscheint die Verwendung dieser Vorgehensweisen.

5.5 Heuristische Verfahren für knotenorientierte Probleme

Da die Lösung praktischer Probleme der Tourenplanung mittels exakter Verfahren (derzeit) i.d.R. nicht mit wirtschaftlich vertretbarem Aufwand möglich ist, kommt heuristischen Verfahren große Bedeutung zu. Sie drückt sich in der Literatur durch eine Fülle von Lösungsvorschlägen aus.[10] Zu Beginn dieses Kapitels nehmen wir eine Klassifikation der Heuristiken vor, auch wenn uns bewußt ist, daß nicht alle Verfahren eindeutig einer der Grundvorgehensweisen zuordenbar sind. In Kap. 5.5.2 – 5.5.5 beschreiben wir – von der Klassifizierung ausgehend – einige Verfahren ausführlicher. Kap. 5.5.6 gibt Hinweise auf Testergebnisse in bezug auf die zuvor primär für CVRPe beschriebenen Verfahren. Kap. 5.5.7 enthält Aussagen darüber, wie die Vorgehensweisen zu modifizieren sind, um damit VRPe mit Zeitfenstern lösen zu können. In Kap. 5.5.8 gehen wir kurz auf knotenorientierte VRPe mit sonstigen Verallgemeinerungen ein.

5.5.1 Klassifikation von Heuristiken

In jedem VRP sind – wie v.a. in Kap. 5.2.1.2 sowie Bem. 5.2 bereits ausgeführt – zwei Teilprobleme miteinander verknüpft:

Ein *Zuordnungs-* oder *Gruppierungsproblem*: Jeder Kunde ist genau einer Tour zuzuordnen, d.h. die Menge der Kunden ist in disjunkte Teilmengen (Cluster) aufzuteilen.

Ein *Routing-* oder *Reihenfolgeproblem*: Für jeden Kunden ist festzulegen, über welchen Weg er zu bedienen ist. Bei bekannten Touren ist für jede Tour eine kürzeste bzw. schnellste Rundreise zu bestimmen (bei Zielsetzung L oder FZ).

Wenn die beiden Teilprobleme nacheinander gelöst werden, so sprechen wir von **Sukzessivverfahren**. In Abhängigkeit von der Reihenfolge, in der man die Teilprobleme betrachtet, kann man zwischen Route first - cluster second- und Cluster first - route second - Verfahren unterscheiden. Bei gleichzeitiger Betrachtung beider Teilprobleme sprechen wir von **Simultanverfahren**. Diese lassen sich wie üblich weiter unterteilen in Eröffungs- und Verbesserungsverfahren. Ferner sind unvollständig ausgeführte exakte Verfahren zumeist Simultanverfahren. Gute Heuristiken sind i.d.R. *hybride* Verfahren, bei denen in verschiedenen Phasen die Grundvorgehensweisen kombiniert werden.

Heuristische Verfahren für knotenorientierte VRPe					
Sukzessivverfahren		Simultanverfahren			
Route first - cluster second	Cluster first - route second	Eröffnungs- verfahren	Verbesserungs- verfahren		Tab. 5.3

---

[10] Vgl. etwa die Übersichten in Trochelmann (1980), Solomon und Desrosiers (1988), Laporte (1992), Gendreau et al. (1994), Fisher (1995) sowie den Sammelband von Golden und Assad (1988).

Im folgenden erläutern wir kurz die Grundprinzipien der verschiedenen Gruppen und nennen einige wichtige Vertreter.

Route first-cluster second-Verfahren: Hier wird zunächst eine Reihenfolge aller Kunden festgelegt. Dies kann z.B. durch Bestimmung einer (kürzesten) Rundreise – Lösung eines TSPs – erfolgen. Danach wird die so entstandene **"giant route"** unter Berücksichtigung der zuvor vernachlässigten Kapazitäts- und/oder Zeitrestriktionen in kleinere Routen zerlegt. Dadurch entstehen die gesuchten zulässigen Touren (Cluster). Ggf. ist es sinnvoll, die aus der giant route gewonnene Reihenfolge der Kundenbedienung innerhalb der Touren nachzuoptimieren.

Zu dieser Gruppe kann man den Sweep-Algorithmus von Gillett und Miller (1974) zählen. Ferner gehören dazu die Verfahren von Foster und Ryan (1976), Beasley (1983), Mole et al. (1983), Ryan et al. (1993) sowie Renaud et al. (1996a); vgl. Kap. 5.5.2. Zur Einordnung des Sweep-Algorithmus siehe Bem. 5.9 am Ende von Kap. 5.5.2.2.

Cluster first-route second-Verfahren: Hierbei wird zunächst unter Beachtung der Kapazitäts- und/oder Zeitrestriktionen die Menge aller Kunden in disjunkte Teilmengen (Touren) zerlegt, die jeweils von einem Fahrzeug bedient werden können. Danach wird für jede Tour mit Hilfe eines TSP-Verfahrens eine (kürzeste) Route ermittelt.

Die Cluster können z.B. durch Lösen eines verallgemeinerten (linearen) Zuordnungsproblems oder eines Warehouse Location-Problems gewonnen werden; vgl. Fisher und Jaikumar (1981), Bramel und Simchi-Levi (1995) sowie Kap. 5.5.3.

Eröffnungsverfahren: Es werden zulässige Touren gebildet und gleichzeitig die Bedienreihenfolgen der in ihnen enthaltenen Kunden (Routen) festgelegt.
Werden die Routen strikt nacheinander gebildet (d.h. die Konstruktion einer Route i+1 wird erst nach vollständiger Bildung von Route i begonnen), so handelt es sich um ein **sequentielles Verfahren**. Besteht dagegen in jedem Planungsschritt die Möglichkeit, eine von mehreren Routen auszuwählen, die durch Hinzufügen von Kunden erweitert wird, so sprechen wir von einem **parallelen Verfahren**.

Zu den Eröffnungsverfahren zählen der Savings-Algorithmus von Clarke und Wright (1964) sowie die für VRPe verallgemeinerten TSP-Verfahren "Bester Nachfolger" und "Sukzessive Einbeziehung". Jede dieser Vorgehensweisen läßt sich sowohl als sequentielles als auch als paralleles Verfahren gestalten; vgl. Kap. 5.5.4. Beim 2-Phasen-Algorithmus von Christofides et al. (1979), der auch zu den Eröffnungsverfahren gezählt werden kann, wird in der ersten Phase in sequentieller und in der zweiten Phase in paralleler Vorgehensweise ein Tourenplan ermittelt.

Lokale Such- bzw. Verbesserungsverfahren: Sie gehen von einem gegebenen Tourenplan aus und verbessern ihn im Hinblick auf die zu verfolgende Zielsetzung. Verbesserungen können entweder durch Ermittlung kürzerer Routen für die aktuellen Touren oder auch durch die Ermittlung veränderter Touren (und Routen) erzielt werden. Es handelt sich zumeist um

Vertauschungsverfahren. Im ersten Fall werden innerhalb einzelner Routen Kanten oder Pfeile mit Hilfe eines Verbesserungsverfahrens für TSPe (2-opt, 3-opt, Lin/Kernighan) ausgetauscht. Im zweiten Fall verschiebt man Kunden in andere Touren oder tauscht Kunden verschiedener Touren gegeneinander oder zyklisch aus; vgl. etwa Thompson und Psaraftis (1993).

Solche Verfahren werden in jüngerer Zeit sehr erfolgreich mit den heuristischen Metastrategien *Simulated Annealing* und *Tabu Search* kombiniert. Sie sind in der Lage, lokale Minima wieder zu verlassen, indem auch Vertauschungen zugelassen werden, die (vorübergehend) zu Verschlechterungen des Zielfunktionswertes führen; vgl. hierzu u.a. Osman (1993), Gendreau et al. (1994), Taillard (1993), Wendt (1995) sowie Kap. 5.5.5.

Zur Lösung von VRPen wurden auch *genetische Algorithmen*, die ebenfalls den lokalen Suchverfahren zuzurechnen sind, entwickelt; vgl. hierzu etwa Kopfer et al. (1994), Wendt (1995) oder Potvin und Bengio (1996).

5.5.2 Route first-cluster second-Verfahren

Im folgenden beschreiben wir zunächst eines der bekanntesten Verfahren zur Lösung von VRPen, den Sweep-Algorithmus. Anhand der Vorgehensweise und eines Beispiels ist leicht ersichtlich, daß die durch dieses Verfahren ermittelten Tourenpläne bei zentral zu den Kunden gelegenem Depot eine Blütenstruktur aufweist; jede Tour/Route bildet ein Blütenblatt (engl. petal). Einige Vorgehensweisen, die man als Weiterentwicklungen des Sweep-Algorithmus bezeichnen kann, werden in der Literatur daher auch als Petal-Algorithmen bezeichnet; wir behandeln sie kurz in Kap. 5.5.2.2.

5.5.2.1 Der Sweep-Algorithmus

Wir beschreiben eine Version des Sweep-Algorithmus von Gillett und Miller (1974) für das CVRP [1 | cap,dur | | L], das gegenüber dem ursprünglich betrachteten Problem zusätzlich die Zeitbeschränkung dur enthält. Auf mögliche Varianten und Erweiterungen unserer Version gehen wir in Bem. 5.8 ein.

Der Algorithmus geht davon aus, daß die Standorte des Depots und der Kunden durch Koordinaten (x_i, y_i) so gegeben sind, daß das Depot im Ursprung des Koordinatensystems liegt. Die Entfernung d_{ij} zwischen je zwei Standorten i und j werde euklidisch ermittelt. Die Kunden werden nun, an der positiven x-Achse beginnend, nach *aufsteigenden* Polarwinkeln φ (d.h. gegen den Uhrzeigersinn) sortiert. Wir gehen im folgenden stets davon aus, daß die Kunden in dieser Reihenfolge von 1 bis n *numeriert* sind. Der Algorithmus kann damit auf folgende Weise skizziert werden:

Bilde einen *ersten Tourenplan* wie folgt: Die erste Tour des Planes enthält die Kunden $1, 2, ..., i_1$ (also die Kunden mit den kleinsten Polarwinkeln); die zweite Tour wird durch die Kunden $i_1 + 1, ..., i_2$ gebildet usw.

Die für jede Tour zu bestimmende (kürzeste) Route kann z.B. (ausgehend von der Route, die die Kunden nach aufsteigenden Polarwinkeln enthält) mit 2-opt und/oder 3-opt für TSPe berechnet werden. Vor der Einplanung eines Kunden in eine Tour ist sicherzustellen, daß die Kapazität cap der Fahrzeuge nicht überschritten wird. Außerdem ist die maximale Dauer dur jeder Tour zu beachten.

Einen *zweiten Tourenplan* erhält man, indem man die Toureinteilung mit Kunde 2 beginnt. Durch Start mit dem 3., 4.,..., n-ten Kunden erhält man insgesamt n (verschiedene) Pläne.

Bemerkung 5.7: Die Zeitrestriktion läßt sich wie folgt beachten: Eine obere Schranke $\bar{T}$ für die Dauer der Belieferung einer Teilmenge von Kunden erhält man mit wenig Aufwand dadurch, daß man annimmt, die Kunden würden in der Reihenfolge der Aufnahme in die Tour (also nach steigenden Polarwinkeln) besucht.[11] Wird bei der Bildung einer Tour die Zeitrestriktion dur durch $\bar{T}$ überschritten (während die Kapazitätsbeschränkung noch nicht erreicht ist), so nehmen wir den Kunden, für den gerade $\bar{T}$ > dur wird, noch in die Tour auf. Wir bestimmen die (kürzeste) Route für diese Tour. Wird dur weiterhin überschritten, so eliminieren wir den zuletzt aufgenommenen Kunden aus der Tour; er ist der erste Kunde der nächsten Tour. Ansonsten wird versucht, noch weitere Kunden in die Tour (mit veränderter Route) aufzunehmen.

Algorithmus 5.1: Sweep-Algorithmus

Voraussetzung: Daten eines CVRP [1 | cap,dur | | L]. Das Depot 0 liegt im Ursprung eines Koordinatensystems; die Kunden i = 1,...,n sind nach steigenden Polarwinkeln sortiert; euklidische Entfernungsmessung; Speicherplatz u.a. für den aktuell besten Tourenplan TP und die Gesamtlänge F der Routen.

Start: $F := \infty$;

Iteration i (= 1,...,n):

Bilde den i-ten Tourenplan TP_i wie folgt: Nimm die Kunden in der Reihenfolge i, i+1,...,n, 1,...,i−1 in die einzelnen Touren auf. Jede Tour wird durch aufeinanderfolgende Kunden so lange erweitert, bis durch den nächsten Kunden die Kapazität cap oder die Zeitbeschränkung dur überschritten würde.

Bestimme eine (kürzeste) Route für jede Tour mit Hilfe von Alg. 3.3 (2-opt), gefolgt von Alg. 3.4 (3-opt). Gemäß Bem. 5.7 sind die Überprüfung der Erfüllung der Zeitrestriktion und die Routenbestimmung miteinander verknüpft.

Ist die Länge $F_i := F(TP_i)$ des i-ten Tourenplans kleiner als F, so speichere den Plan i als aktuell besten Tourenplan und setze $F := F_i$.

Ergebnis: Ein (suboptimaler) Tourenplan mit der Länge F.

* * * * *

---

[11] Schärfere obere Schranken erhält man z.B. durch Verwendung von Alg. 3.2 (Sukzessive Einbeziehung). Bezüglich des sich dadurch verändernden Gesamtrechenaufwandes sind uns keine Testergebnisse bekannt.

Beispiel: Wir betrachten ein Problem mit 10 Kunden. Die ganzzahligen Koordinaten (x_i, y_i) für $i = 0, 1, \ldots, 10$ sind der Abb. 5.8 zu entnehmen. Die Numerierung der Kunden entspricht der in Alg. 5.1 geforderten Sortierung. Für Kunde 1 ist der Polarwinkel $\varphi = 14°$ eingezeichnet. Der Bedarf jedes Kunden sei 1. Ferner gelte cap = 4 und dur = 16.

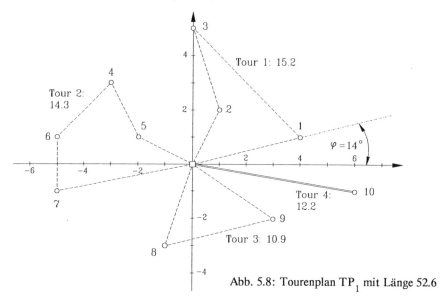

Abb. 5.8: Tourenplan TP_1 mit Länge 52.6

Die symmetrische Entfernungsmatrix $D = (d_{ij})$ mit gerundeten d_{ij}, von der wir im folgenden ausgehen, zeigt Tab. 5.4.

	1	2	3	4	5	6	7	8	9	10
0	4.1	2.2	5.0	4.2	2.2	5.1	5.1	3.2	3.6	6.1
1	–	3.2	5.7	7.3	6.0	9.0	9.2	6.4	3.2	2.8
2		–	3.2	4.1	3.2	6.1	6.7	5.4	4.5	5.8
3			–	3.6	4.5	6.4	7.8	8.1	7.6	8.5
4				–	2.2	2.8	4.5	6.3	7.8	9.8
5					–	3.0	3.6	4.1	5.8	8.2
6						–	2.0	5.7	8.5	11.2
7							–	4.5	8.1	11.0
8								–	4.1	7.3
9									–	3.2

Tab. 5.4

Tourenplan TP_1 (beginnend mit Kunde 1) ist in Abb. 5.8 durch Angabe der kürzesten Routen eingezeichnet. Die Gesamtlänge F_1 der Routen ist 52.6. Tour 1 kann aufgrund der Zeitrestriktion nicht um den Kunden 4 erweitert werden. Auch bei Tour 2 ergibt sich aufgrund der Route [0,4,5,6,7,0] mit $\bar{T} = 16.5$ zunächst eine Zeitüberschreitung, die durch Ermittlung einer kürzeren Route jedoch vermieden werden kann. Die zu Beginn von Kap. 5.5.2 erwähnte Blütenblattstruktur des Tourenplans ist erkennbar.

Der beste der 10 Tourenpläne ist TP_2 mit den Routen [0,2,3,4,5,0], [0,6,7,8,0] sowie [0,9,10,1,0] und der Gesamtlänge 41.9. Die Pläne TP_3, TP_6 und TP_9 sind identisch; sie besitzen die Gesamtlänge 42.8.

Bemerkung 5.8 *(Modifikationen zu Alg. 5.1)*:

Der ursprüngliche Sweep-Algorithmus von Gillett und Miller (1974) sieht – wie auch die seitdem veröffentlichten Varianten – für jede Tour einen Verbesserungsschritt vor. Nach Beendigung der Bildung eines Tourenplans (gemäß Alg. 5.1) wird für jede Tour des Planes geprüft, ob der Austausch des letzten Kunden der für die Tour ermittelten Route gegen den nächstgelegenen Kunden der (gegen den Uhrzeigersinn) nächsten Tour eine Verkürzung der Gesamtstrecke liefert.

Hinsichtlich des erforderlichen Rechenaufwands ist es von Vorteil, außer dem aktuell besten Tourenplan weitere Tourenpläne oder einzelne Touren (bzw. deren Routen und deren Längen) zu speichern, da manche Touren in mehr als einem der n Pläne auftreten.

Probol (1979, S. 91 ff.) erzeugt in seiner Variante des Sweep-Verfahrens statt n (verschiedenen) Tourenplänen lediglich eine vorzugebende, von der Problemgröße abhängige Anzahl von Plänen. Er verzichtet vor allem auf diejenigen Pläne, deren erste Tour mit einem Kunden i beginnt, der mit seinem Nachbarn i + 1 (oder 1, falls i = n) – vom Depot aus betrachtet – einen relativ großen Öffnungswinkel bildet. Bei nahe am Depot liegenden Kunden i und i + 1 kann diese Regel jedoch – wie Probol feststellt – durchaus dazu führen, daß der bestmögliche Tourenplan verfehlt wird.[12]

Statt einer Beschränkung der Zahl der gebildeten Pläne ließe sich diese Zahl – und damit die Möglichkeit, einen noch besseren Plan zu finden – dadurch erweitern, daß man die Kunden in einem zweiten Schritt nach abnehmenden Polarwinkeln sortiert und erneut Alg. 5.1 anwendet; siehe auch Aufgabe 5.2.

5.5.2.2 Petal-Algorithmen

Sie gehen grundsätzlich in den folgenden vier Schritten vor:

S1: Bestimme – wie allgemein bei Route first - cluster second - Verfahren – eine Reihenfolge aller Kunden. Eine von vielen Möglichkeiten besteht darin, ein TSP zu lösen.

S2: Zerlege die in S1 entstandene **"giant route"** r in die Menge MT aller unter Berücksichtigung der zuvor vernachlässigten Kapazitäts- und/oder Zeitrestriktionen zulässigen Teiltouren, wobei in jeder Tour t ∈ MT nur Kunden auftreten dürfen, die in r aufeinanderfolgend besucht werden.

---

[12] In unserem Beispiel gehören aber die Kunden 8 und 9, die den größten Öffnungswinkel bilden, zu verschiedenen Touren des besten Plans.

S3: Ermittle für jede Tour t ∈ MT eine kürzeste Route und deren Länge l_t.

S4: Bestimme aus der Menge MT den besten erhältlichen Tourenplan TP*, bei dem jeder Kunde in genau einer Tour enthalten ist.

Die Vorgehensweise besitzt große Ähnlichkeit mit Set-Partitioning-Ansätzen; vgl. Kap. 5.4. Foster und Ryan (1976) zeigen jedoch, daß Basislösungen von LP-Relaxationen der in S4 zu lösenden Set-Partitioning-Probleme stets ganzzahlige Lösungen aufweisen, also kein B&B-Verfahren zu deren Lösung erforderlich ist. Beasley (1983) zeigt darüber hinaus, daß die in S4 zu lösenden Probleme als Kürzeste Wege-Probleme betrachtet und gelöst werden können.

Im folgenden skizzieren wir eine **Grundversion des Verfahrens von Beasley:**

S1: Bestimme mit Hilfe eines TSP-Verfahrens eine (kürzeste) Rundreise r (giant route), die das Depot und sämtliche n Kunden enthält. Numeriere die Kunden der Rundreise monoton wachsend, gehe also von r = (0,1,...,n,0) aus.

S2: Seien d_{0i} bzw. d_{i0} die Entfernung des Kunden i vom bzw. zum Depot im ursprünglichen Netz und d_{ij} die Entfernung von i nach j innerhalb der giant route r mit d_{ii} = 0. Damit läßt sich ein gerichteter (Hilfs-) Graph GH = (V,E,c) mit V = {0,...,n}, E = {(i,j) | i,j ∈ V, i < j} und wie folgt definierten Bewertungen c_{ij} bilden:

$$c_{ij} = \begin{cases} d_{0,i+1} + d_{i+1,j} + d_{j0} & \text{falls } \{i+1,...,j\} \text{ eine zulässige Tour ist} \\ \infty & \text{sonst} \end{cases}$$

Jeder Pfeil von GH mit endlicher Bewertung repräsentiert eine zulässige Tour t.

S3: Bestimme in GH einen kürzesten Weg von 0 nach n. Anhand der Lösung des Kürzeste Wege-Problems ergibt sich der bestmögliche Tourenplan, der aufgrund der in r vorgegebenen Reihenfolge leicht bestimmt werden kann.

Der bei der obigen allgemeinen Beschreibung von Petal-Algorithmen vorgesehene Schritt 3 wird nicht ausgeführt, da von einer "voroptimierten" Reihenfolge, einer mit einem TSP-Verfahren ermittelten Rundreise ausgegangen wird.

	1	2	3	4	5	6	7	8	9	10
0	**8.2**	9.5	15.5							
1		4.4	10.4	**13.2**	13.4					
2			10.0	12.8	13.0					
3				8.4	8.6	14.5				
4					4.4	10.3	12.3	**14.9**		
5						10.2	12.2	14.8		
6							10.2	12.8		
7								6.4	10.9	
8									7.2	**12.9**
9										12.2

Tab. 5.5

Beispiel: Wir betrachten unser Problem aus Kap. 5.5.2.1 und gehen der Einfachheit halber davon aus, ein TSP-Verfahren habe uns die giant route r = (0,1,...,10,0) in der oben bereits gewählten Numerierung geliefert. Tab. 5.5 zeigt die Bewertungen der in GH enthaltenen Pfeile. Der Pfeil (0,4) z.B. ist nicht in E enthalten, da die Länge der Route (0,1,2,3,4,0) die vorgegebene Zeitschranke dur = 16 übersteigt. Fett hervorgehoben sind die Einträge c_{01}, c_{14}, c_{48} und $c_{8,10}$; denn die Pfeile (0,1), (1,4), (4,8) und (8,10) bilden den kürzesten Weg $w_{0,10}$ = (0,1,4,8,10) von 0 nach 10. Der zugehörige Tourenplan ist TP* = {{1},{2,3,4}, {5,6,7,8},{9,10}} mit der Gesamtlänge F = 49.2 seiner zugehörigen Routen.

Bemerkung 5.9:

- Der Sweep-Algorithmus kann als Route first-cluster second-Verfahren bezeichnet werden, da die Sortierung nach monoton wachsenden Polarwinkeln als "route first" interpretiert werden kann. In den ersten Auflagen dieses Buches hatten wir ihn, wie dies gelegentlich auch geschieht, den Cluster first-route second-Vorgehensweisen zugerechnet, weil die Generierung der Touren als erster Schritt und die Nachoptimierung der Routen als zweiter Schritt angesehen werden kann.
- Bei vorgegebener Reihenfolge (oder Sortierung) r der Kunden liefert das Verfahren von Beasley keinen schlechteren Tourenplan als der Sweep-Algorithmus (ohne Verbesserung der Routen mit 2-opt oder 3-opt). Letzterer ist eine Greedy-Vorgehensweise, die für die ersten zu bildenden Touren die Fahrzeugkapazität möglichst voll ausnutzt. Das Verfahren von Beasley liefert dagegen bei gegebener Sortierung die bestmögliche Aufteilung der giant route.
- Wie bei Sweep kann das Verfahren natürlich auch beim 2., 3.,... Kunden der giant route mit der Aufteilung beginnen. Dazu ist der Graph GH entsprechend zu modifizieren.
- Weitere Ausführungen zu Petal-Algorithmen findet man in Mole et al. (1983), Ryan et al. (1993) sowie Renaud et al. (1996a). Auch die Vorgehensweise von Bowerman et al. (1994) gehört zu dieser Gruppe und unterscheidet sich nicht wesentlich vom Verfahren von Beasley (1983).

5.5.3 Cluster first-route second-Verfahren

Wie im Rahmen der Klassifikation ausgeführt, wird hierbei zunächst unter Beachtung der Kapazitäts- und/oder Zeitrestriktionen die Menge aller Kunden in disjunkte Teilmengen zerlegt, die jeweils von einem Fahrzeug bedient werden können. Danach wird für jede Tour mit Hilfe eines TSP-Verfahrens eine (kürzeste) Route ermittelt.

Gehen wir von einem asymmetrischen CVRP [1 | $\mathcal{M}$, cap | dir | L] aus, so können die Cluster z.B. durch Lösen eines Single Source-TPP (**SSTPP**) ermittelt werden (vgl. dazu Kap. 2.4 und 5.2.1.2). Derartige Vorgehensweisen wurden von Fisher und Jaikumar (1981) sowie Bookbinder und Reece (1988) vorgeschlagen.

Das SSTPP kann dadurch definiert werden, daß man $\mathcal{M}$ der n Kunden auswählt, die jeweils Element ("Saatkunden") einer der $\mathcal{M}$ zu entwickelnden Touren sind. Unterstellt man nun, daß die Kosten c_{ik} für die Zuordnung eines Nichtsaatkunden zur Tour k bekannt sind, so kann die Zuordnung dieser Kunden zu den Touren durch Lösung eines SSTPPs erfolgen. Die Nebenbedingungen (5.10) stellen sicher, daß die vorgegebene Fahrzeugkapazität cap nicht überschritten wird.

Die wesentliche Schwierigkeit der Vorgehensweise besteht einerseits in der geeigneten Wahl der Saatkunden und andererseits darin, die Kosten c_{ik} im SSTPP so vorzugeben, daß sie möglichst genau die in der später zu bildenden Route entstehenden Kosten widerspiegeln.

In der Regel ist es nützlich, die Vorgehensweise – zuerst Tourenbildung mittels SSTPP, danach Routenbildung – mehrmals mit unterschiedlichen Saatkundenmengen oder veränderten Vorgaben für die Kosten c_{ik} zu wiederholen.

Im folgenden skizzieren wir eine ähnliche Vorgehensweise, bei der im Wechsel ein Warehouse Location-Problem (**WLP**) und $\mathcal{M}$ voneinander unabhängige TSPe zu lösen sind; vgl. hierzu Bramel und Simchi-Levi (1995). Zum WLP vgl. Kap. 3 von Band III.

Zur Formulierung des WLPs ist zunächst eine Menge potentieller Startrouten zu bestimmen. Dabei kann man z.B. für jeden Kunden i = 1,...,n dessen Pendelroute [0, i, 0] verwenden. Das WLP dient dazu, $\mathcal{M}$ dieser potentiellen Startrouten auszuwählen und diesen die übrigen Kunden zuzuordnen. Die Startrouten entsprechen damit den potentiellen Standorten des WLPs.

Zur mathematischen Formulierung des WLPs verwenden wir Binärvariablen y_i und x_{ij} (i = 1,...,n; j = 1,...,n) mit folgender Bedeutung:

$$y_i = \begin{cases} 1 & \text{falls Startroute i gewählt wird} \\ 0 & \text{sonst} \end{cases}$$

$$x_{ij} = \begin{cases} 1 & \text{falls Kunde j der Startroute i (Pendelroute [0,i,0]) zugeordnet (hinzugefügt) wird} \\ 0 & \text{sonst} \end{cases}$$

Damit läßt sich das WLP wie folgt formulieren:

$$\text{Minimiere } F(\mathbf{x},\mathbf{y}) = \sum_{i=1}^{n} \sum_{j=1}^{n} c_{ij} x_{ij} + \sum_{i=1}^{n} f_i y_i \tag{5.32}$$

unter den Nebenbedingungen

$$\sum_{j=1}^{n} b_j x_{ij} \leq cap \cdot y_i \qquad \text{für } i = 1,...,n \tag{5.33}$$

$$\sum_{i=1}^{n} x_{ij} = 1 \qquad \text{für } j = 1,...,n \tag{5.34}$$

$$\sum_{i=1}^{n} y_i = \mathcal{M} \tag{5.35}$$

$$y_i \in \{0,1\}, \; x_{ij} \in \{0,1\} \qquad \text{für alle i und j} \tag{5.36}$$

Die Fixkosten f_i von Startroute i entsprechen ihrer Länge $d_{0i} + d_{i0}$. Als Zuordnungskosten c_{ij} kann man z.B. diejenige Distanz wählen, um die sich die Startroute i verlängert, wenn der Kunde j an der günstigsten Position in die Route eingefügt wird. Falls Startroute i gewählt wird ($y_i = 1$), muß zugleich $x_{ii} = 1$ gelten. Dies erreicht man z.B. durch Wahl von $c_{ii} = -\epsilon$, wobei ϵ eine kleine Zahl ist; darüber hinaus ist diese Forderung leicht im Rahmen eines Lösungsverfahrens zu erfüllen.

Das Modell (5.32) - (5.36) unterscheidet sich von den in Kap. 3 von Band III behandelten Modellen dadurch, daß jeder Kunde genau einer Tour zuzuordnen und die Anzahl der Standorte fest vorgegeben ist. Grundsätzlich sind jedoch die dort angegebenen Lösungsverfahren leicht modifiziert verwendbar, wobei insbesondere Lagrange-Heuristiken zu guten Lösungen führen. So ist etwa bei der im dortigen Kap. 3.6.1 beschriebenen Lagrange-Heuristik im ersten Schritt statt eines kontinuierlichen ein binäres Knapsackproblem zu lösen. Im zweiten Schritt sind genau M Standorte auszuwählen. Vgl. ferner Barcelo et al. (1990).

Hinweise zu einer effizienten Implementierung der gesamten Heuristik zur Lösung eines CVRPs sowie Testergebnisse findet man in Bramel und Simchi-Levi (1995). Insbesondere ist es häufig empfehlenswert, weitere Startrouten, die z.B. nahe beieinanderliegende und weit vom Depot entfernte Kunden enthalten, vorzugeben. Darüber hinaus kann das WLP wiederholt mit geeignet modifizierten Startrouten und Kostenwerten c_{ij} gelöst werden.

5.5.4 Eröffnungsverfahren

Wie in Kap. 5.5.1 erläutert, zählen hierzu der Savings-Algorithmus von Clarke und Wright (1964), der Algorithmus von Christofides et al. (1979) sowie die für VRPe verallgemeinerten TSP-Verfahren "*Bester Nachfolger*" und "*Sukzessive Einbeziehung*".
Beim Savings-Algorithmus handelt es sich um das am meisten diskutierte und das am häufigsten in der Praxis eingesetzte Verfahren zur Lösung knotenorientierter VRPe. Im folgenden beschreiben wir eine Grundversion, in Kap. 5.5.4.2 betrachten wir mögliche Modifikationen.

5.5.4.1 Eine Grundversion des Savings-Algorithmus

Wir beschreiben die ursprüngliche Version des Verfahrens, formuliert für das CVRP [1 | cap, dur | | L].[13] Nach Abschluß des eigentlichen Savings-Verfahrens wenden wir zur Verbesserung der einzelnen Routen 2-opt und 3-opt an. Wir zählen das Savings-Verfahren zu den *Simultanverfahren*, weil die Bildung und Veränderung von Touren und Routen simultan zueinander erfolgen.

Wir gehen davon aus, daß eine *symmetrische Entfernungsmatrix* $D = (d_{ij})$ mit $i, j = 0, ..., n$ (und/oder die Koordinaten für das Depot und die Kunden) gegeben sind. Sind nur Koordinaten bekannt, so nehmen wir an, daß die Entfernung euklidisch berechnet wird (Luftlinienentfernung).

---

[13] Clarke und Wright (1964) verzichten auf Zeitrestriktionen.

Das Verfahren beginnt mit einer Anfangslösung, die für jeden Kunden seine Pendelroute [0,i,0] enthält.
Im Laufe des Verfahrens versucht man schrittweise, diese Anfangslösung durch Verknüpfung von jeweils zwei Routen zu verbessern, soweit dadurch nicht gegen die Kapazitäts- und/oder Zeitrestriktion verstoßen wird. Bezeichnen wir den ersten und den letzten Kunden einer Route als **Endkunden**, so werden zwei Routen durch Übergang von einem Endkunden der ersten zu einem Endkunden der zweiten Route miteinander verknüpft. In Abb. 5.9 können die Routen $\rho_1 = [0,2,4,0]$ und $\rho_2 = [0,3,1,5,0]$ beispielsweise zu den Routen $\rho_3 = [0,2,4,3,1,5,0]$, $\rho_4 = [0,2,4,5,1,3,0]$, $\rho_5 = [0,4,2,3,1,5,0]$ und $\rho_6 = [0,4,2,5,1,3,0]$ verbunden werden.[14]

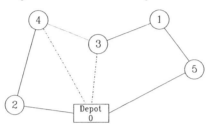

Abb. 5.9

Die Vereinigung zweier Touren durch Verknüpfung ihrer Routen über die Endkunden i und j ergibt ein **Saving** (eine **Ersparnis**) in Höhe von

$$s_{ij} := d_{0i} + d_{0j} - d_{ij}. \qquad (5.37)$$

s_{ij} ist umso größer, je näher i und j beieinander liegen und je weiter sie vom Depot entfernt sind. Man beachte, daß die Ersparnis s_{ij} nur von den beiden Endkunden i und j und nicht von den zu verknüpfenden Routen abhängt.

In jeder Iteration des Savings-Algorithmus wird unter Beachtung der Nebenbedingungen jeweils diejenige Verknüpfung zweier Routen realisiert, welche die größte Ersparnis liefert.

> Algorithmus 5.2: Savings-Algorithmus

Voraussetzung: Daten eines CVRP [1 | cap,dur | | L], insbesondere eine symmetrische Entfernungsmatrix D = (d_{ij}).

Start: Anfangslösung mit Pendelroute [0,i,0] für jeden Kunden i = 1,...,n.
Berechne nach Formel (5.37) die Savings s_{ij} für alle Kundenpaare {i,j} mit i < j. Sortiere sämtliche Ersparnisse (s_{ij} > 0) nach abnehmenden Werten in einer Liste L und speichere jeweils die zugehörigen Kundenindizes.

---

[14] Weitere denkbare Routen sind Umkehrungen von ρ_3 bis ρ_6 mit gleicher Länge (bei symmetr. Matrix D).

Iteration:

Entnimm das erste (größte) Element der Liste L. Es sei s_{hk}. Verbinde die Kunden h und k und damit deren Routen (bzw. Touren), falls die folgenden Bedingungen erfüllt sind:

(1) Kunde h und k sind Endkunden zweier verschiedener Routen.
(2) Der Gesamtbedarf der erweiterten Tour ist $\leq$ cap.
(3) Die Länge der erweiterten Route ist $\leq$ dur.

Beginne erneut mit der Iteration.

Abbruch: Die Liste L ist leer; d.h. alle positiven s_{ij} sind überprüft.

Ergebnis: Ein (suboptimaler) Tourenplan. Es ist sinnvoll zu versuchen, die Routen des Plans durch Anwendung einer geeigneten Verbesserungsheuristik für TSPe (2-opt, 3-opt, Lin/Kernighan) nachzuoptimieren.

* * * * *

Beispiel: Wir wollen das Beispiel aus Kap. 5.5.2 mit Hilfe des Savings-Algorithmus lösen und fordern wiederum cap = 4 und dur = 16. Abb. 5.10 veranschaulicht nochmals die Standorte der Kunden. Außerdem zeigt sie die Lösung, die man mittels Alg. 5.2 erhält, falls Savings s_{ij} nur für solche Kundenpaare (i,j) berechnet werden, für deren Standortkoordinaten (x_i, y_i) und (x_j, y_j) gilt: $|x_i - x_j| \leq 4$ und $|y_i - y_j| \leq 3$ (5.38)

Die 16 Savings s_{ij} der Kundenpaare (i,j) mit i < j, für die die Bedingung (5.38) erfüllt ist, geben wir – vollständig sortiert – in Tab. 5.6 an. Bei der Berechnung gehen wir (mit Ausnahme der ansonsten gleichgroßen Savings $s_{9,10}$ und s_{46}) von den in Tab. 5.4 angegebenen gerundeten Entfernungen aus.

s_{ij}	8.2	7.4	6.53	6.51	5.6	4.5	4.3	4.2	4.0	3.8	3.7	3.1	2.7	2.6	2.3	1.2
Kunde i	6	1	9	4	3	1	5	4	2	7	5	1	8	6	2	2
Kunde j	7	10	10	6	4	9	6	5	3	8	7	2	9	8	4	5

Tab. 5.6

In den durchzuführenden 16 Iterationen kommt der in Abb. 5.10 gezeigte Tourenplan wie folgt zustande: Verbunden werden die Kunden 6 und 7, 1 und 10, 9 und 10, 4 und 6. Nicht verbunden werden 3 und 4 (wegen dur), 1 und 9, 5 und 6. Anschließend werden 4 und 5 sowie 2 und 3 verbunden. Alle übrigen Verbindungen kommen nicht zustande (die Verbindung von 8 und 9 ist wegen dur nicht möglich).

Der Tourenplan ließe sich übrigens auch unter Berücksichtigung sämtlicher durch Bedingung (5.38) ausgeschlossenen Savings nicht verbessern. Auch 2-opt und 3-opt liefern bei diesem kleinen Beispiel keine Verbesserungen für die Routen.

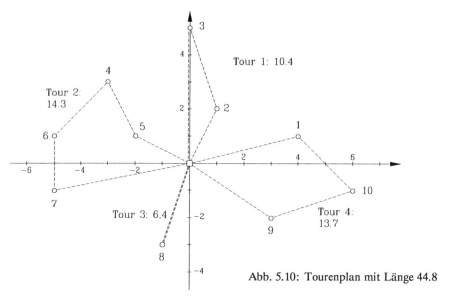

Abb. 5.10: Tourenplan mit Länge 44.8

Bemerkung 5.10 *(Zur Implementierung des Savings-Algorithmus)*:

Golden et al. (1977) geben Hinweise zur effizienten Implementierung des Savings-Algorithmus. Zu Beginn und während des Verfahrens speichern sie die (noch relevanten) Savings als Heap – mit der größten Ersparnis in der Wurzel.[15] Das hat den Vorteil, daß die Savings zu Beginn des Verfahrens nicht vollständig sortiert werden müssen. Im Laufe des Verfahrens scheiden zahlreiche Savings s_{ij} vor allem deswegen aus, weil einer der Kunden i oder j nicht mehr Endkunde seiner Route ist. Am Ende jeder Iteration wird der Heap nach derartigen Savings durchsucht; sie werden eliminiert.

Weitere Rechenzeitersparnisse erzielen Golden et al. dadurch, daß sie für Kunden, die relativ weit voneinander entfernt sind, auf die Berechnung von Savings verzichten (siehe obiges Beispiel). Bei dieser Vorgehensweise besteht jedoch die Gefahr, daß sich die erzielbare Lösung verschlechtert.

Weitere Vorschläge zur Implementierung des Savings-Algorithmus findet man bei Paessens (1981, S. 74 ff.). Beispielsweise erweitert er die Heapsortierung dahingehend, daß er für die Kunden i = 1,...,n−1 jeweils einen eigenen Heap verwendet. Im Heap i sind zu Beginn die Savings s_{ij} mit j > i sortiert. Durch diese Vorgehensweise läßt sich der Korrekturaufwand gegenüber der Sortierung in nur einem Heap reduzieren. Die Tests von Paessens – anhand von Daten aus dem Bereich der ländlichen Müllentsorgung (rein knotenorientierte Probleme) – zeigen jedoch, daß auch die modifizierte Heapsortierung nur dann anderen Vorgehensweisen überlegen ist, wenn die Anzahl der Kunden pro Tour relativ groß ist. Ansonsten führt der Einsatz von Quicksort (siehe Kap. 2.5.1 von Band I) zu kürzeren Rechenzeiten.

---

[15] Vgl. Kap. 2.5.2 in Band I. Im Gegensatz zur dortigen Def. 2.8 gilt für einen in einem Feld H[1..n] gespeicherten Heap, durch den Zahlen nach *abnehmenden Werten* teilsortiert werden sollen:
$H[i] \geq H[2i]$ und $H[i] \geq H[2i+1]$.

5.5.4.2 Modifikationen des Savings-Algorithmus

Wir beschreiben einige Modifikationsmöglichkeiten des Savings-Algorithmus.

Sequentieller Savings-Algorithmus:

Die oben geschilderte Version des Savings-Algorithmus, bei der von Iteration zu Iteration unterschiedliche Routen bzw. Touren erweitert werden können, bezeichnet man als *paralleles Savings-Verfahren*. Ein *sequentielles Savings-Verfahren*, bei dem die Routen und Touren nacheinander aufgebaut werden, läßt sich wie folgt skizzieren:

Start: Bilde für alle Kunden i = 1,...,n Pendelrouten [0,i,0].

Iteration k (Ermittlung von Route k = 1,2,...):

Verbinde die beiden noch in Pendelrouten bedienten Kunden mit (unter Beachtung der Restriktionen) größtmöglichem Saving zur Sammelroute (-tour) k. Erweitere unter Beachtung der Restriktionen und Berücksichtigung größtmöglicher Savings die Route k nach und nach um einzelne Kunden. Diese werden jeweils zwischen einem Endkunden und dem Depot in die Route eingefügt.

Kann die Erweiterung nicht fortgesetzt werden, so beginne in Iteration k + 1 mit der Bildung einer Sammelroute k + 1.

* * * * *

Beispiel: Angewandt auf unser obiges Problem, liefert die sequentielle Vorgehensweise einen Tourenplan mit den Routen [0,5,4,6,7,0], [0,2,1,10,9,0], [0,3,0] sowie [0,8,0] und der Gesamtlänge F = 45.7.

Sequentielle Savings-Verfahren der skizzierten Art stammen u.a. von Gaskell (1967) und Yellow (1970). Die Verfahren liefern jedoch i.d.R. – gemessen an der insgesamt zurückzulegenden Strecke – schlechtere Tourenpläne als simultane Verfahren (die Anzahl der erzeugten Touren ist dagegen bei sequentiellen Verfahren zumeist kleiner oder gleich der Anzahl der bei simultanen Verfahren erzeugten Touren). Sinnvoll kann ihr Einsatz dann sein, wenn Fahrzeuge mit unterschiedlicher Kapazität einzusetzen sind.

Modifizierte Berechnung der Savings:

Gaskell (1967) und Yellow (1970) schlagen u.a. vor, bei der Berechnung der Savings s_{ij} die Entfernung d_{ij} zwischen den Kunden i und j mit einem Faktor γ (mit $0 < \gamma \leq 3$) zu gewichten, so daß die Formel (5.37) übergeht in

$$s_{ij} := d_{0i} + d_{0j} - \gamma d_{ij} \qquad (5.37)'$$

Empfehlungen für eine geeignete Wahl von γ lassen sich allgemein nicht geben. Der Vorteil der Verwendung der Savings-Formel (5.37)' liegt darin, daß durch Vorgabe verschiedener γ-Werte mehrere (zumeist verschiedene) Tourenpläne ermittelt werden können, unter denen sich evtl. ein besserer als der mit $\gamma = 1$ erzielbare befindet. Zu weiteren Berechnungsvarianten vgl. u.a. Paessens (1981, 1988).

Gleichzeitige Erweiterung mehrerer Touren mittels eines Matching-Ansatzes:

Alg. 5.2 ist ein Greedy-Algorithmus; Touren werden stets anhand des jeweils größten zulässigen Savings verknüpft. Dabei wird in Kauf genommen, daß andere, in der Summe evtl. günstigere Verknüpfungen in späteren Iterationen nicht mehr vorgenommen werden können.

Für die Güte der erzielbaren Lösungen vorteilhafter ist daher häufig eine Vorgehensweise von Altinkemer und Gavish (1991). Die Autoren führen pro Iteration ihres Verfahrens jeweils eine vorzugebende Anzahl q von Verknüpfungen gleichzeitig so durch, daß die Summe der erzielten Ersparnisse maximal ist. Die Bestimmung der auszuwählenden Verknüpfungen erfolgt durch Bildung und Lösung eines Minimalkosten-Matching-Problems (vgl. Def. 1.20).

Savings-Algorithmus und unvollständig ausgeführtes Branch-and-Bound:

Holmes und Parker (1976) wenden zur Erzeugung mehrerer verschiedener Tourenpläne eine Branch-(and-Bound-) Vorgehensweise an. Wir erläutern sie anhand des in Abb. 5.11 angegebenen Lösungsbaumes für unser Beispiel aus den vorigen Kapiteln (mit cap = 4, dur = 16, den kürzesten Entfernungen in Tab. 5.4 und den Savings in Tab. 5.6).

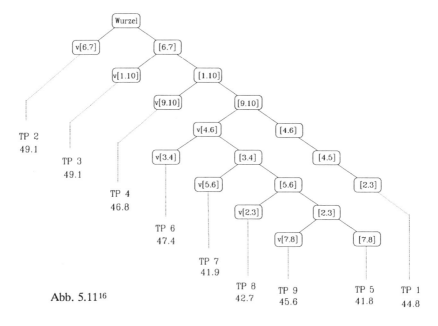

Abb. 5.11[16]

---

[16] Die Pläne werden in Numerierungsreihenfolge erzeugt. Bei den angegebenen Ergebnissen ist nicht berücksichtigt, daß hier wie beim Savings-Verfahren u.U. Verbesserungen von Routen von einer oder mehreren Touren möglich sind. Solche Verbesserungsmöglichkeiten ergeben sich in unserem Beispiel für den Plan TP_3 (Verbesserung auf $F_3 = 48.8$) und den Plan TP_4 (Verbesserung auf $F_4 = 44.8$). In TP_4 würde durch die nachträgliche Routenverbesserung von [0,10,1,9,0] zu [0,1,10,9,0] die bei der Tourbildung eigentlich verbotene Verbindung [9,10] wieder einbezogen.

Zu Beginn wird das Problem mit dem Savings-Verfahren (Alg. 5.2) gelöst. Der erhaltene Tourenplan TP_1 wird als *aktuell bester Plan* TP* gespeichert. Die in ihm enthaltenen Verbindungen [i,j] zwischen Kunden i und j dienen wie folgt dem anschließenden heuristisch beschränkten Verzweigungsprozeß:
Die Verbindungen werden in der Reihenfolge abnehmender Savings s_{ij} versuchsweise verboten (Verzweigung im Lösungsbaum nach links; Symbol v[i,j]). Ergibt sich bei Anwendung des Savings-Verfahrens auf dieses so modifizierte Problem keine bessere Lösung als TP*, so wird das Verbot rückgängig gemacht und die Kante fest einbezogen (Verzweigung nach rechts). Ansonsten arbeitet man mit dem neuen besten Plan TP* weiter. Nun werden die in TP* enthaltenen Verbindungen, die noch nicht fest einbezogen sind, in der Sortierreihenfolge versuchsweise verboten.[17]

In unserem Beispiel ist Plan TP_5 besser als der aktuell beste Plan TP_1. Seine nicht bereits einbezogenen Verbindungen [3,4], [5,6], [2,3] und [7,8] dienen dem weiteren Verzweigungsprozeß in der oben geschilderten Weise. Plan TP_5 ist übrigens geringfügig besser als der beste mit dem (Vorwärts-) Sweep-Verfahren (Alg. 5.1)[18] gefundene Plan. Er enthält die Routen [0,1,10,9,0], [0,5,6,7,8,0] und [0,2,3,4,0].

Holmes und Parker (1976) geben eine Schranke L* vor; sie brechen das Verfahren ab, wenn sich der aktuell beste Tourenplan trotz Berechnung von weiteren L* Plänen nicht verbessern läßt (ansonsten endet es, wenn sämtliche Verbindungen des besten Planes zur Verzweigung verwendet wurden).

5.5.5 Lokale Suchverfahren / Verbesserungsverfahren

Das Grundprinzip solcher Verfahren wurde in Kap. 1.3.1.2 und 5.5.1 geschildert. Neuere Verfahren dieses Typs werden in jüngerer Zeit sehr erfolgreich mit den heuristischen Metastrategien Simulated Annealing und Tabu Search kombiniert. Wir beschreiben im folgenden eine einfache, effiziente Version eines (reinen) Verbesserungsverfahren. Danach folgen Ergänzungen, die für Simulated Annealing (**SA**) bzw. Tabu Search (**TS**) erforderlich sind. Vgl. zu unseren Ausführungen u.a. Osman (1993), Taillard (1993), Gendreau et al. (1994), van Breedam (1995), Rochat und Taillard (1995), Wendt (1995) oder Rego und Roucairol (1996).

Zur **Entwicklung eines reinen Verbesserungsverfahrens** (für ein CVRP) können die wesentlichen Komponenten wie folgt gewählt werden:

Startlösung: Ein erster zulässiger Tourenplan TP kann z.B. mit Hilfe des Savings-Algorithmus ermittelt werden.

NB-Definition: Festzulegen ist, wie die Nachbarschaft *NB*(TP) eines zu verbessernden Tourenplans TP definiert sein soll.

---

17 Das sind Verbindungen des aktuell besten Planes mit zugehörigen Savings, die kleiner als das (höchstens gleich dem) Saving der zuletzt verbotenen Verbindung sind.
18 Das (Rückwärts-) Sweep-Verfahren liefert jedoch ebenfalls diesen besseren Plan (siehe Aufgabe 5.2).

Unter zahlreichen denkbaren Verschiebe- und Vertauschungsmöglichkeiten von Kunden zwischen Touren sind aufgrund der Untersuchungen von Osman (1993) und Taillard (1993) die folgenden besonders empfehlenswert, wobei jede Nachbarlösung zulässig sein muß:
- Verschieben eines Kunden von einer Tour h in eine Tour k.
- Vertauschen eines Kunden aus einer Tour h mit einem Kunden aus einer Tour k.

Bei VRPen mit planaren oder nahezu planaren Graphen ist es dabei nur sinnvoll, Vertauschungsmöglichkeiten zwischen benachbarten Touren zu überprüfen. Bei sonstigen Problemen lohnt es sich zumeist, zu Beginn für jeden Kunden i eine Menge K_i nahegelegener Kunden zu ermitteln und nur Vertauschungen zwischen i und Kunden aus K_i zu überprüfen.

Evaluationsstrategie: I.d.R. rentiert es sich nicht, bei jedem Verschieben eines Kunden von einer Tour in eine andere für beide Touren erneut ein TSP zu lösen. Folgende Vorgehensweise ist häufig ausreichend: Beim Entfernen eines Kunden i aus einer Tour h werden dessen Nachbarn in h unmittelbar miteinander verbunden. Ein in eine Tour k einzufügender Kunde wird an der günstigsten Stelle zwischen zwei Kunden von k eingefügt.
Osman (1993) empfiehlt, nach dem Verschieben oder Vertauschen (d.h. dem Übergang zu einer Nachbarlösung des aktuellen Tourenplans TP) die veränderten Touren mit 2-opt nachzuoptimieren.

Auswahlstrategie: Festzulegen ist, welche Nachbarlösung von TP zu akzeptieren ist: Wähle die erste gefundene Lösung TP' ∈ $\mathcal{NB}$(TP), die den Zielfunktionswert verbessert (Best fit).

Abbruchkriterium: Das reine Verbesserungsverfahren endet, sobald in der Nachbarschaft einer Lösung keine Verbesserungsmöglichkeit mehr gefunden wird. Die aktuelle Lösung ist zugleich die beste gefundene.

Für ein **SA-Verfahren** sind folgende Modifikationen bzw. Ergänzungen erforderlich:

Auswahlstrategie: Zu einer betrachteten Nachbarlösung TP' ∈ $\mathcal{NB}$(TP) wird übergegangen, falls sie eine Verbesserung gegenüber TP darstellt. Zu einer schlechteren Lösung wird, wie in Kap. 1.3.2.1 erläutert, mit Wahrscheinlichkeit $P(\Delta, \alpha) := \exp(-\Delta/\alpha)$ übergegangen, wobei Δ die Höhe der Verschlechterung und α den aktuellen Wert des Temperaturparameters darstellt. Um die Anzahl der zu überprüfenden Nachbarlösungen zu begrenzen, versucht man vermutlich schlechte durch Vorgabe eines Abstandsmaßes zwischen beteiligten Kunden von der Betrachtung auszuschließen. Unter den verbleibenden Nachbarlösungen erfolgt die Auswahl von TP' zufällig.

Abbruchkriterium: Das Verfahren wird abgebrochen, wenn innerhalb einer vorgegebenen Anzahl an Iterationen keine Verbesserung der aktuell besten Lösung gefunden wurde.

Zu ergänzen ist das Verfahren durch die Wahl eines geeigneten Temperaturverlaufs; siehe hierzu Osman (1993), van Breedam (1995) oder Wendt (1995).

Für ein **TS-Verfahren** sind folgende Modifikationen bzw. Ergänzungen des Verbesserungsverfahrens erforderlich:

Startlösung: Bei TS spielt die Güte der Startlösung zumeist keine wichtige Rolle. Taillard beginnt daher mit dem Tourenplan, der für jeden Kunden i eine Pendelroute [0,i,0] enthält.

Auswahlstrategie: Akzeptiere die erste gefundene Nachbarlösung TP' ∈ NB(TP), die eine Verbesserung gegenüber TP darstellt. Gibt es in NB(TP) keine bessere Lösung als TP, so akzeptiere die Lösung mit der geringsten Verschlechterung.

Tabulisten-Management: Taillard (1993) verwendet ein statisches, flexibles Management. Das Zurückkehren eines aus Tour h entfernten Kunden wird für it Iterationen tabu gesetzt. Dabei wird it zufällig aus dem Intervall $[0.4\,n, 0.6\,n]$ gewählt.

Der Tabu-Status wird aufgehoben, falls durch Ausführung des verbotenen Zuges eine neue beste Lösung gefunden werden kann (globales *Aspirations-Kriterium*).
Um die Suche zu *diversifizieren*, werden relativ oft ausgeführte Züge bestraft. Dabei kann man Strafkosten in Abhängigkeit von der relativen Häufigkeit des bisherigen Auftretens der Züge ermitteln.

Abbruchkriterium: Wie SA.

Im Gegensatz zu Taillard (1993) erlauben Gendreau et al. (1994) vorübergehend auch unzulässige Lösungen. Verletzungen der Kapazitäts- und/oder Zeitrestriktionen werden mit Strafkosten belegt, so daß bei "Verbesserung" der so modifizierten Zielfunktion diese tendenziell wieder aufgehoben werden.

Rochat und Taillard (1995) beschreiben ein auf Tabu Search basierendes hybrides Verfahren. Zu Beginn wird mittels des oben skizzierten TS-Verfahrens von Taillard (1993) eine Menge möglichst unterschiedlicher zulässiger Lösungen erzeugt. Jede Route (mit mindestens zwei Kunden) eines solchen Tourenplanes TP wird mit dem Zielfunktionswert von TP bewertet und in einer Menge MR abgelegt. Zur Konstruktion eines neuen Tourenplanes werden aus MR mehrere sich nicht überschneidende Routen zufällig ausgewählt. Dabei ist die Auswahlwahrscheinlichkeit abhängig von der Bewertung der Routen. Sind alle Kunden einer Route zugeordnet, liegt ein zulässiger Plan vor, ansonsten werden die übriggebliebenen Kunden zu den vorhandenen Routen ergänzt bzw. in eine neue Route eingefügt. Der so entstehende Tourenplan wird mit Tabu Search verbessert. Anschließend werden die darin enthaltenen Routen der Menge MR hinzugefügt, und der Vorgang wird wiederholt.

Anstelle des heuristischen Zusammenfügens von Routen aus MR ist es auch möglich, ein Set-Partitioning-Problem zu lösen (ggf. müssen Pendelrouten ergänzt werden); vgl. Kap. 5.4.

5.5.6 Vergleich der Verfahren anhand von CVRPen

In zahlreichen Arbeiten werden Testergebnisse veröffentlicht. In letzter Zeit wurden Vergleiche u.a. anhand der in Christofides et al. (1979) enthaltenen Datensätze vorgenommen.
Alle Vergleiche zeigen, daß es ein Verfahren, das alle Probleme am besten löst, nicht gibt. Jedoch ist feststellbar, daß selbst relativ einfache Implementierungen von Tabu Search für die meisten Probleme die besten bekannten Lösungen finden; vgl. die Ergebnisse in Osman (1993), Taillard (1993) sowie Gendreau et al. (1994). Sehr gute Ergebnisse liefert v.a. die hybride Heuristik von Rochat und Taillard (1995). An zweiter Stelle sind SA-Ansätze zu nennen. Auch genetische Algorithmen, bei denen Individuen mit Verbesserungsverfahren nachoptimiert werden, führen zu akzeptablen Lösungen; vgl. Kopfer et al. (1994) oder Potvin und Bengio (1996).

Bei den Route first-cluster second-Verfahren sind die neueren Petal-Ansätze dem Sweep-Verfahren zumeist überlegen. Die Verfahren führen jedoch nur dann zu vertretbar guten Ergebnissen, wenn das Depot zentral (also inmitten des Kundenbereichs) liegt.

Bei den Eröffnungsverfahren liefern die Weiterentwicklungen von Savings zumeist bessere Lösungen als der ursprüngliche Savings-Algorithmus; vgl. Gendreau et al. (1994).

Die relative Leistungsfähigkeit des WLP-Ansatzes in Kap. 5.5.3 gegenüber anderen Verfahren (ohne SA und TS) wird in Bramel und Simchi-Levi (1995) dokumentiert.

5.5.7 Modifikation der Verfahren für VRPe mit Zeitfenstern

Wir behandeln nun VRPTWe [1,tw | cap,dur | |], bei denen gegenüber den bislang betrachteten VRPen folgende Zeitparameter und -variablen zu berücksichtigen sind (vgl. die mathematische Formulierung für das VRPTW mit Zielsetzung L in Kap. 5.2.1.1.):

fz_{ij} Fahrzeit von i nach j
sz_j Service- oder Bedienungszeit (-dauer) des Kunden j; es gilt $sz_0 = 0$
tf_j, ts_j früheste bzw. späteste Ankunftszeit beim Kunden j
t_j Anfangszeit der Bedienung von Kunde j (Start der Touren zum Zeitpunkt $t_0 = 0$)

Zur Lösung dieser Probleme wurden die meisten der oben für CVRPe geschilderten Heuristiken verallgemeinert. Dabei werden v.a. Probleme mit Zielsetzung FK betrachtet, da eine Minimierung der Streckenlänge zu hohen Wartezeiten (und damit großer Fahrzeitensumme) führen kann. Dies gilt insbesondere dann, wenn die Lage der Zeitfenster räumlich nahe beieinander liegender Kunden stark voneinander abweicht. Die Berücksichtigung von Zeitfenstern führt dazu, daß selbst das Finden einer zulässigen Lösung $\mathcal{NP}$-schwer ist; vgl. Savelsbergh (1985/6).

Wir geben Hinweise auf Besonderheiten, die bei Eröffnungs- und Verbesserungsverfahren zu berücksichtigen sind. Beim Einfügen von Kunden in Touren bzw. Routen oder beim

Verbinden von Routen ist v.a. zu überprüfen, ob die Zeitfensterrestriktionen der betroffenen Kunden (der eingefügten und der nachfolgenden) noch eingehalten werden können.

Eröffnungsverfahren:

Verallgemeinerungen der in Kap. 5.5.2 und 5.5.4 beschriebenen Verfahren für CVRPe finden sich in Solomon (1987); siehe auch Solomon und Desrosiers (1988) oder Balakrishnan (1993).

Savings-Algorithmus: Es werden im Verfahrensverlauf jeweils nur diejenigen Savings s_{ij} betrachtet, für die gilt: $t_i + sz_i + fz_{ij} \leq ts_j$

Zusätzlich ist es sinnvoll, eine obere Schranke für die entstehenden Wartezeiten $w_{ij} = \max\{0, tf_j - (t_i + sz_i + fz_{ij})\}$ einzubeziehen. Eventuell lassen sich diese verkürzen, indem man den Startzeitpunkt einer Tour zeitlich nach hinten verschiebt.

Bester Nachfolger: Bei der Bestimmung des "besten" oder "nächsten" Nachfolgers werden modifizierte "Abstände" c_{ij} eines Kunden j zum bisher letzten Kunden i in der betreffenden Tour verwendet:

$$c_{ij} := \lambda_1 d_{ij} + \lambda_2 (t_j - (t_i + sz_i)) + \lambda_3 (ts_j - (t_i + sz_i + fz_{ij}))$$

Dabei bezeichnet t_j den frühestmöglichen Beginnzeitpunkt der Bedienung von Kunde j; es gilt $t_j = \max\{t_i + sz_i + d_{ij}, tf_j\}$. Bei c_{ij} handelt es sich um eine gewichtete Summe aus räumlicher Distanz d_{ij}, zeitlicher Distanz zwischen dem frühestmöglichen Bedienungsanfang von j und dem Bedienungsende von i sowie dem zeitlichen Puffer (Dringlichkeit) der Bedienung des Kunden j. Falls die letzte Größe negativ wird, kann j nicht der aktuellen Route hinzugefügt werden. Es wird jeweils der Kunde angehängt, der den kleinsten Wert c_{ij} aufweist.

Sukzessive Einbeziehung: Für jeden noch nicht in eine Tour eingefügten Kunden k wird die günstigste Einfügeposition in die aktuelle Tour (bei einem sequentiellen Verfahren) oder in alle möglichen Touren (bei einem parallelen Verfahren) ermittelt. Dazu können verschiedene Maße verwendet werden. Beispielsweise kann man den folgenden Wert bei Einfügen von Kunde k zwischen zwei in einer Route unmittelbar aufeinanderfolgende Kunden i und j berechnen ($t_j^!$ ist der Beginnzeitpunkt der Bedienung von j nach Einfügen von k):

$$c_1(k, i, j) = \lambda_1 (d_{ik} + d_{kj} - d_{ij}) + \lambda_2 (t_j^! - t_j)$$

Es handelt sich um eine gewichtete Summe aus der Veränderung der Tourlänge und der zeitlichen Verschiebung der Bedienung von Kunde j durch die Einfügung von k. Für jeden Kunden wird die günstigste Einfügeposition bestimmt. Zur Auswahl des tatsächlich einzufügenden Kunden k* wird die Differenz aus der Länge der Pendelroute [0, k, 0] und $c_1(k, i, j)$ als Maß für die Ersparnis durch Bedienung des Kunden in derselben Tour wie i und j anstelle einer Einzelbelieferung verwendet. Der Kunde mit der größten Ersparnis wird gewählt.

Parallele Einfügeheuristiken werden außerdem von Potvin und Rousseau (1993) sowie Russell (1995) beschrieben.

Sweep-Algorithmus: Zunächst wird der Sweep-Algorithmus (oder einer der anderen Petal-Algorithmen) ohne Modifikationen angewendet. Für jede entstehende Tour wird ein Verfahren zur Bildung einer bezüglich der Zeitfensterrestriktionen zulässigen Route (z.B. eine sequentielle Variante der oben skizzierten sukzessiven Einbeziehung) eingesetzt. Eventuell lassen sich dabei nicht alle Kunden der Tour in die Route einbeziehen. Für alle bislang nicht einbezogenen Kunden wird die Vorgehensweise (cluster first durch Sweep und route second durch sukzessive Einbeziehung) wiederholt.

Zu einer weiteren auf dem Sweep-Verfahren basierenden Vorgehensweise vgl. Thangiah et al. (1993). Ein auf dem verallgemeinerten Zuordnungsproblem (GAP) basierendes Cluster first - route second-Verfahren beschreiben Nygard et al. (1988).

Testergebnisse von Solomon (1987) zeigen, daß v.a. verschiedene Varianten der modifizierten sukzessiven Einbeziehung am besten abschneiden.

Lokale Such- bzw. Verbesserungsverfahren:

Beim VRPTW ist zu berücksichtigen, daß sich die Bedienungsreihenfolge beim Vertauschen von Kanten möglichst nicht ändert. Wendet man z.B. 2-opt auf eine Route an, so wird eine Teilreihenfolge von Kunden umgekehrt. Dadurch kann es zu Verletzungen der Zeitfensterrestriktionen kommen. Möglich ist es hingegen, zwei Routen h und k durch Entfernen jeweils einer Kante in Teilrouten h_1 und h_2 sowie k_1 und k_2 aufzuteilen und durch Aufnahme zweier Kanten h_1 mit k_2 und k_1 mit h_2 zu verknüpfen. Diese Vorgehensweise wird als 2-opt* bezeichnet; vgl. Garcia et al. (1994), Potvin und Rousseau (1995) sowie Potvin et al. (1996). Darüber hinaus bietet es sich an, Nachbarschaften dadurch zu definieren, daß man einzelne Kunden oder einen zusammenhängenden Abschnitt einer Route (wie bei Or-opt) in eine andere Route verschiebt bzw. zwischen Routen vertauscht; vgl. neben obigen Arbeiten auch Savelsbergh (1990) sowie Derigs und Grabenbauer (1993).

Garcia et al. (1994) geben ein Tabu Search-Verfahren an, bei dem 2-opt* und Or-opt zur Definition der Nachbarschaft verwendet werden. Das oben für CVRP skizzierte hybride Verfahren von Rochat und Taillard (1995) ist bei Verwendung eines Tabu Search-Verfahrens für VRPTW ebenfalls anwendbar.

Kontoravdis und Bard (1995) geben eine Kombination aus einem Eröffnungs- und einem Verbesserungsverfahren an, die jedoch nicht, wie üblich, nacheinander angewendet werden. Bei ersterem handelt es sich um eine Modifikation der sukzessiven Einbeziehung nach Solomon (1987). Nach einigen Schritten wird jeweils ein Verbesserungsverfahren auf die bislang entstandene Teillösung angewendet, um Kunden "kleiner" Routen eventuell in andere Routen zu verschieben, so daß die Anzahl der entstehenden Routen möglichst klein wird.

Potvin und Bengio (1996) beschreiben die Anwendung von genetischen Algorithmen auf VRPTW. Dabei werden die entstehenden Individuen durch Vertauschungsverfahren nachoptimiert.

5.5.8 Sonstige knotenorientierte VRPe

Wir beschreiben einige Modifikationen und Verallgemeinerungen der bislang betrachteten knotenorientierten Standardprobleme und geben Hinweise auf entsprechende Literatur.

Mehrdepotprobleme (MDVRPe):

Jeder Kunde kann alternativ durch eines von p verschiedenen Depots beliefert werden. Das zu lösende Tourenplanungsproblem besteht darin, – nach Möglichkeit simultan – eine Zuordnung von Kunden zu Depots und die Bestimmung von Touren und Routen für alle Depots vorzunehmen. Dabei müssen Touren/Routen nicht notwendig nur ein Depot enthalten, vielmehr können sie in einem Depot beginnen und in einem anderen enden; ferner ist ggf. ein Nachladen innerhalb einer Tour möglich. Falls die Zuordnung der Kunden zu den Depots vorgegeben ist, jede Tour im selben Depot starten und enden muß und nicht nachgeladen werden darf, entstehen p unabhängige Eindepotprobleme.

MDVRPe treten bei Unternehmen verschiedener Branchen, z.B. der Möbel- und der chemischen Industrie, insbesondere im Zusammenhang mit der mittelfristig vorzunehmenden Aufteilung von Vertriebsgebieten auf.

Aufgrund der Komplexität von MDVRPen wurden bislang nur wenige *exakte* (B&B-) *Verfahren* entwickelt; siehe z.B. Laporte et al. (1988).

Heuristische Verfahren für MDVRPe lassen sich in Sukzessiv- und Simultanverfahren dahingehend unterteilen, ob zunächst die Kunden zu Depots zugeordnet und daran anschließend Tourenprobleme gelöst werden oder ob Zuordnung und Tourenbildung simultan erfolgen.

Bei einem *Sukzessivverfahren* kann man das Zuordnungsproblem z.B. dadurch lösen, daß jeder Kunde dem nächstgelegenen Depot zugeordnet wird. Eine andere Möglichkeit findet sich in Golden et al. (1977).

Ein einfaches *Simultanverfahren* kann (ebenfalls) damit beginnen, daß jeder Kunde mit dem nächstgelegenen Depot eine Pendelroute bildet. Danach läßt sich der so erhaltene Tourenplan mit Hilfe eines lokalen Such- oder Verbesserungsverfahrens durch Zusammenlegen von Touren/Routen, Verschieben von Kunden oder Vertauschen von Kanten verbessern. Grundsätzlich sind dabei alle bisher in Kap. 5.5 beschriebenen Heuristiken für MDVRPe modifizierbar. Vgl. z.B. Matthäus (1978), Weuthen (1983), Eberhard et al. (1984), Rego und Roucairol (1995) sowie Renaud et al. (1996b). Einen Set-Partitioning-Ansatz verwenden Ribeiro und Soumis (1994); siehe auch Kap. 5.4.

Ein MDVRP mit Zeitfensterrestriktionen betrachten Desaulniers et al. (1996).

Mehrperiodenprobleme:

Bei der Planung sind mehrere Perioden zu berücksichtigen. Häufig beträgt der *Planungszeitraum* eine Woche (5–7 Arbeitstage). Innerhalb des Planungszeitraumes ist es möglich, daß die Kunden unterschiedlich häufig zu beliefern sind. Beispiele sind die Belieferung von Tankstellen durch eine Raffinerie oder die Entsorgung von Haus- und Industriemüll einer Region. Vgl. z.B. Ahrens et al. (1978), Christofides und Beasley (1984), Tan und Beasley (1984), Ball (1988), Russell und Gribbin (1991) sowie Gaudioso und Paletta (1992).

Heterogene Fahrzeuge und Mehrfacheinsatz:

Es können mehrere Fahrzeugtypen mit verschiedenen Kapazitäten, Fahreigenschaften, technischen Einrichtungen (wie Hubvorrichtungen usw.) eingesetzt werden. Evtl. ist zu beachten, daß aus technischen Gründen zur Bedienung bestimmter Kunden nur ein Teil der Fahrzeuge in Frage kommt; vgl. z.B. Tzscharschuch (1984), Nag et al. (1988), Fleischmann (1994, S. 221 ff.) sowie Gietz (1994, Kap. 3.2).

Bislang wurde unterstellt, daß jedes Fahrzeug im Planungszeitraum nur eine Tour fahren kann. In praktischen Problemen ist es jedoch – v.a. bei stark beschränkter Fahrzeugkapazität – notwendig, daß (kleine) Fahrzeuge mehrere Fahrten absolvieren. Taillard et al. (1996) beschreiben eine Verallgemeinerung des in Kap. 5.5.5 skizzierten hybriden Verfahrens von Rochat und Taillard (1995), bei dem jedem Fahrzeug eine oder mehrere Touren durch Lösen eines Bin Packing-Problems zugewiesen werden.

Zusammensetzung und Größe von Fuhrparks:

Ein mittelfristiges Problem besteht darin, den benötigten Fuhrpark festzulegen. Insbesondere sind die Anzahl der (heterogenen) Fahrzeuge sowie deren Typen zu bestimmen. Auch wenn die (eigentliche) Tourenplanung eher kurzfristig angelegt ist, sollten Entscheidungen über den Fuhrpark auf Ergebnissen einer auf Durchschnittsbedarfen basierenden Tourenplanung beruhen. Dabei kommt v.a. die Zielsetzung "Minimiere die Anzahl der Fahrzeuge" zum Einsatz. Arbeiten zu solchen Fragestellungen sind Golden et al. (1984), Beaujon und Turnquist (1991), Desrochers und Verhoog (1991), Salhi et al. (1992) sowie Salhi und Rand (1993).

Dynamische und stochastische Fahrzeiten:

Bislang sind wir davon ausgegangen, daß die Fahrzeiten fest vorgegeben sind. Sie haben jedoch i.d.R. sowohl eine *dynamische* als auch eine *stochastische* Komponente. V.a. im innerstädtischen Verkehr sind die Fahrzeiten dynamisch, d.h. von der Tageszeit abhängig. So wird man tunlichst vermeiden, Straßen dann zu befahren, wenn sie durch Stau verstopft sind. Stochastische Einflüsse auf die Fahrzeiten ergeben sich z.B. durch Unfälle und Wetterbedingungen. Entsprechende Modifikationen von Lösungsverfahren beschreiben z.B. Ahn und Shin (1991), Hill und Benton (1992), Malandraki und Daskin (1992) sowie Gietz (1994, Kap. 4.2).

Dynamische und stochastische Bedarfe:

In der Praxis sind Kundenbedarfe häufig nicht genau bekannt. Einerseits können sie *dynamisch* auftreten, d.h. sie werden erst während der Ausführung einer Tour bekannt und müssen nachträglich in die Tour aufgenommen werden; vgl. z.B. Psaraftis (1988). Andererseits gibt es Fälle, bei denen die genaue Höhe der Kundenbedarfe a priori nicht bekannt ist. Z.B. ergibt sich bei Heizöllieferungen erst vor Ort, welche Ölmenge in die Tanks gefüllt werden kann.

Problemstellungen mit stochastischen Bedarfen behandeln z.B. Vaterrodt (1975), Bertsimas (1992), Bertsimas und van Ryzin (1993), Dror (1993), Dror et al. (1993), Gendreau et al. (1995, 1996) sowie Bertsimas und Simchi-Levi (1996).

Simultanes Einsammeln und Ausliefern:

Bislang wurde angenommen, daß auf jeder Tour entweder Kunden beliefert oder Güter bei den Kunden eingesammelt werden. In der Praxis ist es jedoch häufig so, daß in ein und derselben Tour beide Möglichkeiten auftreten. Man kann dabei zwei Fälle unterscheiden:

Die während einer Tour eingesammelten Güter werden erst im Depot wieder entladen (Rücknahme, *backhaul*). Solche Probleme entstehen v.a. bei der Rücknahme von mit Pfand versehenen Transportbehältern (z.B. Getränkeleergut, Leerpaletten). Die Bedeutung von Rücknahmen steigt aufgrund neuer gesetzlicher Verordnungen.

Die eingesammelten Güter werden während der Tour auch wieder entladen, d.h. von einem Kunden zum anderen gebracht (*pickup and delivery*). Z.B. werden Mietgeräte zum nächsten Mieter befördert. Ein weiteres Beispiel ergibt sich bei Sammeltaxis, die Fahrgäste an irgendeinem Punkt aufnehmen und an einem anderen Punkt wieder absetzen (*dial-a-ride*). Zusätzlich tritt hier der Fall dynamischer Bedarfe auf.

Vgl. zu solchen Problemstellungen z.B. Weber (1985), Casco et al. (1988), Dumas et al. (1991), Goetschalckx und Jacobs-Blecha (1989), Atkinson (1990), Savelsbergh (1990, 1995), Derigs und Metz (1992), Daganzo und Hall (1993), van der Bruggen et al. (1993), Dethloff (1994), Healy und Moll (1995), Hooker und Natraj (1995) sowie Ioachim et al. (1995).

Fahrplanprobleme:

Wenn die Bedienung von Kunden zeitlich fest vorgegeben ist, besteht das Planungsproblem nur darin, die Kunden zu zeitlich passenden Touren zusammenzufassen. Die Routen ergeben sich aus der Folge der gegebenen Zeitpunkte. Als Zielsetzung bietet sich neben einer möglichst guten Termineinhaltung die Minimierung der Wartezeitensumme der Fahrzeuge an. Derartige Problemstellungen werden als **Vehicle Scheduling-Probleme** bezeichnet. Sie ergeben sich z.B. bei der Bestimmung von Fahrplänen für Buslinien.
Zu Vehicle Scheduling-Problemen vgl. z.B. Carraresi und Gallo (1984), Ferland und Michelon (1988), Ferland und Fortin (1989), Dell'Amico et al. (1993) sowie Forbes et al. (1994).

Location Routing:

Bei der (kurzfristigen) Tourenplanung wird üblicherweise davon ausgegangen, daß die Standorte von Depots und Kunden fest vorgegeben sind. Längerfristig besteht jedoch die Möglichkeit, Standorte so zu wählen, daß sie besonders günstig im Hinblick auf die sich kurzfristig ergebenden Routen sind. Insbesondere bei der Errichtung oder Umgestaltung eines mehrstufigen Distributionsnetzes ist es lohnenswert, die Tourenplanung zur Beurteilung von Standortentscheidungen für Depots und "Kunden" (z.B. Zwischenläger) heranzuziehen. Mit solchen Fragestellungen beschäftigen sich z.B. Laporte (1988), Laporte et al. (1989), Revelle et al. (1991), Hansen et al. (1994), Berman et al. (1995) sowie Aykin (1995).

Inventory Routing:

Wenn Kunden einen fortwährenden Verbrauch eines lagerfähigen Gutes (z.b. Heizöl) haben und jeweils rechtzeitig vor Aufbrauchen des Bestandes wieder beliefert werden müssen, entsteht ein kombiniertes Lagerhaltungs- und Tourenplanungsproblem. Die Zielsetzung besteht z.b. darin, die jährlichen Lieferkosten zu minimieren. Es handelt sich um Mehrperiodenprobleme. Dabei sind Liefertermine so zu gestalten, daß keine Fehlmengen auftreten. Vgl. zu derartigen Problemstellungen z.B. Dror et al. (1985/6), Dror und Levy (1986) sowie Dror und Ball (1987).

Anwendungsbeispiele:

Die in der Praxis auftretenden Tourenplanungsprobleme sind zumeist sehr komplex und enthalten mehrere der angesprochenen Besonderheiten. Solche Fallbeispiele werden z.b. von Bodin et al. (1989), Carl und Voß (1990), Soumis et al. (1991), Semet und Taillard (1993), Gietz (1994, Kap. 5), Rochat und Semet (1994), Schmidt (1994), Ioachim et al. (1995) oder Ronen (1995) beschrieben.

5.6 Verfahren für kantenorientierte Probleme

Im Mittelpunkt der Betrachtungen dieses Kapitels stehen das kapazitierte Chinese Postman-Problem **CCPP** [1,edge | cap | | L] und das kapazitierte kantenorientierte VRP (Capacitated Arc Routing Problem, **CARP**) [1,edge | cap,R | | L]; siehe auch Kap. 5.1.3. Bei CARP handelt es sich um das durch Kapazitätsrestriktionen erweiterte Rural Postman-Problem. Beide Aufgabenstellungen sind $\mathcal{NP}$-schwere Optimierungsprobleme. Golden und Wong (1981) zeigen, daß selbst die Aufgabe, für das CCPP eine um maximal 50% vom Optimum abweichende Lösung zu ermitteln, $\mathcal{NP}$-schwer ist, indem sie das Partitions-Problem auf diese Aufgabe reduzieren.

CCPP und CARP sind von großer praktischer Bedeutung. In der geschilderten Art oder ergänzt um zusätzliche Restriktionen treten sie nicht nur bei der Planung der Postzustellung, sondern auch in folgenden Fällen auf:

- Planung von Touren für die städtische Müllabfuhr
- Planung von Touren für den Straßenbetriebsdienst (regelmäßige Kontrolle von Straßenabschnitten) sowie für den Straßenwinterdienst (Schneeräumen, Streudienst)
- Planung von Touren für das Ablesen von Zählern in Haushalten (Strom, Gas, Wasser)

Mit der Entwicklung exakter Verfahren für CCPPe und CARPe haben sich bislang nur wenige Autoren beschäftigt (siehe Assad und Golden (1995, Kap. 5.3)); sie sind für die Lösung von praktischen Problemen bislang nicht von Bedeutung. In einigen Arbeiten werden jedoch untere Schranken beschrieben, mit deren Hilfe die Lösungsgüte von Heuristiken abschätzbar ist.

Im folgenden geben wir zunächst eine mathematische Formulierung von CARP an. Danach beschreiben wir Möglichkeiten zur Bestimmung unterer Schranken. In Kap. 5.6.3 folgen einige

Heuristiken, mit deren Hilfe sowohl CCPPe als auch CARPe näherungsweise gelöst werden können. Einen umfassenden Überblick über die behandelten Ansätze findet man in Assad und Golden (1995).

5.6.1 Eine mathematische Formulierung für das CCPP

Wir geben beispielhaft eine mathematische Formulierung für das CCPP [1,edge|M,cap| |L] mit M homogenen Fahrzeugen an. Dabei gehen wir davon aus, daß das Problem auf einem ungerichteten Graphen G = [V,E,c] definiert ist. Wir verwenden Binärvariablen x_{ij}^k und z_{ij}^k (i,j = 0,...,n; k = 1,...,M) mit folgender Bedeutung (vgl. Golden und Wong (1981)):

$$x_{ij}^k = \begin{cases} 1 & \text{falls Fzg. k die Kante [i,j] von i nach j durchfährt (mit oder ohne Bedienung)} \\ 0 & \text{sonst} \end{cases}$$

$$z_{ij}^k = \begin{cases} 1 & \text{falls Fahrzeug k die Kante [i,j] von i nach j bedient} \\ 0 & \text{sonst} \end{cases}$$

Ferner sei q_{ij} die Nachfrage (Kapazitätsbedarf) der Kante [i,j]. Damit erhalten wir die folgende Formulierung:

$$\text{Minimiere } F(\mathbf{x},\mathbf{z},\mathbf{u},\mathbf{v}) = \sum_{[i,j] \in E} \sum_{k=1}^{M} c_{ij} (x_{ij}^k + x_{ji}^k) \quad (5.39)$$

unter den Nebenbedingungen

$$\sum_{j \in NB(i)} (x_{ji}^k - x_{ij}^k) = 0 \quad \text{für } i = 1,...,n \text{ und } k = 1,...,M \quad (5.40)$$

$$x_{ij}^k \geq z_{ij}^k \text{ sowie } x_{ji}^k \geq z_{ji}^k \quad \text{für alle } [i,j] \in E \text{ und } k = 1,...,M \quad (5.41)$$

$$\sum_{k=1}^{M} (z_{ij}^k + z_{ji}^k) = 1 \quad \text{für alle } [i,j] \in E \quad (5.42)$$

$$\sum_{[i,j] \in E} (z_{ij}^k + z_{ji}^k) q_{ij} \leq cap \quad \text{für } k = 1,...,M \quad (5.43)$$

$$\left. \begin{array}{l} \sum_{i \in Q} \sum_{j \in Q} x_{ij}^k - n^2 u_Q^k \leq |Q| - 1 \\[1ex] \sum_{i \in Q} \sum_{j \notin Q} x_{ij}^k + v_Q^k \geq 1 \\[1ex] u_Q^k + v_Q^k \leq 1; \; u_Q^k, v_Q^k \in \{0,1\} \end{array} \right\} \begin{array}{l} \text{für jede nichtleere Teilmenge } Q \subseteq V-\{0\} \\ \text{und alle k} \end{array} \quad \begin{array}{l}(5.44\,a)\\[2ex](5.44\,b)\\[2ex](5.44\,c)\end{array}$$

$$x_{ij}^k, z_{ij}^k \in \{0,1\} \quad \text{für alle i, j und k} \quad (5.45)$$

Die Nebenbedingung (5.40) besagt, daß jeder von einem Fahrzeug k erreichte Knoten wieder verlassen wird; dies kann auch über dieselbe Kante erfolgen. (5.41) stellt sicher, daß eine durch ein Fahrzeug k bediente Kante von diesem auch befahren wird. (5.42) garantiert, daß jede Kante genau einmal bedient wird. Die Kapazitätsbeschränkungen werden durch (5.43)

repräsentiert. Die Bedingungen (5.44) drücken aus, daß in einer zulässigen Lösung (x, z, u, v) für jede Knotenmenge Q und jedes Fahrzeug k drei Fälle denkbar sind:
- Von Fahrzeug k wird kein Knoten der Menge Q besucht. Alle betroffenen x_{ij}^k besitzen den Wert 0. Die Hilfsvariable v_Q^k muß den Wert 1 annehmen, damit die Bedingung (5.44 b) erfüllt ist.
- Fahrzeug k besucht Knoten aus Q. Benutzt k in Q liegende Kanten insgesamt häufiger als $(|Q|-1)$-mal, so liegt eine Zyklenstruktur (mindestens eine geschlossene Kette) vor. In diesem Fall muß $u_Q^k = 1$ und damit $v_Q^k = 0$ gelten. Es wird dann durch (5.44 b) sichergestellt, daß diese Zyklenstruktur wieder verlassen wird. Einen solchen Fall zeigt Abb. 5.12 b. Will man jedoch (5.44 a) und (5.44 b) für die Menge Q in Abb. 5.12 a erfüllen, so müßte $u_Q^k = v_Q^k = 1$ gelten, womit (5.44 c) verletzt wäre.
- Fahrzeug k besucht Knoten aus Q, ohne daß sich eine Zyklenstruktur ergibt. In diesem Fall ist (5.44 a) automatisch erfüllt, während (5.44 b) aufgrund von (5.40) redundant ist.

Abb. 5.12 a   Abb. 5.12 b

5.6.2 Ermittlung unterer Schranken

Während exakte Lösungsverfahren für kantenorientierte Tourenprobleme bislang kaum entwickelt wurden, beschäftigen sich zahlreiche Autoren mit Methoden zur Berechnung unterer Schranken für Zielfunktionswerte; vgl. z.B. Golden und Wong (1981), Win (1987), Pearn (1988), Benavent et al. (1992) sowie Assad und Golden (1995). Die Schranken dienen insbesondere zum Vergleich der Lösungsgüte von Heuristiken. Im folgenden beschreiben wir beispielhaft drei einfachere Möglichkeiten der Berechnung unterer Schranken für CCPP und CARP bei vorgegebener Anzahl $\mathcal{M}$ an Fahrzeugen. Falls $\mathcal{M}$ nicht vorgegeben ist, wird mit einer unteren Schranke für die Fahrzeuganzahl gerechnet. Zur Darstellung der Schranken benötigen wir einige zusätzliche Bezeichnungen:

R   Menge der zu bedienenden Kanten; $R = \{[i,j] \in E \mid q_{ij} > 0\}$

c(R)   Gesamtlänge der zu bedienenden Kanten; $c(R) = \sum_{[i,j] \in R} c_{ij}$

GR   Teilgraph, der die Kantenmenge R und die damit inzidenten Knoten enthält; $GR = [VR, R, c_{|R}]$

gr(i)   Knotengrad des Knotens $i \in VR$ in GR

VR'   Teilmenge der Knoten aus VR mit ungeradem Grad

p   Differenz aus erforderlichem Knotengrad $2\mathcal{M}$ des Depots und seinem Knotengrad gr(0) in GR; $p := 2\mathcal{M} - gr(0)$

Eine offensichtliche untere Schranke ergibt sich durch c(R). Beim CCPP bekommt man eine bessere Schranke durch Lösen eines CPP, beim CARP durch Lösen eines Rural Postman-Problems. In beiden Fällen werden Fahrzeugkapazität und -anzahl vernachlässigt.

Eine **Matching-basierte untere Schranke MLB** beschreiben Golden und Wong (1981). Dabei wird berücksichtigt, daß das Depot den Knotengrad $2\mathcal{M}$ und die übrigen Knoten geraden Grad aufweisen müssen. Es wird ein Hilfsgraph $\tilde{G} = (\tilde{V}, \tilde{E}, \tilde{c})$ gebildet, für den ein MK-Matching-Problem zu lösen ist. Ist das Depot in VR' enthalten, wird $p := p - 1$ gesetzt. $\tilde{V}$ enthält neben VR' genau 2p Kopien des Depots; die ersten p Kopien bezeichnen wir mit $a_1, \ldots, a_p$, die übrigen mit $b_1, \ldots, b_p$. Die Kantenmenge $\tilde{E}$ umfaßt:

- [i,j] für jedes Knotenpaar $i, j \in$ VR' mit c[i,j] = kürzeste Entfernung zwischen i und j im ursprünglichen Graphen G
- $[a_h, i]$ für h = 1,...,p und $i \in$ VR' – {0} mit $c[a_h, i]$ = kürzeste Entfernung zwischen i und dem Depot in G
- $[a_h, b_h]$ für h = 1,...,p mit $c[a_h, b_h]$ = kürzeste Entfernung eines Knotens zum Depot in G
- $[b_h, b_k]$ für h, k = 1,...,p mit $c[b_h, b_k] = 0$

Der optimale Zielfunktionswert eines MK-Matchings von $\tilde{G}$ sei MK($\tilde{G}$). Dann ergibt sich die untere Schranke zu MLB := c(R) + MK($\tilde{G}$).

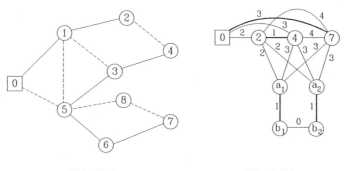

Abb. 5.13 a   Abb. 5.13 b

Beispiel: Wir betrachten den Graphen G in Abb. 5.13a. Die nicht zu GR zählenden Kanten sind gestrichelt gezeichnet. Die Bedarfe der Kanten aus GR sind jeweils 1, die Kapazität der $\mathcal{M} = 2$ Fahrzeuge ist cap = 3, sämtliche Kantenlängen sind 1. Es gilt c(R) = 6. Eine optimale Lösung besteht aus den Routen [0,5,3,4,2,1,0] und [0,1,5,8,7,6,5,0] mit Gesamtstrecke 13. Abb. 5.13 b zeigt den Hilfsgraphen $\tilde{G}$ sowie hervorgehoben das optimale MK-Matching mit MK($\tilde{G}$) = 6. Damit ist MLB = 6 + 6 = 12.

Die **Node Scanning-Schranke NSLB**; vgl. Pearn (1988) oder Assad und Golden (1995):

Bei der Ermittlung von NSLB wird v.a. beachtet, daß der Knotengrad des Depots den Wert $2\mathcal{M}$ besitzen muß. Besitzt das Depot einen kleineren Grad, so müssen vom Depot aus $p := 2\mathcal{M} - $ gr(0) unproduktive Ketten mit mindestens einer Kante beginnen. Ist c_{min} die kleinste

Entfernung eines Knotens vom Depot, so ist $c(R) + p\, c_{min}$ eine mögliche, aber zumeist schlechte untere Schranke. Dabei wird angenommen, daß jede unproduktive Kette aus genau einer Kante besteht. Die Mindestlänge jeder dieser Kanten ist c_{min}.

Diese Schranke läßt sich durch die folgende Überlegung verbessern: Vom Depot ausgehende unproduktive Ketten können in einer optimalen Lösung nur in solchen Knoten enden, mit denen zu bedienende Kanten (aus R) inzident sind. In einem Knoten i mit gr(i) zu bedienenden Kanten enden dementsprechend maximal gr(i) unproduktive Ketten. Zur Berechnung einer unteren Schranke für die Gesamtlänge der unproduktiven Ketten trägt man für jeden Knoten i genau gr(i)-mal seine kürzeste Entfernungen d_{0i} vom Depot in eine Liste ein. Die Summe der p kleinsten Eintragungen in der Liste sei s_{min}. Damit ergibt sich die untere Schranke NSLB = $c(R) + s_{min}$.

Beispiel: Für unseren Graphen G in Abb. 5.13a gilt p = 3. Die dem Depot nächstgelegenen Knoten sind 1 und 5 mit den Knotengraden gr(1) = gr(5) = 2. Wir erhalten s_{min} = 3 und somit NSLB = 9.

WINLB von Win (1987): Bei der Bestimmung von WINLB werden systematisch zusammenhängende Teilgraphen von G, die das Depot nicht enthalten, im Hinblick auf die mögliche Einhaltung der Kapazitätsrestriktionen untersucht. Zur genaueren Beschreibung benötigen wir die folgende Definition:

Definition 5.7: Sei $Q \subseteq V$ eine Teilmenge der Knotenmenge eines Graphen G. Die Kantenmenge $S(Q) = \{[i,j] \in E \mid i \in Q \text{ und } j \in V-Q\}$ heißt (Q von V–Q trennender) **Schnitt** von G.

Wir betrachten eine Knotenmenge $Q \subseteq V - \{0\}$ und bezeichnen die Menge der Kanten, die Knoten aus Q untereinander verbinden, mit E(Q). Zur Bedienung der Kanten in $E(Q) \cup S(Q)$ (Menge der mit Knoten aus Q inzidenten Kanten) benötigt man mindestens $r(Q) = \left\lceil \sum_{[i,j] \in E(Q) \cup S(Q)} q_{ij} / cap \right\rceil$ Fahrzeuge. Da das Depot nicht in Q enthalten ist, müssen mindestens $2r(Q)$ Kanten des Schnittes S(Q) in einer optimalen Lösung enthalten sein (einzelne Kanten ggf. mehrfach). Sei p(Q) die Anzahl der in $S(Q) \cap R$ enthaltenen (zu bedienenden) Kanten, so müssen mindestens $t(Q) = \max\{0, 2r(Q) - p(Q)\}$ unproduktive Kanten des Schnittes ergänzt werden. Im Falle von $t(Q) = 0$ und ungeradem p(Q) kann t(Q) auf 1 erhöht werden. Sei $c_{min}(Q)$ die minimale Bewertung einer Kante aus S(Q), so läßt sich die Gesamtlänge dieser Kanten mit $c_{min}(Q) \cdot t(Q)$ nach unten abschätzen.

Diese Überlegungen werden zur Berechnung von WINLB wie folgt verwendet:

Start: $Q := V - \{0\}$; WINLB := c(R)

Iteration: Solange Q nicht leer ist, wiederhole die folgenden Schritte:
Der Graph $G(Q) = [Q, E(Q)]$ ist zusammenhängend (k = 1, $Q_1 := Q$) oder zerfällt in k Zusammenhangskomponenten $G(Q_1),...,G(Q_k)$. Berechne $t(Q_h)$ und $c_{min}(Q_h)$ für h = 1,...,k.

Setze WINLB := WINLB + $\sum_{h=1}^{k} c_{min}(Q_h) \cdot t(Q_h)$ und eliminiere aus Q sämtliche Knoten, die mit Kanten aus S(Q) inzident sind.

Ergebnis: WINLB ist eine untere Schranke für die Gesamtstrecke der Touren.

* * * * *

Beispiel: Für unseren Graphen G in Abb. 5.13a starten wir mit Q = {1,...,8} und WINLB := 6. G(Q) ist zusammenhängend, und es gilt r(Q) = 2, t(Q) = 4 − 1 = 3, $c_{min}(Q) = 1$. Entsprechend wird WINLB auf 9 erhöht.

Nach Entfernen der Knoten 1 und 5 aus Q zerfällt G(Q) in die Zusammenhangskomponenten $G(Q_1)$ und $G(Q_2)$ mit $Q_1 = \{2,3,4\}$ und $Q_2 = \{6,7,8\}$. Mit $r(Q_1) = r(Q_2) = 1$ ergeben sich $t(Q_1) = 0$ und $t(Q_2) = 1$. Wegen $c_{min}(Q_2) = 1$ wird WINLB um 1 auf 10 erhöht.

Nach Entfernen der Knoten 2, 3, 6 und 8 aus Q verbleiben die Komponenten $G(Q_1)$ und $G(Q_2)$ mit $Q_1 = \{4\}$ und $Q_2 = \{7\}$. Mit $r(Q_1) = r(Q_2) = 1$, $t(Q_1) = t(Q_2) = 1$ sowie $c_{min}(Q_1) = c_{min}(Q_2) = 1$ ergibt sich eine abschließende Erhöhung von WINLB auf 12.

Bemerkung 5.11: Die Schranke läßt sich verschärfen, indem man zusätzlich einbezieht, daß innerhalb einer Menge Q alle Knoten einen geraden Grad aufweisen müssen. Dann ist in jeder Iteration ein entsprechend formuliertes MK-Matching-Problem zu lösen; vgl. Win (1987, S. 139 ff.). Außerdem kann man statt der niedrigstbewerteten Kante im Schnitt S(Q) jeweils eine kürzeste unproduktive Kette, die das Depot mit einem Knoten aus Q verbindet, berücksichtigen. Dann läßt sich die Schranke aber nicht mehr in der angegebenen Weise additiv berechnen, da man ansonsten Ketten mehrfach berücksichtigen würde. Vielmehr ergibt sich in jeder Iteration, d.h. für jede betrachtete Menge Q, eine (eigene) untere Schranke (dabei bezeichnet $c'_{min}(Q_h)$ die Länge der kürzesten Kette vom Depot zu einem Knoten aus Q_h):

WINLB' := $c(R) + \sum_{h=1}^{k} c'_{min}(Q_h) \cdot t(Q_h)$

Vergleiche zur Güte der beschriebenen sowie weiterer Schranken findet man bei Benavent et al. (1992).

5.6.3 Heuristische Lösungsverfahren

Die meisten der in Kap. 5.5 für knotenorientierte VRPe beschriebenen heuristischen Prinzipien können auch zur Lösung von CCPP und CARP eingesetzt werden. Die bislang entwickelten Heuristiken lassen sich wie in Tab. 5.3 unterteilen in Sukzessivverfahren (Route first-cluster second oder Cluster first-route second) und Simultanverfahren (Eröffnungs- sowie lokale Such- bzw. Verbesserungsverfahren).

Die älteren Verfahren sind zumeist *Route first-cluster second-Verfahren*. Genannt seien Ansätze von Liebling (1970, S. 42 ff.), Beltrami und Bodin (1974), Bodin und Kursh (1979), Paessens und Weuthen (1977), Stern und Dror (1979), Zhu (1989) sowie Amberg et al. (1996).

Der erste Teil der Verfahren besteht darin, den gegebenen Graphen zu einem Euler-Graphen zu erweitern. Danach läßt sich der Euler-Graph in elementare Kreise (bei gerichteten Graphen in Zyklen) zerlegen, die anschließend unter Beachtung der Kapazitäts- und/oder Zeitrestriktionen zu mehreren Touren vereinigt werden. Liebling bestimmt eine Euler-Tour und zerlegt diese bestmöglich durch Formulierung und Lösung eines Problems der dynamischen Optimierung. Bei den übrigen Autoren findet man eine Reihe von heuristischen Regeln zur Zerlegung des Euler-Graphen bzw. einer Euler-Tour in einzelne Touren.

Route first - cluster second - Verfahren dürften für kantenorientierte Tourenprobleme in der Praxis vor allem deshalb zu brauchbaren Ergebnissen führen, weil

1) jeder Euler-Graph im allgemeinen eine ganze Anzahl verschiedener Euler-Touren besitzt und weil

2) sowohl die Bestimmung mehrerer Euler-Touren als auch die Bildung mehrerer verschiedener Zerlegungen einer Euler-Tour mit wenig Aufwand realisierbar sind.

Cluster first - route second - Verfahren: Hierbei wird zunächst unter Beachtung der Kapazitäts- und/oder Zeitrestriktionen die Menge aller Kanten/Pfeile in – mittels einer einzigen Tour bedienbare – Teilmengen zerlegt. Danach wird für jede Tour eine (kürzeste) Route ermittelt; vgl. z.B. Liebling (1970, S. 70 ff.) oder Bodin (1975, S. 21 ff.).

Simultanverfahren: Zu den *Eröffnungsverfahren* zählen Vorgehensweisen, die analog zu den Heuristiken "Bester Nachfolger", "Sukzessive Einbeziehung" oder dem Savings-Algorithmus für TSPe oder für knotenorientierte VRPe vorgehen; vgl. Golden und Wong (1981), Golden et al. (1983) sowie Pearn (1991). Weitere Eröffnungsverfahren wurden u.a. von Christofides (1973), Chapleau et al. (1984), Pearn (1989) entwickelt. *Lokale Such-* bzw. *Verbesserungsverfahren* sind zumeist so angelegt, daß einzelne Kanten oder einzelne Kreise/Zyklen zwischen Routen ausgetauscht werden; siehe u.a. Chapleau et al. (1984). Lokale Suchverfahren können mit einer Metastrategie wie Simulated Annealing (vgl. Zhu (1989)) oder Tabu Search (vgl. Amberg et al. (1996)) kombiniert werden.

Im folgenden beschreiben wir beispielhaft für ein auf einem ungerichteten Graphen G = [V,E,c] definiertes CCPP [1,edge | cap | | L] die Heuristik **Construct and Strike** von Christofides (1973) mit Modifikationen von Pearn (1989):[19]

Das Prinzip des Verfahrens besteht darin, jeweils im aktuellen Graphen $\bar{G}$ (zu Beginn der Ausgangsgraph G) einen zulässigen (v.a. cap nicht überschreitenden) Kreis zu finden und ihn aus $\bar{G}$ zu eliminieren. Dies geschieht so lange, bis der verbleibende Graph kantenlos ist (dann ist eine zulässige Lösung gefunden) oder er keinen weiteren zulässigen Kreis enthält.
In letzterem Fall erweitert man den aktuellen Graphen durch Hinzunahme unproduktiver Kanten kostenminimal zu einem Euler-Graphen und beginnt in ihm (erneut) mit der Suche nach zulässigen Kreisen.

---

[19] Vgl. zu weiteren Verfahrensbeschreibungen v.a. Assad und Golden (1995, Kap. 5.1).

Für eine detailliertere Beschreibung verwenden wir folgende zusätzlichen Bezeichnungen:

q(k)   Summe der Kapazitätsbedarfe aller Kanten einer Kette k in $\bar{G}$
[h,...,0]*   Kette zwischen Knoten h und Depot 0 mit minimalem q[h,...,0] in $\bar{G}$

Algorithmus 5.3: Construct and Strike

Voraussetzung: Daten eines CCPP [1,edge|cap| |L], definiert auf einem ungerichteten (zusammenhängenden) Graphen G = [V,E,c].

Start: Setze $\bar{G}$ = G.

Durchführung:

Schritt 1: Bestimme in $\bar{G}$ einen *zulässigen* Kreis, d.h. einen Kreis k, der jede Kante von $\bar{G}$ höchstens einmal enthält und dessen Gesamtbedarf q(k) die Kapazität cap nicht überschreitet. Beginne den Kreis bei einer mit dem Depot inzidenten Kante (mit q(k) = 0) und füge sukzessive Kanten an. Jede aufzunehmende Kante [i,j] wird so gewählt, daß gilt:

$$q_{ij} = \max \{ q_{ih} \mid q(k) + q_{ih} + q[h,...,0]^* \leq cap \}$$

Ziel ist es dabei, die Fahrzeugkapazität möglichst gut auszulasten und gleichzeitig die Rückkehr zum Depot über die aktuell in $\bar{G}$ enthaltenen Kanten zu ermöglichen.

Wird ein entsprechender Kreis gefunden, so eliminiere alle seine Kanten aus $\bar{G}$ und beginne erneut mit Schritt 1, ansonsten gehe nach Schritt 2.

Schritt 2: Ist $\bar{G}$ nicht zusammenhängend, so ergänze ihn kostenminimal um unproduktive Kanten [i,j] (Kapazitätsbedarf q_{ij} := 0), so daß der Zusammenhang wieder hergestellt ist, und gehe nach Schritt 3.

Zur Ermittlung der Kanten wird ein minimaler spannender Baum in einem vollständigen Hilfsgraphen GH bestimmt. GH enthält für jede Zusammenhangskomponente von $\bar{G}$ genau einen Knoten. Seine Kantenbewertungen entsprechen den Längen der jeweils kürzesten Ketten zwischen Komponenten von $\bar{G}$, ermittelt im ursprünglichen Graphen G.

Für jede im minimalen spannenden Baum von GH enthaltene Kante [i,j] wird zu $\bar{G}$ eine unproduktive Kette hinzugefügt; sie entspricht der Kette, die die Bewertung von [i,j] lieferte.

Schritt 3: Besitzt der in Schritt 2 erhaltene Graph $\bar{G}$ Knoten mit ungeradem Grad, so erweitere ihn kostenminimal zu einem Euler-Graphen. Hierzu ist (wie für CPPe in Kap. 4.3.2 beschrieben) ein MK-Matching-Problem zu lösen.

Gibt es im so erweiterten Graphen $\bar{G}$ mindestens einen zulässigen Kreis, so führe Schritt 1 aus, ansonsten gehe nach Schritt 4.

Schritt 4: Bestimme, ausgehend vom Depot, analog zu Schritt 1 einen Kreis k von $\bar{G}$ mit q(k) $\leq$ cap, wobei für die Rückkehr zum Depot auch eine wiederholte Benutzung von

Kanten (als unproduktive Verbindungen) erlaubt ist. Wähle dabei für die Rückkehr zum Depot eine hinsichtlich der Bewertungen c_{ij} kürzeste Kette.
Entferne danach die Kanten des Kreises k und die unproduktiven Kanten aus $\bar{G}$ und gehe nach Schritt 2.

Abbruch und Ergebnis: Das Verfahren endet, sobald die Kantenmenge von $\bar{G}$ mit $q_{ij} > 0$ leer ist. Die jeweils ermittelten und eliminierten Kreise k bilden einen zulässigen Tourenplan.

* * * * *

Beispiel: Wir wenden Alg. 5.3 auf den Graphen in Abb. 5.14 a an. Jede Kante besitze Bedarf und Länge 1, die Kapazität der Fahrzeuge sei 4.

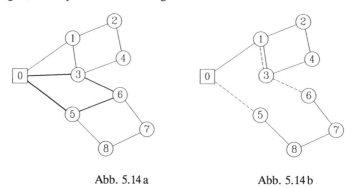

Abb. 5.14 a   Abb. 5.14 b

Schritt 1 beginnt mit Kante [0,5]; denn die von den Knoten 1 und 3 zum Depot zurückführenden Ketten mit minimalem Kapazitätsbedarf besitzen den Bedarf 2, während die Kette [5,6,3,0] den Bedarf 3 aufweist, das Fahrzeug also besser ausnutzt. Gefunden und eliminiert wird die Kette [0,5,6,3,0], wodurch $\bar{G}$ in zwei Zusammenhangskomponenten zerfällt.

Die *Schritte 2* und *3* liefern (als eine mögliche Lösung) den Graphen $\bar{G}$ in Abb. 5.14 b, wobei unproduktive Kanten gestrichelt gezeichnet sind. Da $\bar{G}$ einen zulässigen Kreis enthält, folgt:

Schritt 1: Gefunden wird k = [0,1,3,6,7,8,5,0].

Schritt 2 und *3:* Ergänzt wird jeweils eine unproduktive Kante [0,1].

Schritt 1: Gefunden wird k = [0,1,2,4,3,1,0]; das Verfahren ist beendet.

Der ermittelte Tourenplan besitzt die Länge 17; der optimale Tourenplan mit Länge 16 wird um eine LE verfehlt.

Bemerkung 5.12: Alg. 5.3 ist unmittelbar auf CARP übertragbar. In diesem Falle enthält der zu Beginn vorliegende Graph $\bar{G}$ nur die Menge der zu bedienenden Kanten. Ist er nicht zusammenhängend, so muß mit den Schritten 2 und 3 begonnen werden. Bei der Erweiterung von $\bar{G}$ zu einem Euler-Graphen sind die in G enthaltenen, nicht zu bedienenden Kanten zu berücksichtigen.

Der Rechenaufwand des Verfahrens wird im wesentlichen durch die Bestimmung von MK-Matchings ($O(n^3)$) determiniert. Bezeichnet man die Anzahl der zu bedienenden Kanten mit m, so ist der Gesamtaufwand $O(m n^3)$.
Hinsichtlich der Güte der ermittelbaren Lösungen zählt das Verfahren bislang zu den besten Heuristiken für CCPP und CARP; vgl. die Testergebnisse von Golden et al. (1983) und Pearn (1989, 1991) sowie die Übersicht in Assad und Golden (1995, S. 416 ff.).

Bemerkung 5.13 *(Anwendungen und Verallgemeinerungen von CCPP und CARP)*:

Praktische Probleme der kantenorientierten Tourenplanung enthalten häufig gegenüber CCPP und CARP weitere Restriktionen. Bei der Planung der Hausmüllentsorgung sind u.U. Mehrdepotprobleme zu lösen; vgl. hierzu etwa Geppert (1987). Bei der Planung des Straßenbetriebs- oder Winterdienstes sind zumeist mehrere Depots und/oder Nachladestationen zu berücksichtigen. Ferner spielen unterschiedliche Prioritäten der zu bedienenden Straßen eine Rolle; vgl. Zhu (1989), Eglese (1994) sowie Li und Eglese (1996). Mit der Planung von Postzustellgebieten und -routen und den dort auftretenden Besonderheiten beschäftigen sich u.a. Roy und Rousseau (1989).

5.7 Literatur zu Kapitel 5

Kap. 5.1 (Grundlagen; Definitionen, Klassifikation):

Balinski und Quandt (1964);
Dantzig und Ramser (1959);
Desrosiers et al. (1995);
Fisher (1995);
Laporte (1992).

Bodin et al. (1983);
Desrochers et al. (1990);
Dethloff (1994);
Golden und Assad (1988);

Kap. 5.2, 5.3 (Math. Formulierungen und exakte Verfahren für knotenorientierte VRPe):

Achuthan et al. (1996);
Desrosiers et al. (1995);
Fisher (1985), (1994 a, b), (1995);
Laporte (1992);
Laporte und Nobert (1987);
Scholl et al. (1996);

Christofides et al. (1981);
Fischetti et al. (1994);
Kolen et al. (1987);
Laporte et al. (1985), (1986), (1992);
Martello und Toth (1990);
Vigo (1996).

Kap. 5.4 (VRPe als Set-Covering- oder Set-Partitioning-Probleme):

Agarwal et al. (1989);
Balinski und Quandt (1964);
Dell et al. (1996);
Desrosiers et al. (1984);
Harche und Thompson (1994);

Balas und Carrera (1996);
Bramel und Simchi-Levi (1994);
Desrochers et al. (1988), (1992);
Fisher und Kedia (1990);
Ribeiro und Soumis (1994).

Kap. 5.5.1 - 5.5.6 (Heuristische Verfahren für knotenorientierte CVRPe):

Altinkemer und Gavish (1991);
Beasley (1983);
Bowerman et al. (1994);
van Breedam (1995);
Clarke und Wright (1964);
Fisher und Jaikumar (1981);
Gaskell (1967);
Gillett und Miller (1974);

Barcelo et al. (1990);
Bookbinder und Reece (1988);
Bramel und Simchi-Levi (1995);
Christofides et al. (1979);
Fisher (1995);
Foster und Ryan (1976);
Gendreau et al. (1994);
Golden und Assad (1988);

Golden et al. (1977);
Kopfer et al. (1994);
Matthäus (1978);
Osman (1993);
Potvin und Bengio (1996);
Probol (1979);
Renaud et al. (1996a);
Rochat und Taillard (1995);
Solomon und Desrosiers (1988);
Thompson und Psaraftis (1993);
Vigo (1996);
Yellow (1970).

Holmes und Parker (1976);
Laporte (1992);
Mole et al. (1983);
Paessens (1981), (1987), (1988);
Potvin et al. (1996);
Rego und Roucairol (1996);
Robbins und Turner (1979);
Ryan et al. (1993);
Taillard (1993);
Trochelmann (1980);
Wendt (1995);

Kap. 5.5.7 (Heuristische Verfahren für VRPTWe):

Balakrishnan (1993);
Desrochers et al. (1988);
Garcia et al. (1994);
Koskosidis et al. (1992);
Potvin und Bengio (1996);
Potvin und Rousseau (1993), (1995);
Russell (1995);
Solomon (1987);
Thangiah et al. (1993).

Derigs und Grabenbauer (1993);
Diruf (1980);
Kontoravdis und Bard (1995);
Nygard et al. (1988);
Potvin et al. (1996);
Rochat und Taillard (1995);
Savelsbergh (1985/6), (1990);
Solomon und Desrosiers (1988);

Kap. 5.5.8 (Heuristische Verfahren für sonstige knotenorientierte VRPe): Auf eine Auflistung wird verzichtet, weil das Kapitel sehr unterschiedliche Problemstellungen enthält.

Kap. 5.6 (Verfahren für kantenorientierte Probleme):

Amberg et al. (1996);
Beltrami und Bodin (1974);
Bodin (1975);
Bodin und Kursh (1979);
Christofides (1973);
Geppert (1987);
Golden und Wong (1981);
Levy und Bodin (1989);
Liebling (1970);
Pearn (1988), (1989), (1991);
Stern und Dror (1979);
Win (1987);

Assad und Golden (1995);
Benavent et al. (1992);
Bodin et al. (1989);
Chapleau et al. (1994);
Eglese (1994);
Golden et al. (1983);
Lenstra und Rinnooy Kan (1976);
Li und Eglese (1996);
Paessens und Weuthen (1977);
Roy und Rousseau (1989);
Ulusoy (1985);
Zhu (1989).

Achuthan, N.R.; L. Caccetta und S.P. Hill (1996): A new subtour elimination constraint for the vehicle routing problem. European J. of OR **91**, S. 573-586.

Agarwal, Y.; K. Mathur und H.M. Salkin (1989): A set-partitioning-based exact algorithm for the vehicle routing problem. Networks **19**, S. 731-749.

Ahn, B.-H. und J.-Y. Shin (1991): Vehicle-routeing with time windows and time-varying congestion. J. of the Opl. Res. Society **42**, S. 393-400.

Ahrens, W.; G. Dehnert und H.J. Gerber (1978): Heuristische Verfahren zur Tourenplanung bei der Hausmüllentsorgung in ländlichen Regionen. Zeitschrift für OR **22**, S. B85-B103.

Ahuja, R.K.; T.L. Magnanti und J.B. Orlin (1993): Network flows - Theory, algorithms, and applications. Prentice Hall, Englewood Cliffs.

Altinkemer, K. und B. Gavish (1991): Parallel savings based heuristics for the delivery problem. Oprns. Res. **39**, S. 456-469.

Amberg, A.; W. Domschke und S. Voß (1996): Multiple center capacitated arc routing problems: A tabu search algorithm using capacitated trees. Bericht Nr. 96/16 des Instituts für Wirtschaftswissenschaften der TU Braunschweig (erscheint in European J. of OR).

Assad, A.A. (1988): Modelling and implementation issues in vehicle routing. In: Golden und Assad (1988), S. 7-45.

Assad, A.A. und B.L. Golden (1995): Arc routing methods and applications. In: Ball et al. (1995), S. 375-483.

Atkinson, J.B. (1990): A vehicle-scheduling system for delivering school meals. J. of the Opl. Res. Society 41, S. 703-711.

Aykin, T. (1995): The hub location and routing problem. European J. of OR 83, S. 200-219.

Balakrishnan, N. (1993): Simple heuristics for the vehicle routing problem with soft time windows. J. of the Opl. Res. Society 44, S. 279-287.

Balas, E. und M.C. Carrera (1996): A dynamic subgradient-based branch-and-bound procedure for set covering. Oprns. Res. 44, S. 875-890.

Balinski, M.L. und R.E. Quandt (1964): On an integer program for a delivery problem. Oprns. Res. 12, S. 300-304.

Ball, M.O. (1988): Allocation/routing: Models and algorithms. In: Golden und Assad (1988), S. 199-221.

Ball, M.O.; T.L. Magnanti, C.L. Monma und G.L. Nemhauser (Hrsg.) (1995): Network Routing. Handbooks in Operations Research and Management Science, Vol. 8, Elsevier, Amsterdam u.a.

Barcelo, J.; A. Hallefjord, E. Fernandez und K. Jörnsten (1990): Lagrangean relaxation and constraint generation procedures for capacitated plant location problems with single sourcing. OR Spektrum 12, S. 79-88.

Beasley, J.E. (1983): Route first-cluster second methods for vehicle routing. OMEGA 11, S. 403-408.

Beaujon, G.J. und M.A. Turnquist (1991): A model for fleet sizing and vehicle allocation. Transportation Science 25, S. 19-45.

Beltrami, E.J. und L.D. Bodin (1974): Networks and vehicle routing for municipal waste collection. Networks 4, S. 65-94.

Benavent, E.; V. Campos, A. Corberan und E. Mota (1992): The capacitated arc routing problem: Lower bounds. Networks 22, S. 669-690.

Berman, O.; P. Jaillet und D. Simchi-Levi (1995): Location-routing problems with uncertainty. In: Z. Drezner (Hrsg.) (1995): Facility location: A survey of applications and methods. Springer, New York u.a., S. 427-452.

Bertsimas, D.J. (1992): A vehicle routing problem with stochastic demand. Oprns. Res. 40, S. 574-585.

Bertsimas, D.J. und G. van Ryzin (1993): Stochastic and dynamic vehicle routing in the Euclidean plane with multiple capacitated vehicles. Oprns. Res. 41, S. 60-76.

Bertsimas, D.J. und D. Simchi-Levi (1996): A new generation of vehicle routing research: Robust algorithms, addressing uncertainty. Oprns. Res. 44, S. 286-304.

Bodin, L.D. (1975): A taxonomic structure for vehicle routing and scheduling problems. Comput. & Urban Soc. 1, S. 11-29.

Bodin, L.; G. Fagin, R. Welebny und J. Greenberg (1989): The design of a computerized sanitation vehicle routing and scheduling system for the town of Oyster Bay, New York. Comput. & Oprns. Res. 16, S. 45-54.

Bodin, L.; B. Golden, A. Assad und M. Ball (1983): Routing and scheduling of vehicles and crews - the state of the art. Comput. & Oprns. Res. 10, S. 63-211.

Bodin, L.D. und S.J. Kursh (1979): A detailed description of a computer system for the routing and scheduling of street sweepers. Comput. & Oprns. Res. 6, S. 181-198.

Bookbinder, J.H. und K.E. Reece (1988): Vehicle routing considerations in distribution system design. European J. of OR 37, S. 204-213.

Bowerman, L.R.; P.H. Calamai und G.B. Hall (1994): The spacefilling curve with optimal partitioning heuristic for the vehicle routing problem. European J. of OR 76, S. 128-142.

Bramel, J. und D. Simchi-Levi (1994): The set partitioning model and the vehicle routing problem. Working Paper, Columbia University.

Bramel, J. und D. Simchi-Levi (1995): A location based heuristic for general routing problems. Oprns. Res. **43**, S. 649-660.

Breedam, A. van (1995): Improvement heuristics for the vehicle routing problem based on simulated annealing. European J. of OR **86**, S. 480-490.

Bruggen, L.J.J. van der; J.K. Lenstra und P.C. Schuur (1993): Variable-depth search for the single-vehicle pickup and delivery problem with time windows. Transportation Science **27**, S. 298-311.

Carl, G. und S. Voß (1990): Optimierungsmöglichkeiten innerbetrieblicher Transportvorgänge - Anwendungsbeispiel bei einer Luftfahrtgesellschaft. OR Spektrum **12**, S. 227-237.

Carraresi, P. und G. Gallo (1984): Network models for vehicle and crew scheduling. European J. of OR **16**, S. 139-151.

Casco, D.O.; B.L. Golden und E.A. Wasil (1988): Vehicle routing with backhauls: Models, algorithms, and case studies. In: Golden und Assad (1988), S. 127-147.

Chapleau, L.; J.A. Ferland, G. Lapalme und J.-M. Rousseau (1984): A parallel insert method for the capacitated arc routing problem. OR Letters **3**, S. 95-99.

Christofides, N. (1973): The optimum traversal of a graph. OMEGA **1**, S. 719-732.

Christofides, N. und J.E. Beasley (1984): The period routing problem. Networks **14**, S. 237-256.

Christofides, N.; A. Mingozzi und P. Toth (1979): The vehicle routing problem. In: N. Christofides et al. (Hrsg.) (1979): Combinatorial optimization. Wiley, Chichester u.a., S. 315-338.

Christofides, N.; A. Mingozzi und P. Toth (1981): Exact algorithms for the vehicle routing problem, based on spanning tree and shortest path relaxations. Math. Programming **20**, S. 255-282.

Clarke, G. und J.W. Wright (1964): Scheduling of vehicles from a central depot to a number of delivery points. Oprns. Res. **12**, S. 568-581.

Daganzo, C.F. und R.W. Hall (1993): A routing model for pickup and deliveries: No capacity restrictions on the secondary items. Transportation Science **27**, S. 315-329.

Dantzig, G.B. und J.H. Ramser (1959): The truck dispatching problem. Management Science **6**, S. 80-91.

Dell, R.F.; R. Batta und M.H. Karwan (1996): The multiple vehicle TSP with time windows and equity constraints over a multiple day horizon. Transportation Science **30**, S. 120-133.

Dell'Amico, M.; M. Fischetti und P. Toth (1993): Heuristic algorithms for the multiple depot vehicle scheduling problem. Management Science **39**, S. 115-125.

Derigs, U. und G. Grabenbauer (1993): INTIME - A new heuristic approach to the vehicle routing problem with time windows, with a bakery fleet case. In: Golden (1993), S. 249-266.

Derigs, U. und A. Metz (1992): A matching-based approach for solving a delivery/pick-up vehicle routing problem with time constraints. OR Spektrum **14**, S. 91-106.

Desaulniers, G.; J. Lavigne und F. Soumis (1996): Multi-depot vehicle scheduling problems with time windows and waiting costs. Les Cahiers du GERAD, Montreal, Canada.

Desrochers, M.; J. Desrosiers und M. Solomon (1992): A new optimization algorithm for the vehicle routing problem with time windows. Oprns. Res. **40**, S. 342-354.

Desrochers, M.; J.K. Lenstra und M.W.P. Savelsbergh (1990): A classification scheme for vehicle routing and scheduling problems. European J. of OR **46**, S. 322-332.

Desrochers, M.; J.K. Lenstra, M.W.P. Savelsbergh und F. Soumis (1988): Vehicle routing with time windows: Optimization and approximation. In: Golden und Assad (1988), S. 65-84.

Desrochers, M. und J.-M. Rousseau (Hrsg.) (1992): Computer-aided transit scheduling. Springer, Berlin u.a.

Desrochers, M. und T.W. Verhoog (1991): A new heuristic for the fleet size and mix vehicle routing problem. Comput. & Oprns. Res. **18**, S. 263-274.

Desrosiers, J.; Y. Dumas, M.M. Solomon und F. Soumis (1995): Time constrained routing and scheduling. In: Ball et al. (1995), S. 35-139.

Desrosiers, J.; F. Soumis und M. Desrochers (1984): Routing with time windows by column generation. Networks **14**, S. 545-565.

Dethloff, J. (1994): Verallgemeinerte Tourenplanungsprobleme. Vandenhoeck & Ruprecht, Göttingen.

Diruf, G. (1980): Kundenzeitschranken in der computergestützten Tourenplanung. Zeitschrift für OR **24**, S. B 207 - B 220.

Domschke, W. (1995): Logistik: Transport. 4. Aufl., Oldenbourg, München - Wien (zit. als Band I).

Domschke, W. und A. Drexl (1995): Einführung in Operations Research. 3. Aufl., Springer, Berlin u.a.

Domschke, W. und A. Drexl (1996): Logistik: Standorte. 4. Aufl., Oldenbourg, München - Wien (zit. als Band III).

Domschke, W.; A. Drexl, B. Schildt, A. Scholl und S. Voß (1997): Übungsbuch Operations Research. 2. Aufl., Springer, Berlin u.a.

Domschke, W.; A. Scholl und S. Voß (1993): Produktionsplanung - Ablauforganisatorische Aspekte. Springer, Berlin u.a.

Dror, M. (1993): Modelling vehicle routing with uncertain demands as a stochastic program: Properties of the corresponding solution. European J. of OR **64**, S. 432-441.

Dror, M. und M. Ball (1987): Inventory/routing: Reduction from an annual to a short-period problem. Nav. Res. Logist. **34**, S. 891 - 905.

Dror, M.; M. Ball und B. Golden (1985/6): A computational comparison of algorithms for the inventory routing problem. Annals of OR **4**, S. 3 - 23.

Dror, M.; G. Laporte und F.V. Louveaux (1993): Vehicle routing with stochastic demands and restricted failures. Zeitschrift für OR **37**, S. 273 - 283.

Dror, M. und L. Levy (1986): A vehicle routing improvement algorithm comparison of a "greedy" and a matching implementation for inventory routing. Comput. & Oprns. Res. **13**, S. 33 - 45.

Dumas, Y.; J. Desrosiers und F. Soumis (1991): The pickup and delivery problem with time windows. European J. of OR **54**, S. 7 - 22.

Eberhard, U.; Ch. Schneeweiß und H.-J. Vaterrodt (1984): Tourenplanung für zwei Depots bei offenen Touren. OR Spektrum **6**, S. 39 - 46.

Eglese, R.W. (1994): Routeing winter gritting vehicles. Discr. Appl. Math. **48**, S. 231 - 244.

Ferland, J.A. und L. Fortin (1989): Vehicles scheduling with sliding time windows. European J. of OR **38**, S. 213 - 226.

Ferland, J.A. und P. Michelon (1988): The vehicle scheduling problem with multiple vehicle types. J. of the Opl. Res. Society **39**, S. 577 - 583.

Fischetti, M.; P. Toth und D. Vigo (1994): A branch-and-bound algorithm for the capacitated vehicle routing problem on directed graphs. Oprns. Res. **42**, S. 846 - 859.

Fisher, M.L. (1985): An applications oriented guide to Lagrangian relaxation. Interfaces **15**, S. 10 - 21.

Fisher, M.L. (1994 a): A polynomial algorithm for the degree-constrained minimum k-tree Problem. Oprns. Res. **42**, S. 775 - 779.

Fisher, M. (1994 b): Optimal solution of vehicle routing problems using minimum k-trees. Oprns. Res. **42**, S. 626 - 642.

Fisher, M. (1995): Vehicle Routing. In: Ball et al. (1995), S. 1 - 33.

Fisher, M.L. und R. Jaikumar (1981): A generalized assignment heuristic for vehicle routing. Networks **11**, S. 109 - 124.

Fisher, M.L. und P. Kedia (1990): Optimal solution of set covering/partitioning problems using dual heuristics. Management Science **36**, S. 674 - 688.

Fleischmann, B. (1994): Tourenplanung. In: H. Isermann (Hrsg.): Logistik: Beschaffung, Produktion, Distribution. Verlag Moderne Industrie, Landsberg/Lech, S. 211 - 225.

Forbes, M.A.; J.N. Holt und A.M. Watts (1994): An exact algorithm for multiple depot bus scheduling. European J. of OR **72**, S. 115 - 124.

Foster, B.A. und D.M. Ryan (1976): An integer programming approach to the vehicle scheduling problem. OR Quarterly **27**, S. 367-384.

Garcia, B.-L.; J.-Y. Potvin und J.-M. Rousseau (1994): A parallel implementation of the tabu search heuristic for vehicle routing problems with time window constraints. Comput. & Oprns. Res. **21**, S. 1025-1033.

Gaskell, T.J. (1967): Bases of vehicle fleet scheduling. OR Quarterly **18**, S. 281-295.

Gaudioso, M. und G. Paletta (1992): A heuristic for the periodic vehicle routing problem. Transportation Science **26**, S. 86-92.

Gendreau, M.; A. Hertz und G. Laporte (1994): A tabu search heuristic for the vehicle routing problem. Management Science **40**, S. 1276-1290.

Gendreau, M.; G. Laporte und R. Seguin (1995): An exact algorithm for the vehicle routing problem with stochastic demands and customers. Transportation Science **29**, S. 143-155.

Gendreau, M.; G. Laporte und R. Seguin (1996): A tabu search heuristic for the vehicle routing problem with stochastic demands and customers. Oprns. Res. **44**, S. 469-477.

Geppert, B. (1987): Tourenplanung bei der innerstädtischen Hausmüllentsorgung. Bd. 48 der Schriftenreihe des Inst. f. Siedlungswasserwirtschaft der TU Karlsruhe.

Gheysens, F.; B. Golden und A. Assad (1984): A comparison of techniques for solving the fleet size and mix vehicle routing problem. OR Spektrum **6**, S. 207-216.

Gietz, M. (1994): Computergestützte Tourenplanung mit zeitkritischen Restriktionen. Physica, Heidelberg.

Gillett, B.E. und L.R. Miller (1974): A heuristic algorithm for the vehicle-dispatch problem. Oprns. Res. **22**, S. 340-349.

Goetschalckx, M. und C. Jacobs-Blecha (1989): The vehicle routing problem with backhauls. European J. of OR **42**, S. 39-51.

Golden, B.L. (Hrsg.) (1993): Vehicle routing 2000. American J. of Math. and Man. Sci. **13**, American Science Press, Columbus.

Golden, B. und A. Assad (Hrsg.) (1988): Vehicle routing: Methods and studies. North Holland, Amsterdam u.a.

Golden, B.; A. Assad, L. Levy und F. Gheysens (1984): The fleet size and mix vehicle routing problem. Comput. & Oprns. Res. **11**, S. 49-66.

Golden, B.L.; L. Bodin und T. Goodwin (1986): Microcomputer-based vehicle routing and scheduling software. Comput. & Oprns. Res. **13**, S. 277-285.

Golden, B.L.; J.S. DeArmon und E.K. Baker (1983): Computational experiments with algorithms for a class of routing problems. Comput. & Oprns. Res. **10**, S. 47-59.

Golden, B.L.; T.L. Magnanti und H.Q. Nguyen (1977): Implementing vehicle routing algorithms. Networks **7**, S. 149-183.

Golden, B. und R.T. Wong (1981): Capacitated arc routing problems. Networks **11**, S. 305-315.

Hansen, P.H.; B. Hegedahl, S. Hjortkjaer und B. Obel (1994): A heuristic solution to the warehouse location-routing problem. European J. of OR **76**, S. 111-127.

Harche, F. und G.L. Thompson (1994): The column subtraction algorithm: An exact method for solving weighted set covering, packing and partitioning problems. Comput. & Oprns. Res. **21**, S. 689-705.

Healy, P. und R. Moll (1995): A new extension of local search applied to the dial-a-ride problem. European J. of OR **83**, S. 83-104.

Hill, A.V. und W.C. Benton (1992): Modelling intra-city time-dependent travel speeds for vehicle scheduling problems. J. of the Opl. Res. Society **43**, S. 343-351.

Holmes, R.A. und R.G. Parker (1976): A vehicle scheduling procedure based upon savings and a solution perturbation scheme. OR Quarterly **27**, S. 83-92.

Hooker, J.N. und N.R. Natraj (1995): Solving a general routing and scheduling problem by chain decomposition and tabu search. Transportation Science 29, S. 30-44.

Ioachim, I.; J. Desrosiers, Y. Dumas, M.M. Solomon und D. Villeneuve (1995): A request clustering algorithm for door-to-door handicapped transportation. Transportation Science 29, S. 63-78.

Jansen, K. (1993): Bounds for the general capacitated routing problem. Networks 23, S. 165-173.

Kolen, A.W.J.; A.H.G. Rinnooy Kan und H.W.J.M. Trienekens (1987): Vehicle routing with time windows. Oprns. Res. 35, S. 266-273.

Kontoravdis, G. und J.F. Bard (1995): A GRASP for the vehicle routing problem with time windows. ORSA J. on Computing 7, S. 10-23.

Kopfer, H.; G. Pankratz und E. Erkens (1994): Entwicklung eines hybriden Genetischen Algorithmus zur Tourenplanung. OR Spektrum 16, S. 21-31.

Koskosidis, Y.A.; W.B. Powell und M.M. Solomon (1992): An optimization-based heuristic for vehicle routing and scheduling with soft time window constraints. Transportation Science 26, S. 69-85.

Laporte, G. (1988): Location-routing problems. In: Golden und Assad (1988), S. 163-197.

Laporte, G. (1992): The vehicle routing problem: An overview of exact and approximate algorithms. European J. of OR 59, S. 345-358.

Laporte, G.; F. Louveaux und H. Mercure (1989): Models and exact solutions for a class of stochastic location-routing problems. European J. of OR 39, S. 71-78.

Laporte, G.; H. Mercure und Y. Nobert (1986): An exact algorithm for the asymmetrical capacitated vehicle routing problems. Networks 16, S. 33-46.

Laporte, G.; H. Mercure und Y. Nobert (1992): A branch and bound algorithm for a class of asymmetrical vehicle routeing problems. J. of the Opl. Res. Society 43, S. 469-481.

Laporte, G. und Y. Nobert (1987): Exact algorithms for the vehicle routing problem. Annals of Discr. Math. 31, S. 147-184.

Laporte, G.; Y. Nobert und M. Desrochers (1985): Optimal routing under capacity and distance restrictions. Oprns. Res. 33, S. 1050-1073.

Laporte, G.; Y. Nobert und S. Taillefer (1988): Solving a family of multi-depot vehicle routing and location-routing problems. Transportation Science 22, S. 161-172.

Lenstra, J.K. und A.H.G. Rinnooy Kan (1976): On general routing problems. Networks 6, S. 273-280.

Levy, L. und L. Bodin (1989): The arc oriented location routing problem. INFOR 27, S. 74-94.

Li, L.Y.O. und R.W. Eglese (1996): An interactive algorithm for vehicle routeing for winter-gritting. J. of the Opl. Res. Society 47, S. 217-228.

Liebling, T.M. (1970): Graphentheorie in Planungs- und Tourenproblemen am Beispiel des städtischen Straßendienstes. Springer, Berlin u.a.

Malandraki, C. und M.S. Daskin (1992): Time dependent vehicle routing problems: Formulations, properties and heuristic algorithms. Transportation Science 26, S. 185-200.

Martello, S. und P. Toth (1990): Knapsack problems - algorithms and computer implementations. Wiley, Chichester.

Matthäus, F. (1978): Tourenplanung - Verfahren zur Einsatzdisposition von Fuhrparks. Toeche-Mittler, Darmstadt.

Mole, R.H.; D.G. Johnson und K. Wells (1983): Combinatorial analysis for route first-cluster second vehicle routing. OMEGA 11, S. 507-512.

Mundigl, R. (1995): Ansätze Künstlicher Neuronaler Netze zur Lösung von Tourenplanungsproblemen. Lang, Frankfurt/M. u.a.

Nag, B.; B.L. Golden und A. Assad (1988): Vehicle routing with site dependencies. In: Golden und Assad (1988), S. 149-159.

Nygard, K.E.; P. Greenberg und W.E. Bolkan (1988): Generalized assignment methods for the deadline vehicle routing. In: Golden und Assad (1988), S. 107-125.

Osman, I.H. (1993): Metastrategy simulated annealing and tabu search algorithms for the vehicle routing problem. Annals of OR **41**, S. 421-451.

Paessens, H. (1981): Tourenplanung bei der regionalen Hausmüllentsorgung. Nr. 26 der Schriften des Instituts für Siedlungswasserwirtschaft, Universität Karlsruhe.

Paessens, H. (1987): Tourenplanung mit TourMaster. Oldenbourg, München - Wien.

Paessens, H. (1988): The savings algorithm for the vehicle routing problem. European J. of OR **34**, S. 336-344.

Paessens, H. und H.-K. Weuthen (1977): Tourenplanung in städtischen Straßennetzen mit einem heuristischen Verfahren. In: H.H. Hahn (Hrsg.): Tourenplanung bei der Abfallbeseitigung. Schmidt, Bielefeld, S. 101-130.

Pearn, W.L. (1988): New lower bounds for the capacitated arc routing problem. Networks **18**, S. 181-191.

Pearn, W.L. (1989): Approximate solutions for the capacitated arc routing problem. Comput. & Oprns. Res. **16**, S. 589-600.

Pearn, W.L. (1991): Augment-insert algorithms for the capacitated arc routing problem. Comput. & Oprns. Res. **18**, S. 189-198.

Potvin, J.-Y. und S. Bengio (1996): The vehicle routing problem with time windows, Part II: Genetic search. INFORMS J. on Computing **8**, S. 165-172.

Potvin, J.-Y.; T. Kervahut, B.-L. Garcia und J.-M. Rousseau (1996): The vehicle routing problem with time windows, Part I: Tabu search. INFORMS J. on Computing **8**, S. 158-164.

Potvin, J.-Y. und J.-M. Rousseau (1993): A parallel route building algorithm for the vehicle routing and scheduling problem with time windows. European J. of OR **66**, S. 331-340.

Potvin, J.-Y. und J.-M. Rousseau (1995): An exchange heuristic for routeing problems with time windows. J. of the Opl. Res. Society **46**, S. 1433-1446.

Probol, M.G. (1979): Tourenplanung mit EDV unter besonderer Berücksichtigung der Erfordernisse eines Unternehmens des Eisen- und Baustoffgroßhandels. Dissertation, Braunschweig.

Psaraftis, H.N. (1988): Dynamic vehicle routing problems. In: Golden und Assad (1988), S. 223-248.

Rego, C. und C. Roucairol (1995): Using tabu search for solving a dynamic multi-terminal truck dispatching problem. European J. of OR **83**, S. 411-429.

Rego, C. und C. Roucairol (1996): A parallel tabu search algorithm using ejection chains for the vehicle routing problem. In: I.H. Osman und J.P. Kelly (Hrsg.) (1996): Meta-heuristics: Theory & applications. Kluwer, Boston u.a., S. 661-675.

Renaud, J.; F.F. Boctor und G. Laporte (1996a): An improved petal heuristic for the vehicle routeing problem. J. of the Opl. Res. Society **47**, S. 329-336.

Renaud, J.; G. Laporte und F.F. Boctor (1996b): A tabu search heuristic for the multi-depot vehicle routing problem. Comput. & Oprns. Res. **23**, S. 229-235.

Revelle, C.; J.L. Cohon und D. Shobrys (1991): Simultaneous siting and routing in the disposal of hazardous wastes. Transportation Science **25**, S. 138-145.

Ribeiro, C.C. und F. Soumis (1994): A column generation approach to the multiple-depot vehicle scheduling problem. Oprns. Res. **42**, S. 41-52.

Robbins, J.A. und W.C. Turner (1979): CAWLIP - Clark and Wright - Lin interchange program for vehicle routing problems. Comput. & Industr. Engng. **3**, S. 89-100.

Rochat, Y. und F. Semet (1994): A tabu search approach for delivery pet food and flour in Switzerland. J. of the Opl. Res. Society **45**, S. 1233-1246.

Rochat, Y. und E. D. Taillard (1995): Probabilistic diversification and intensification in local search for vehicle routing. J. of Heuristics **1**, S. 147-167.

Ronen, D. (1995): Dispatching petroleum products. Oprns. Res. **43**, S. 379-387.

Roy, S. und J.-M. Rousseau (1989): The capacitated canadian postman problem. INFOR **27**, S. 58-73.

Russell, R.A. (1995): Hybrid heuristics for the vehicle routing problem with time windows. Transportation Science **29**, S. 156-166.

Russell, R.A. und D. Gribbin (1991): A multiphase approach to the period routing problem. Networks **21**, S. 747-765.

Ryan, D.M.; C. Hjorring und F. Glover (1993): Extensions of the petal method for vehicle routeing. J. of the Opl. Res. Society **44**, S. 289-296.

Salhi, S. und G.K. Rand (1993): Incorporating vehicle routing into the vehicle fleet composition problem. European J. of OR **66**, S. 313-330.

Salhi, S.; M. Sari, D. Saidi und N. Touati (1992): Adaption of some vehicle fleet mix heuristics. OMEGA **20**, S. 653-660.

Savelsbergh, M.W.P. (1985/6): Local search in routing problems with time windows. Annals of OR **4**, S. 285-305.

Savelsbergh, M.W.P. (1990): An efficient implementation of local search algorithms for constrained routing problems. European J. of OR **47**, S. 75-85.

Savelsbergh, M.W.P. (1995): The general pickup and delivery problem. Transportation Science **29**, S. 17-29.

Schmidt, J. (1994): Die Fahrzeugeinsatzplanung im gewerblichen Güterfernverkehr. Lang, Frankfurt/M. u.a.

Scholl, A.; R. Klein und C. Jürgens (1996): BISON: A fast hybrid procedure for exactly solving the one-dimensional bin packing problem. Erscheint in Comput. & Oprns. Res.

Semet, F. und E. Taillard (1993): Solving real-life vehicle routing problems efficiently using tabu search. Annals of OR **41**, S. 469-488.

Solomon, M. (1987): Algorithms for the vehicle routing and scheduling problems with time window constraints. Oprns. Res. **35**, S. 254-265.

Solomon, M.M. und J. Desrosiers (1988): Time window constrained routing and scheduling problems. Transportation Science **22**, S. 1-13.

Soumis, F.; M. Sauve und L. le Beau (1991): The simultaneous origin-destination assignment and vehicle routing problem. Transportation Sience **25**, S. 188-200.

Stern, H.J. und M. Dror (1979): Routing electric meter readers. Comput. & Oprns. Res. **6**, S. 209-223.

Stewart, W.R.Jr. und B.L. Golden (1984): A Lagrangean relaxation heuristic for vehicle routing. European J. of OR **15**, S. 84-88.

Stewart, W.R.; J.P. Kelly und M. Laguna (1994): Solving vehicle routing problems using generalized assignments and tabu search. Graduate School of Business, University of Colorado, Boulder.

Taillard, E. (1993): Parallel iterative search methods for vehicle routing problems. Networks **23**, S. 661-673.

Taillard, E.D.; G. Laporte und M. Gendreau (1996): Vehicle routeing with multiple use of vehicles. J. of the Opl. Res. Society **47**, S. 1065-1070.

Tan, C.C.R. und J.E. Beasley (1984): A heuristic algorithm for the period vehicle routing problem. OMEGA **12**, S. 497-504.

Thangiah, S.R.; I.H. Osman, R. Vinayagamoorthy und T. Sun (1993): Algorithms for the vehicle routing problems with time deadlines. In: Golden (1993), S. 323-355.

Thompson, P.M. und H.N. Psaraftis (1993): Cyclic transfer algorithms for multivehicle routing and scheduling problems. Oprns. Res. **41**, S. 935-946.

Trochelmann, J. (1980): Tourenplanung für das deterministische Ein-Depot-Problem. Vandenhoeck & Ruprecht, Göttingen.

Tzscharschuch, D. (1984): Das Tourenproblem mit Fahrzeugen unterschiedlicher Ladekapazität. Math. Operationsforsch. u. Statist., Ser. Optimization **15**, S. 253-262.

Ulusoy, G. (1985): The fleet size and mix problem for capacitated arc routing. European J. of OR **22**, S. 329 - 337.

Vaterrodt, H.J. (1975): Tourenplanung - Modelle und Verfahren. Deutsch-Verlag, Frankfurt/M. - Zürich.

Vigo, D. (1996): A heuristic algorithm for the asymmetric capacitated vehicle routing problem. European J. of OR **89**, S. 108 - 126.

Weber, R. (1985): Vehicle Routing- und Scheduling-Probleme unter besonderer Berücksichtigung von Dial-a-Ride-Problemen. Verlag Florentz, München.

Wendt, O. (1995): Tourenplanung durch Einsatz naturanaloger Verfahren - Integration von Genetischen Algorithmen und Simulated Annealing. Deutscher Universitäts Verlag, Wiesbaden.

Weuthen, H.-K. (1983): Tourenplanung - Lösungsverfahren für Mehrdepot-Probleme. Dissertation, TU Karlsruhe.

Win, Z. (1987): Contributions to routing problems. Dissertation, Augsburg.

Xu, J. und J.P. Kelly (1995): A network flow-based tabu search heuristic for the vehicle routing problem. Transportation Science **30**, S. 379 - 393.

Yellow, P.C. (1970): A computational modification to the savings method of vehicle scheduling. OR Quarterly **21**, S. 281 - 283.

Ziegler, H.-J. (1988): Computergestützte Transport- und Tourenplanung. Vogel-Verlag, Würzburg.

Zhu, P. (1989): Ein flexibles Verfahren zur Lösung kantenorientierter Tourenplanungsprobleme im Straßenbetriebsdienst. Dissertation, TH Darmstadt.

5.8 Aufgaben zu Kapitel 5

Aufgabe 5.1: Es ist ein CCPP [1, edge | dur | | FZ] für den Graphen G in Abb. 5.1 zu lösen. Die Kantenbewertungen c_{ij} seien erforderliche Fahrzeiten. Die Fahrzeit für jede Tour darf dur = 20 ZE nicht überschreiten; die Gesamtfahrzeit aller Touren soll minimiert werden. Kapazitätsrestriktionen sind nicht vorhanden.

Lösen Sie das Problem mittels einer Route first - cluster second - Vorgehensweise. Bestimmen Sie dazu zunächst eine Euler-Tour. Die kostenminimale Erweiterung von G kann dabei durch Lösung eines linearen Zuordnungsproblems erreicht werden.

Geben Sie einen Tourenplan mit zugehörigen kürzesten Routen an, dessen Gesamtfahrzeit gleich derjenigen der kürzesten Briefträgertour für den Graphen G ist.

Aufgabe 5.2: Betrachten Sie das Beispiel zum Sweep-Algorithmus (die Entfernungsmatrix aus Tab. 5.4 ist in Tab. 5.7 nochmals angegeben; es gilt cap = 4 und dur = 16). Sortieren Sie die Kunden, beginnend bei 10, nach *abnehmenden* Polarwinkeln, und wenden Sie den Sweep-Algorithmus an.

a) Ergeben sich dabei ein oder mehrere andere Tourenpläne als die aufgrund der Sortierung für Alg. 5.1 erhältlichen?

b) Geben Sie für den ersten der ermittelten Pläne die Tourenmatrix $A = (a_{it})$ an; vgl. Kap. 5.4.1.

	0	1	2	3	4	5	6	7	8	9	10
0	–	4.1	2.2	5.0	4.2	2.2	5.1	5.1	3.2	3.6	6.1
1		–	3.2	5.7	7.3	6.0	9.0	9.2	6.4	3.2	2.8
2			–	3.2	4.1	3.2	6.1	6.7	5.4	4.5	5.8
3				–	3.6	4.5	6.4	7.8	8.1	7.6	8.5
4					–	2.2	2.8	4.5	6.3	7.8	9.8
5						–	3.0	3.6	4.1	5.8	8.2
6							–	2.0	5.7	8.5	11.2
7								–	4.5	8.1	11.0
8									–	4.1	7.3
9										–	3.2
10											–

Tab. 5.7

Aufgabe 5.3: Welchen Tourenplan erhält man mit Hilfe von Alg. 5.2 an Stelle des in Abb. 5.10 angegebenen Plans, wenn bei jedem der Kunden 1 ZE für Be- bzw. Entladen zu berücksichtigen ist und die Summe aus Fahrzeiten (Tab. 5.7) und Be- und Entladezeiten für jede Tour $\leq$ dur = 16.7 sein soll? Es gilt wiederum cap = 4.

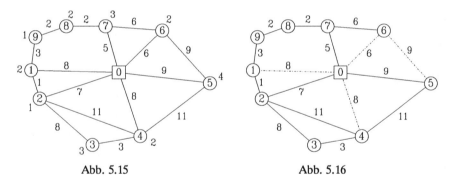

Abb. 5.15   Abb. 5.16

Aufgabe 5.4: Betrachten Sie das CVRP $[1|\mathcal{M}, \text{cap}| \ |L|]$ mit dem Graphen aus Abb. 5.15, $\mathcal{M} = 2$ und cap = 10. Die Kundenbedarfe b_i (i = 1,...,9) sind als Knotenbewertungen gegeben.

Ermitteln Sie eine untere Schranke für die minimale Gesamtlänge der Routen, indem Sie das Problem, wie in Kap. 5.3.1.1 beschrieben, zu einem linearen Zuordnungsproblem relaxieren.

Aufgabe 5.5: Wir wollen das Beispiel in Kap. 5.5.2.1 mit der Entfernungsmatrix in Tab. 5.7 wie folgt abändern:

Die Kunden 1 bis 10 sind mit 4, 3, 4, 6, 2, 7, 4, 8, 6 und 3 ME zu beliefern. Dafür stehen fünf Lkw mit den Kapazitäten 6, 8, 10, 12 und 15 ME zur Verfügung. Die maximale Fahrzeit jeder Tour sei wiederum dur = 16.

Wenden Sie den Sweep-Algorithmus (Alg. 5.1) mit folgender Regel für die Lkw-Wahl an: Es soll stets zuerst der größte, noch verfügbare Lkw verplant werden. Die Aufnahme von Kunden in eine Tour (in der Reihenfolge ihrer Sortierung) werde beendet, wenn mit dem nächsten Kunden die Restkapazität des (vorläufig) gewählten Lkws oder die maximale Fahrzeit dur überschritten würde. *Nach Festlegung der Tour* soll ihr jedoch der kleinstmögliche noch verfügbare Lkw zugeordnet werden. Beispiel: Die erste Tour des ersten Tourenplanes enthält die Kunden 1, 2 und 3. Der Bedarf des Kunden 4 würde die Restkapazität des größten Lkws übersteigen. Zur Bedienung der Tour $\{1,2,3\}$ reicht jedoch der zweitgrößte Lkw mit der Kapazität 12 aus.

Welches ist der beste der mit dieser Vorgehensweise erhältlichen Tourenpläne?

Aufgabe 5.6: Betrachten Sie das CARP [1,edge | cap, R | | L] mit dem Graphen aus Abb. 5.16 und cap = 40. Zu bedienen sind die durchgezogenen Kanten; der Bedarf q_{ij} einer zu bedienenden Kante [i, j] entspricht ihrer Länge c_{ij}.

Ermitteln Sie mit Hilfe der Heuristik "Construct and Strike" (vgl. Kap. 5.6.3 sowie Bem. 5.12) einen zulässigen Tourenplan.

Anhang: Lösungen zu den Aufgaben

Aufgabe 2.1: Die von den Schülern nach A bzw. B von ihrer Straße [i,j] aus zurückzulegenden kürzesten Entfernungen sind in den beiden folgenden Tabellen angegeben:

	[A,2]	[A,3]	[A,5]	[A,B]	[2,7]	[2,B]	[3,4]	[3,5]	[4,5]	[5,6]	[6,8]	[6,B]	[7,8]	[7,B]	[8,B]	a_i
A	1	2	2	3	5	4	6	5	6	5	7	7	9	6	6	14
B	5	5	3	3	5	2	5	2	3	2	3	2	4	1	1	14
b_j	1	3	2	2	1	2	2	2	1	1	2	3	3	1	2	

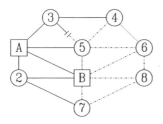 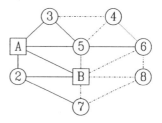

Lösung zu a):   Lösung zu b):
Länge aller Wege 81, längster Weg 6   Länge aller Wege 85, längster Weg 5

Abb. A.1

Die der Schule A zugeordneten Kanten sind in Abb. A.1 durchgezogen, die zu B zugeordneten Kanten sind strichpunktiert.

Zu a) existiert eine weitere optimale Lösung, bei der die Kinder der Straße [3,5] voll der Schule B und dafür diejenigen der Straße [4,5] der Schule A zugeordnet werden.

Die Lösung zu b) besitzt die unerwünschte Eigenschaft, daß Schüler aus der Straße [3,4] auf ihrem Weg nach B die Straße [3,5] benutzen, die zum Einzugsbereich der Schule A gehört.

Aufgabe 2.2:

a) $BT_u = 3$.

b) BT_u muß um $\eta = 2$ erhöht werden.

Bei Abbruch der Verfahren konnten (von der eingeführten Quelle q aus) die Anbieter A_1 und A_2 sowie die Nachfrager B_2 und B_4 erreicht (markiert) werden, die Senke s aber nicht. Es ist $\eta + BT_u = \min \{t_{ij} \mid i \in \{A_1, A_2\}, j \in \{B_1, B_3\}\} = 5$.

Aufgabe 2.3: Führen wir z als zu minimierende Bottleneck-Zeit ein, so läßt sich das Bottleneck-TPP wie folgt als lineares Optimierungsproblem mit Binärvariablen formulieren:

Minimiere z unter den Nebenbedingungen (2.12) – (2.14) sowie

$$x_{ij} \leq y_{ij} \cdot \min \{a_i, b_j\}, \quad y_{ij} t_{ij} \leq z \quad \text{und} \quad y_{ij} \in \{0,1\} \qquad \text{für alle i und j}$$

Aufgabe 2.4: Wir verwenden kontinuierliche Variablen x_{ij} wie in Kap. 2.4.1 und Zuordnungsvariablen z_{ij} ($i = 1,...,m$; $j = 1,...,n$) mit der Bedeutung:

$$z_{ij} = \begin{cases} 1 & \text{falls Stapelfläche j mit Containerart i belegt wird} \\ 0 & \text{sonst} \end{cases}$$

Damit läßt sich das Problem mathematisch wie folgt formulieren:

Minimiere $F(x,z) = \sum_{i=1}^{m} \sum_{j=1}^{n} c_{ij} x_{ij}$

unter den Nebenbedingungen

$\sum_{j=1}^{n} x_{ij} = a_i$ \hspace{2em} für $i = 1,...,m$

$b_j z_{ij} \geq x_{ij}$ \hspace{2em} für alle i und j

$\sum_{i=1}^{m} z_{ij} \leq 1$ \hspace{2em} für $j = 1,...,n$

$x_{ij} \geq 0$ und $z_{ij} \in \{0,1\}$ \hspace{2em} für alle i und j

Aufgabe 2.5: Die optimale Lösung ist $x_{21} = x_{42} = x_{13} = x_{24} = x_{45} = 4$ und $x_{ij} = 0$ sonst mit dem Zielfunktionswert $F(x) = 44$. Man erhält sie am effizientesten, indem man ein lineares Zuordnungsproblem (mit "Anbietern" 1, 2a, 2b, 3, 4a, 4b) formuliert und löst.

Aufgabe 2.6:

a) Die Kostenmatrix sowie die Angebots- und Nachfragemengen des gemischt-binären TPPs zeigt Tab. A.1 (Elemente ohne Eintragung besitzen die Bewertung M).

b) Die gesuchte zulässige Lösung **x** mit $F(x) = 48$ ist in Tab. A.2 angegeben.

	3	4	5	6	7	8	a_i
1	1	3	6				5
2	5	4	4				6
3	0			6	1	2	11
4		0		2	3	3	11
5			0	5	4	1	11
b_j	11	11	11	4	3	4	

Tab. A.1

	3	4	5	6	7	8
1	3	2				
2		2	4			
3	8					3
4		7		4		
5			7			4

Tab. A.2

c) Wir verwenden die in b) enthaltene Lösung als zulässige Anfangslösung mit $\bar{F} = 48$. Die Relaxation P_0' besitzt die in Tab. A.3 angegebene optimale Lösung **x** mit $F(x) = 46$ ($= \underline{F}_0$). Die Lösung besitzt nicht die für die zweite Transportstufe geforderte Binarität.

Problem P_0 wird durch Fixierung von x_{38} oder x_{58} verzweigt. Deren Down-Penalties sind $x_{38} \alpha_{38} = 2$ und $x_{58} \alpha_{58} = 4$, also wird x_{58} gewählt. Problem P_1 mit $x_{58} = 0$ ist wegen $\underline{F}_0 + x_{58}\alpha_{58} > \bar{F}$ ausgelotet. P_2 mit $x_{58} = 4$ besitzt die in Tab. A.2 enthaltene optimale Lösung; sie ist damit zugleich optimale Lösung von P_0.

	3	4	5	6	7	8
1	5					
2		4	2			
3	6				3	2
4		7		4		
5			9			2

Tab. A.3

Aufgabe 2.7: Man erhält $x_{35} = 2$, $x_{44} = 2$, $x_{22} = 4$, $x_{45} = 2$, $x_{11} = \max\{5,4\} = 5$, $x_{23} = 2$, $x_{46} = 2$, $x_{43} = \max\{3,4\} = 4$ und $x_{ij} = 0$ sonst mit $F(\mathbf{x}) = 40$ (die f_{ij} sind Fixkosten pro Transportverbindung). Bei dieser Lösung wird die Angebotsmenge von Anbieter 4 und die Nachfragemenge von Nachfrager 1 jeweils um eine ME überschritten.

Aufgabe 2.8:

a) Siehe Tab. A.4. Die Lösung ist nicht optimal, weil die gesättigte Nichtbasisvariable $x_{15}^1 = 3$ positive Opportunitätskosten besitzt.

b) Siehe Tab. A.5.

	3	4	5	u_i
1	0/1	⊟/1	1/1	–1
2	⊟/0	–2/⊟	⊟/3	0
v_j	2	3	1	

Tab. A.4

	3	4	5
1	3/0	②/0	②/0
2	③/0	3/0	②/0

Tab. A.5

Aufgabe 2.9: Den Lösungsbaum zeigt Abb. A.2.

P_0: Die Lösung zu P_0' entspricht derjenigen in Tab. 2.11. Als Verzweigungsvariablen kommen x_{36} oder x_{46} in Frage. Ausgehend von $\beta_{36} = \min\{\bar{c}_{12}, \bar{c}_{22}, \bar{c}_{42}\} = 2$ und $\beta_{46} = \min\{\bar{c}_{3j} \mid j = 1,3,4,5,7\} = 1$ ergeben sich die Up-Penalties $(b_6 - x_{36})\beta_{36} = 4$ und $(b_6 - x_{46})\beta_{46} = 5$. Somit wird x_{46} zum Verzweigen verwendet.
Da die Auswahl der Variablen anhand des Up-Penalties erfolgt, ist es sinnvoll, zuerst das Teilproblem mit der Fixierung $x_{46} = 0$ zu bilden.

P_1: Wir fixieren $x_{46} = 0$ durch $c_{46} = M$. Die optimale Lösung der Relaxation P_1' ist zugleich zulässig für P_0. Sie entspricht derjenigen in Tab. 2.13 und liefert die neue obere Schranke $\bar{F} = 85$; Ausloten nach Fall b.

P_2: Wir fixieren $x_{46} = 7$; damit erhalten alle c_{4j} und c_{i6} mit $j = 1,...,5$ und $i = 1,...,3$ den Wert M. Die optimale Lösung von P_2' ist $x_{21} = 3$, $x_{32} = 5$, $x_{13} = 1$, $x_{23} = 5$, $x_{34} = 4$, $x_{15} = 2$, $x_{46} = 7$ (und $x_{17} = 5$, $x_{37} = x_{47} = 1$) mit $\underline{F}_2 = 81$. Als Verzweigungsvariablen kommen x_{13} oder x_{23} in Frage. Deren Up-Penalties sind $(b_3-x_{13})\beta_{13} = 0$ und $(b_3-x_{23})\beta_{23} = 3$; es wird x_{23} zum Verzweigen verwendet.

P_3: Fixierung von $x_{23} = 0$ liefert $\underline{F}_3 = 86 > \overline{F} = 85$; Ausloten nach Fall a.

P_4: Fixierung von $x_{23} = 6$ liefert $\underline{F}_4 = 90 > \overline{F} = 85$; Ausloten nach Fall a.

Die Kandidatenliste ist leer. Die bei P_1 gefundene Lösung ist optimal.

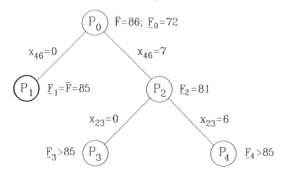

Abb. A.2

Aufgabe 3.1: Wir führen den fiktiven Auftrag 0 mit $A_0 = E_0$ im Depot ein. Jeder Auftrag i beginnt in A_i und endet in E_i; d.h. im Rahmen des TSP sind die Distanzen $E_i \to A_j$ entscheidungsrelevant. Damit kann für das zu lösende TSP die in Tab. A.6 angegebene Kostenmatrix verwendet werden.

Das Problem wird mit Hilfe des Little- oder eines Subtour-Eliminations-Algorithmus gelöst. Die kürzeste Rundreise ist $\rho = (0,1,2,3,0)$ mit der Länge 13; d.h. die Aufträge sind in der Reihenfolge 1,2,3 auszuführen.

	A_0	A_1	A_2	A_3
E_0	∞	4	5	7
E_1	5	∞	0	2
E_2	7	3	∞	6
E_3	3	8	4	∞

Tab. A.6

	L	A	B	C	D
L	∞	5	6	7	5
A	10	∞	7	4	14
B	7	7	∞	11	7
C	6	4	11	∞	12
D	4	9	10	6	∞

Tab. A.7

Aufgabe 3.2: Die Kostenmatrix ist in Tab. A.7 angegeben.

Das Problem kann mit Hilfe des Little- oder eines Subtour-Eliminations-Algorithmus gelöst werden. Optimale Lösungen sind $\rho_1 = (L,D,C,A,B,L)$ und $\rho_2 = (L,C,A,B,D,L)$ mit der Länge 29. ρ_1 entspricht in Abb. 3.1 der geschlossene Weg $w_1 = (5,6,7,9,4,1,2,B,2,5)$, ρ_2 entspricht $w_2 = (5,4,C,4,1,2,3,6,7,5)$.

Aufgabe 3.3: P_{12} wird durch Fixierung von $x_{63} = 0$ bzw. $x_{63} = 1$ in die Probleme P_{13} und P_{14} verzweigt. Für P_{14} erhält man die kürzeste Rundreise $(1,5,6,3,4,2,1)$.

Aufgabe 3.4: Unter Verwendung von Binärvariablen x_{ip} und Parametern a_{ijpq} mit

$$x_{ip} = \begin{cases} 1 & \text{falls Ort i an Position p besucht wird} \\ 0 & \text{sonst} \end{cases}$$

$$a_{ijpq} = \begin{cases} c_{ij} & \text{falls } q = p+1 \text{ oder } (p = n \text{ und } q = 1) \\ 0 & \text{sonst} \end{cases}$$

lautet die Formulierung des TSP als quadratisches Zuordnungsproblem:

$$\text{Minimiere } F(x) = \sum_{\substack{i=1 \\ }}^{n} \sum_{\substack{j=1 \\ j \neq i}}^{n} \sum_{\substack{p=1 \\ }}^{n} \sum_{\substack{q=1 \\ q \neq p}}^{n} a_{ijpq} \, x_{ip} \, x_{jq}$$

unter den Nebenbedingungen

$$\sum_{p=1}^{n} x_{ip} = 1 \qquad \text{für } i = 1,\ldots,n$$

$$\sum_{i=1}^{n} x_{ip} = 1 \qquad \text{für } p = 1,\ldots,n$$

$$x_{ip} \in \{0,1\} \qquad \text{für alle i und p}$$

Aufgabe 3.5:

a) Die Kostenmatrix des Problems zeigt Tab. A.8. Man erhält den Weg (8,1,3,2,6,4,5,7) mit der Länge 37.

Knoten	1	2	3	4	5	6	7	8
1	–	6	5	13	15	10	13	0
2	6	–	3	11	13	8	11	0
3	5	3	–	8	10	5	8	0
4	13	11	8	–	6	7	10	0
5	15	13	10	6	–	5	4	0
6	10	8	5	7	5	–	3	0
7	13	11	8	10	4	3	–	0
8	4	10	7	9	11	6	9	–

Tab. A.8

b1) Der 1-Baum enthält die Verbindungen [2,3], [6,7], [5,7], [3,6], [4,5], [6,8] sowie [1,3], [1,8] und besitzt den Wert $\underline{F}$ = 36. Er stellt keine Rundreise dar.

b2) Der minimale spannende Baum enthält die Verbindungen [2,3], [6,7], [5,7], [1,8], [1,3], [3,6] und [4,5]. Durch die Lösung des MK-Matching-Problems kommen Kanten [2,3] und [4,8] hinzu. Die Kette [2,3,1] läßt sich durch die kürzere Kante [1,2] ersetzen. Als Rundreise erhält man [1,2,3,6,7,5,4,8,1] mit der Länge 40.

Aufgabe 3.6: Der Graph wird um Pfeile (01,02) und (02,01) erweitert mit den Bewertungen:

a) c(01,02) = c(02,01) = 0; Lösung wie in Kap. 3.5 mit zwei eingesetzten Reisenden.

b) c(01,02) = c(02,01) = –3; Lösung z.B. (01,02,1,2,3,4,01) mit einem Reisenden.

Aufgabe 4.1: Es sind jeweils *zwei* Pfeile (2,3) und (6,5) sowie ein Pfeil (5,4) einzuführen. Die unproduktive Gesamtfahrzeit beträgt 6 ZE.

Aufgabe 4.2:

a) Der Vektor der Knotengraddifferenzen ist (4, −2, 2, 0, −2, −2).

b)

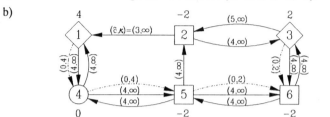

Abb. A.3

Besitzt G_2 parallele Pfeile mit gleichen Bewertungen, so sind bei Bildung des Graphen für das Umladeproblem die in der Abbildung realisierten Einsparungen möglich. Natürlich müssen die Regeln zur Bildung der Pfeilmengen E_2, $\bar{E}_2$ und EZ entsprechend modifiziert werden.

Diese Einsparung von Pfeilen (und damit von Variablen im Umladeproblem) zeigt sich z.B. am Pfeil (1,4) mit der Bewertung (0,4). Er ersetzt zwei Pfeile (1,4), die jeweils die Bewertung (0,2) erhalten müßten.

Aufgabe 4.3: Der gegebene gemischte Graph ist ein Euler-Graph. Es existiert somit mindestens eine geschlossene "Pfeil- und Kantenfolge", die jede Verbindung genau einmal enthält. Zu entscheiden ist dabei lediglich noch, in welcher Richtung die Kanten zu traversieren sind. Zu bilden und lösen ist ein kapazitiertes Umladeproblem, das gegenüber demjenigen in Kap. 4.3.3 nur Pfeile der Menge $\bar{E}_2$ besitzt. Den für das Umladeproblem zu bildenden Graphen zeigt Abb. A.4a, der ermittelte gerichtete Euler-Graph ist in Abb. A.4b wiedergegeben.

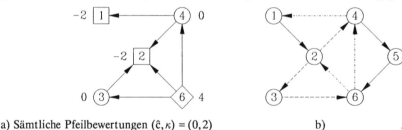

a) Sämtliche Pfeilbewertungen $(\hat{c}, \kappa) = (0,2)$ b)   Abb. A.4

Aufgabe 4.4: Zuordnungen 1 → 4, 2 → 6 und 3 → 5; Wert 2; der Wert der in Abb. 4.18 angegebenen Lösung ist 12.

Aufgabe 4.5: Nein.

Aufgabe 5.1: Durch Hinzufügen von je einer Kante [1,2], [3,4], [5,6] und [0,7] wird G kostenminimal zu einem Euler-Graphen G_e erweitert. Der gesuchte Tourenplan umfaßt vier Touren mit den Routen [0,1,2,1,7,0], [0,6,5,6,7,0], [0,4,5,0] und [0,2,3,4,3,0]. Diese

Routen enthalten jede Kante von G_e genau *einmal*; die beschränkte Fahrzeit dur = 20 wirkt sich also nicht restriktiv aus.

Aufgabe 5.2:

a) Obwohl sämtliche $b_i = 1$ sind, erhält man mehrere Tourenpläne, die mit Alg. 5.1 nicht ermittelt wurden. Der beste dieser Pläne enthält die Routen [0, 8, 7, 6, 5, 0], [0, 4, 3, 2, 0] und [0, 1, 10, 9, 0]. Man erhält ihn dreimal, beginnend mit Kunde 8, 4 bzw. 1. Er besitzt die Gesamtlänge 41.8.

b) Mit den Routen [0, 10, 9, 0], [0, 8, 7, 6, 5, 0], [0, 4, 3, 2, 0] und [0, 1, 0] ergibt sich die Matrix A = (a_{it}) in Tab. A.9 (Elemente mit Wert 0 sind nicht eingetragen).

i \ t	1	2	3	4
1				1
2			1	
3			1	
4			1	
5		1		
6		1		
7		1		
8		1		
9	1			
10	1			

Tab. A.9

Aufgabe 5.3: Man erhält den Plan mit den Routen [0, 2, 3, 4, 0], [0, 5, 6, 7, 0], [0, 8, 0], [0, 1, 9, 10, 0] mit der Gesamtlänge 45.6; die gesamte Fahr- und Be- bzw. Entladezeit beträgt 55.6 ZE.

Aufgabe 5.4: Als optimale Lösung der Relaxation ergibt sich $x_{12} = x_{21} = 1$, $x_{34} = x_{43} = 1$, $x_{05} = x_{56} = x_{60} = 1$, $x_{07} = x_{70} = 1$, $x_{89} = x_{98} = 1$ und $x_{ij} = 0$ sonst mit $\underline{F} = 46$.

Aufgabe 5.5: Man erhält zwei gleich gute Pläne mit der Länge 53.1.

Plan 2: [0, 2, 3, 4, 5, 0], Lkw mit 15 ME; [0, 6, 7, 0], Lkw mit 12 ME; [0, 8, 0], Lkw mit 8 ME; [0, 9, 10, 0], Lkw mit 10 ME; [0, 1, 0], Lkw mit 6 ME.

Plan 10: [0, 10, 1, 2, 0], Lkw mit 10 ME; [0, 3, 4, 5, 0], Lkw mit 12 ME; [0, 6, 7, 0], Lkw mit 15 ME; [0, 8, 0], Lkw mit 8 ME; [0, 9, 0], Lkw mit 6 ME.

Aufgabe 5.6: Beginnend mit dem durch die zu bedienenden Kanten induzierten Graphen $\bar{G}$, findet sich in Schritt 1 die zulässige Route [0, 5, 4, 2, 0]. Nach Entfernen der entsprechenden Kanten aus $\bar{G}$ ist nur noch eine Kante mit dem Depot inzident, es läßt sich also kein zulässiger Kreis mehr finden. Da $\bar{G}$ zusammenhängend ist, wird Schritt 3 angewendet. Die Lösung des dort entstehenden MK-Matching-Problems (mit den Knoten 0, 4, 6, 7 und deren kürzesten Entfernungen im Ausgangsgraphen) führt zur Aufnahme der unproduktiven Kanten [0, 4] und [6, 7]. Nun findet sich in Schritt 1 die zulässige Route [0, 7, 6, 7, 8, 9, 1, 2, 3, 4, 0]. Die Gesamtlänge der Routen beträgt 82 LE.

Sachverzeichnis

Abweichung, mittlere 26
Add-Algorithmus 22
Anbieter 2, 43
Anfangsknoten (e. Pfeiles) 1
Annahmewahrscheinlichkeit 29
Anstiegs-Methode 154 ff.
Artikulationsknoten 140, 146
Ascent-Methode 154 ff.
- von Smith und Thompson 156
Aspirations-Kriterium 33
-, globales 33
-, lokales 33
Attribut 31
Ausloten (e. Teilproblems) 6 ff.
Auswahlregel (bei B&B-Verfahren) 13
Auswahlstrategie (bei Suchverfahren) 24, 250 f.

Balance & Connect 197
Basislösung 44
Baum 4
-, minimaler spannender 4
-, spannender 4
1-Baum 5
-, minimaler 5
-Problem 5
Bedarf, dynamischer und stochastischer 256
Best fit 24
Bester Nachfolger 110, 243, 264
Binäre Suche 53
Blatt (e. Baumes) 4
Bottleneck
-TPP 49 ff.
-TPP, kapazitiertes 58
-Umladeproblem 58 f.
-, verallgemeinertes 59
-Zeit 49
-Zuordnungsproblem 58
Bounding 6 ff.
-, Additives 14 ff., 139, 218 ff.
-Regel 139 ff.
Branch-and-Bound-Verfahren (B&B-Verfahren) 1, 6 ff., 82
- von Fischetti et al. 218 ff.
- von Fisher 225 ff.
- von Fisher et al. 73 ff.
- von Little et al. 128 ff.
- von Nagelhout und Thompson 69 ff.
Branch-and-Cut-Verfahren 148
Branching 6 ff.
Briefträgerproblem 175 ff., 211
- in gemischten Graphen 189 ff.
- in gerichteten Graphen 180 ff.
- in ungerichteten Graphen 182 ff.
Briefträgertour 177
-, kürzeste 178

Capacitated Arc Routing Problem (CARP) 213, 258 ff.
Capacitated Chinese Postman Problem (CCPP) 212, 258 ff.
Capacitated Vehicle Routing Problem (CVRP) 211 ff.
Chinese Postman-Problem (CPP) 175 ff., 212
-, kapazitiertes (CCPP) 212, 258 ff.
Clustered TSP 166
Cluster-Verzweigung 228
Construct and Strike 264 ff.
Crossover 37

Depot 205
Depot- und Kundencharakteristik 207
Distanzmatrix 5
Diversifizierung 34, 38
Dominanzregel 224, 228
Dreiecksungleichung 102
Drop-Algorithmus 22
Dual Adjustment-Verfahren 11, 73 ff.
Dual Ascent-Methode 11
Dualvariable 12

Endknoten
- (e. Baumes, e. Wurzelbaumes) 4
- (e. Pfeiles, e. Kante) 1
Endproblem (e. Lösungsbaumes) 8
Engpaßzeit 49
Entfernung, kürzeste 4 ff.
Entfernungsmatrix 5

Entscheidungsbaum 7
Enumeration (vollständige) 8
Eröffnungsverfahren 21 ff., 64 ff., 110 ff., 235 ff., 243 ff., 253 ff., 264 ff.
Erweiterung, kostenminimale 179 ff., 194
Euler
-Graph 178
-Kette 180
-Tour 178 ff., 195 ff.
Evaluationsstrategie 24, 250

Fahrplanproblem 257
Fahrzeit, dynamische und stochastische 256
Fahrzeugcharakteristik 207 ff.
First fit 24
Fitness 36
Fixed-Charge-TPP 77 ff.
Fixierung (e. Variablen) 14, 69
Fixkosten-TPP 77 ff.
-, reines 78
Fixkosten-Umladeproblem 77 ff.
Fuhrpark 256

General Routing-Problem 176, 198
Generalized Assignment Problem (GAP) 60 ff.
Generationszyklus 37
Genetische Algorithmen 25 ff., 36 ff., 126, 236
Genpool 37
Gerüst 4
Giant route 235, 239
Graph 1
-, bipartiter 2
-, gemischter 177
-, gerichteter 1
-, schlichter 2
-, stark zusammenhängender 3
-, ungerichteter 1
-, zusammenhängender 3
Gruppierungsproblem 234
Gütelimit 26

Hamiltonscher Kreis bzw. Zyklus 101
Heuristik 20 ff., 64 ff., 110 ff., 234 ff.
-, Größte-Nachfrager- 65
-, Lagrange- 27
-, LP- 27
-, Regret- 65
-, relaxationsbasierte 27, 64, 81

Individuum 36
Intensivierung 34, 38
Intervallhalbierung 53
Inventory Routing 258

Kandidatenliste 13
Kante 1
Kanten-
-grad 177
-menge 1
-verzweigung 227
Kapazitätsbeschränkung (-bewertung) 4
Kette 2
-, elementare 2
-, geschlossene 2
-, kürzeste 5
-, Länge einer - 4
-, offene 2
-, unproduktive 183
Knapsack-Problem 6, 19
-, zweiperiodiges 6
Knoten 1
-, isolierter 2
Knotengrad
-, gesamter 177
-, negativer 2, 177
-, positiver 2, 177
Knotenmenge 1
Kodierung 36
Königsberger Brückenproblem 176
Komponenten
- von B&B-Verfahren 9 ff.
- von Graphen 3 f.
Kosten
-bewertung 4
-matrix 102
-, reduzierte 15
Kreis (elementarer) 3
Kurzzyklus 101, 105 ff.

Länge einer Kette, eines Weges 4
Lagrange
-Heuristik 27, 64, 91
-Multiplikator 12, 152
-Problem 12, 73, 154, 225
-Relaxation 11, 27, 64, 73, 152, 225
Laser search 13
LIFO-Regel 13
Lin/Kernighan 121 ff.

Location Routing 257
-Problem 209
Lösungsbaum 7
Lokale Suchverfahren 21 ff., 68 f., 117 ff., 249 ff., 264
LP-Relaxation 11, 27, 63

Masterproblem 231
Matching 6
-basierte untere Schranke 261
-, kostenminimales 6, 183
2-Matching 6
-, minimales; -Problem 6
Matroid-Schranke 162
Maximal-Matching-Problem 184
Maximum Benefit-Briefträgerproblem 200
Maximum Benefit TSP 165
M-Baum 216
-, minimaler 217
-Problem 217, 225
M-Briefträgerproblem 198
Mehrdepotproblem 255
Mehrfacheinsatz von Fahrzeugen 256
Mehrperiodenproblem 255
Metastrategie, heuristische 21 ff., 125
Methode des steilsten Abstiegs 24
Metrik 103
Minimalkosten-Flußproblem 220
Minimal-Kosten-Matching (MK-Matching) 6
-Problem 6, 183 f.
Minimierungsproblem 8
MLB-Regel 13
M-Traveling Salesmen-Problem (M-TSP) 162
Mutation 38

Nachbar (e. Knotens) 2
-lösung 23
-schaft (e. Lösung) 22
Nachfolgermenge 2
Nachfrager 2, 43
Netzwerk (= Graph) 1
Neuronale Netze 21, 126
Node Scanning-Schranke 261
Nordwesteckenregel 21, 52
Nullgraph 139 ff.

Operator, genetischer 37
Opportunitätskosten 14 ff., 44, 138, 219, 230
Optimalitätseigenschaft 44
Optimierung, kombinatorische 6
Order crossover 39
Order picking 104
Orienteering-Problem 165
Or-opt 121

Patching-Algorithmus 114 f.
Penalty 47
-, Down- 47, 82, 130
-, Up- 47, 82
Pendelroute 218
Petal-Algorithmen 239 ff.
Pfeil 1
Pfeilmenge 1
-, unzulässige 219
Pickup and delivery 208, 257
Population 36
Problemcharakteristik 207, 210

Quelle 2

Reactive Tabu Search 33
Rechenzeitlimit 26
Reduktionskonstante 130
Reduzierte Matrix 135
Reihenfolgeproblem 234
Rekombination 37
Relaxation 9 ff.
-, Lagrange- 11, 27, 64, 73, 152, 225
-, LP- 11, 27, 63
-, Surrogate- 11, 64
Residual Cancellation Sequence 34
Reverse Elimination Methode 34
Route 206
Routenverzweigung 228
Routing-Problem 198, 211
Rundreise (kürzeste) 101
-, r-optimale 117
Running List 34
Rural Postman-Problem 176, 197 f., 258

Saving 244
Savings-Algorithmus 111, 243 f., 253, 264
Schnitt 262
Schnittebenen-Verfahren 148
Schranke, obere und untere 8
Schrittweite 155
Segregated Storage-Problem 62
Selektion 37
Senke 2
Set-Covering-Problem (SCP) 228 ff.
Set-Partitioning-Problem (SPP) 228 ff.
Simulated Annealing 25 ff., 68, 125, 236, 264
Simultanverfahren 234, 243, 255, 264
Single Source Bottleneck-TPP 59
Single Source-TPP (SSTPP) 61 ff., 216, 241
Sintflutalgorithmus 30
Spaltengenerierung 230 ff.
Steepest ascent 24
Steepest descent 24
Steepest descent/mildest ascent 24
Strafkosten 12, 47
Strecke, unproduktive 175
Subgradientenverfahren 12, 154 ff.
Subproblem 232
Subtour-Eliminations-Algorithmus 128 ff.
Sukzessive Einbeziehung 110 f., 243, 253, 264
Sukzessivverfahren 234, 255
Surrogate-Relaxation 11, 64
Sweep-Algorithmus 236 ff., 254

Tabu Search 25 ff., 68, 126, 236, 264
Tabudauer 32
Tabuliste 31
-, statische flexible 33
-, statische starre 32
Tabulisten-Management 32, 251
-, dynamisches 34
Teilbaum 4
Teilgraph 3
-, echter 3
Teilproblem 7
-, ausgelotetes 6 ff.
Test, logischer 14

Threshold Accepting 30, 126
Threshold-Algorithmus 53
Threshold-Totals-Methode 54
Tiefensuche
- mit vollständiger Verzweigung 13
-, reine 13
Tour 206
-, Briefträger- 177
-, Euler- 178 ff., 195 ff.
-, zulässige 229
Tourenmatrix 229
Tourenplan 206
Tourenproblem 204 ff.
-, kantenorientiertes 205 ff.
-, knotenorientiertes 205 ff.
- mit Zeitfenstern 205
Transformation(svorschrift) 23
Transportproblem (TPP)
-, binäres 61 ff.
-, Bottleneck- 49 ff.
-, Fixed-Charge- 77 ff.
-, Fixkosten- 77 ff.
-, kapazitiertes Bottleneck- 58
-, klassisches 43, 181
-, mehrstufiges 63
-, Minimax- 58
-, Multiple Bottleneck- 58
-, nichtlineares 86 ff.
-, Single Source- 61 ff., 216, 241
-, stochastisches verallgemeinertes 48
-, verallgemeinertes 47
Traveling Purchaser-Problem 165
Traveling Salesman-Problem (TSP) 100 ff.
-, asymmetrisches 101, 105, 124, 128 ff.
-, euklidisches 104, 116
-, geschlossenes 102
-, metrisches 104
- mit Zeitfenstern 166
-, offenes 102
-, Prize Collecting 165
-, stochastisches 166
-, symmetrisches 101, 107, 148 ff.
-, zeitabhängiges 165

Umladeproblem 182
-, Bottleneck- 58 f.
-, gemischt-binäres 63
-, kapazitiertes Bottleneck- 59
- mit Kantengewinnen 48
-, nichtlineares 86
-, unkapazitiertes 182
-, verallgemeinertes 47
Ungarische Methode 129 ff.

Untergraph 3
Untersuchungsreihenfolge 23

Variable
-, fixierte 14, 69
-, freie 14, 69
-, verbotene 69
Vehicle Routing and Scheduling-Problem 209
Vehicle Routing-Problem (VRP) 209 ff.
-, kantenorientiertes 258
-, kapazitiertes (CVRP) 211 ff.
- mit Zeitfenstern (VRPTW) 212, 252 ff.
Vehicle Scheduling-Problem 257
Verbesserungsverfahren 21 ff., 68, 117, 235, 249, 254, 264
Verfahren
-, Cluster first-route second- 235 ff., 241, 264
-, deterministisches 25
-, exaktes 1, 6 ff., 20, 109
-, Greedy- 22
-, heuristisches 20 ff., 64 ff., 110 ff., 234 ff.
-, myopisches 22
-, paralleles 235
-, primal-duales 53
-, primales 52
-, relaxationsbasiertes 21, 27
-, r-optimales 117
-, 2-opt-; 3-opt- 118 ff.
-, Route first-cluster second- 235 ff., 263
-, sequentielles 235
-, stochastisches 26
- von Beasley 240
- von Christofides 113 f.
- von Finke und Smith 55 f.
- von Lin und Kernighan 121 ff.
- von Little et al. 128 ff.
-, vorausschauendes 22
Verzweigen 6, 7
Verzweigungsprozeß 7
Vorgängermenge 2

Wald (gerichteter) 4
Warehouse Location-Problem 241
Weg 3
-, elementarer 3
-, geschlossener 3
-, kürzester 4
-, Länge eines - 4
-, offener 3
-, unproduktiver 181
Wert
- eines 1-Baumes 5
- eines μ-Baumes 216
- eines Matchings 6, 183
Windy Postman-Problem 176, 198
Worst Case
-Analyse 26, 114
-Schranke 26, 113
Wurzelbaum 4

Zeitfenster 209 f., 252
Zielfunktion
-, konvexe 86 ff.
-, nichtkonvexe 89 ff.
Zielsetzung 207, 210
-, mehrfache 59
Zug 23
-, komplementärer 30
Zuordnungsproblem
-, lineares (LZOP) 105, 114, 129, 133, 139, 141, 143, 187, 213, 218
-, symmetrisches 187
-, verallgemeinertes (GAP) 60 ff., 215
Zusammenhangskomponente, starke 4, 140
Zusatzcharakteristik 207, 210
Zyklus (elementarer) 3
-bedingungen 105